现代物流管理系列教材

采购与仓储管理

（修订本）

徐 杰 田 源 编著

清 华 大 学 出 版 社
北京交通大学出版社
·北京·

内 容 简 介

本书在借鉴和吸收国内外物流管理理论和最新研究成果的基础上，密切结合国内企业采购与仓储管理的实际情况，论述了采购管理的基础知识、采购模式、成本分析技术、供货商管理方法、仓库的设立与布置、储存规划、业务管理等。

本书在内容设计方面的特色在于既包括基础理论和前沿性内容，又包括采购与仓储实务方面的知识，内容深入浅出，适合作为高等院校本科及自学考试教材，亦可供物流管理研究人员、管理人员业务学习使用。

图书在版编目（CIP）数据

采购与仓储管理／徐杰，田源编著 . —北京：清华大学出版社；北京交通大学出版社，2004.9（2019.2 重印）

（现代物流管理系列教材）

ISBN 978-7-81082-387-6

Ⅰ．采…　Ⅱ.①徐…　②田…　Ⅲ.①采购-企业管理-高等学校-教材　②企业管理：仓库管理-高等学校-教材　Ⅳ．F27

中国版本图书馆 CIP 数据核字（2007）第 004907 号

责任编辑：吴嫦娥

出版发行：清 华 大 学 出 版 社　　邮编：100084　　电话：010-62776969　　http://www.tup.com.cn
　　　　　北京交通大学出版社　　邮编：100044　　电话：010-51686414　　http://www.bjtup.com.cn
印 刷 者：三河市华骏印务包装有限公司
经　　销：全国新华书店
开　　本：185×260　　印张：19.75　　字数：500 千字
版　　次：2019 年 2 月第 1 版第 1 次修订　　2019 年 2 月第 12 次印刷
书　　号：ISBN 978-7-81082-387-6/F·65
印　　数：30 001～32 000 册　　定价：49.00 元

本书如有质量问题，请向北京交通大学出版社质监组反映。对您的意见和批评，我们表示欢迎和感谢。

投诉电话：010-51686043，51686008；传真：010-62225406；E-mail：press@bjtu.edu.cn。

参 考 文 献

1　徐杰，汝宜红，蒋岩松，市场采购理论与实务．北京：中国铁道出版社，2001
2　甘华鸣．MBA 核心课程 —— 采购．北京：中国国际广播出版社，2002
3　沈小静，谭广魁，唐长虹．采购管理．北京：中国物资出版社，2003
4　甘华鸣，解新艳．采购管理速成．北京：企业管理出版社，2002
5　白继洲．采购管理实务．广州：广东经济出版社，2003
6　Weele A J．采购与供应链管理：分析、规划及实践．梅绍祖，阮笑雷，巢来春译．北京：清华大学出版社，2002
7　谢勤龙．企业采购业务运作精要．北京：机械工业出版社，2002
8　王槐林．采购管理与库存控制．北京：中国物资出版社，2002
9　王忠宗．采购管理实务．广州：广东经济出版社，2001
10　王成，刘慧，赵媛媛．供应商管理业务精要．北京：机械工业出版社，2002
11　Raedels A R．The Supply Management Process．Institute for Supply Management，2000
12　千高原．库存管理胜经．北京：中国纺织出版社，2001
13　Frazelle E．World-chass warehousing and material handling．McGraw-Hill Companies，2002
14　真虹，张婕姝．物流企业仓储管理与实务．北京：中国物资出版社，2002
15　李振．仓储管理．北京：中国铁道出版社，1990
16　蔡临宁．物流系统规划：建模及实例分析．北京：机械工业出版社，2003
17　张远昌．仓储管理与库存控制．北京：中国纺织出版社，2004
18　陈义仁．现代企业物资管理．广州：广东经济出版社，2001
19　现代物流管理课题组编．物流库存管理．广州：广东经济出版社，2002
20　弗雷兹．当代仓储及物料管理．北京：人民邮电出版社，2004
21　汝宜红，田源，徐杰．配送中心规划．北京：北方交通大学出版社，2002

$$平均延期天数 = \frac{4 \times 60 + 8 \times 21 + 5 \times 15 + 8 \times 30 + 3 \times 20}{60 + 21 + 15 + 30 + 20}$$

$$= \frac{783}{146} = 5.4 (天)$$

3. 季节性储备定额

季节性储备定额，是指企业为克服某些物资供应的季节性或生产消耗的季节性因素影响，保证生产正常进行而建立的物资储备数量标准。凡是已建立季节性储备的物资，一般不再建立经常储备和保险储备。季节性储备定额的计算公式为

季节性储备定额 = 季节储备天数 × 平均每日需要量

季节性储备，是为了适应进料、用料的季节性特点而建立的储备。季节性储备天数，一般是根据生产需要和供应中断天数来决定。

由于运输中断等原因造成的进料季节性储备天数计算公式为

季节性储备天数 = 正常进料中断天数

由于季节性储备供整个计划期使用的季节性供料，所以季节性储备天数计算公式为

季节性储备天数 = 计划期天数 − 进料期天数

4. 竞争储备定额

竞争储备定额，是根据市场竞争的需要而建立的储备数量标准，旨在增加企业的竞争能力。

复习思考题

1. 试述仓储管理指标体系的构成与分析方法。
2. 试述如何进行仓储管理经济分析。
3. 制订物资消耗定额有哪些基本方法？各自适用于什么情况？
4. 什么是物资储备？什么是物资储备定额？物资储备定额的作用表现在哪些方面？

《现代物流管理系列教材》编委会

成 员 名 单

主　任：徐寿波（中国工程院院院士、中国物流与采购联合会首届专家委员会委员）

副主任：张文杰（中国物流学会副会长、博士生导师）

　　　　詹荷生（中国物资流通学会物流技术经济委员会常务理事、博士生导师）

　　　　鞠颂东（中国物流学会理事、博士生导师）

　　　　汝宜红（中国物流学会常务理事、博士生导师）

　　　　王耀球（中国物流与采购联合会常务理事、博士生导师）

编委会成员（以姓氏笔画为序）：

　　　　王耀球　田　源　兰洪杰　汝宜红　林自葵　张文杰

　　　　张可明　徐寿波　徐　杰　詹荷生　鞠颂东

▶▶▶ 前　言

　　现代物流业在国际上已成为与高科技产业、金融业并驾齐驱的朝阳产业，我国现代物流业正在以强劲的态势快速发展。随着经济全球化和信息技术的发展，被称为"第三利润源"的现代物流理论研究和实践活动正在世界范围内蓬勃兴起。采购与仓储活动作为物流系统的重要组成部分，其行为科学合理与否，对保证产品和服务质量、降低库存和产品成本、提高企业经济效益，都会产生直接影响。目前，在我国的经济领域中，采购和仓储管理正在成为热门话题，在国内越来越受到人们的普遍重视。为了实现科学合理的采购与仓储管理，要求管理者必须具备有关经济、技术、管理等方面的专门知识与技能，这就需要通过学习和实践不断提高自身素质。基于这种情况，该教材的编写具有十分重要的意义。

　　《采购与仓储管理》一书的内容主要包括两大部分：一是采购管理，二是仓储管理。采购管理部分重点讲述采购的基础知识，采购模式、成本分析技术、供货商管理方法，以及企业内部的采购管理策略；仓储管理部分的内容主要包括仓库的设立与布置、商品储存规划、商品储存业务管理、仓储管理技术、仓储保税制度、仓储经济管理。全书包括了采购和仓储管理、技术等各方面内容，涵盖了采购和仓储管理的全过程。

　　本书由北京交通大学经济管理学院徐杰、田源编写，全书共分为12章。其中，第1～6章由徐杰编写，第7～12章由田源编写。在本书的编写过程中，参考了大量的相关文献，在此向相关作者表示深深的感谢。由于水平有限，书中不当之处在所难免，恳请读者批评指正。

编　者

2004.9

目 录

Ⅰ

第1章

采 购 概 述

本章是对采购及采购管理基础知识的介绍，目的是使读者了解最新的企业采购管理概念，理解采购管理在企业管理中的地位和重要意义，掌握企业采购的基本原则和程序，熟悉采购相关概念及其各概念之间的联系和区别，为以后各章的学习打下基础。

1.1 采购的含义和范围

采购职能是各个企业所共有的职能，也是企业经营的起始环节，同样也为企业创造价值。随着企业规模的不断扩大及精细管理和 MRP（Material Requirement Planning）系统的广泛应用，采购职能日益突出，它不仅是保证生产正常运转的必要条件，而且也为企业降低成本、增加盈利创造条件。

1.1.1 采购的含义

1. 基本概念

狭义的采购是指买东西，也就是企业根据需求提出采购计划，审核计划，选择供应商，经过商务谈判确定价格、交货及相关条件，最终签订合同并按要求收货付款的过程。这种以货币换取物品的方式，可以说是最普通的采购途径，无论个人还是企业机构，为了满足消费或者生产的需求都是以购买的方式来进行。因此，在狭义的采购之下，买方一定要先具备支付能力，才能换取他人的物品来满足自己的需求。

广义的采购是指除了以购买的方式占有物品之外，还可以采用各种途径来取得物品的使用权，以达到满足需求的目的。广义的采购主要通过租赁、借贷和交换等途径来完成。

可以从以下几个方面来全面理解采购的概念。

（1）采购是从资源市场获取资源的过程。采购对于生产或生活的意义，在于它能够提供生产或生活所需要、但自己缺乏的资源。这些资源，既包括生活资料，也包括生产资料；既包括物资资源（如原材料、设备、工具等），也包括非物资资源（如信息、软件、技术等）。资源市场就是由能够提供这些资源的供应商组成的，从资源市场获取这些资源都是通过采购的方式来进行。采购的基本功能就是帮助人们从资源市场获取他们所需要的各种资源。

（2）采购是商流过程和物流过程的统一。采购的基本作用，就是将资源从资源市场的供应者转移到用户的过程。在这个过程中，一是要实现将资源的所有权从供应者转移到用户，二是要实现将资源的物质实体从供应者转移到用户。前者是一个商流过程，主要通过商品交易、等价交换来实现商品所有权的转移；后者是一个物流过程，主要通过运输、储存、包装、装卸、加工等手段来实现商品空间位置和时间位置的转移来使商品实实在在地到达用户手中。采购过程实际上是这两个方面的完整结合，缺一不可；只有这两个方面都完全实现了，采购过程才算完成了。因此，采购过程实际上是商流过程与物流过程的统一。

（3）采购是一种经济活动。采购是企业经济活动的主要组成部分。所谓经济活动，就是要遵循经济规律，追求经济效益。在整个采购活动过程中，一方面，通过采购获取了资源，保证了企业正常生产的顺利进行，这是采购的效益；另一方面，在采购过程中也会发生各种费用，这就是采购成本。要追求采购经济效益的最大化，就要不断降低采购成本，以最少的成本去获取最大的效益，而要做到这一点，科学采购是个必备因素。科学采购是实现企业经济利益最大化的基本利润源泉。

2. 相关概念

1）订购、购置和购买

采购与订购、购置和购买概念是不同的。订购是采购过程的一部分，它是指依照事先约定的条件向供应商发出采购订单；另外，它还被用在并没有询问供应商的条件下直接发出采购订单的情况。电话订购就属于这个范畴，因为电话订购的产品已经列在供应商的产品目录中。实际上订购与采购过程的最后几道程序有关。购置是意义稍微广泛一点的术语，它包括从供应商处获取的产品送至最终目的地所经历的所有活动，主要用于对固定资产的采购。采购比购买的含义更广泛、更复杂，购买主要指狭义的采购。

2）供应

在美国和欧洲，供应包括采购、存储和接收在内的更广泛的含义；在我国，供应一词的基本含义是指供应商提供产品或服务的过程，它偏重于物流活动，而采购更偏重于商流活动。

3）开发原料来源

在物流领域里越来越流行的一个术语是开发原料来源。它包括寻找供应源，保证供应的连续性，确保供应的替代源，搜集可获得资源的知识等活动，这些活动中的多数与采购过程中的寻找和选择供应商有关。

4）采购管理

采购管理指的是对采购过程的计划、组织、协调和控制等过程，它包括管理供应商关系所必需的所有活动。它着眼于组织内部、组织和其供应商之间构建和持续采购过程，因此采购管理有内部和外部两个方面。采购管理背后的思想是 —— 如果供应商不是由其客户管理，客户关系就将由供应商管理。

1.1.2 采购的范围

采购的范围是指采购的对象或标的，采购可分为有形采购和无形采购。有形采购的内容包括原料、辅助材料、半成品、零部件、成品、投资品或固定设备及 MRO（Maintenance，

Repair and Operations，保养、维修与运营）；无形采购主要是咨询服务和技术采购，或是采购设备时附带的服务，主要形式有技术、服务和工程发包。

采购范围还可以分为直接物料采购和间接物料采购。直接物料是与最终产品生产直接相关的物料，间接物料是与公司生产的最终产品不直接相关的商品或服务。间接物料又可以分为 ORM（Operating Resource Management，运营资源管理）和 MRO。ORM 通常是指企业日常采购的办公用品和服务，MRO 是指维持企业生产活动持续进行的维护、修理、装配等间接物料（包括备品备件、零部件等，如润滑油）。

关于采购物品的分类，将在第 3 章的采购基础中作详细的论述。

1.2　采购的地位和作用

在传统思维里，采购就是拿钱买东西，目的就是以最少的钱买到最好的商品。但是，随着市场经济的发展、技术的进步、竞争的日益激烈，采购已由单纯的商品买卖发展成为一种职能，一种可以为企业节省成本、增加利润、获取服务的资源。总体而言，采购已由战术地位提高到战略地位。

1.2.1　采购的地位

采购已经成为企业经营的一个核心环节，是获取利润的重要资源，它在企业的产品开发、质量保证、整体供应链及经营管理中起着极其重要的作用。走出传统的采购认识误区，正确确定采购的地位，是当今每个企业在全球化、信息化市场经济竞争中赖以生存的一个基本保障，更是现代企业谋求发展壮大的一个必然要求。采购在企业中具有举足轻重的地位。

采购曾经一度被认为是一种注重文书交易的行政职能，采购的重点是降低成本。近年来，企业才开始意识到采购活动本质上是具有战略意义的作用。

1. 采购的价值地位

采购成本是企业成本管理中的主体和核心部分，采购是企业管理中"最有价值"的部分。在全球范围内工业企业的产品成本构成中，采购的原材料及零部件成本占企业总成本的比例随行业的不同而不同，大体在 30%～90%，平均在 60% 以上。从世界范围来说，对于一个典型的企业，一般采购成本（包括原材料、零部件）要占 60%、工资和福利占 20%、管理费用占 15%、利润占 5%。而在现实中，许多企业在控制成本时将大量的时间和精力放在不到总成本 40% 的企业管理费用及工资和福利上，而忽视其主体部分 —— 采购成本，其结果往往是事倍功半，收效甚微。

2. 采购的供应地位

采购从供应的角度来说，是整体供应链管理中"上游控制"的主导力量。

在工业企业中，利润是同制造及供应过程中的物流和信息流的流动速度成正比的。在商品生产和交换的整体供应链中，每个企业既是顾客又是供应商。为了满足最终顾客的需求，企业都力求以最低的成本将高质量的产品以最快的速度供应到市场上，以获取最大利润。从整体供应链的角度来看，企业为了获得尽可能多的利润，都会想方设法加快物料和信息的流动，这样就必须依靠采购的力量，充分发挥供应商的作用，因为占成本 60% 的物料及相关的信息都来自供应商。供应商提高其供应可靠性及灵活性、缩短交货周期、增加送货频率可以极大地改进工业企业的管理水平，如缩短生产总周期、提高生产效率、减少库存、增强对市场需求的应变力等。

此外，随着经济一体化及信息全球化的发展，市场竞争日益激烈，顾客需求的提升驱使企业按库存生产，而竞争的要求又迫使企业趋向于争取按订单设计生产环境。企业要解决这一矛盾只有将供应商纳入到自身的生产经营过程中，将采购及供应商的活动看成是自身供应链的一个有机组成，才能加快物料及信息在整体供应链中的流动，从而可将顾客所希望的库存成品向前推移为半成品，进而推移为原材料，这样既可减少整个供应链的物料及资金负担（降低成本、加快资金周转等），又可及时将原材料、半成品转换成最终产品以满足客户的需要。在整体供应链管理中，"即时生产"是缩短生产周期、降低成本和库存，同时又能以最快的交货速度满足顾客需求的有效做法，而供应商的"即时供应"则是开展"即时生产"的主要内容。

3. 采购的质量地位

质量是产品的生命。采购物料不只是价格问题（而且大部分不是价格因素），更多的是质量水平、质量保证能力、售后服务、产品服务水平、综合实力等。有些东西看起来买得很便宜，但经常维修、经常不能正常工作，这就大大增加了使用的总成本；如果买的是假冒伪劣商品，就会蒙受更大的损失。一般企业都根据质量控制的时序将其划分为采购品质量控制（Incominy Quality Control，IQC）、过程质量控制及产品质量控制。

由于产品中价值的 60% 是经采购由供应商提供，毫无疑问，产品的"生命"由采购品质量控制得到确保。也就是说企业产品"质量"不仅要在企业内部限制，更多地应控制在供应商的质量过程中，这也是"上游质量控制"的体现。供应商上游质量控制得好，不仅可以为下游质量控制打好基础，同时可以降低质量成本，减少企业来货检验费（降低 IQC 检验频次，甚至免检）等。经验表明，一个企业要是能将 1/4 到 1/3 的质量管理精力花在供应商的质量管理上，那么企业自身的质量（过程质量及产品质量）水平可以提高 50% 以上。可见，通过采购将质量管理延伸到供应商，是提高企业自身质量水平的基本保证。

采购能对质量成本的削减做出贡献。当供应商交付产品时，许多公司都会做进料检查和质量检查。采购任务的一部分是使企业的质量成本最小化，所采购货物的来料检查和质量检查成本的减少，可以通过选择那些将生产置于完善的控制之下并拥有健全的质量组织的供应商来实现。然而，通常这还不够，因为许多公司的经验表明，造成质量不佳的大多数原因与企业缺少内部程序和组织有关。

采购不但能够减少所采购的物资或服务的价格，而且能够通过多种方式增加企业的价值，这些方式主要有支持企业的战略、改善库存管理、稳步推进与主要供应商的关系、密切了解供应市场的趋势。因此，加强采购管理对企业提升核心竞争力也具有十分重要的意义。

1.2.2 采购的作用

1. 对企业经营成功的作用

1）直接作用

采购在以下几个方面对经营的成功具有重大贡献。

（1）采购可以通过实际成本的节约显著提高销售边际利润。在采购上每节约 1 美元就是为公司营业利润增加 1 美元。

（2）通过与供应商一起对质量和物流进行更好的安排，采购能为更高的资本周转率做出贡献。

（3）通过适当的调整修饰，供应商能够对公司的改革做出重大贡献。

（4）提供信息源。采购部门与市场的接触可以为企业内部各部门提供有用的信息。这主要包括价格、产品的可用性、新供应源、新产品及新技术的信息，这些信息对企业中其他部门都非常有用。供应商所采用的新营销技术和配送体系很可能对营销部门大有好处；而关于投资、合并、兼并对象及当前和潜在的顾客等方面的信息，对营销、财务、研发和高层管理都有一定的意义。

2）间接作用

除了直接降低采购价格，采购职能也能够以一种间接的方式对公司竞争地位的提高做出贡献，这种间接贡献以产品品种的标准化、质量成本（与检查、报废、修理有关的成本）的降低和产品交货时间的缩短等形式出现。在实践中，这些间接贡献通常比直接节省的资金更加实在。

（1）产品标准化。采购可以通过争取减少产品种类来对降低成本做出贡献，这可以通过具体的标准产品的标准化（而非供应商品牌）和（或）标准供应商得以实现。这会导致降低公司对某些供应商的依赖性，更好地使用竞标的方法，并减少库存物品。

（2）减少库存。西方对管理的解释中，库存被看成是对计划的保证，这是由于难以预测输出物流而引起的（销售预测很难给出，或者不做销售预测）。另一方面，也应归咎于交付所采购原料的无规律。计划问题经常借助库存来解决，通过向供应商不断地提出要求并且予以执行，做出仔细的交货安排和（或）与供应商之间的专门库存协议（如委托库存协议），采购可以对库存和因此占用资本的减少做出重要贡献。

（3）增强柔性。迫于国际竞争的压力，越来越多的公司正尝试实施柔性制造系统，这些系统适合于提高公司的市场反应的能力。其他一些方法也为生产中质量的提高、库存的最小和更高的周转率的实现做出了贡献。

这种系统的实施（即通称的制造资源计划、看板管理和准时计划）要求供应商具有良好的素质，采购必须把这些要求施加于仔细选择的供应商身上。把提高供应商的表现也作为目标的采购方针将一定会对公司在其最终用户市场的竞争力上带来好处。

（4）对产品设计和革新做出贡献。随着科技的进步，产品的开发周期在极大地缩短，产品开发同步工程应运而生。以汽车为例，20 世纪 50 年代其开发周期约为 20 年，70 年代缩短到 10 年，80 年代缩短到 5 年，90 年代则进一步缩短到 3 年左右，企业之所以能够做到这一点是与供应商早期参与开发分不开的。通过采购让供应商参与到企业产品开发中，不仅可以利用供应商的专业技术优势缩短产品开发时间、节省产品开发费用及产品制造成本，还可以更好地满足产品功能性的需要，提高产品在整个市场上的竞争力。冯·锡培尔指出，成功的工业革新常常是从供应商和买方的相互深入作用中得出的。积极地寻求这种相互作用是采购的任务。通过这种方式，采购能够对产品的持续革新和改进做出积极贡献，这将导致公司在其最终用户市场取得更为强大的竞争地位。其他的著作也表明，就革新流程而言，采购职能和供应商可以起到启动作用。

（5）鼓励采购协作。过去这些年来，许多公司都采用了一种事业部结构，事业部有着相当大的自主权。在这样一种结构中，每一个事业部的经理都需要报告其全权负责部门的损益情况。因此，事业部经理要对收入和成本，包括原料成本负责。在这种情况下，作为一个集体的公司能够在一个较小的供应基础上，在一般原料需求的协调采购中获得较大的好处。

2. 在业务改善中的潜在作用

调查得出的结论显示，采购部门在采购流程的初始阶段的参与程度是相当低的。采购部门的作用在请求报价时变得更加重要；然而，当这些报价被评估以后，采购部门的参与程度又逐渐减少；但在采购流程的最后阶段，也就是采购合同已经拟订后和订单需要发出时采购部门的参与程度达到最高。显然，发票的核对通常是由采购部门和会计部门共同负责。

采购看来主要涉及采购流程的运营活动，这解释了多数采购部门的行政取向。当这种情况应用于某一公司时会包含一定的风险。首先，行政工作有可能会妨碍买方花费更加充裕的时间对其战术和战略的任务进行充分研究；其次，行政取向可能妨碍以一种更具战略性的眼光来看待采购和供应管理的发展。这两点是许多组织中的采购和供应管理扮演了具有巨大改善潜力的业务领域的根本原因。

采购管理在企业管理中占有至关重要的地位，采购环节是整个经营中关键的一环。因此，搞好采购工作和做好采购管理，是企业在激烈的市场竞争中发展的基本条件。

1.3 采购的基本程序和原则

1.3.1 采购的程序

采购的基本程序会因为采购品的来源 —— 国内采购、国外采购，采购的方式 —— 议价、比价、招标，以及采购的对象 —— 物料、工程发包等不同，而在作业细节上有若干差异，但对于基本的程序每个企业则大同小异。

采购作业流程通常是指购买方选择和购买生产所需要的各种原材料、零部件等物料的全过程。在这个过程中作为制造业的购买方，首先要寻找相应的供应商，调查其产品在数量、质量、价格、信誉等方面是否满足购买要求；其次，在选定了供应商之后，要以订单方式传递详细的购买计划和需求信息给供应商并商定结款方式，以便供应商能够准确地按照客户的性能指标进行生产和供货；最后，要定期对采购物料的管理工作进行评价，寻求提高效率的采购流程创新模式。所以，采购作业流程体系是涵盖从采购计划的制订、供应商的认证、合同签订与执行，到供应商管理的全部过程。

美国采购学者威斯汀所主张的采购的基本程序如下：

① 提出需求；

② 描述需求，即对所需要的物料或服务的特点和数量进行确认；

③ 选择可能的供应来源，评价供应商；

④ 确定适宜的价格；

⑤ 发出采购订单；

⑥ 订单跟踪与稽核；

⑦ 核对发票；

⑧ 交货不符与退货处理；

⑨ 结案；

⑩ 记录与档案维护。

1. 提出需求

任何采购都产生于企业中某个部门的确切需求。负责具体业务活动的人应该清楚地知道本部门独特的需求：需要什么、需要多少、何时需要。这样，采购部门就会收到这个部门发出的物料需求单。当然，这类需求也可以由其他部门的富余物料来加以满足。但是，或早或晚公司必然要进行新的物料采购。有些采购申请来自生产或使用部门，有些采购申请来自销售或广告部门，对于各种各样办公设备的采购要求则由办公室的负责人或公司主管提出。通常，不同的采购部门会使用不同的请购单。

采购部门还应协助使用部门预测物料需求。采购部经理不仅应要求需求部门在填写请购单时尽可能采用标准化的格式及尽可能少发特殊订单，而且应督促尽早地预测需求以免出现太多的紧急订单。由于未了解价格变化和整个市场状况，为了避免供应终端的价格上涨，采购部门必须要发出一些期货订单。采购部门和供应商早期参与合作会带来更多信息，从而可以避免或削减成本，加速产品推向市场的进度并能带来更大的竞争优势。

2. 描述需求

如果采购部门不了解使用部门到底需要些什么，采购部门就不可能进行采购。出于这个目的，就必然要对需要采购的商品或服务有一个准确的描述。准确地描述所需要的商品或服务是采购部门和使用部门，或跨职能采购团体的共同责任。如果通过某种调整，公司可能获得更多的满足，那么采购部门就应该对现存的规格提出质疑。由于未来的市场情况起着很重要的作用，因此采购部门和提出具体需求的部门在确定需求的早期阶段进行交流就具有重要的意义；否则，轻则由于需求描述不够准确而浪费时间，重则会产生严重的财务后果并导致供应的中断及公司内部关系的恶化。

由于在具体的规格要求交给供应商之前，采购部门是能见到它的最后一个部门，因此需要对规格进行最后一次检查。如果采购部门的人员对申请采购的产品或服务不熟悉，这种检查就不可能产生实效。任何关于采购事项描述的准确性方面的问题都应该请采购者或采购团队进行咨询，采购部门不能想当然地处理。

采购的成功始于采购要求的确定，应制定适当的办法来保证明确对供应品的要求，更重要的是让供应商完全地理解。这些办法通常包括：

① 制定规范、图纸和采购订单的书面程序；

② 发出采购订单前公司与供应商的协议；

③ 其他与所采购物品相适应的方法；

④ 在采购文件中包含清晰地描述所订购产品或服务的数据，如产品的精确辨认和等级、检查规程、应用的质量标准等；

⑤ 所有检查或检验方法和技术要求应指明相应的国家和国际标准。在很多企业中，物料单是描述需求的最常用的单据。

3. 选择可能的供应来源，评价供应商

供应商是企业外部影响企业生产运作系统运行的最直接因素，也是保证企业产品的质量、价格、交货期和服务的关键因素。因此，需要说明的是，在原有供应商中选择成绩良好的厂商，并对其进行评价。

4. 确定适宜的价格

确定了可能的供应商后，就要进行价格谈判，确定适宜的价格。

5. 发出采购订单

对报价进行分析并选择好供应商后，就要发出订单。

6. 订单跟踪与稽核

采购订单发给供应商之后，采购部门应对订单进行跟踪和催货，并进行稽核。企业在采购订单发出时，同时会确定相应的跟踪接触日期。在一些企业中，甚至会设有一些专职的跟踪和催货人员。

跟踪是对订单所做的例行跟踪，以便确保供应商能够履行其货物发运的承诺。如果产生了问题，如质量或发运方面的问题，采购方就需要对此尽早了解，以便及时采取相应的行动。跟踪需要经常询问供应商的进度，有时甚至有必要到供应商那里去走访。不过这一措施一般仅用于关键的、大额的和提前期较早的采购事项。通常，为了及时获得信息并知道结果，跟踪是通过电话进行的，现在一些公司也使用由计算机生成的简单表格，以查询有关发运日期和在某一时点采购计划完成的百分比。

催货是对供应商施加压力，以便按期履行最初所做出的发运承诺、提前发运货物或是加快已经延误的订单所涉及的货物发运。如果供应商不能履行发运的承诺，采购部门就会威胁取消订单或是以后可能进行罚款。催货应该只是用于采购订单中一小部分，因为如果采购部门对供应商能力已经做过全面分析的话，那么，被选中的供应商就应该是那些能遵守采购合约的可靠的供应商。而且，如果公司对其物料需求已经做了充分的计划工作，如不是特殊情况，就不必要求供应商提前发运货物。

稽核是依据合约规定，对采购的物资予以严格检验入库。

7. 核对发票

采购合同上应明确产品验证体系。该验证体系应在采购合同签订之前由供应商和采购方达成协议。下面方法的任何一种均可用于产品验证：

① 采购方信赖供应商的质量保证体系；

② 供应商提交检查检验数据和统计的程序控制记录；

③ 当收到产品时由采购方进行抽样检查或检验；

④ 在发送前或在规定的程序中由采购方进行检查；

⑤ 由独立的认证机构进行认证。

采购方必须在采购合同上明确指出最终用户（若有最终用户参与）是否在供应商的场地进行验证活动，供应商应提供所有设施和记录来协助检验。

8. 交货不符与退货处理

如果厂商所交货物与合约规定不符而验收不合格，应依据合约规定退货，并立即办理重购，予以结案。

9. 结案

无论对验收合格的货物进行的付款，还是对验收不合格的货物进行的退货，均需办理结案手续，清查各项书面资料有无缺失，绩效好坏等，签报高级管理层或权责部门核阅批示。

10. 记录与档案维护

凡经过结案批示后的采购案件，应列入档案登记编号分类，予以保管，以便参阅或事后发生问题的查考。档案应该具有一定保管期限的规定。

1.3.2 采购的原则

采购决策应该以正确的商业导向为基础，反映跨职能的方法，并且以改善公司的采购底线成本为目的。

1. 商业原则

要制定一个采购和供应战略，就必须对公司的全盘经营方针有一个彻底的理解。被公司视为目标的最终用户市场是什么？那些市场中未来的主要发展会是什么？公司所要面临的是什么样的竞争？公司在制定价格政策时有什么余地？原料价格的上涨能以何种程度转嫁到最终用户身上？或这种方法是否可行？公司会在新产品和新技术方面如何投资？何种产品会在未来一年中退出市场？理解这些问题是十分重要的。

2. 全面的跨职能原则

采购决策不能孤立地制定，并且不能仅以采购业绩的最优为目标。制定采购决策时应该考虑这些决策对于其他主要活动的影响（如生产计划、物料管理和运输）。因此，制定采购决策需要以平衡所有者总成本为基础。例如，在购买一条新的包装流水线时，不仅要考虑初始投资，而且要考虑将来用于购买辅助设备、备件和服务的成本。此外，供应商还应保证在包装流水线的技术经济寿命内将计划外的停工时间保持在最低水平。供应商卖出设备是一回事，在许多年里同一家供应商对同一套设备进行令人满意的服务则是另一回事。这个例子表明了采购和需要做出的不同类型选择的复杂性。因此，要在某种环境下做出决策，就要在所有受其影响的领域中使用一种跨职能的，并且以团队为基础的方法。采购和供应战略只有与所有领域和有关的（高级）经理紧密合作才能有效地发展。采购和供应经理将会引导这种观点和远景的发展。

3. 成本底线原则

采购并不应该只作为一种服务职能起作用，还应该符合其用户的要求而不至于用户提出过多问题。相反，采购应当向其内部用户提出一种有益的、可获利的异议。他们应该始终如一地追求提高公司所购买的产品和服务的性能价格比。为了完成这一任务，采购部门应该能够提出现有的产品设计、所使用的原料或部件的备选方案和备选的供应商。

1.4　采购管理的发展趋势

1.4.1　传统采购管理与现代采购管理的区别

传统采购的重点放在如何和供应商进行商业交易的活动上，特点是比较重视交易过程中供应商的价格比较，通过供应商的多头竞争，从中选择价格最低的作为合作者。虽然质量、交货期也是采购过程中的重要考虑因素，但在传统的采购方式下，质量、交货期都是通过事后把关的办法进行控制（如到货验收等），而将交易过程的重点放在价格的谈判上。因此，在供应商与采购部门之间要经常进行报价、询价、还价等来回的谈判，并且多头进行，最后从多个供应商中选择一个价格最低的供应商签订合同，订单才决定下来。传统的采购模式的主要特点表现在如下几个方面。

1. 传统采购过程是典型的非信息对称博弈过程

选择供应商在传统的采购活动中是一个首要的任务。在采购过程中，采购方为了能够从多个竞争性的供应商中选择一个最佳的供应商，往往会保留私有信息，因为如果给供应商提供的信息越多，供应商的竞争筹码就越大，这样对采购方不利，因此采购方尽量保留私有信息，而供应商也在和其他供应商的竞争中隐瞒自己的信息。这样，采购与供应双方不能进行有效的信息沟通，这就是非信息对称的博弈过程。

2. 验收检查是采购部门的一个重要的事后把关工作，质量控制难度大

质量与交货期是采购方要考虑的另外两个重要因素，但是在传统的采购模式下，要有效控制质量和交货期只能通过事后把关的办法。因为采购方很难参与到供应商的生产组织过程和有关质量控制活动中，相互的工作是不透明的。因此，需要通过各种有关标准（如国际标准、国家标准等）进行检查验收。缺乏合作的质量控制会导致采购部门对采购物品质量控制的难度增加。

3. 供需关系是临时的或短时期的合作关系，而且竞争多于合作

在传统的采购模式中，供应与需求之间的关系是临时性的，或者是短时期的合作关系，而且竞争多于合作。由于缺乏合作与协调，采购过程中各种抱怨和扯皮的事情比较多，很多时间就消耗在解决日常问题上，因而没有更多的时间用来做长期性预测与计划工作。供应与需求之间这种缺乏合作的气氛增加了许多运作中的不确定性。

4. 响应用户需求能力迟钝

由于供应商与采购方双方在信息的沟通方面缺乏及时的信息反馈，在市场需求发生变化的情况下，采购方也不能改变供应商已有的订货合同，因此采购方在用户需求减少时，库存增加；而在用户需求增加时，供不应求。重新订货需要增加谈判过程，因此供应商与采购方对用户需求的响应没有同步进行，缺乏应对需求变化的能力。

传统采购管理与现代采购管理的主要区别如表1-1所示。

表1-1 传统采购管理与现代采购管理的主要区别

	传统采购管理	现代采购管理
供应商/买方关系	相互对立	合作伙伴
合作关系	可变的	长期
合同期限	短	长
采购数量	大批量	小批量
运输策略	单一品种，整车发送	多品种，整车发送
质量问题	检验/再检验	无需入库检验
与供应商的信息沟通	采购订单	网络
信息沟通频率	离散的	连续的
对库存的认识	资产	祸害
供应商数量	多，越多越好	少，甚至一个
设计流程	先设计产品后询价	供应商参与产品设计
产量	大量	少量
交货安排	每月	每周或每天
供应商地理分布	很广的区域	尽可能靠近
仓库	大，自动化	小，灵活

1.4.2 采购管理的发展趋势

基于市场已经由卖方市场向买方市场转换的事实，买方比数年以前更具有支配地位；另一方面，产品售价和毛利逐渐增长的压力已经导致直接材料成本方面有越来越大的压力。因为在工业部门，采购价格在很大程度上决定了销售价格，公司必须持续寻求保持价格尽可能低的机会。

采购和供应战略经历了较大的改变，具体改变如下所述。

1. 协同采购需求

在拥有数家制造厂的公司中，重要的采购优势可以通过合并共同采购需求加以实现。在很多这种类型的欧洲公司中，甚至在国际上都显现出这样一种协同采购方针的趋势。传统上，这种情况在原料的采购上很普遍；然而现在，相似的方法已用在计算机硬件和软件、生产货物和部件采购上。

2. 物流中采购的整合

采购管理一体化方法要求生产计划、库存控制、质量检查和采购之间紧密合作，采购不能只遵循自身的路线。为了确保不同的相关材料领域的有效整合，采购管理正被逐渐纳入到供应链管理中。

3. 工程和生产计划中采购的整合

在实践中，供应商选择在很大程度上是由技术规范决定的。通常，规范一旦确定就很难改变（若改变，只能在很高成本的基础上）。从商业的观点来看，依照一个特别的供应商来制定规范是不合适的，因为在那种情况下采购经常结束于垄断者，进而严重阻碍买卖谈判。为了防止这一点，在前期就将采购纳入到发展过程中是可取的。

4. 采购管理中心化

采购管理中心化可以集中全公司和集团的采购力，对整个供应市场产生影响，使集团采购处于有利地位。由于一个窗口对外，便于公司对供应商的管理，便于公司主体资源的优化。在商品经济的竞争环境下，价格是由市场决定的，而不是企业可以左右的。在同类产品的市场上，价格相差无几，这样企业的利润完全取决于自己的成本控制。如果企业对成本控制不力，成本居高不下，企业利润就很难保证，甚至亏损。一旦亏损，企业也就失去了竞争力，无力开发新品种、开拓新市场，无法应付对手的进攻（如降价），因而企业就会处于不利的竞争地位。通过采购管理的中心化可以增强企业的核心竞争力，从而推动企业的发展。

5. 采购管理职能化

前几年，很多公司的采购部门隶属于生产部门。近年来，越来越多的公司的采购部门从生产部门或其他部门独立出来，开始直接向总经理、副总经理汇报，相应地，采购部门发挥越来越大的作用。采购职能也从原来被动地花钱，开始有了节省资金、满足供应、降低库存等一系列目标。

当然，采购要完成这些任务绝不是从独立的采购部门形成后就可以直接做到的。采购要做很好的采购需求分析、采购计划、资金占用计划、控制和形成采购供应战略，管理好战略供应链资源和供应商资源。让采购成为供应链管理的强有力的一环，将生产计划、物料计划、采购、仓储、运输集成为一个反应迅速、总成本最低、物流速度快、响应市场需求的灵敏的链条。企业要战胜对手，过去强调产品、技术，现在强调市场宣传、国际化和结盟，但都不再是企业自己的单打独斗，而是需要联合供应链上的每一个成员的力量，形成一条成本低、反应快、服务好的供应链、价值链。这样采购部门就会成为公司核心竞争力的一部分，是公司连接供应商和客户的桥梁，是公司的核心业务部门。当然，这样就对采购管理者和采购员的素质有了前所未有的高要求，只有这样，采购才能发挥出前所未有的作用。

企业应该改变采购是内部行政职能的观点，建立采购管理的战略，应该培养和造就高素质的采购战略管理和实施梯队。这一要求可以细分为如下几个方面：

① 采购组织及其成员要具有较高的职业道德和符合商务行为规范；

② 有效地保护双方的商业秘密；

③ 专业人士从事相应的采购活动；

④ 了解产品、生产和所在行业；

⑤ 获取最低总价格的谈判能力。

这 5 个方面从另一个侧面总结了采购的职业道德水平、专业化技能和商务谈判的重要性，也为企业建立出色的采购队伍指明了方向。

6. 采购管理专业化

传统采购组织中，采购员发挥不了很大作用，一方面是领导对采购认识的局限、采购环境的恶劣，以及对采购舞弊的恐惧；另一方面也由于采购员和采购组织的软弱无力和技能缺乏，造成采购的低技术性。

实际上，采购员需要了解购买的产品，了解产品的原理、性能要求，了解市场行情、价格走势，需要了解供应商的实力，供应商报价的合理性，实地考察供应保证能力，需要极强的谈判能力和计划能力，有能力在保证供应的同时保证价格和质量标准。当然，这些能力不是一蹴而就的。总之，作为专业采购（Commodity Buyer，Purchasing Engineer，Commodity Management），需要掌握至少一门符合企业实际需要的采购内容的专业，而非会计和英语等专业。采购人员需要有能力与其他国家的同样采购物品组（Commodity Council）进行沟通，了解世界市场变化和供应商的表现，因此英语表达和沟通能力、计算机网络知识也很需要。这些专业包括很多，如计算机设备、软件、广告、印刷、办公物品与服务、技术服务等。至于资深采购专家，则需要掌握项目管理、财务管理、供应链管理等专业技能。

7. 制造或购买

实践表明，一些生产活动可以由专业供应商更快、更便宜地完成，而且公司能够在质量方面对供应商比对其内部的生产部门提出更高的要求，这就是为什么在一些生产部门中采购额占销售额的比例一直在稳定上升的原因。对有的公司而言，这一结论导致企业进行详细地制造或购买研究。采购应该总是紧密参与到这种研究之中，因为它们是市场信息的逻辑来源。

8. 全面质量管理和准时生产

在一些公司（尤其是那些制造过程以装配为特征的公司）中可以发现其对质量提高和生产率增长的兴趣正在增加，正在实施全面质量管理和准时生产。

9. 环境问题

在许多国家中，环境问题越来越普遍，各国政府制定的环境法规越来越严格。例如，在德国，有关（工业）包装的严格法规最近已经开始生效，所有不必要的包装都必须加以避免（如发泡包装和牙膏的包装盒）；包装物生产商将逐渐被要求对使用过的包装废弃物负责。这也就是为什么大众公司在制造最新的 Golf 轿车（在美国被称为 Rabbit）时，要求在汽车生命周期的最后把不同的部件和零件较容易地分拆开，进行重新加工利用的原因之一，大众公司甚至为了达到这个目标而建立了自己的再加工设施。环境问题给采购提出了全新的挑战，它们将对制造企业产生新的问题。与供应商一起寻求解决问题的思路和措施也是采购的任务，这些思路和措施应该能够解决或缓解这些问题。

10. 电子采购

B2B 在线拍卖是实现网络采购的一种技术，它是通过 Internet 或私营网络实时进行的向下定价（Downward Pricing）或反向拍卖（Reverse Auctions）。拍卖由企业或代表企业的网络采购公司控制，通过网络采购公司的专用软件接受多个潜在供应商的竞价，从而实现企业网络采购物料或服务。这种物料或服务的 B2B 在线拍卖模型最早由 Free Markets 等公司在 1995 年提出，这些公司提供的服务通常被称为"市场营造"（Market Making），公司本身因其在电子市场中匹配买卖双方成交而常被称为"市场营造者"（Market Maker）。

这些网络采购公司制定了一整套完善地从事在线拍卖的规则；另外，他们也提供诸如市场分析、咨询和投标分析等相关的增值服务。网络采购公司的核心技能是信息技术、商品管理和对买卖双方交互的了解。这些公司专长于在线拍卖间接物料（如商店消费品）、直接物料（如客户定制的零部件），或其他一些商品（如煤、原材料、计算机、办公用品等）。在线拍卖特别适合于那种有众多有能力的供应商的企业。当然，企业又有杠杆来支配与供应商关系的场合。

复习思考题

1. 你对采购工作是如何理解的？
2. 你认为采购管理应该学习哪些知识？
3. 为什么说采购在企业中具有重要的地位和作用？
4. 你认为企业的采购工作应把握好哪几个关键环节？
5. 你认为目前国内企业的采购工作中存在的主要问题在哪里？问题的根源是什么？
6. 你认为传统的采购管理与现代的采购管理有哪些区别？

第 2 章

采 购 模 式

本章是对企业采购模式的介绍，包括目前广泛运用的集中采购与分散采购、电子采购、招标采购和即时制采购。本章的作用是使读者对企业采购模式有全面的了解，从而系统掌握各种采购模式的基本含义、不同类型、实施步骤及实施中应注意的问题等。

2.1 集中采购与分散采购

2.1.1 集中采购

1. 集中采购的含义

集中采购（Gentralized Parchasing）是相对于分散采购（Decentralized Purchasing）而言的，它是指企业在核心管理层建立专门的采购机构，统一组织企业所需物品的采购业务。跨国公司的全球采购部门的建设是集中采购的典型应用。以组建内部采购部门的方式，来统一归口其分布于世界各地分支机构的采购业务，减少采购渠道，通过批量采购获得价格优惠。

随着连锁店、特许经营和 OEM（Original Equipment Manufacture）的出现，集中采购更是体现了经营主体的权力、利益、意志、品质和制度，是经营主体赢得市场，控制节奏，保护产权、技术和商业秘密，提高效率，取得最大利益的战略和制度安排。因此，集中采购将成为未来企业采购的主要方式，具有很好的发展前景。

2. 实施集中采购的优势

① 有利于获得采购规模效益，降低进货成本和物流成本，争取主动权。

② 易于稳定本企业与供应商之间的关系，得到供应商在技术开发、货款结算、售后服务支持等诸多方面的支持与合作。

③ 集中采购责任重大，采取公开招标、集体决策的方式，可以有效地制止腐败。

④ 有利于采购决策中专业化分工和专业技能的发展，同时也有利于提高工作效率。

⑤ 如果采购决策都集中控制，那么所购物料就比较容易达到标准化。

⑥ 减少了管理上的重复设置，这样就不必让每一个部门的负责人都去填采购订单，只需要采购部门针对公司的全部需求填一张订单就可以了。

⑦ 可以节省运费和获得供应商折扣。由于合并了多个部门的需求，采购部门找到供应

商时，其订单数量就足以引起供应商的兴趣，采购部门就可以说服供应商尽快发送或给予数量折扣。除此之外，还可以节省运费，因为集中了所有的需求后货物可以整车地进行装运。

⑧ 在物资短缺的时候，不同的部门之间不会为了得到物资而相互竞争，从而引起价格的上涨。

⑨ 对于供应商而言，这也可以推动其有效管理。他们不必同时与公司内的几个人打交道，而只需和采购经理联系。

3. 集中采购所适用的采购主体和采购客体

（1）所适用的采购主体

① 集团范围实施的采购活动。

② 跨国公司的采购。

③ 连锁经营、OEM、特许经营企业的采购。

（2）所适用的采购客体

① 大宗或批量物品，价值高或总价多的物品。

② 关键零部件、原材料或其他战略资源，保密程度高、产权约束多的物品。

③ 容易出问题或已出问题的物品。

④ 最好是定期采购的物品，以免影响决策者的正常工作。

4. 集中采购的实施步骤

集中采购的实施步骤如下所述：

① 根据企业所处的国内外政治、经济、社会、文化等环境及竞争状况，制定本企业采购战略；

② 根据本企业产品销售状况、市场开发情况、生产能力，确定采购计划；

③ 定期或根据大宗物品采购要求做出集中采购决策，决策时要考虑市场反馈意见，同时需要结合生产过程中工艺情况和质量情况；

④ 当决策做出后，由采购管理部门实施信息分析，市场调查及询价，并根据库存情况进行战术安排；

⑤ 由采购部门根据货源供给状况、自身采购规模和采购进度安排，结合最有利的采购方式实施采购，并办理检验送货手续，及时保障生产需要；

⑥ 对于符合适时、适量、适质、适价、适地的物品，经检验合格后要及时办理资金转账手续，保证信誉，争取下次合作。

2.1.2 分散采购

1. 分散采购的含义

与集中采购相对应，分散采购是由企业下属各单位（如子公司、分厂、车间或分店）实施的满足自身生产经营需要的采购。

分散采购是集中采购的完善和补充，有利于采购环节与存货、供料等环节的协调配合，有利于增强基层工作责任心，使基层工作富有弹性和成效。

2. 分散采购的优势与劣势

分散采购的优势、劣势如表 2-1 所示。

表 2-1 分散采购的优势与劣势

优势	劣势
● 对利润中心直接负责	● 分散的采购能力，缺乏规模经济
● 对于内部用户有更强的顾客导向	● 缺乏对供应商统一的态度
● 较少的官僚采购程序	● 分散的市场调查
● 更少需要内部的协调	● 在采购和物料方面形成专业技能的可能性有限
● 与供应商直接沟通	● 对不同的经营单位可能存在不同的商业采购条件

3. 分散采购适用的采购主体和客体

1）分散采购适用的采购主体

① 二级法人单位、子公司、分厂、车间。

② 离主厂区或集团供应基地较远，其供应成本低于集中采购时的成本。

③ 异国、异地供应的情况。

2）分散采购适用的采购客体

① 小批量、单件、价值低、总支出在产品经营费用中所占比重小的物品（各厂情况不同，自己确定）。

② 分散采购优于集中采购的物品，包括费用、时间、效率、质量等因素均有利，而不影响正常的生产与经营的情况。

③ 市场资源有保证，易于送达，较少的物流费用。

④ 分散后，各基层有这方面的采购与检测能力。

⑤ 产品开发研制、试验所需要的物品。

4. 分散采购的程序和方法

分散采购的程序与集中采购大致相同，只是取消了集中决策环节，实施其他步骤。企业下属单位的生产研发人员根据生产、科研、维护、办公的需要，填写请购单，由基层主管审核、签字，到指定财务部门领取支票或汇票或现金，然后到市场或厂家购买、进货、检验、领取或核销、结算即可。采购时一般借助于现货采购方式。

2.1.3 选择集中采购或分散采购时应该考虑的标准

一方面，集中采购相对于分散采购规模大，效益好，易取得主动权，易保证进货质量，有利于统筹安排各种物品的采购业务，有利于物品的配套安排，有利于整体物流的规划和采购成本的降低，有利于得到供应商的支持和保障，有利于物品单价的降低，有利于集体决策。另外，集中采购也有利于增加采购过程的透明度，减少腐败的滋生和蔓延。另一方面，集中采购相对于分散采购又具有量大、过程长、手续多、容易造成库存成本增加、占用资金、采购与需要脱节、保管损失增加、保管水准要求增高的弊端，且容易挫伤基层的积极性、使命感和创新精神。

在实际采购中要趋利避害，扬长避短。根据企业自身的条件、资源状况、市场需要，灵活地做出制度安排，并积极创新采购方式和内容，使本企业在市场竞争中处于有利的地位。

在决定集中采购或分散采购时，应该考虑下面的因素或标准。

（1）采购需求的通用性。经营单位对购买产品所要求的通用性越高，从集中或协作的方法中得到的好处就越多。这就是为什么大型公司中的原材料和包装材料的购买通常集中在一个地点（公司）的原因。

（2）地理位置。当经营单位位于不同的国家或地区时，这可能会极大地阻碍协作的努力。实际上，在欧洲和美国之间的贸易和管理实践中存在较大的差异，甚至在欧洲范围内也存在着重大的文化差异。一些大型公司已经从全球的协作战略转为地区的协作战略。

（3）供应市场结构。有时，公司会在它的一些供应市场上选择一个或数量有限的几个大型供应商组织。在这种情况下，力量的均衡肯定对供应商有利，采用一种协同的采购方法以在面对这些强有力的贸易伙伴时获得一个更好的谈判地位是有意义的。

（4）潜在的节约。一些类型的原材料的价格对采购数量非常敏感，在这种情况下，购买更多的数量会立刻导致成本的节约。对于标准商品和高技术部件都是如此。

（5）所需的专门技术。有时，有效的采购需要非常高的专业技术，例如在高技术半导体和微芯片的采购中。因此，大多数电子产品制造商已经将这些产品的购买集中化，在购买软件和硬件时也是如此。

（6）价格波动。如果物资（如果汁、小麦、咖啡）的价格对政治和经济气候的敏感程度很高，集中的采购方法就会受到偏爱。

（7）客户需求。有时，客户会向制造商指定他必须购买哪些产品，这种现象在飞机工业中非常普遍。这些条件是与负责产品制造的经营单位商定的，这种做法将明显阻碍任何以采购协作为目标的努力。

除了以上需要考虑的因素外，选择集中采购时，还应该有利于资源的合理配置，减少层次，加速周转，简化手续，满足要求，节约物品，提高综合利用率，保证和促进生产的发展，有利于调动各方的积极性，促进企业整体目标的实现等。

当然，集中采购和分散采购并不是完全对立的。客观情况是复杂的，仅一种采购方式是不能满足生产需要的，大多数公司在两个极端之间进行平衡：在某个时候他们会采用集中的采购组织，而在几年以后也许他们选择更加分散的采购组织。

2.1.4　联合采购

联合采购是指多个企业之间的联盟采购行为，而集中采购是指企业或集团企业内部的集中化采购管理，因此可以认为联合采购是集中采购在外延上的进一步拓展。

1. 实施联合采购的必要性

如果从企业外部去分析我国企业的现行采购机制，其外部特征是各企业（无论是国内还是国外）的采购基本上仍是各自为战，各企业之间缺乏在采购及相关环节的联合和沟通，或采购政策不统一，重复采购、采购效率低下等现象十分突出，很难实现经济有效的采购目标，由此导致的主要问题有以下几方面。

（1）各企业都设有采购及相关业务的执行和管理部门。如从企业群体、行业直至国家的角度看，采购机构重叠，配套设施重复建设，造成采购环节的管理成本和固定资产投入大幅度增加。

（2）多头对外，分散采购。对于通用和相似器材无法统一归口和合并采购，无法获得大批量采购带来的价格优惠，使各企业的采购成本居高不下。采购管理政策完全由企业自行制定，其依据为企业自身的采购需求和采购环境条件，与其他企业基本没有横向的联系，不了解其他企业的采购状况和需求。

（3）各企业自备库存，又缺乏企业间的库存资源、信息交流和统一协调，使通用材料的储备重复，造成各企业的库存量增大，沉淀和积压的物资日益增多。

（4）采购环节的质量控制和技术管理工作重复进行，管理费用居高不下。以转包生产行业为例，各企业在质量保证系统的建立和控制、供应商审核和管理、器材技术标准和验收规范等各类相关文件的编制和管理上未实现一致化和标准化。各企业重复进行编制和管理等工作，自成体系，虽然各企业进行这些工作的依据基本相同，有些甚至完全相同，但制定的各类管理文件和工作程序却不相同；同时，相关的管理费用也难以降低。

（5）采购应变能力差。以飞机生产行业为例，由于设计、制造方法的改进等原因造成的器材紧急需求不可避免，但是由于从国外采购周期比较长，器材的紧急需求难以满足。

因此，在采购工作中需要突破现行采购方式的束缚，从采购机制上入手，探索新形势下企业间的合作，利用采购环节的规模效益是从根本上解决上述问题的方法之一。

2. 联合采购的优点

这里引入企业群体规模采购成本，即两个以上的企业采用某种方式进行联合采购时的总成本。企业在采购环节上实施联合可极大地减少采购及相关环节的成本，为企业创造可观的效益。

（1）采购环节。如同批发和零售的价格差距一样，器材采购的单价与采购的数量成反比，即采购的数量越大，采购的价格越低。对于飞机制造所用的器材，此种价差有时可达90%。企业间联合采购，可合并同类器材的采购数量，通过统一采购使采购单价大幅度降低，使各企业的采购费用相应降低。

（2）管理环节。管理落后是我国企业的普遍现象，而管理的提高需要企业付出巨大的代价。后继企业只有吸取先行企业的经验和教训，站在先行者的肩上，才能避免低水平重复，收到事半功倍的效果。对于一些生产同类产品的企业，如果各个企业在采购及质量保证的相关环节的要求相同，需要的物品相同，就可以在管理环节上实施联合，归口管理相关工作。联合后的费用可以由各企业分担，从而使费用大大降低。

（3）仓储环节。通过实施各企业库存资源的共享和器材的统一调拨，可以大幅度减少备用物资的积压和资金占用，提高各企业的紧急需求满足率，减少因器材供应短缺造成的生产停顿损失。

（4）运输环节。器材的单位重量运费率与单次运输总量成反比，特别是在国际运输中更为明显。企业在运输环节的联合，可通过合并小重量的货物运输，使单次运量加大，从而可以较低的运费率计费，减少运输费用支出。

3. 联合采购的方式

国际上一些跨国公司为降低采购成本，发展了一些联合采购的具体形式。

1）采购战略联盟

采购战略联盟是指两个或两个以上的企业出于对整个世界市场的预期目标和企业自身总体经营目标的考虑，采取的一种长期联合与合作的采购方式。这种联合是自发的，非强制性的，联合各方仍保持各个公司采购的独立性和自主权，彼此依靠相互间达成的协议及经济利益的考虑联结成松散的整体。现代信息网络技术的发展，开辟了一个崭新的企业合作空间，企业间可通过网络保证采购信息的即时传递，使处于异地甚至异国的企业间实施联合采购成为可能。国际上一些跨国公司为充分利用规模效益，降低采购成本，提高企业的经济效益，正在向采购战略联盟发展。

2）通用材料的合并采购

这种方式主要是在存在互相竞争关系的企业之间，通过合并通用材料的采购数量和统一归口采购来获得大规模采购带来的低价优惠。在这种联合方式下，每一项采购业务都交给采购成本最低的一方去完成，使联合体的整体采购成本低于各方原来进行单独采购的成本之和，这是这些企业的联合准则。这种合作的组织策略主要分为虚拟运作策略和实体运作策略。虚拟运作策略的特点是组织成本低，可以不断强化合作各方最具优势的功能和弱化非优势功能。

企业间的合作正在世界范围内盛行。联合采购已超越了企业界限、行业界限，甚至国界。不同国家，不同行业的企业间的联合正悄然兴起。目前，我国一些企业为解决采购环节存在的问题，正在探讨企业间联合采购的可能性。企业在采购及其相关环节的联合将为企业降本增效，提高企业的竞争力并开创良好的前景。

2.2 招标采购

2.2.1 招标采购的方式

招标采购是通过在一定范围内公开购买信息，说明拟采购物品或项目的交易条件，邀请供应商或承包商在规定的期限内提出报价，经过比较分析后，按既定标准确定最优惠条件的投标人并与其签订采购合同的一种高度组织化采购方式。

招标采购是在众多的供应商中选择最佳供应商的有效方法。它体现了公平、公开和公正的原则。企业采购通过招标程序，可以最大程度地吸引和扩大招标方之间的竞争，从而使招标方有可能以更低的价格采购到所需要的物资或服务，更充分地获得市场利益。招标采购方式通常用于比较重大的建设工程项目、新企业寻找长期物资供应商、政府采购或采购批量比较大等场合。

总体来看，目前世界各国和国际组织的有关采购法律、规则都规定了公开招标、邀请招标、议标3种招标投标方式。

1. 公开招标

公开招标，又称为竞争性招标，即由招标人在报刊、电子网络或其他媒体上发布招标公告，吸引众多企业单位参加投标竞争，招标人从中择优选择中标单位的招标方式。按照竞争程度，公开招标方式又可分为国际竞争性招标和国内竞争性招标，其中国际竞争性招标是采用最多、占采购金额最大的一种方式。

1）国际竞争性招标

这种是在世界范围内进行的招标，国内外合格的投标商均可以投标。它要求制作完整的英文标书，在国际上通过各种宣传媒介刊登招标公告。例如，世界银行对贷款项目货物及工程的采购规定了三个原则：必须注意节约资金并提高效率，即经济有效；要为世界银行的全部成员国提供平等的竞争机会，不歧视投标人；有利于促进借款国本国的建筑业和制造业的发展，世界银行在确定项目的采购方式时都从这三个原则出发。

它的特点是高效、经济、公平，特别是采购合同金额较大、国外投标商感兴趣的货物和工程要求必须采用国际竞争性招标。世界银行根据不同国家和地区的情况，规定了凡采购金额在一定限额以上的货物和工程合同，都必须采用国际竞争性招标。对一般借款国来说，25万美元以上的货物采购合同、大中型工程采购合同，都应采用国际竞争性招标。我国的贷款项目金额一般都比较大，世界银行对中国的国际竞争性招标采购限额也放宽一些，工业项目采购凡在100万美元以上，均应采用国际竞争性招标来进行。表2-2总结了这种方式的优缺点。

表2-2　国际竞争性招标的优缺点

优　点	缺　点
● 能以对买主有利的价格采购到需要的设备和工程 ● 能引进先进的设备、技术和工程技术及管理经验 ● 为合格的投标人提供公平的投标机会 ● 减少作弊的可能性，这是因为采购程序和采购标准的公开性	● 需要较多的时间：在这种招标方式下，从招标公告、投标人作出反应、评标到授予合同一般需要半年到1年以上的时间 ● 所需文件比较多：招标文件要明确规范各种技术规格、评标标准，以及买卖双方的义务等内容，要将大量的文件翻译成国际通用文字，因而增加工作量 ● 中标的供应商和承包商中的发展中国家所占的份额比较少

2）国内竞争性招标

这类招标方式可用本国语言编写标书，只在国内的媒体上登出广告，公开出售标书，公开开标。它通常用于合同金额较小（世界银行规定一般在50万美元以下）、采购品种比较分散、分批交货时间较长、劳动密集型、商品成本较低而运费较高、当地价格明显低于国际市场价格等类型的采购。从国内采购货物或者工程建筑可以大大节省时间，而且这种便利将对项目的实施具有重要的意义。在国内竞争性招标的情况下，如果外国公司愿意参加，则应允许它们按照国内竞争性招标参加投标，不应人为设置障碍，妨碍其公平参加竞争。国内竞争性招标的程序大致与国际竞争性招标相同。由于国内竞争招标限制了竞争范围，通常国外供应商不能得到有关投标的信息，这与招标的原则不符，所以有关国际组织对国内竞争性招标都加以限制。

2. 邀请招标

邀请招标也称为有限竞争性招标或选择性招标，即由招标单位选择一定数目的企业，向其发出投标邀请书，邀请他们参加招标竞争。一般选择 3～10 个企业参加较为适宜，当然也要视具体招标项目的规模大小而定。由于被邀请参加的投标竞争者有限，不仅可以节约招标费用，而且提高了每个投标者的中标机会。然而，由于邀请招标限制了充分的竞争，因此招标投标法规一般都规定招标人应尽量采用公开招标。

按照国内外的通常做法，采用邀请招标方式的前提条件，是对市场供给情况比较了解，对供应商或承包商的情况比较了解。在此基础上，还要考虑招标项目的具体情况：一是招标项目的技术新而且复杂或专业性很强，只能从有限范围的供应商或承包商中选择；二是招标项目本身的价值低，招标人只能通过限制投标人数来达到节约和提高效率的目的。因此，邀请招标是允许采用的招标方法，而且在实际中有其较大的适用性。

3. 议标

议标也称为谈判招标或限制性招标，即通过谈判来确定中标者。议标的方式又可分为直接邀请议标方式、比价议标方式、方案竞赛议标方式。

2.2.2　招标采购的一般程序

招标采购是一个复杂的系统工程，它涉及各个方面各个环节。一个完整的招标采购过程，基本上可以分为以下 6 个阶段。

1. 策划

招标活动，是一次涉及范围很大的大型活动。因此，开展一次招标活动，需要进行认真的周密策划，招标策划主要应当做以下的工作。

（1）明确招标的内容和目标，对招标采购的必要性和可行性进行充分的研究和探讨。

（2）对招标书的标底进行初步估算。

（3）对招标的方案、操作步骤、时间进度等进行研究决定。例如，是采用公开招标还是邀请招标，是自己亲自主持招标还是请人代理招标，分成哪些步骤，每一步怎么进行等。

（4）对评标方法和评标小组进行讨论研究。

（5）把以上讨论形成的方案计划形成文件，交由企业领导层讨论决定，取得企业领导决策层的同意和支持，有些甚至可能还要经过公司董事会同意和支持。

以上的策划活动有很多诀窍。有些企业为了慎重起见，特意邀请咨询公司代理进行策划。

2. 招标

在招标方案得到公司的同意和支持以后，就要进入到实际操作阶段。招标的第一个阶段就是招标阶段，招标阶段的工作主要有以下几部分。

（1）形成招标书。招标书是招标活动的核心文件，要认真起草好招标书。

（2）对招标书的标底进行仔细研究确定。有些要召开专家会议，甚至邀请一些咨询公司代理。

（3）招标书发送。采用适当的方式，将招标书传送到所希望的投标人手中。例如，对于公开招标，可以在媒体上发布；对于选择性招标，可以用挂号信或特快专递直接送交所选择的投标人。许多标书是要花钱买的，有些标书规定是要交一定的保证金的，这种情况下要交钱以后才能得到招标书。

3. 投标

投标人在收到招标书以后，如果愿意投标，就要进入到投标程序。

其中，投标书、投标报价需要经过特别认真地研究，详细地论证完成。这些内容是要和许多供应商竞争评比的，既要先进又要合理，还要有利可图。

投标文件要在规定的时间内准备好，一份正本、若干份副本，并且分别封装签章，信封上分别注明"正本"、"副本"字样，寄到招标单位。

4. 开标

开标应按招标通告中规定的时间、地点公开进行，并邀请投标商或其委派的代表参加。开标前，应以公开的方式检查投标文件的密封情况，当众宣读供应商名称、有无撤标情况、提交投标保证金的方式是否符合要求（在有保证金的前提下）、投标项目的主要内容、投标价格及其他有价值的内容；开标时，对于投标文件中含义不明确的地方，允许投标商做简要解释，但所做的解释不能超过投标文件记载的范围，或实质性地改变投标文件的内容。以电传、电报方式投标的，不予开标。

开标要做开标记录，其内容包括项目名称、招标号、刊登招标通告的日期、发售招标文件的日期、购买招标文件单位的名称、投标商的名称及报价、截标后收到标书的处理情况等。

在有些情况下，可以暂缓或推迟开标时间，如招标文件发售后对原招标文件做了变更或补充；开标前发现有足以影响采购公正性的违法或不正当行为；采购单位接到质疑或诉讼；出现突发事故；变更或取消采购计划，等等。

5. 评标

招标方收到投标书后，直到招标会开会那天，不得事先开封。只有当招标会开始，投标人到达会场，才可将投标书邮件交投标人检查，签封完后，当面开封。

开封后，投标人可以拿着自己的投标书向全体评标小组陈述自己的投标书，并且接受全体评委的质询，（或者）甚至参加投标辩论。陈述辩论完毕，投标者退出会场，全体评标人员进行分析评比，最后投票或打分选出中标人。

评标由招标人依法组建的评标委员会负责。评标委员会由招标人的代表和有关技术、经济等方面的专家组成，成员人数为5人以上的单数，其中技术、经济等方面的专家不得少于成员总数的2/3。一般招标项目可以采取随机抽取方式选择，特殊招标项目可以由招标人直接确定。与投标人有利害关系的人不得进入相关项目的评标委员会，已经进入的应当更换。评标委员会成员的名单在中标结果确定前应当保密。招标人应当采取必要的措施，保证评标是在严格保密的情况下进行的，任何单位和个人不得非法干预、影响评标的过程和结果。评标委员会可以要求投标人对投标文件中含义不明确的内容做必要的澄清或者说明，但是澄清或者说明不得超出投标文件的范围或者改变投标文件的实质性内容。

评标委员会应当按照招标文件确定的评标标准和方法，对投标文件进行评审和比较。设有标底的，应当参考标底。评标委员会完成评标后，应当向招标人提出书面评标报告，并推荐合格的中标候选人。招标人根据评标委员会提出的书面评标报告和推荐的中标候选人确定中标人，招标人也可以授权评标委员会直接确定中标人。

投标人就投标价格、投标方案等实质性内容进行谈判。评标委员会成员不得私下接触投标人，不得收受投标人的财物或者其他好处。评标委员会成员和参与评标的有关工作人员不得透露对投标文件的评审和比较、中标候选人的推荐情况及与评标有关的其他情况。

6. 定标

在全体评标人员投票或打分选出中标人员以后，交给投标方，通知中标方。同时，对于没有中标者也要明确通知他们，并表示感谢。

以上是一般情况下的招标采购的全过程。在特殊的场合，招标的步骤和方式也可能有一些变化。

2.2.3 招标采购的准备

竞争性招标采购有一套完整的、统一的程序，这套程序不会因国家、地区和组织的不同而存在太大的差别。一个完整的竞争性招标过程由招标、投标、开标、评标、合同授予等阶段组成。国际限制性招标采购和国内限制性招标采购除了在招标阶段与竞争性招标采购有所不同外，其他步骤、要求和方法基本上与竞争性招标采购相同。

招标程序包括资格预审通告的发布、招标文件的准备、招标通告的发布、招标文件的发售等。招标是竞争性招标采购的第一阶段，它是竞争性招标采购工作的准备阶段。在这一阶段需要做大量的基础性工作，其具体工作可由采购单位自行办理，如果采购单位因人力或技术原因无法自行办理的，可以委托给社会中介机构。

1. 资格预审通告的发布

对于大型或复杂的土建工程或成套设备，在正式组织招标以前，需要对供应商的资格和能力进行预先审查，即资格预审。通过资格预审，可以缩小供应商的范围，避免不合格的供应商做无效劳动，减少他们不必要的支出，也减轻了采购单位的工作量，节省了时间，提高了办事效率。

1）资格预审的内容

资格预审包括两大部分，即基本资格预审和专业资格预审。基本资格是指供应商的合法地位和信誉，包括是否注册、是否破产、是否存在违法违纪行为等。

专业资格是指已具备基本资格的供应商履行拟定采购项目的能力。具体包括：

① 经验和以往承担类似合同的业绩和信誉；

② 为履行合同所配备的人员情况；

③ 为履行合同任务而配备的机械、设备及施工方案等情况；

④ 财务状况；

⑤ 售后维修服务的网点分布、人员结构等。

2）资格预审程序

进行资格预审，首先要编制资格预审文件，邀请潜在的供应商参加资格预审，发售资格预审文件和提交资格预审申请，然后进行资格评定。

（1）编制资格预审文件。一个国家或组织通常会对资格预审文件的格式和内容进行统一，制定标准的资格预审文件范本。资格预审文件可以由采购实体编写，也可以由采购实体委托的研究、设计或咨询机构协助编写。

（2）邀请潜在的供应商参加资格预审。这一般是通过在官方媒体上发布资格预审通告进行的。实行政府采购制度的国家、地区或国际组织，都有专门发布采购信息的媒体，如官方刊物或电子信息网络等。资格预审通告的内容一般包括采购实体名称，采购项目名称，采购（工程）规模，主要工程量，计划采购开始（开工）、交货（完工）日期，发售资格预审文件的时间、地点和售价，以及提交资格预审文件的最迟日期。

（3）发售资格预审文件和提交资格预审申请。资格预审通告发布后，采购单位应立即开始发售资格预审文件，资格预审申请的提交必须按资格预审通告中规定的时间，截止期后提交的申请书一律拒收。

（4）资格评定，确定参加投标的供应商名单。采购单位在规定的时间内，按照资格预审文件中规定的标准和方法，对提交资格预审申请书的供应商的资格进行审查。只有经审查合格的供应商才有权继续参加投标。

2. 招标文件的准备

招标文件是整个招标投标活动的核心文件，是招标方全部活动的依据，也是招标方的智慧与知识的载体。因此，准备招标文件是非常关键的环节，它直接影响到采购的质量和进度。

招标文件一般至少应包括以下内容。

1）招标通告

招标通告的核心内容就是向未定的投标方说明招标的项目名称和简要内容，发出投标邀请，并且说明招标书编号、投标截止时间、投标地点、联系电话、传真、电子邮件地址等。它应当简短、明确，让读者一目了然，并得到了基本信息。

2）投标须知

投标须知是通过建立一些在整个招标投标过程中的共同的概念和规则，并把它们明确地写出来，作为招标文件的一部分，以期形成共识。投标须知作为今后双方行为的依据，并且声明未尽事项的解释权归谁所有，以免以后引起争议。

投标须知的主要内容基本上是招标投标的一些基本规则、做法标准等。这些内容基本上都可以从招标投标法中找到依据（不可与招标投标法相抵触）。但是可以根据自己的具体情况具体化、实用化，一条条列出来提供给投标方，作为与投标方的一种约定做法。

3）合同条款

合同条款的基本内容就是购销合同、任务明细组成、描述方式、货币价格条款、支付方式、运输方式、运费、税费处理等商务内容的约定和说明。它包括一般合同条款和特殊合同条款，具体内容如表2-3所示。

表 2-3 招标采购合同条款内容

一般合同条款	特殊合同条款
● 买卖双方的权利和义务	● 交货条件
● 价格调整程序	● 验收和测试的具体程序
● 不可抗力因素	● 履约保证金的具体金额和提交方式
● 运输、保险、验收程序	● 保险的具体要求
● 付款条件、程序及支付货币规定	● 解决争端的具体规定
● 延误赔偿和处罚程序	● 付款方式和货币要求
● 合同中止程序	● 零配件和售后服务的具体要求
● 合同适用法律的规定	● 对一般合同条款的增减等
● 解决争端的程序和方法	
● 履约保证金的数量、货币及支付方式	
● 有关税收的规定	

4）技术规格

技术规格是招标文件和合同文件的重要组成部分，它规定所购设备的性能和标准。技术规格也是评标的关键依据之一。如果技术规格制定得不明确或不全面，就会增加风险，不仅会影响采购质量，也会增加评标难度，甚至导致废标。

货物采购技术规格一般采用国际或国内公认的标准，除不能准确或清楚地说明拟招标项目的特点外，各项技术规格均不得要求或标明某一特定的商标、名称、专利、设计、原产地或生产厂家，不得有针对某一潜在供应商或排斥某一潜在供应商的内容。

5）投标书的编制要求

投标书是投标供应商对其投标内容的书面声明，包括投标文件构成、投标保证金、总投标价和投标书的有效期等内容。投标书中的总投标价应分别以数字和文字表示。投标书的有效期是指投标有效期，是让投标商确认在此期限内受其投标书的约束，该期限应与投标须知中规定的期限相一致。

投标保证金是为了防止投标商在投标有效期内任意撤回其投标，或中标后不签订合同或不交纳履约保证金，使采购实体蒙受损失。

投标保证金可采用现金、支票、不可撤销的信用证、银行保函、保险公司或证券公司出具的担保书等方式交纳。投标保证金的金额不宜过高，可以确定为投标价的一定比例，一般为投标价的 1%～5%，也可以定一个固定数额。由于按比例确定投标保证金的做法很容易导致报价泄露，即通过一个投标商交纳的投标保证金的数额可以推算其投标报价，因而采用固定投标保证金的做法较为理想，这有利于保护各投标商的利益。国际性招标采购的投标保证金的有效期一般为投标有效期加上 30 天。

如果投标商有下列行为之一的，应没收其投标保证金：投标商在投标有效期内撤回投标；投标商在收到中标通知书后，不按规定签订合同或不交纳履约保证金；投标商在投标有效期内有违规违纪行为等。

在下列情况下投标保证金应及时退还给投标商：中标商按规定签订合同并交纳履约保证金；没有违规违纪的未中标投标商。

6）供货一览表、报价表

供货一览表应包括采购商品品名、数量、交货时间和地点等。

在国境内提供的货物和在国境外提供的货物在报价时要分开填写。在报价表中，境内提供的货物要填写商品品名、商品简介、原产地、数量、出厂单价、出厂价境内增值部分所占的比例、总价、中标后应缴纳的税费等；境外提供的货物要填写商品品名、商品简介、原产地、数量、离岸价单价及离岸港、到岸价单价及到岸港、到岸价总价等。

2.2.4 评标程序及方法

1. 评标的步骤

评标的目的是根据招标文件中确定的标准和方法，对每个投标商的标书进行评价和比较，以评出最低投标价的投标商。评标必须以招标文件为依据，不得采用招标文件规定以外的标准和方法进行评标，凡是评标中需要考虑的因素都必须写入招标文件之中。

1）初步评标

初步评标工作比较简单，但却是非常重要的一步。初步评标的内容包括供应商资格是否符合要求，投标文件是否完整，是否按规定方式提交投标保证金，投标文件是否基本上符合招标文件的要求，有无计算上的错误等。如果供应商资格不符合规定，或投标文件未做出实质性的反映，都应作为无效投标处理，不得允许投标供应商通过修改投标文件或撤销不合要求的部分而使其投标具有响应性。

经初步评标，凡是确定为基本上符合要求的投标，下一步要核定投标中有没有计算和累计方面的错误。在修改计算错误时，要遵循两条原则：如果数字表示的金额与文字表示的金额有出入，要以文字表示的金额为准；如果单价和数量的乘积与总价不一致，要以单价为准。但是，如果采购单位认为有明显的小数点错误，此时要以标书的总价为准，并修改单价。如果投标商不接受根据上述修改方法而调整的投标价，可拒绝其投标并没收其投标保证金。

2）详细评标

在完成初步评标以后，下一步就进入到详细评定和比较阶段。只有在初评中确定为基本合格的投标，才有资格进入详细评定和比较阶段。具体的评标方法取决于招标文件中的规定，并按评标价的高低，由低到高，评定出各投标的排列次序。

在评标时，当出现最低评标价远远高于标底或缺乏竞争性等情况时，应废除全部投标。

3）编写并上报评标报告

评标工作结束后，采购单位要编写评标报告，上报采购主管部门。评标报告包括以下内容：

① 招标通告刊登的时间、购买招标文件的单位名称；

② 开标日期；

③ 投标商名单；

④ 投标报价及调整后的价格（包括重大计算错误的修改）；

⑤ 价格评比基础；

⑥ 评标的原则、标准和方法；

⑦ 授标建议。

4）资格后审

如果在投标前没有进行资格预审，在评标后则需要对最低评标价的投标商进行资格后审。如果审定结果认为他有资格、有能力承担合同任务，则应把合同授予他；如果认为他不符合要求，则应对下一个评标价最低的投标商进行类似的审查。

5）授标与合同签订

合同授予最低评标价投标商，并要求在投标有效期内进行。决标后，在向中标投标商发中标通知书时，也要通知其他没有中标的投标商，并及时退还其投标保证金。

具体的合同签订方法有两种：一是在发中标通知书的同时，将合同文本寄给中标单位，让其在规定的时间内签字返回；二是中标单位收到中标通知书后，在规定的时间内派人前来签订合同。如果是采用第二种方法，合同签订前，允许相互澄清一些非实质性的技术性或商务性问题，但不得要求投标商承担招标文件中没有规定的义务，也不得有标后压价的行为。

合同签字并在中标供应商按要求提交了履约保证金后，合同就正式生效，采购工作进入到合同实施阶段。

2. 评标的方法

评标方法有很多，具体评标方法取决于采购单位对采购对象的要求，货物采购和工程采购的评标方法有所不同。

货物采购常用的评标方法有4种，即以最低评标价为基础的评标方法、综合评标法、以寿命周期成本为基础的评标方法及打分法。

1）以最低评标价为基础的评标方法

在采购简单的商品、半成品、原材料及其他性能质量相同或容易进行比较的货物时，价格可以作为评标考虑的惟一因素。以价格为尺度时，不是指最低报价，而是指最低评标价。最低评标价有其价格计算标准，即成本加利润。其中，利润为合理利润，成本也有其特定的计算口径：

① 如果采购的货物是从国外进口的，报价应以包括成本、保险、运费的到岸价为基础；
② 如果采购的货物是国内生产的，报价应以出厂价为基础。

出厂价应包括为生产、供应货物而从国内外购买的原材料和零配件所支付的费用及各种税款，但不包括货物售出后所征收的销售性税款或与之类似的税款。如果提供的货物是国内投标商早已从国外进口、现已在境内的，应报仓库交货价或暂时价，该价应包括进口货物时所交付的进口关税，但不包括销售性税款。

2）综合评标法

综合评标法是指以价格另加其他因素为基础的评标方法。在采购耐用货物如车辆、发动机及其他设备时，可采用这种评标方法。在采用综合评标法时，评标中除考虑价格因素外，还应考虑下列因素。

（1）内陆运费和保险费。在计算内陆运费、保险费及其他费用时，可采用下列任一做法：第一，可按照铁路（公路）运输、保险公司及其他部门发布的费用标准，来计算货物运抵最终目的地将要发生的运费、保险费及其他费用，然后把这些费用加在投标报价上；第二，让投标商分别报出货物运抵最终目的地所要发生的运费、保险费及其他费用，这部分费用要用当地货币来报，同时还要对所报的各种费用进行核对。

（2）交货期。在确定交货期时，可根据不同的情况采用下列办法：第一，可按招标文件中规定的具体交货时间为基准交货时间，早于基准交货时间的，评标时也不给予优惠，若迟于基准时间，每迟交一个标准时间（1 天、1 周、10 天或 1 个月等），可按报价的一定百分比换算为成本，然后再加在报价上；第二，如果根据招标文件的规定，货物在合同签字并开出信用证后若干日（月）内交货，对迟于规定时间但又在可接受的时间范围内的，可按每日（月）一定的百分比乘以投标报价后，再乘以迟交货的日（月）数，或者按每日（月）一定金额乘以迟交货的时间来计算，评标时将这一金额加在报价上。

（3）付款条件。投标商必须按照合同条款中规定的付款条件来报价，对于不符合规定的投标，可视为非响应性投标而予以拒绝。但对于采购大型成套设备可以允许投标商有不同的付款要求，提出有选择性的付款计划，这一选择性的付款计划只有在得到投标商愿意降低投标价的基础上才能考虑。如果投标商的付款要求偏离招标文件的规定不是很大，尚属可接受的范围，在这种情况下，可根据偏离条件给采购单位增加的费用，按投标书中规定的贴现率算出其净现值并加在报价上，供评标时参考。

（4）零配件的供应和售后服务情况。如果投标商已在境内建立了零配件和售后服务的供应网点，评标时可以在报价之外不另加费用。但是如果投标商没有提供上述招标文件中规定的有关服务，而需由采购单位自行安排和解决的，在评标时可考虑将所要增加的费用包含在报价之中。

（5）货物的性能、生产能力及配套性和兼容性。如果投标商所投设备的性能、生产能力没有达到技术规格要求的基准参数，只要每种技术参数比基准参数降低的，将在报价基础上增加若干金额，以反映设备在寿命周期内额外增加的燃料、动力、运营的成本。

（6）技术服务和培训费用等。投标商在投标书中应报出设备安装、调试等方面的技术服务费用及有关培训费，这些费用应与报价一并提供给招标方。

3）以寿命周期成本为基础的评标方法

采购整套厂房、生产线或设备、车辆等在运行期内的各项后续费用（零配件、油料、燃料、维修等）很高的设备时，可采用以寿命周期成本为基础的评标方法。

在计算寿命周期成本时，可以根据实际情况，评标时在投标书报价的基础上加上一定运行期年限的各项费用，再减去一定年限后设备的残值，即扣除这几年折旧费后的设备剩余值。在计算各项费用或残值时，都应按投标书中规定的贴现率折算成净现值。

例如，汽车按寿命周期成本评标应计算的因素如下：

① 汽车价格；

② 根据投标书偏离招标文件的各种情况，包括零配件短缺、交货延迟、付款条件等进行调整；

③ 估算车辆行驶寿命期所需燃料费用；

④ 估算车辆行驶寿命期所需零件及维修费用；

⑤ 估算寿命期末的残值。

以上后三项都应按一定贴现率折算成现值。

4）打分法

评标通常要考虑多种因素，为了既便于综合考虑，又利于比较，可以按这些因素的重要性确定其在评标时所占的比例，对每个因素打分。打分法考虑的因素包括：

① 投标价格；

② 内陆运费、保险费及其他费用；

③ 交货期；

④ 偏离合同条款规定的付款条件；

⑤ 备件价格及售后服务；

⑥ 设备性能、质量、生产能力；

⑦ 技术服务和培训。

采用打分法评标时，首先确定每种因素所占的分值。通常，分值在每个因素的分配比例如：投标价 60～70 分；零配件 10 分；技术性能、维修、运行费 10～20 分；售后服务 5 分；标准备件等 5 分。

如果采用打分法评标，考虑的因素、分值的分配及打分标准均应在招标文件中明确规定。

这种方法的好处在于综合考虑，方便易行，能从难以用金额表示的各个投标中选择最好的投标；缺点是难以合理确定不同技术性能的有关分值和每一性能应得的分数，有时会忽视一些重要的指标。

2.3　电子采购

2.3.1　电子采购的含义

所谓电子采购就是用计算机桌面系统代替传统的纸介系统，通过网络支持完成采购工作的一种业务处理方式，也称为网上采购。它的基本特点是在网上寻找供应商、寻找品种、网上洽谈贸易、网上订货甚至在网上支付货款。电子采购具有费用低、效率高、速度快、业务操作简单、对外联系范围宽广等特点，因而成为当前最具发展潜力的企业管理工具之一。

电子采购最先兴起于美国，它的最初形式是一对一的电子数据交换系统，即 EDI（Electronic Date Interchange）。这种由大买家驱使，连接自己供应商的电子商务系统的确大幅度地促进了采购的效率，但早期的解决方式价格昂贵，耗费庞大，且由于其封闭性仅能为一家买家服务，尤令中小供应商和买家却步。的确，EDI 需要企业遵循一套所公认的文件或商业单据标准，联合国制定了一套商业 EDI 标准，但在具体实施过程中，关于标准问题在行业内及行业间的协调工作举步维艰。因此，真正商业伙伴间的 EDI 并未广泛开展起来。20 世纪 90 年代中期电子采购目录开始兴起，这是供应商通过将其产品介绍到网上，以此来提高供应商的信息透明度、市场涵盖面。到近年来，出现了全方位综合电子采购平台，并且通过广泛连接买卖双方来进行电子采购服务。

2.3.2　电子采购的优势

1. 传统采购模式的弱点

为能够在今天越来越激烈的商业竞争环境里生存，企业必须在生产管理中降低成本，提高生产率，并以一种更具有战略性的方式进行经营。虽然许多企业已经实现了后台办公自动化，但是大部分企业在间接采购领域里仍然实行手工操作，如以电话、传真、直接见面等方式进行信息交流。企业采购常常为以下问题所困扰。

（1）低效的商品选择过程。采购中商品及供应商的选择是一项费时费力的事情，采购人员需要到众多供应商的产品目录里查询产品及其定价信息。由于信息来源的多样性，如报纸、电视、熟人介绍等都很费时间，以最低向 3 家供应商询价和选择商品为例，一般要用 2～3 天左右的时间，而且可能还要消耗不少的人力、物力。

（2）耗时的手工订货操作。商品和供应商确定后，企业还要安排订货，以手工方式和纸面文件为基础的需求提出至订货过程有时需要与供应商多次见面，以及多次传真、电话联系，才能正式下订单，而且下订单后很可能还要监督订单的执行过程。

（3）不规则采购，易产生腐败现象。在一些企业由于购买性资金使用不透明、不公开，随意性强，在货物、工程和服务的采购过程中，往往是个人因素起决定作用，相互利用，权钱交易；有些不按照正常的采购程序采购，如没有合同的非授权采购使采购企业无法获得采购合同谈判所带来的好处等，这些都给企业带来了经济上的损失。

（4）昂贵的存货成本和采购成本。由于采购过程的低效和费时，企业尤其是大企业常常大量采购，以应付未来之需。这样，很多企业需要一定的费用支持存货，而实际上，这些存货很可能在几个月后才能派上用场。此外，由于采购人员对供应商的比选不充分，采购商品和服务的价格很可能较高，再加上采购的潜在成本，使得采购商品和服务成本超出预计。

（5）冗长的采购周期。由于采购过程中复杂的手工审批、评标过程中组织工作量大，以及过长的采购和订货周期，削弱了企业在这个"时间就是金钱"的商业社会中的竞争优势。

（6）复杂的采购管理。在传统的采购模式下，一般企业都会建立一套分级采购审批程序，以防止采购费用的过度支出及滥用职权，这种审批程序为本来就低效和费时的采购又加上了新的枷锁。

（7）难以实现采购的战略性管理。采购作为企业整体运行的一部分，需要纳入到企业的整体战略管理。但是由于采购的数据收集费时，使得采购战略难以实现。

从整体上看，传统的采购模式还将面对中间商过多的问题。这使得商品的生产成本很低，而贸易成本较高，损害的是最终消费者和采购人员的利益。

2. 电子采购的优势

电子采购将从根本上改变商务活动的模式。它不仅将间接商品和服务采购过程自动化，极大地提高了效益，降低了采购成本，而且使企业在一定程度上避免因信息不对称而引起的资源浪费，有利于社会资源的有效配置，从而使企业更具有战略性的眼光进行采购。电子采购给企业带来的好处（对购买方而言）包括以下几个方面。

（1）货比三家，选择最佳的货物来源，降低采购成本和采购价格。电子采购的信息处理和管理是建立在因特网基础之上的，因特网的开放性使消费者、企业及其供应链之间建立了一种协调关系。商家的产品目录、新品推荐、网上广告等公共信息可以被因特网上的所有用户浏览，采购企业可以对各种型号产品的性能、外观、甚至价格进行详细地了解和比较，还可以在网上直接与商家沟通，避免了谈判桌上的唇枪舌剑。采购者通过货比三家，寻找到产品质量好、价格优惠，且各方面信誉比较好的商家并与其进行交易。通过网上采购，企业以较低的成本挑选出物美价廉的产品，从而保证了企业的利益。

（2）迅速有效地组织评估并确保评估的公正性。实行网上采购，一方面供应商可以更为方便、快捷地通过网络发布招标信息、报送标书，还可以在网上发现及获取到大量潜在的买家，扩大自己的产品供应面，缩短采购周期。另一方面采购企业能够将供应商报送的标书通过网络发送给不同地区的相关专家，由专家在网上进行评标并在规定的时间将结果直接传送给采购机构。网络技术的发展已经使网络评标在技术上成为可能，确保了评标的公正性。

（3）随时了解市场行情和库存情况，科学制定采购计划。企业在采购系统中建立自己的库存信息档案，及时更新，这样就可以通过网上查询来获取库存信息，及时审批和决定采购实施，避免盲目采购、超前采购、重复采购或非需求性采购。

（4）提高了市场透明度。市场透明度关系到购买方的有效采购，它包括产品透明度、供应商透明度和价格透明度。通过这三方面提高市场透明度，加强供货市场竞争，从而使货物价格下降及统一。研究表明，通过使用电子采购平台，不仅能减少中间流通环节，进行更为有效和针对性的营销，密切与客户的关系，赢得更广泛的动态、实时交易能力和更大的市场机会。除此之外，由于业务量加大，供应商就可以进行规模生产，从而获得规模生产的效益。

3. 电子采购模式

基于网络的采购有以下几个主要的模型，不同的公司可根据自己特定的市场环境选择不同的模型。

1）卖方一对多模型

卖方一对多模型是指供应商在互联网上发布其产品的在线目录，采购方则通过浏览来取得所需的商品信息，以做出采购决策，并订下订单及确定付款和交付方式。如图2-1所示。

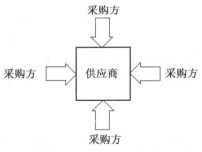

图 2-1　卖方一对多模型

在卖方一对多模型中，作为卖方的某个供应商为增加市场份额，开发了他们自己的因特网网站，允许大量的买方企业浏览和采购自己的在线产品。目录的开发和维护由卖方负责，他们用一个开放的网站或门户网站在因特网上发展自己产品的在线商店。卖方的目录既可由中介人（电子市场）通过因特网链接，又可以通过签证真实的合同而被列为"首选供应商"而获得。买方登录卖方系统通常是免费的。这种模型的例子有商店或购物中心。

对买方企业而言，这种模型的优点在于容易访问，并且不需要做任何投资；缺点是难以跟踪和控制采购开支，商店的普通门户网站的特性使得买方的后勤财务系统不能与卖方企业实现完美的统一。买方企业没有自动化，他们仍然不得不寻找供应商的网站，登录之后，通过目录网络形式人力输入订单。只是由于批量的因素，他们通常不必保留买方的模板或公司的采购信息。每个购买者每次都必须输入所有相关的抠要信息：公司名称、通信地址、电话号码、账户等。很明显，对于拥有几百个供应商的公司，就要访问几百个网站，不停地重复输入信息，然后，购买者不得不同时更新自己内部的 ERP 系统。这种方式对企业采购人员而言，是开展电子采购又不承担风险的理想工具。

随着电子市场的普及，这种模型采用了新的以 XML 为基础的标准，使购买者的 ERP 系统接受简单的文件形式（如采购订单、收据）成为可能。但是，因为采购程序包括了其他许多相互作用的形式（如折扣、合同术语、买者、运输和接货安排），能够获得更高水平的相互操作能力，达成更加一致的信息交流议定书标准，所以大部分过程保留的就仅仅是电子加强版的有纸化系统。

这种模型可能产生的问题是，虽然因特网采购形式和雇员采购 ORM 材料变得简单易行，但同样轻松地使用容易导致滥用权力，如职员可能绕过公司采购政策随意从在线供应商那里采购。

2) 买方一对多模型

买方一对多模型是指采购方在互联网上发布所需采购产品的信息，供应商在采购方的网站上登录自己的产品信息，供采购方评估，并通过采购方网站双方进行进一步的信息沟通，完成采购业务的全过程。如图 2-2 所示。

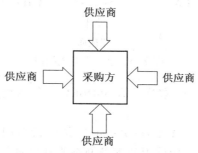

图 2-2 买方一对多模型

与卖方一对多模型不同，买方一对多模型中采购方承担了建立、维护和更新产品目录的工作。虽然这样花费较多，但采购方可以更紧密地控制整个采购流程。它可以限定目录中所需产品的种类和规格，甚至可以给不同的员工在采购不同产品时设定采购权限和数量限制。另外，员工只需通过一个界面就能了解到所有可能的供应商的产品信息，并能方便地进行对比和分析。同时，由于供求双方是通过采购方的网站进行文档传递，因此采购网站与采购方信息系统之间的无缝连接将使这些文档流畅地被后台系统识别并处理。

但是在买方管理模型中，买方需要大量的资金投入和系统维护成本，并且需要大量买卖之间的谈判和合作，这是因为买方实际上已经负责维护当前产品的可获得性、递送周期和价格说明。

买方一对多模型适合大企业的直接物料采购，其原因如下。首先，大企业内一般已运行着成熟可靠的企业信息系统，因此与此相适应的电子采购系统应该与现有的信息系统有着很好的集成性，保持信息流的通畅。缺乏集成性不仅影响了电子采购系统的效率，也会使整个企业信息系统的效率降低。其次，大企业往往处于所在供应链的核心地位，只有几家固定的供应商，且大企业的采购量占了供应商生产量的大部分，因此双方的关系十分密切，保证顺畅的信息流有助于保持紧密的合作关系。最后，大企业也有足够的能力负担建立、维护和更新产品目录的工作。因此，对大企业来说，建立买方一对多模型的电子采购系统进行直接物料采购是比较合适的。

3）第三方系统门户

门户（Portals）是描述在 Internet 上形成的各种市场的术语。独立门户网站是通过一个单一的整合点，多个买方和卖方能够在网上相遇，并进行各种商业交易的网站站点，它将成为 IT 业和信息经济发展中最具有影响力的事件之一。如图 2-3 所示。门户网站模型是因特网上全世界范围内任何人都可进入的单个网站站点，它允许任何人参与或登录并进行商业交易，但是要交一定的费用 —— 按交易税金或交易费的百分比来计算。门户网站上的主要内容有查看目录、下订单（在线拍卖的情况下称为竞标）、循序交货、支付等。

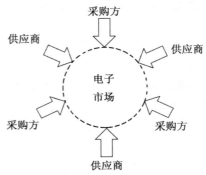

图 2-3　第三方系统门户

为了提高市场中买卖交易的效率，在 Internet 上有两类基本门户：垂直门户和水平门户。

（1）垂直门户。垂直门户（Vertical Portals）是经营专门产品的市场，如钢材、化工、能源等，它通常由一个或多个本领域内的领导型企业发起或支持。许多垂直电子交易社区现在通常由大型强势行业领导者联合发起支持。

化工行业是在线市场发展的早期领导者。它们与其他垂直型企业相比有一个明显的优势：它们的化工产品绝大部分都符合国际标准，如商标名称、质量、内容和数量，因而可以更容易地采用在线拍卖采购。另外一些急需发展电子市场的行业，如汽车、能源、高科技制造和电子行业、信息技术、出版、冶金、航天、金融服务、卫生保健服务及其他许多行业。

在高科技制造业中，由 12 个主要行业领导者（包括惠普、康柏、NEC、网关、日立、三星和其他公司）组成的集团，已经实行合作，形成了一个电子交易社区。该社区将关注预估价值为 6 000 亿美元的高科技零部件市场，并将提供开放的资源、拍卖、供应计划和物流支持。

垂直门户交易市场有一个明显的优势：买方或卖方（生产商）自己作为发起资助人，都倾向于从供应商向其行业的高效供应中获得巨额收益。

（2）水平门户。水平门户（Horizontal Portals）集中了种类繁多的产品供不同工业的买主采购，其主要经营领域包括维修和生产用的零配件、办公用品、家具、旅行服务、物业帮助等，如 Ariba、Commerce One 和 Free Markets 等 B to B 网络采购市场都是水平门户。

水平门户一般由电子采购软件集团或这些间接商品和服务供应商的特定领域内的领导者发起资助，间接材料已经基本上推动了水平型市场的发展，而且水平门户还正向更高的分类市场迈进。

www. Graninger. com（一个强大的 MRO 供应商集团）是水平门户最典型的例子。他们的交易公司 —— OrderZone. com 网络公司在 1999 年 5 月正式开业，提供了单一的门户网站，使顾客可以接触到 6 个行业主导型的 MRO 供应商。其服务包括在线订购、电子发票，并为顾客提供了一个联结点，在此可以接触到各种间接产品。只有在这个网站上注册之后，才可以获得授权进入 Graninger 网络公司和 MRO 目录，而且在采购办公用品和计算机、实验设备等项目时可获得主导型的间接供应商目录。

所有这些类型的交易中心通常是通过向每份交易收取 1%～15% 的交易费来赚钱的，这个比例的大小依赖于交易量和卖出的材料。即使这样，采购者通常还是有利润的，一般会比通过传统销售渠道支付的价格节省 40%。

4. 电子采购方案的实施

1）电子采购的技术支持

电子采购是集计算机技术、多媒体技术、数据库技术、网络技术、安全技术和密码技术、管理技术等多学科技术于一体在电子商务中的应用，因此要实现电子采购必须依靠下列技术支持。

（1）数据库技术。数据库的作用在于存储和管理各种数据，支持决策，在电子商务和信息系统中占重要的地位，是实现电子采购必不可少的技术条件。数据库技术随着业务流程的变化而不断改进，从最初的手工管理阶段发展到现在的数据仓库阶段。数据仓库是因企业的需求和技术的成熟而产生的，它包括数据仓库技术、联机分析处理技术和数据挖掘技术。这些先进的数据仓库技术对提高整个信息系统的效率有很大的影响，大量的信息一般以数据的方式存储，各种数据的特点不同，被使用的情况就不同。在企业电子采购中，存在供应商数据、采购物资数据、内部物资需求的数据等，有效地组织好这些数据才能更好地支持采购决策的制定和实施。企业上网进行商务活动，就产生 Web 数据库，它结合了 Web 具有数据量大、类型多的特点和成熟的数据库管理系统。Web 数据库的前端是界面友好的 Web 浏览器，后台是成熟的数据库技术。在电子化的采购中可以通过这种方式实现在线采购。

（2）EDI 技术。企业与企业之间的交易谈判、交易合同的传送、商品订货单的传送等都需要 EDI 技术。

EDI 是指具有一定结构特征的数据信息在计算机应用系统之间进行的自动交换和处理，这些数据信息称为电子单证。EDI 的目的就是以电子单证代替纸质文件，进行电子贸易，从而在很大程度上提高商务交易的效率并降低费用。在 EDI 中，计算机系统是生成和处理电子单证的实体，通信网络是传输电子单证的载体，标准化则将生成的电子单证按规定格式进行转换以适应计算机应用系统之间的传输、识别和处理。

（3）金融电子化技术。电子采购过程包括交易双方在网上进行货款支付和交易结算，因此金融电子化则为企业之间进行网上交易提供保证。在全球供应链网络中，交易双方可能相隔很远，双方货款只有通过银行系统来结算，银行在企业间的交易中起着重要的作用，它们处理这些业务的效率将直接影响到企业的资金周转，构成影响供应链的资金流流动的因素之一。可见，银行是电子采购、电子商务必不可少的组成部分。

（4）网络安全技术。企业上网采购，在进行合同签订、合同传递、订购款项支付等行为过程中，网上信息是否可靠、真实，信息确保不被篡改等是企业十分关心的问题。安全问题极为重要，信息失真会给交易双方带来风险，甚至造成重大经济损失。

网络安全技术是实现电子商务系统的关键技术，其中包括防火墙技术、信息加密与解密技术、数字签名技术等。目前，一个安全的电子商务系统首先必须具有一个安全可靠的通信网络，以保证交易信息安全迅速地传递；其次必须保证数据库服务器的绝对安全，防止网络黑客闯入窃取信息。在基于网络的电子交易中，由于交易各方不进行面对面的接触且有时不使用现金交付，这就对电子交易的可靠性和安全性提出很高的要求，客户要求提供发送的信息保证绝对安全，而不被非法进行修改；保证只有其目标接受方才可能收到他发送的信息，而不被非法窃取；商户能够验证信息确实来自合法的客户，从而使客户对此信息的发送不可否认；双方均需对彼此合法身份进行验证，这就是网络安全四大要素：传输保密性、数据完整性、信息不可否认性、证明交易原始性。

（5）计算机及网络技术。网上实现采购和企业内部与采购相关的信息传递、处理都离不开计算机。微机硬件性能增强，提高了信息处理速度和准确性；软件功能的完善不但大大方便了操作，也使其操作界面更加友善。

电子采购的网络基础包括局域网技术、广域网互连、接入技术和网络通信协议。在局域网方面，参考和引用了ISO/OSI参考模型，结合本身特点制定自己的具体模式和标准。

2）实施电子采购的步骤

有的企业可能认为目前自己的信息化程度低，怀疑可不可以做电子采购，这个问题有三个不同层次的答案。因为电子采购可以是一个独立的系统，企业可以没有ERP（企业资源计划）的基础，没有SCM（供应链管理），甚至连企业最起码的OA（办公自动化）都没有。但只要有一点——企业只要可以上网，比如有一台电脑可以拨号上网就行。企业可以人工统计自己的采购量，通过国研电子商务公司的网上招投标系统的ASP服务，租用招投标软件服务。一些有OA基础的企业，就可以在自己以前的业务流程基础上做设计，所以实施起来，企业没有人的因素——如ERP因为人的信息水平低而无法操作这个系统。另外，一些大型企业集团公司，就可以建立一个完整的采购平台，包括有整个采购业务流程，从采购订单的收集整理，通过层层审批汇总，然后通过专业的招投标人员具体的操作，直到一个成功的采购流程的完成。当然，国内几家大的行业巨头也可以联合起来建一个更大的联合采购平台，为所有购买商和供货商提供门户功能、目录管理功能、交易功能、协作功能及诸多的增值服务，以实现更大的范围利益共享。

企业实施电子采购的步骤一般可以从以下几个方面考虑。

（1）提供培训。很多企业只在系统开发完成后才对使用者进行应用技术培训。但是国外企业和国内一些成功企业的做法表明，事先对所有使用者提供充分的培训是电子采购成功的一个关键因素。培训内容不仅包括技能的方面，更重要的是让员工了解将在什么地方进行制度革新，以便将一种积极的、支持性的态度灌输给员工，这将有助于减少未来项目进展中的阻力。

（2）建立数据源。目的是为了在互联网上进行采购和供应管理积累数据。主要包括供应商目录、供应商的原料和产品信息、各种文档样本、与采购相关的其他网站、可检索的数据库、搜索工具。

（3）成立正式的项目小组。小组需要由高层管理者直接领导，其成员应当包括项目实施的整个进程所涉及的各个层面，包括信息技术、采购、仓储、生产、计划等部门，甚至包括互联网服务提供商（ISP）、应用服务提供商（ASP）、供应商等外部组织的成员。每个成员对各种方案选择的意见、风险、成本、程序安装和监督程序运行的职责分配等进行充分地交流和讨论，以取得共识。企业的实践证明事先做好组织上的准备是保证整个过程顺利进行的前提。

（4）广泛调研，收集意见。为做好电子采购系统，应广泛听取各方面的意见，包括有技术特长的人员、管理人员、软件供应商等；同时要借鉴其他企业行之有效的做法，在统一意见的基础上，制定和完善有关的技术方案。

（5）建立企业内部管理信息系统，实现业务数据的计算机自动化管理。在企业的电子采购系统网站中，设置电子采购功能板块，使整个采购过程始终与管理层、相关部门、供应商及其他相关内外部人员保持动态的实时联系。主页所包括的内容如表 2-4 所示。

表 2-4　企业电子采购网站包括的内容

提供给供应商的内容	只有内部雇员可以访问的内容
● 网站任务阐述	● 内部政策和程序
● 公司或者组织的地址与目录	● 与内部目录和供应商目录的链接
● 供应商信息及注册过程	● 完整的合同
● 供应商政策	● 采购申请信息和工具
● 标准形式的"壳"文档，如报价单	● 与其他采购工具和网站链接
● 如何实现购买的帮助信息	● 内外部以纸为媒介的文档（以便于快速更新）
● 采购信息链接	

（6）应用之前测试所有功能模块。在电子采购系统正式应用之前，必须对所有的功能模块进行测试，因为任何一个功能模块在运行中如果存在问题都会对整个系统的运行产生很大的影响。

（7）培训使用者。对电子采购系统的实际操作人员进行培训也是十分必要的，只有这样才能确保电子采购系统能得以很好的实施。

（8）网站发布。利用电子商务网站和企业内部网收集企业内部各个单位的采购申请，并对这些申请进行统计整理，形成采购招标计划，并在网上进行发布。

2.4　即时制采购

即时制采购（JIT 采购）是在 20 世纪 90 年代，受即时化生产（JIT 生产）管理思想的启发而出现的。即时制生产方式最初是由日本丰田汽车公司在 20 世纪 60 年代率先使用的。

在 1973 年爆发的危机中，这种生产方式使丰田公司渡过了难关，因此受到了日本和其他国家生产企业的重视，并逐渐引起了欧洲和美国的企业的重视。近年来，JIT 模式不仅作为一种生产方式，也作为一种采购模式开始流行起来。

2.4.1　即时制采购的原理

即时制（JIT）生产的基本思想是"彻底杜绝浪费"、"只在需要的时间，按需要的量，生产所需要的产品"，这种生产方式的核心是追求一种无库存生产系统，或是库存量达到最小的生产系统。即时制的管理思想目前已经被运用到采购、运输、储存及预测等领域。

这种特性能够大大减少在制品库存。JIT 生产的目标就是在恰当的时间、地点提供恰当的零部件。

即时制采购是一种先进的采购模式，它的基本思想是在恰当的时间、恰当的地点、以恰当的数量、恰当的质量采购恰当的物品。它是从即时生产发展而来的，是为了消除库存和不必要的浪费而进行的持续性改进。要进行即时化生产必须要有即时的供应，因此即时制采购是即时化生产管理模式的必然要求。它和传统的采购方法在质量控制、供需关系、供应商的数目、交货期的管理等方面有许多不同，其中关于供应商的选择、质量控制是其核心内容。

即时制采购对即时制生产思想的继承也在于对"零库存"的要求，它的不同之处在于与供应商所签订的在需要的时候提供需要数量的原材料的协议。这意味着可能一天一次，一天两次、甚至每小时好几次提供采购物资。这个方法的主要目的是为了解决生产过程连续步骤中的瓶颈问题，最终为每种物资或几种物资建立单一可靠的供应渠道。其核心要素包括减小批量、频繁而可靠的交货、提前期压缩并且高度可靠、保持一贯的采购物资的高质量。

2.4.2　即时制采购与传统采购的比较

供应链环境下的即时制采购模式与传统的采购模式的不同之处在于采用订单驱动的方式。这种订单驱动的方式使供应与需求双方都围绕订单运作，也就是实现了供需双方同步化运作。传统的采购模式下，采购的目的就是为了补充库存，而即时制采购模式追求的是零库存。

即时制采购与传统采购的不同主要表现在以下几个方面。

（1）对供应商数量的选择不同。传统采购通常采用多头采购，供应商的数目较多，企业与供应商的关系是通过价格竞争而选择供应商的短期合作关系；即时制采购采用的是较少的供应商，甚至只选择一个供应商，且与供应商的关系是长期合作关系。

（2）对交货即时性的要求不同。即时制采购的一个重要特点是要求即时交货。能否即时交货是用户评价供应商的一个重要条件，即时交货取决于供应商的生产与运输条件。作为供应商来说，要使交货即时，可从以下几个方面着手。一方面，是不断改进企业的生产条件，提高生产的可靠性和稳定性，减少由于生产过程的不稳定导致延迟交货或误点现象。作为即时化供应链管理的一部分，供应商同样应该采用即时化的生产管理模式，以提高生产过程的即时性。另一方面，为了提高交货即时性，运输问题不可忽视。在物流管理中，运输问题是一个很重要的问题，它决定即时交货的可能性。特别是全球的供应链系统，运输过程长，而且可能要先后经过不同的运输工具，需要中转运输等，因此就有必要进行有效的运输计划与管理，使运输过程准确无误。

（3）对供应商进行选择的标准不同。在传统的采购模式中，供应商是通过价格竞争而选择，供应商与用户的关系是短期的合作关系，当发现供应商不合适时，可以通过市场竞标的方式重新选择供应商。但在 JIT 采购模式中，由于供应商和用户是长期的合作关系，供应商的合作能力将影响企业的长期经济利益，因此对供应商的要求就比较高。在选择供应商时，需要对供应商进行综合的评价，而对供应商的评价必须依据一定的标准。这些标准应包括产品质量、交货期、价格、技术能力、应变能力、批量柔性、交货期与价格的均衡、价格与批量的均衡、地理位置等，而不像传统采购那样主要依靠价格标准。

（4）对信息交流的需求不同。即时制采购要求供应与需求双方信息高度共享，保证供应与需求信息的准确性和实时性。由于双方的战略合作关系，企业在生产计划、库存、质量等各方面的信息都可以即时进行交流，以便出现问题时能够即时处理。

（5）制定采购批量的策略不同。小批量采购是即时制采购的一个基本特征。即时制采购和传统的采购模式的一个重要不同之处在于：即时制生产需要减少生产批量，因此采购的物资也应采用小批量方式。小批量采购是 JIT 采购的一个基本特征。从另外一个角度看，由于企业生产对原材料和外购件的需求是不确定的，而 JIT 采购又旨在消除原材料和外购件库存，为了保证即时、按质按量供应所需要的原材料和外购件，因此即时制采购必然采取小批量的方式。

（6）对送货和包装的不同要求。由于 JIT 采购消除了原材料和外购件的缓冲库存，供应商交货的失误和送货的延迟必将导致企业生产线的停工待料。因此，可靠的送货是实施 JIT 采购的前提条件。而送货的可靠性，常取决于供应商的生产能力和运输条件，一些不可预料的因素，如恶劣的气候条件、交通堵塞、运输工具的故障等，都可能引起送货迟延。当然，最理想的送货是直接将货物送到生产线上。

（7）对信息交流的不同需求。JIT 采购要求供应与需求双方信息高度共享，保证供应与需求信息的准确性和实时性。由于双方的战略合作关系，企业在生产计划、库存、质量等各方面的信息都可以及时进行交流，以便出现问题时能够及时处理。只有供需双方进行可靠而快速的双向信息交流，才能保证所需要的原材料和外购件的即时按量供应；同时，充分的信息交换可以增强供应商的应变能力。所以，实施 JIT 采购，就要求供应商和制造商之间进行有效的信息交换。信息交换的内容包括生产作业计划、产品设计、工程数据、质量、成本、交货期等；信息交换的手段包括电报、电传、电话、信函、卫星通信等，现代信息技术的发展为有效的信息交换提供了有力的支持。

2.4.3　即时制采购的优点

JIT 采购是关于物资采购的一种全新的思路，企业实施 JIT 采购具有重要的意义。根据资料统计，JIT 采购在以下几个方面已经取得了令人满意的成果。

1. 大幅度减少原材料和外购件的库存

根据国外一些实施 JIT 采购策略企业的测算，JIT 采购可以使原材料和外购件的库存降低 40%～85%。原材料和外购件库存的降低，有利于减少流动资金的占用，加速流动资金的周转，同时也有利于节省原材料和外购件库存占用的空间，从而降低库存成本。从成本的角度上看，采取单源供应比多头供应好，一方面，对供应商的管理比较方便，而且可以使供应商获得内部规模效益和长期订货，从而可使购买的原材料和外购件的价格降低，有利于降低采购成本；另一方面，单源供应可以使制造商成为供应商的一个非常重要的客户，因而加强制造商与供应商之间的相互依赖关系，有利于供需之间建立长期稳定的合作关系，质量上比较容易保证。是否选择到合格的供应商是 JIT 采购能否成功实施的关键。合格的供应商具有较好的技术、设备条件和较高的管理水平，可以保障采购的原材料和外购件的质量，保证即时按量供货。

在大多数情况下，其他标准较好的供应商，其价格可能也是较低的，即使不是这样，双方建立起互利合作关系后，企业可以帮助供应商找出减少成本的方法，从而使价格降低。更进一步，当双方建立了良好的合作关系后，很多工作可以简化以至消除，如订货、修改订货、点数统计、品质检验等，从而减少浪费。

2. 提高采购物资的质量

实施 JIT 采购后，企业的原材料和外购件的库存很少以至为零。因此，为了保障企业生产经营的顺利进行，采购物资的质量必须从根源上抓起。也就是说，购买的原材料和外购件的质量保证，应由供应商负责，而不是企业的物资采购部门。JIT 采购就是要把质量责任返给供应商，从根源上保障采购物资的质量。为此，供应商必须参与制造商的产品设计过程，制造商也应帮助供应商提高技术能力和管理水平。

在现阶段，我国主要是由制造商来负责监督购买物资的质量；验收部门负责购买物资的接收、确认、点数统计，并将不合格的物资退给供应商，因而增加了采购成本。实施 JIT 采购后，从根源上保证了采购物资的质量，购买的原材料和外购件就能够实行免检，直接由供应商送货到生产线，从而大大减少了购货环节，降低了采购成本。

一般来说，实施 JIT 采购，可以使购买的原材料和外购件的质量提高 2～3 倍。而且，原材料和外购件质量的提高，又会引致质量成本的降低。据估计，实施 JIT 采购可使质量成本减少 26%～63%。

3. 降低原材料和外购件的采购价格

由于供应商和制造商的密切合作及内部规模效益与长期订货，再加上消除了采购过程中的一些浪费（如订货手续、装卸环节、检验手续等），就使得购买的原材料和外购件的价格得以降低。例如，生产复印机的美国施乐（Xerox）公司，通过实施 JIT 采购策略，使其采购物资的价格下降了 40%～50%。

此外，推行 JIT 采购策略，不仅缩短了交货时间，节约了采购过程所需要的资源（包括人力、资金、设备等），而且提高了企业的劳动生产率，增强了企业的适应能力。

2.4.4　即时制采购带来的问题及其解决办法

1. 小批量采购带来的问题及其解决办法

小批量采购必然增加运输次数和运输成本，对供应商来说，这是很为难的事情，特别是供应商在国外远距离的情形，在这种情况下实施 JIT 采购的难度就很大。解决这一问题的方法有四种：一是使供应商在地理位置上靠近制造商，如日本汽车制造商扩展到哪里，其供应商就跟到哪里；二是供应商在制造商附近建立临时仓库，实质上，这只是将负担转嫁给了供应商，而未从根本上解决问题；三是由一个专门的承包运输商或第三方物流企业负责送货，按照事先达成的协议，搜集分布在不同地方的供应商的小批量物料，即时按量送到制造商的生产线上；四是让一个供应商负责供应多种原材料和外购件。

2. 采用单源供应带来的风险

比如供应商有可能因意外原因中断交货。另外，单源供应使企业不能得到竞争性的采购价格，产生对供应商的依赖性过大等现象。因此，必须与供应商建立长期互利合作的新型伙伴关系。在日本，98%的 JIT 企业采取单源供应。但实际上，一些企业常采用同一原材料或外购件由两个供应商供货的方法，其中一个供应商为主，另一个供应商为辅。许多企业也不是很愿意成为单一供应商。原因很简单：一方面，供应商是具有独立性较强的商业竞争者，不愿意把自己的成本数据披露给用户；另一方面，供应商不愿意成为用户的一个产品库存点。实施 JIT 采购，需要减少库存，但库存成本原先是在用户一边，现在转移到供应商一边。

工业企业在实施 JIT 采购时，其中一个重要环节就是要减少库存与生产周期，要做到这两点，采购及供应商的管理至关重要。事实上，控制、减少原材料的库存、缩短原材料的交货周期、在原材料供应过程中实施 JIT 采购，相对于企业内部实施 JIT 生产来说见效更快，而且实施起来更容易，一方面能为本企业实施 JIT 打下基础，另一方面也能推动企业整体供应链的优化。

2.4.5 即时制采购的实施

1. 实施条件

即时制采购的成功实施需要具备一定的前提条件，实施即时制采购的最基本的条件如下。

（1）距离越近越好。供应商和用户企业的空间距离小，越近越好。太远了，操作不方便，发挥不了即时制采购的优越性，很难实现零库存。

（2）制造商和供应商建立互利合作的战略伙伴关系。即时制采购策略的推行，有赖于制造商和供应商之间建立起长期的、互利合作的新型关系，相互信任，相互支持，共同获益。

（3）注重基础设施的建设。良好的交通运输和通信条件是实施即时制采购策略的重要保证，企业间通用标准的基础设施建设，对即时制采购的推行也至关重要。所以，要想成功地实施即时制采购策略，制造商和供应商都应注重基础设施的建设。诚然，这些条件的改善，不仅仅取决于制造商和供应商的努力，各级政府也须加大投入。

（4）强调供应商的参与。即时制采购不只是企业物资采购部门的事，它也离不开供应商的积极参与。供应商的参与，不仅体现在准时、按质按量供应制造商所需的原材料和外购件上，而且体现在供应商积极参与制造商的产品开发设计过程中。与此同时，制造商有义务帮助供应商改善产品质量，提高劳动生产率，降低供货成本。

（5）建立实施即时制采购策略的组织。企业领导必须从战略高度认识即时制采购的意义，并建立相应的企业组织来保证该采购策略的成功实施。这一组织的构成，不仅应有企业的物资采购部门，还应包括产品设计部门、生产部门、质量部门、财务部门等。其任务是：提出实施方案，具体组织实施，对实施效果进行评价，并进行连续不断的改进。

（6）制造商向供应商提供综合的、稳定的生产计划和作业数据。综合的、稳定的生产计划和作业数据可以使供应商及早准备，精心安排生产，确保准时、按质按量交货；否则，供应商就不得不求助于缓冲库存，从而增加供货成本。有些供应商在制造商工厂附近建立仓库以满足制造商的即时制采购要求，实质上这不是真正的即时制采购，而只是负担转移而已。

（7）注重教育与培训。通过教育和培训，使制造商和供应商充分认识到实施即时制采购的意义，并使他们掌握即时制采购的技术和标准，以便对即时制采购进行不断的改进。

（8）加强信息技术的应用。即时制采购是建立在有效信息交换的基础上，信息技术的应用可以保证制造商和供应商之间的信息交换。因此，制造商和供应商都必须加强对信息技术，特别是 EDI 技术的应用投资，以更加有效地推行即时制采购策略。

2. 实施步骤

开展即时制采购同其他工作一样，需遵循计划、实施、检查、总结提高的基本思路，具体包括以下步骤。

1）创建即时制采购团队

世界一流企业的专业采购人员有 3 个责任：寻找货源、商定价格、发展与供应商的协作关系并不断改进。因此专业化的高素质采购队伍对实施即时制采购至关重要。为此，首先要成立两个团队，一个是专门处理供应商事务的团队，该团队是认定资格评估供应商的信誉、能力，或与供应商谈判签订即时制订货合同，向供应商发放免检签证等，同时要负责供应商的培训与教育；另外一个团队专门负责消除采购中的浪费，这些团队中的人员应该对即时制采购的方法有充分的了解和认识，必要时要进行培训。如果这些人员本身对即时制采购的认识和了解都不彻底，就不可能指望与供应商的合作了。

2）分析现状、确定供应商

首先根据采购物品的分类模块选择价值量大、批量大的主要原材料及零部件为出发点，结合供应商的关系，优先选择伙伴型或优先型供应商进行即时制采购可行性分析。分析采购物品及供应商情况时要考虑的因素有原材料或零部件的采购量、年采购额、物品的重要性（对本公司产品生产、质量的影响等）、供应商的合作态度、供应商的地理位置、物品的包装及运输方式、物品的存储条件及存放周期、供应商现有供应管理水平、供应商参与改进的主动性、该物品的供应周期、供应商生产该物品的生产周期及重要原材料采购周期、供应商现有的送货频次、该物品的库存量等。然后根据现状，进一步分析问题所在及导致问题产生的原因。

3）设定目标

针对供应商目前的供应状态，提出改进目标。改进目标包括供货周期、供货频次、库存等，改进目标应有时间要求。

4）制定实施计划

计划要明确主要的行动点、行动负责人、完成时间、进度检查方法及时间、进度考核指标等，其中包括本公司内的主要行动。

（1）将原来的固定订单改为开口订单，订单的订购量分成两部分：一部分是已确定的、供应商必须按时按量交货的部分，另一部分是可能因市场变化而增减的，供供应商准备原材料、安排生产计划参考的预测采购量。两部分订购量的时间跨度取决于本公司的生产周期、供应商的生产交货周期、最小生产批量等。

（2）调整相应的运作程序及参数设置（如 Mw 系统参数等）；在公司内相关人员之间进行沟通、交流，统一认识、协调行动。

（3）确定相应人员的职责及任务分工等。

（4）在供应商方面，需要对供应商进行沟通、培训，使供应商接受即时制采购的理念，确认本公司提出的改进目标，包括缩短供应时间、增加供应频次、保持合适的原材料、在制品及成品的库存等；同时供应商也相应认可有关的配合人员的责任、行动完成时间等。

5）改进行动实施

改进行动实施的前提是供应原材料的质量改进和保障，同时为改善供应要考虑采用标准、循环使用的包装、周转材料与器具，以缩短送货的装卸、出入库时间。改进实施的主要环节是将原来的独立开具固定订单改成滚动下单，并将订单与预测结合起来。首先，可定期（如每季）向供应商提供半年或全年采购预测，便于供应商提前安排物料采购及生产安排；其次，定期（如每周或每月）定时向供应商提供每周、每半月或每月、每季的流动订单，流动订单包括固定和可变的两部分，供应商按流动订单的要求定期、定量送货。为更好地衔接供应商在整体供应链之间的关系，供应商最好定期（每周、每半月或每月）向本公司提供库存（含原材料、在制品、成品）报告，以便本公司在接受客户订单及订单调整时能准确、迅速、清晰地了解供应商的反应能力。实施即时制采购还应注意改进行政效率，充分利用电话、传真及电子邮件等手段进行信息传递以充分保证信息传递的及时性、准确性、可靠性。在开展即时制采购的过程中，最重要的是要有纪律性，要严格按确定的时间做该做的事情（如开具采购预测、订单、库存报告等），同时要有合作精神与团队意识。只有采购、计划、仓管、运输、收验货、供应商等密切配合，才能保证即时制采购顺利实施。

6）绩效衡量

衡量即时制采购实施绩效要定期检查进度，以绩效指标（目标的具体化指标）来控制实施过程。采购部门或即时制采购实施改进小组要定期（如每月）对照计划检查各项行动的进展情况、各项工作指标、主要目标的完成情况，并用书面形式采用图表等方式报告出来，对于未如期完成的部分应重新提出进一步的跟踪行动，调整工作方法，必要时调整工作目标。

复习思考题

1. 什么是集中采购？集中采购与分散采购各有哪些优点和缺点？各适用于什么条件？

2. 什么是即时制采购？实施即时制采购的主要策略有哪些？

3. 什么是联合采购？联合采购方式有哪些好处？你认为可采取哪些措施推动企业间的联合采购？

4. 电子采购有哪些优点？存在哪些主要问题？电子采购有哪几种具体的形式？

5. 请分别预测一下网上工业产品的采购与网上消费品的采购在我国未来的发展状况，包括发展速度、发展潜力、面临的主要问题等。

6. 实施电子采购需要哪些技术方面的支持？

7. 电子采购的实施步骤如何？

8. 什么是招标、投标？招标的主要作业阶段是什么？

9. 招标采购方式的优点主要有哪些？缺点是什么？

10. 试总结国内的招标采购中存在的主要问题。你认为要解决这些问题，关键应该从哪里做起？

第**3**章

采 购 基 础

本章主要介绍采购管理的基础性工作，即供应市场分析、采购商品的细分和采购商品规格说明，以及采购计划和采购预算。通过本章的学习使读者熟悉采购前期的基础性工作，掌握进行供应市场分析、商品细分和商品规格描述、采购计划和预算编制的基础知识。

3.1 供应市场分析

供应市场分析是指为满足公司目前及未来发展的需要，针对所采购的物品或服务系统地进行供应商、供应价格、供应量等相关情报数据的调研、收集、整理和归纳，从而分析出所有相关要素以获取最大回报的过程。它包括供应商所在国家或地区的宏观经济分析、供应行业及其市场的宏观经济分析及供应厂商的微观经济分析。

3.1.1 供应市场和市场结构

1. 市场

市场是供应和需求的综合。有时它指的是实际市场，但是也会涉及抽象的市场。

供应商和采购商之间关系的模式是由交付的货物和劳务的基本模式 —— 外部结构决定的。外部结构包含几个通过市场相联系的环节，外部结构又可以分为产业部门和产业链。产业部门指组织之间是水平关系，相互之间是有效的竞争者（如皮革和制鞋行业、电子行业）；产业链是指一系列的公司，他们形成了一种产品生产的连续阶段。

2. 供应市场的结构

市场结构通常可以分为卖方完全垄断市场、垄断性竞争市场、寡头垄断的竞争市场、完全竞争市场、买主寡头垄断市场和买方完全垄断市场（独家采购垄断市场）。竞争包括从一个供应商多个购买者到多个供应商一个购买者等不同的类型，对它们分别解释如下。

1）卖方完全垄断的市场

一个供应商多个购买者。产生完全垄断的原因及其分类有自然垄断、政府垄断和控制垄断。自然垄断往往来源于显著的规模经济，如飞机发动机、中国的供电等；政府垄断是基于政府给予的特许经营，如铁路、邮政及其他公用设施等；控制垄断包括拥有专利权，拥有专门的资源等而产生的垄断。

2）垄断竞争市场

少量卖方和许多买方。新的卖方通过产品的差异性来区别于其他的卖方。这种市场结构是最具有现实意义的市场结构，其中存在大量的供应商，各供应商所提供的商品不同质，企业进入和退出市场完全自由。多数日用消费品、耐用消费品和工业产品的市场都属于此类。

3）寡头垄断的竞争市场

较少量卖方和许多买方。这类行业存在明显的规模经济，市场进入障碍明显。价格由行业的领导者或者卡特控制。石油行业内的一个卡特是石油输出国组织（OPEC），它为所有成员定价。

4）完全竞争市场

许多卖方和许多买方。在完全竞争市场中，所有的卖方和买方具有同等的重要性。大多数市场都不是完全竞争市场，但是可以像完全竞争的市场那样高效地运作。价格的确定是由分享该市场的所有采购商和供应商共同影响确定的。该市场具有高度的透明性，产品结构、质量与性能不同的供应商之间几乎没有差异，市场信息完备，产品的进入障碍小。这类市场的典型产品有铁、铜、铝等金属产品，主要存在于专业产品市场、期货市场等。

5）买方寡头垄断市场

许多卖方和少量买方。在这种市场中买方对定价有很大的影响，因为所有卖方都在为生意激烈竞争。在这种市场中采购者十分明了彼此的行为，并且共同占据比通常较小的采购者更加有利的位置。汽车工业中半成品和部件采购者的地位就是这样的例子，一些部门采用的集团采购也容易形成这种市场。

6）买方完全垄断市场

几个卖方和一个买方。这是和卖方完全垄断相反的情况，在这种市场中，买方控制价格。这种类型的市场的典型例子如铁路用的机车和车辆的采购市场、军需物品的采购市场。

不同的供应市场决定了采购企业在买卖中的不同地位，因而必须采取不同的采购策略和方法。从产品设计的角度出发，尽量避免选择完全垄断市场中的产品，如不得已，就应该与供应商结成合作伙伴的关系；对于垄断竞争市场中的产品，应尽可能地优化已有的供应商并发展成为伙伴性的供应商；对于寡头垄断市场中的产品，应尽最大可能与供应商结成伙伴型的互利合作关系；在完全竞争市场下，应把供应商看成商业型的供应业务合作关系。

上面所描述的市场结构可以置于一个矩阵中，并得到如表3-1所示的结果。

表3-1　按供需双方的数量细分的市场类型

供　方 ＼ 需　方	一个	很少	很多
一个	双边垄断"垄断市场"（备件）	有限的供应方垄断（燃油泵）	供应方垄断（水、电、煤气）
很少	有限的需求方垄断（电话交换机、火车）	双边寡头垄断（化学半成品制造商）	供应方寡头垄断市场（复印机、计算机）
很多	需求方垄断（武器系统、军火）	需求方寡头垄断（汽车部件）	完全竞争（办公用品）

3.1.2 供应市场分析的原因

许多大公司，像 IBM、本田、朗讯科技和飞利浦电子等公司已经引入了公司商品团队的概念，负责在全球范围内采购战略部件和材料，他们不断为所需要的材料和服务寻找第一流的供应商。最初由专业人员给予支持，然后公司商品采购人员自己逐渐承担起进行采购市场研究的活动。

影响采购方进行主动的供应市场研究的主要因素有以下几个方面。

1. 技术的不断创新

无论是生产企业还是商业贸易，为保持竞争力必须致力于产品的创新和质量的改善。当出现新技术时，企业或公司在制定自制、外购决策中就需要对最终供应商的选择进行大量的研究。

2. 供应市场的不断变化

国际供应市场处在不断变化之中。国家间的政治协定会突然限制一些出口贸易，供应商会因为突然破产而消失，或被其竞争对手收购，价格水平和供应的持续性都会受到影响。需求也会出现同样变化，如对某一产品的需求会急剧上升，从而导致紧缺状况的发生。买主必须预期某一产品供需状况的可能变化，并由此获得对自己的商品价格动态的更好理解。

3. 社会环境的变化

西欧相对较高的工资水平已经造成了供应商市场的变化。由于发展中国家较低的工资，有许多欧洲零售商的纺织品供应发生了变化，他们已将自己的供应基地从欧洲转移到了远东地区。

4. 汇率的变动

许多主要币种汇率的不断变化对国际化经营的买主施加了新的挑战。许多国家的高通货膨胀、巨额政府预算赤字、汇率的迅速变化都要求买主对其原料需求的重新分配做出快速反应。

5. 产品的生命周期及其产业转移

产业转移、技术进步不仅改变了供应市场的分布格局，整体上降低制造成本，也给采购的战略制定、策略实施及采购管理提出了新的要求，带来了新的变化，主要体现在：一是在自制、外购的决策中，外购的份额在增加；二是采购呈现向购买组件、成品的方向发展；三是采购的全球化趋势日益增强，同时采购的本地化趋势也伴随着生产本地化的要求得以加强；四是供应市场及供应商的信息更加透明化；五是技术发展使得许多公司必须完全依赖于供应商的伙伴关系。

供应市场分析中，产业的生命周期及其产业转移是很重要的内容。大致说来，传统的制造业及相关产品已由原来的发达国家转移到发展中国家，相应地新兴产业如信息技术产业等则为美国等所控制。这种产业转移反映了制造业的区域化调整，说明了不同产业的发展阶段即产业的生命周期，也会相应地导致供应市场结构的改变。

3.1.3 供应市场分析的过程

供应市场分析可能是周期性的，也可能是以项目为基础进行的。供应市场分析可以是用于收集关于特定工业部门的趋势及其发展动态的定性分析，也可以是从综合统计和其他公共资源中获得大量数据的定量分析，大多数的供应市场分析包括这两个方面，供应商基准分析就是定性分析和定量分析的结合。供应市场分析既可以是短期分析也可以是长期分析。

进行供应市场分析并没有严格的步骤，有限的时间通常对分析过程会产生一定的影响，并且每个项目都有自己的方法，所以很难提供一种标准的方法。但是一般情况下，供应市场分析主要有以下步骤。

（1）确定目标。要解决什么问题，问题解决到什么程度，解决问题的时间多长，需要多少信息，信息准确到什么程度，如何获取信息，谁负责获取信息，如何处理信息等问题都包含在一个简明概述中。

（2）成本效益分析。分析成本所包含的内容，进行分析所需要的时间，并分析获得的效益是否大于所付出的成本。

（3）可行性分析。分析公司中的哪些信息是可用的？从公开出版物和统计资料中可以得到什么信息？是否需要从国际数据库及其专业代理商中获得信息，并以较低的成本从中获得产品和市场分析？是否需要从一些部门购买研究、分析服务，甚至进行外出调研。

（4）制定分析计划的方案。确定获取信息需要采取的具体行动，包括目标、工作内容、时间进度、负责人、所需资源等。除了案头分析之外，还要与供应商面谈，加上实地研究。案头分析是收集、分析及解释任务的数据，它们一般是别人已经收集好的，在采购中这类分析用得最多；实地研究是收集、分析和解释案头分析无法得出的细节，它设法追寻新信息，通过详细的项目计划为此类分析做好准备。

（5）方案的实施。在实施阶段，遵循分析方案的计划是非常重要的。

（6）撰写总结报告及评估。供应市场分析及信息收集结束后，要对所获得的信息和情报进行归纳、总结、分析，在此基础上提出总结报告，并就不同的供应商选择方案进行比较。对分析结果的评估应该包括对预期问题的解决程度，对方法和结果是否满意等。

3.1.4 供应市场分析的层次

供应市场的分析可以分为宏观经济、中观经济和微观经济3个主要的层次。

（1）宏观经济分析。指的是分析一般经济环境及影响未来供需平衡的因素，如产业范围、经济增长率、产业政策及发展方向、行业设施利用率、货币汇率及利率、税收政策与税率、政府体制结构与政治环境、关税政策与进出口限制、人工成本、通货膨胀、消费价格指数、订购状况等因素。

（2）中观经济分析。它集中于研究特定的工业部门，并且在这个层次，很多信息都可以从国家的中央统计部门和工业机构中获得。它们有关于营利性、技术发展的劳动成本、间接成本、资本利用、订购状况、能源消耗等具体信息。这个层次主要包括以下信息：供求分析、行业效率、行业增长状态、行业生产与库存量、市场供应结构、供应商的数量与分布等。

（3）微观经济分析。它集中于评估个别产业供应和产品的优势与劣势，如供应商财务审计、组织架构、质量体系与水平、产品开发能力、工艺水平、生产能力与产量、交货周期及准时率、服务质量、成本结构与价格水平，以及作为供应商认证程序一部分的质量审计等。它的目标是对于供应商的特定能力和其长期市场地位进行透彻地理解。

3.2 采购商品的细分

3.2.1 采购商品的一般分类

1. 采购物品的 80/20 法则

采购物品的 80/20 法则的含义主要有：通常数量或者种类为 80% 的采购物品（指原材料、零部件，通常以 BOM 的品种或材料代号数来衡量）只占有 20% 的价值，其中有 50% 的物品数的价值总量在 2% 以下，而剩下的 20% 的物品数量则占有 80% 的价值，产品中原材料（含零部件）的这种 80/20 特性为采购物品的策略制定提供了有益的启示，也就是采购工作的重点应该放在价值占 80% 而数量只占 20% 的物品上，这些物品包括了战略物品和集中采购品。此外，有 50% 的物品数可以不予重视，其运作的好坏对成本、生产等的影响甚微。

2. 采购商品的分类

采购商品分类是采购工作专业化实施的基础。1983 年 Kraljic 提出了采购物品分类模块，为该工作的开展提供了一套普遍被人接受的方法，它主要基于两个因素：一是采购物品对本公司的重要性，主要指该采购物品对公司的生产、质量、供应、成本及产品等影响的大小；二是供应风险，主要指短期、长期供应保障能力，供应商的数量，供应竞争激烈程度，自制可能性大小等。依据不同采购物品的重要性及供应风险，可将它们分为战略采购品、瓶颈采购品、集中采购品及正常采购品，如图 3-1 所示。

图 3-1 基于风险价值的商品细分

（1）战略采购品，指价值比例高、产品要求高，同时又只能依靠个别供应商或者供应难以确保的物品。原料是许多公司的采购总量中的重要组成部分，原料的采购通常涉及大量的资金。另外，它们部分地决定了成品的成本价格，因此它们通常被标记为战略产品。比如汽车厂需要采购的发动机和变速器，电视机厂需采购的彩色显像管及计算机厂商需要采购的微处理器等。

（2）瓶颈采购品指的是价值比例虽不算高，但供应保障不力的物品。如油漆厂用的色粉，食品行业用的维生素等。

（3）集中采购品是指那些价值比例较高，但很容易从不同的供应商所采购的物品。主要包括化工、钢铁、包装等原材料或标准产品等。

（4）正常采购品则包括诸如办公用品、维修备件、标准件及其他价值低、有大量供应商的商品。MRO占到了产品的80%；同时，它们占到了采购金额的20%，并且作为前述特征的结果，采购者的80%的工作与这些用品有关。MRO商品的采购具有产品类别众多、高度专一性、多数用品的消耗率不高且没有规则，以及使用者对用品的选择能够施加相当大的影响等特点。

由于数量仅占20%的战略物品与集中采购物品占据了采购价值的80%，它们的采购成本控制与降低对公司的整体成本就显得十分重要。因此，把不同时期或不同单位的同类产品集中起来进行统一、大量采购将会取得显著的降价效果。

3. 不同商品的采购策略

对于战略采购品，首要的策略是要找到可靠的供应商并发展同他们的伙伴关系，通过双方的共同努力去改进产品质量、提高交货可靠性、降低成本并组织供应商早期参与本公司的产品开发。

对于集中采购品，由于供应充足，产品的通用性强，其主要着眼点是想方设法降低采购成本，追求最低价格。通常可采取两种做法：一是将不同时期或不同单位的同类产品集中起来统一同供应商谈判，二是采用招标的方式找不同的供应商参与竞价。需要注意的是，在追求价格的同时要保证质量和供应的可靠性。一般情况下，这类物品不宜签订长期合同，且采购时要密切关注供应市场的价格走向与趋势。

瓶颈采购品的策略主要是要让供应商能确保产品供应，必要时甚至可提高一些价格或增加一些成本，采取的行动是通过风险分析制定应急计划，同时与相应的供应商改善关系（最好是建立伙伴关系），以确保供应。

正常采购品只占价值的20%，在采购管理不善的情况下采购人员却往往花费大量的时间和精力去对付这些无足轻重的东西。这些物品的采购策略是要提高行政效率，采用程序化、规格化、系统化的工作作业方式等；主要措施有提高物品的标准化、通用化程度以减少物品种类，减少供应商数量，采用计算机系统、程序化作业以减少开单、发单、跟单、跟票等行政工作时间，提高工作的准确性及效率。

3.2.2 采购商品的细分

上述分类方法是按管理的需求进行的，对这些不同类型的商品进行采购时，都会面临着各不相同的问题。为了便于进一步分析它们各自的特点，采购商品还可进行如下细分。

1. 细分的种类

1）有形商品和无形商品

有形商品采购的内容包括原料、辅助材料、半成品、零部件、成品、投资品或固定设备，以及维护和修理运营用品（MRO物品）。

（1）原料。原料就是未经转化或只有最小限度转化的材料，在生产流程中作为基本的材料存在。在产品的制造过程中，即使原料的形体发生物理或化学变化，它依然存在于产品里面。通常，原料是产品的制造成本中比率最高的项目。

（2）辅助材料（辅料）。辅助材料指的是在产品制造过程中除原料之外，被使用或消耗的材料。有些辅料与产品制造有直接的关系，但在产品制成时，辅料本身已经消失，如化学制品所需要的催化剂；有些辅料虽然还附着在产品上，但因其价值并不高而被视为辅料，比如成衣上的纽扣；有些辅料与产品制造过程没有直接的关系，只是消耗性的材料或工具，例如锉刀、钢刷或灭藻剂，包装材料及产生能量所耗用的燃料也属于辅料的范围。

（3）半成品。这些产品已经经过一次或多次处理，并将在后面的阶段进行深加工。它们在最终产品中实际存在。如钢板、钢丝和塑料薄片。

（4）零部件。它指的是不需要再经历额外的物理变化，但是将通过与其他部件相连接而被包括进某个系统中的产成品，它们被嵌入最终产品内部。比如前灯装置、灯泡、电池、发动机零件、电子零件、变速箱。

（5）成品。主要是指用于销售而采购的所有产品，它们在经过可以忽略的价值增值后，与其他的成品和（或）制成品一起销售。如由汽车生产商提供的附件，像汽车收音机等。制造商并不生产这些产品，而是从专门的供应商那里取得这些产品。百货公司所销售的消费品也属于这个范围。

（6）投资品或固定设备。这些产品不会被立刻消耗掉，但其采购价值经过一段时间后会贬值。账面价值一般会逐年在资产负债表中报出。投资品可以是生产中使用的机器，也可以是计算机和建筑物。

（7）MRO物品。这些产品是为保持组织的运转（尤其是辅助活动的进行）而需要的间接材料或用于消费的物品。这些物品一般由库存供应，这类物资有办公用品、清洁材料和复印纸等，也包括维护材料和备件。

无形商品采购主要是咨询服务和技术采购，或是采购设备时附带的服务。主要形式有技术、服务和工程发包。

（1）技术。是指取得能够正确操作和使用机器、设备、原料的专业知识。只有取得技术才能使机器和设备发挥效能，提高产品的产出率或确保优良的品质，降低材料损耗率，减少机器或设备的故障率，这样才能达到减少投入、增加产出的目的。

（2）服务。服务是在合同的基础上由第三方（供应商、承包商、工程公司）完成的活动，它是指为了用于服务、维护、保养等目的的采购。服务包括从清洁服务和雇佣临时劳务到由专业的工程公司（承包商）为化学公司设计新生产设备的范围。这里还可能包括安装服务、培训服务、维修服务、升级服务及某些特殊的专业服务。

（3）工程发包。工程发包包括厂房、办公室等建筑物的建设与修缮，以及配管工程、动力配线工程、空调或保温工程及仪表安装工程等。

工程发包有时要求承包商连工带料，以争取完工时效；有时自行备料，仅以点工方式计付工资给承包商，如此可以节省工程发包的成本。但是规模较大的企业，本身兼具机器制造和维修能力，就有可能购入材料自行施工，无论在完工品质、成本及时间等，均有良好的管制和绩效。

2）直接物料和间接物料

国外还经常把采购物资划分为直接物料和间接物料。

直接物料是与最终产品生产直接相关的物料，它通常是大宗采购。直接采购由于它的可预见性和大宗交易的特点，在采购交易量中的所占比重比较少（生产公司中占 20%～40%），但是却占生产企业总采购支出的 60%。

间接物料是公司购买的与最终产品不直接相关的商品或服务，间接物料又可以分为ORM 和 MRO，前已所述。值得注意的是，ORM 的采购要比 MRO 的采购容易得多，也就是说在采购过程中 MRO 要比 ORM 重要。

一般情况下，对于直接生产物料，供应商相对比较固定，以长期供货合同或一定期间内稳定的价格供货，有专门的采购部门和采购人员负责各类原材料的采购，物料价格比较高，批次比较多，重复性大；对于 MRO 物料，价格相对较低，采购周期不定，供应商来源广泛，价格随采购批次变动可能较大，相对采购成本较高。

2. 不同商品的采购策略

根据上面的分类，集中主要类型商品的采购策略分述如下。

1）原材料采购

原材料采购的方式包括现货采购、远期合约采购和期货采购等不同的方式。在原材料采购中，商品交易所发挥了非常重要的作用。世界上主要的商品交易所位于美国，其中有从事贵重金属交易的纽约商品交易所，从事谷物、大豆、玉米交易的芝加哥交易所。另外，美国之外的一个主要商品交易所是伦敦金属交易所，它主要从事有色金属的交易。

期货交易是远期交易，这意味着采购的货物将在未来时间里交货，不是意图在约定的时间接受或交付这些货物，而是通过清算原始交易和新的交易之间的价差履行合同。因此，在期货交易市场并没有实际的货物交易，有的只是关于货物的合同的交易。期货市场被用来对特定交易的价格风险进行套期保值，它将在未来某一时间到期。

适宜在期货市场进行采购的原材料有以下几类。

① 所采购的原材料占到成品成本价格的很大部分。

② 几乎不可能将由采购带来的价格上涨转嫁到销售价格上。如果确实如此，利用期货市场是值得考虑的。

③ 成品中使用的原材料不能被其他产品代替。如果有很多可能的替代品，使用期货市场的必要性就较低。然而，如果一种产品依赖于一种特定的原材料，期货市场将非常有用。

2）投资品采购

对投资品的采购主要是要在一定的计划基础上进行。在认可的预算和确定的计划内，并且与约定的程序相一致，通常会设置专门的项目小组。一个负责较大投资方案的小组通常包括项目领导人、项目工程师、计划工程师、项目管理员、工艺工程师或环境专家、项目采购员及各个专业的工程师。

项目领导人最终负责项目在技术、预算和计划方面的最优实现；项目工程师负责不同技术专业之间的协调；计划工程师负责设立和维持最新的计划和文件；项目管理员负责预算管理，与项目有关的不同作为；项目采购员作为采购部门的代表并对采购的所有方面负责，包括订单处理，检查和在供应商的工地的质量检查，监控采购过程。

投资项目的采购中还包括一些特殊的方面，具体如下。

（1）银行担保。这是采购方提出的对供应商的要求，要求确保供应方按照合同履行义务。

（2）产权让渡。通过产权让渡，在供应商收到这些原料的货款时，原料的所有权被转移给采购方。

（3）性能保证。供应商保证在一定的环境下达到订单中规定的性能（通常供应商必须在验收测试中加以证明）。

3）元件采购

采购元件时，最值得注意的是元件的质量问题，因为生产线上的任何缺陷都会导致延误和生产损失。元件是用来组成最终产品的部件，是由制造商出售的，它们可以是标准的，也可以是非标准的。元件通常是为连续生产而采购的，而且，所构成部件的质量决定着成品的质量。因此，需要对元件的质量问题给予特别的重视。

在对其质量改善的追求中，买方逐渐采取了这样一种预防措施：在供应商满足订单的要求之前，首先对其现有的质量体系和生产流程进行检查。在被认为能够按照要求的质量提供产品之后，一个供应商将被列在"许可的供应商"名单上，而那些经常不能够满足质量标准的供应商将中止。在评估之后，双方将共同努力达成质量协议，确定质量改善的目标。如果满足了这些目标，来料检查和交货时的质量检查就可以取消，或者检查的频率将明显下降。

在质量协议达成后，将对是否满足了所有的条件进行定期检查。当存在疑问或确信有质量问题时，将进行额外的质量检查，直至满足规定的质量标准。有关供应商质量行为的信息将被系统地记录在质量控制系统之中。以此信息为基础，可以根据供应商的表现在谈判中采取行动，卖方评级也可以据此比较供应商的质量水平。

最后，有关缺陷产品的责任的法规是至关重要的。这个法规是欧洲议会于 1985 年颁布的，目的是使消费者免受有缺陷商品的伤害。除此之外，这个法规还试图协调不同会员国关于此问题的立法。当所采购的元件有缺陷时，供应商和产品制造商对造成的全部损失承担责任。如果有责任的任一方就损失做出了赔偿，受侵害者不得对另一方提出赔偿要求。

4）MRO 用品的采购

在 MRO 用品的采购方面，为了提高采购效率首先应该减少行政工作。可以采取的措施包括通过标准化使产品种类大为减少，外购物料计划和向特定的经销商采购，通过电子商务和互联网技术。同供应商之间的协定可以通过所谓的滚动交易进行，它规定了价格、交货条件和合同期限。奖励协定通常是合同的一部分，它规定了以公司的订货量为基础将给予何种奖励。订单实际上是由使用者依据所商定的全部合同条件自己发出的，这使得采购者能够摆脱大量的行政工作。

在采购 MRO 用品时，可以采用系统合同。系统合同通常涵盖一个工厂或部门对于 MRO

用品的需求，它一般提供给供应商用来维持库存和确保定期的及时的交货。系统合同的建立过程为：首先，由相关的使用者和采购者对一个特定的产品组或产品种类进行分析，在详细的清单基础上决定削减产品品种并将其标准化；然后，分析供应商的数量以便把整个产品组交付给一个专门的供应商（通常是一个经销商），它负责清查存货和照顾所有的交货。在这种方式下，内部的使用者可以直接向供应商订购，而无需采购部门的干涉。供应商以一定的周期向每个部门的经理或预算负责人提供以月度统计为基础的从该部门发出的订单总述。这种解决方案避免了大量的工作，并且解决了许多采购部门中的所谓"小订单问题"。这类合同以供应商和用户组织之间高度的联合为特征。

5）劳务采购

劳务采购中经常遇到的问题是"自己做"和外购的取舍问题。一般情况下，当内部能力不足可能导致无法完成计划的工作，或者由于缺乏经验而无法以可接受的质量水平或合理的成本水平在内部完成计划的工作时，适宜采用外部采购。

劳务外购的作用在于：投资可以集中于核心活动，第三方的知识、设备和经验可达到最优使用，部分风险转嫁给第三方，导致组织中的基本过程更加简单，独立的观察防止组织的短视，柔性增加，工作量的波动可以更容易地吸收。

但是，外部采购可能导致对供应商的依赖增加，需要经常检查与外购有关的成本，将活动转嫁给第三方时产生沟通和组织问题的风险、信息"泄漏"的风险，由第三方实施活动时的社会和法律问题的风险。

在劳务的采购方面应该注意的问题还有与纳税和社会保障的最终责任有关的法律、弹性工作范围、保险、安全法令和所有权。

劳务外购后，委托人需要对与其相关的法律进行考虑。在一些欧洲国家，对于与外购有关的社会保障和纳税问题有着重要的法规。简单地说，国家政府应用这些协议来防止兼职和非法用工或契约式实际作业，这些法规的核心在于委托人有义务支付社会保险和税款。这不仅适用于由采购方实施的活动，委托人也需要对由采购方转嫁给分包商的保险费和税金的支付负责。在一些欧洲国家，该法律适用于所有的部门。

在采购劳务领域需要加以注意的其他法律有弹性工时的相关法律、外国劳工的相关法律、一般劳动条件的相关法律、可能出现在特定部门的集体劳资协议、所得税和社会保险的相关法律、安全和环境的相关法律。

3.3 采购商品规格说明

3.3.1 商品规格说明的含义

商品规格是用户将需求传递给可能的供应商的主要方式。商品规格是对原材料、产品或服务的技术要求的描述。规格可以描述供应商必须满足的性能参数，或者给出产品或服务如何去做的完整的设计方案。

对采购的产品或服务定义不当或者根本不定义将导致一系列问题的产生。如果采购方都不能清楚地明白自己需要什么，又怎么能使供应商交付"好的"产品或"正确的"服务呢？所以，采购方必须在明确地定义规格之后，供应商才开始报价。

3.3.2　商品规格说明的必要性

规格说明是采购订单和采购合约的核心，规格对获得优秀品质的商品起着非常重要的作用，更能协调解决工程部门、制造部门、行销部门及采购部门之间的设计冲突。

在产品的设计方面，原料的选择对成本的确定起着非常重要的作用。产品在设计时，原料的成本会因规格已经确立而固定，并且是发生在向采购部门提出采购之前。由于市场、原料及生产方法的经常波动、持续修正、简化及改善提高等，从原始设计中就将商品规格化、标准化将会节省相当大的金额。

在采购方准备报价或者进入谈判之前，供应商需要以规格说明作为基础。规格有助于供应商决定它们是否提供这种产品或服务，并且如果提供，以什么成本提供。

3.3.3　商品规格的类型

商品的描述可以采用多种形式，也可以是几种形式的组合。常用的描述方式主要有设计图和样图、品牌和商标、化学和物理规格、商业规格、设计规格、市场等级、原材料和制造方式的规格、功能规格等。多数企业的产品需要以上述方法中的两种或更多的方法来对产品规格进行说明。

1. 设计图和样图

规格的一般形式是工程样图或者工程设计图。这种形式的规格适用于机械加工品、铸件、锻件、压模部件、建筑、电子线路和组件等的采购。这种描述方式成本较大，这不仅在于准备蓝图或计算机程序本身的成本，而且还在于它用来描述的产品对于供应商来说往往是特别的，而不是标准化的商品，因此需要很大的花费才能生产。不过，这种描述方式是所有描述方法中最准确的一种，尤其适用于购买那些生产中需要高度完美度和精密度的产品。

2. 品牌和商标

当产品或服务由专利或商业机密保护，需求量太少而形不成规格，或者用户明确说明对某个品牌的偏好时，就需要使用品牌和商标。用品牌和商标作为规格说明会产生一些问题。

比如，一家公司对一种可以在任何地方收割庄稼的拖拉机提出报价请求。规格上列出了现有的品牌、型号和当前可供选择的拖拉机的型号。采购方从供应商处发现了大量的关于不同性能的问题，很可能最重要的问题是切割宽度是需要标准的 37 英寸还是 36 英寸，或者 38 英寸。然而，当现有品牌经销商不能够提供等同的设备时，就需要重新制定规格。减少这种问题的方法是在规格中容纳更多的品牌，众多品牌中总有一个可以满足用户的需求。可以列出物品主要的和必备的性能，以便确定合适的品牌，确定什么物资可以满足特殊需求，并且识别产品在大小、重量、速度和容量方面的细微差别。

另一方面，使用品牌产品可能会造成对品牌的过度依赖。这可能会减少潜在供应商的数量，也会使采购者丧失机会，享受不到竞争带来的价格降低或者质量改进的好处。

3. 化学和物理规格

化学和物理特性决定的规格定义了采购方所想采购的原材料的特性。

4. 商业规格

商业规格描述原材料做工的质量、尺寸、化学成分、检验方法等。

由于重复使用相同的材料，使产业及政府为这些材料制定了商业标准。这些商业标准描述了标准化项目的完整说明，它是使用大量生产系统的重要条件，对有效率的采购方而言相当重要。当材料是依据商业规格制定的时候，就可以省去许多麻烦。

在商业贸易往来中，许多商品已经设立了标准规格。隶属政府的标准局或商品检验局、民间的标准化协会、工业及商业同业公会等皆致力于发展标准规格及标准检验方法。商业标准可适用于原料、装配物料、个别的零部件及配件等。

5. 设计规格

设计规格是买方为自己建立的所需要的规格，它对所需要的产品或服务给出了完整的描述，并且通常定义了通过何种流程可以制造出产品和原材料。设计规格可以使买方最大程度地控制最终结果。

买方在建立设计规格时应该尽量符合产业的标准，如果必须有特别的尺寸、公差或特征时，应努力使这些"特别品"成为标准零件的附加或替代品，如此可以节省许多时间和金钱；还应该尽可能地避免因使用著名品牌或因商标或专利品造成的单一供应源所导致的过高价格。

由于确保符合公司规格的检验成本相当高，因此使用这种方法采购原料时需要特别地做好检验工作。

6. 市场等级

所谓市场等级是依据过去所建立的标准来判定某项特定的商品。此方法通常限于天然商品，这样的产品主要有木材、农产品及肉和奶制品。市场等级的主要问题是产品质量在时间方面的变动性和评定者给出的等级的连贯性。

在采用市场等级的规格方式时，检验的作用非常重要。采购具备同等级的商品时，工业用户通常运用人员的检验作为采购的技巧，如同个人购买的鞋子、衬衫、衣物之类的日常用品会自行采购一样。

7. 原材料和制造方式的规格

原材料和制造方法的规格使供应商确切了解使用什么样的原材料和如何生产所需要的产品。因为采购方向供应商阐明了如何完成工作，供应商将从品质保证中所隐含的特殊用途中解脱出来。

原材料和制造方法的规格最常使用于军事服务和能源部门，近年来在产业界也是用修正后的这些规格，如颜料、钢铁、化学及药品等行业。但是这种方法在产业界中的应用还是非常少的，因为采购人员的责任太重大了。采用这种方法，规格制定及检验的成本是相当昂贵的。

这种规格描述方法的一个重要特征是由于产品的标准化，对取得优良服务及价格不会发生违反公平交易法的障碍，毕竟每个供应商使用的原料和制造方法存在相当大的差异程度。

8. 功能规格

功能规格定义了产品或服务所必须达到的成果，它们用于定义重要的设备和许多类型的服务。采购方对最终结果感兴趣，细节并不制定，而是取决于供应商。当使用了功能规格时，供应商将最大程度地确定如何满足需求，同时对最终产品的质量承担风险。

使用这种规格时，供应商的选择是非常重要的，必须要选择有能力且诚实的供应商，因为供应商必须承担设计、制造产品及品质的责任，若供应商能力不足，就无法提供许多先进的技术及制造知识；若供应商不够诚实，材料及技术则可能会相当低劣。所以使用这项规格时，必须在众多的供应商中选择最佳者，有潜力的供应商可保证品质及通过竞争提供较合理的价格。

9. 样品

样品可以用做规格。当样品满足采购方的需求时，规格将引用样品，并且声明生产的其他产品应该以样品为标准。采用样品方法通常只适用于其他的规格方法皆不适用时，颜色、印刷及等级无法以规格说明。例如，对一些商品而言，如小麦、玉米、棉花最好利用样本建立等级，这是最佳的描述规格的方法。

3.3.4 服务工作说明

1. 工作说明概述

当采购服务的时候，通常以工作说明 SOW（State of Work）的形式定义规格。表 3-2 给出了请购的典型的工作说明。当 SOW 描述适用于某个特定的产品或服务的具体要求时，这个 SOW 就是惟一的。SOW 为供应商清晰地描述了将要完成的包括检查、检验和接收等工作，质量、服务支持、文档化、维护，以及将要取得的成果和其他要求。在服务完成后，采购方和供应方之间的许多纠纷都是在关于服务上的理解产生的差异造成的。

简单的 SOW 也详细说明了将来需要做的工作，工作的范围包括时间期限、所期望的最终产品或结果、评估绩效和质量的标准，所有的重要特点都要详细说明。随着服务变得越来越复杂，工作说明也变得越来越复杂。对于比较费时或费力的项目，适当地详细化的 SOW可以使项目得到很好的管理。

表 3-2　请购所需要的典型的工作说明

项目　　　　　　　　　　项目目标	绩效	功能性设计	努力水平
艺术和娱乐服务		X	
效益管理	X		
设备安装和拆除			X
建筑			X
咨询服务		X	
合同制造	X		
设计工作		X	
环境、健康和安全服务	X		

项 目 \ 项目目标	绩效	功能性设计	努力水平
经验/开发			X
设备管理	X		
车队租赁和维护服务	X		
地面维护服务		X	
检查和测试服务	X		
照管服务	X		
研究室服务	X		
努力水平或支持服务			X
维护服务		X	X
外包			X
出版和广告		X	
修理			X
软件开发		X	
研究			X
长途通信	X		
临时雇佣的服务			X
展览会和贸易会	X		
出差服务		X	

SOW 可以分割为若干部分来进行描述。每个部分可以被当做一个独立的子项目进行管理。对整个项目可以使用工作细目分类来报价和管理，并用它来使活动序列化，工作细目分类可以作为项目管理图表的一种形式，比如性能评审技术。

当 SOW 被分成若干部分的时候，对各个部分的成功结束的连续性进行协调是可行的。当每个部分结束时，质量评估可以确保 SOW 的规格满足了要点，并且在下一步工作继续之前保证具体细节获得通过。这种安全措施可以避免在偏差发现之前，项目已经偏离太远的情况。

工作说明不清楚可能会导致以下问题：

① 质量低劣的产品或服务；

② 浪费时间和金钱；

③ 不合理的定价；

④ 合同纠纷和诉讼；

⑤ 来自未经请求的反对者、代理人，甚至有时候来自市政府官员的详细审查；

⑥ 销售额的损失；

⑦ 顾客的不满。

编制良好的工作说明可以产生以下效果：

① 高效的内部规划和交流；

② 高质量的邀标和具有竞争力的提议；

③ 模糊性的最小化；

④ 对工作人员所需做的工作的清晰描述；

⑤ 明确指出将要使用的度量标准；

⑥ 满意的顾客。

2. 工作说明的类型

如同产品规格，工作说明也可以分为以下几种类型。

（1）工作的绩效说明。工作的绩效说明与绩效规格比较相似。当设计工作由供应商负责时，采购方描述最终产品的绩效特点。

（2）工作的功能说明。在工作的功能说明中，采购方描述了将要解决的问题，而把方法和设计留给供应商去做。

（3）工作的设计说明。工作的设计说明主要用于建筑、货物的制造，或者装备规划，它是最详细的一种工作说明形式。在这种形式的工作说明中，采购方详细描述了方法和设计，但是没有详细说明绩效的属性。它的度量是通过对比产品和设计。

（4）工作的努力水平说明。工作的努力水平说明是工作的绩效说明的一种特殊形式。采购方采用多种方法描述了产品的绩效属性并且详细描述了方法和设计。它的度量是通过同行的评估。

（5）复合的工作说明。复合的工作说明使用上面4种方式的组合。

3. 工作说明的编制

与规格相似，工作说明的编制需要遵循一个标准的大纲以免遗漏要点。

（1）项目目标。项目目标反映了所选择的工作说明的类型。比如工作的绩效说明把目标当做理想的交货结果，功能性的工作说明把目标当做将要解决的问题。

（2）背景信息。背景信息将提供问题的历史信息，为什么问题需要被解决，可能的限制，以及供应商可能需要注意的其他信息。

（3）项目/工作范围的要求。这个部分定义了项目本身、工作范围、需求、技术因素、引用、文件、任务、检验、接收和绩效标准、采购方和供应商的责任。

（4）工作进度。工作表部分为需要完成的特定阶段及每个阶段所需要完成的可度量的成果给出了时间进度表。

（5）可交付性。本部分描述了所需要交付的东西，检查周期、评估标准和需要收集的信息。

（6）进度报告的最终期限。进度报告的最终期限涉及需要被包括在进度报告中的信息。

（7）绩效评估要素。每个工作说明都应该清晰地规定所有绩效和质量的标准，并规定如何用它们进行度量。当对供应商进行评估时，结果应该对双方公开。

3.3.5　规格带来的问题

如果规格不适用于特定的应用，企业接收不到理想的产品，就可能产生其他成本和顾客接货的延迟。

产生规格问题的原因如下。

（1）标准化的缺乏。为了把库存降到最小，制定的规格应该尽可能地满足更广范围内的应用，为每个应用生成惟一的规格将导致零件数量和库存的增加。

（2）苛刻的规格。苛刻的规格是指规格的制定者对物资供应的要求比它实际所需要的条件更严格。这种行为的典型后果是过高的采购成本和原本可用的供应商由于达不到过于严格的规格要求而被排除。例如，在表面抛光的处理中经常会出现苛刻的规格，这是因为没有检验制图的标准规格。制图的标准抛光规格可能需要在表面进行其他的加工，这个表面是肉眼看不到的或者说是功能性的，这就增加了产品的成本，但是并没有增加它的价值。

（3）松散的规格。松散的规格是指规格的制定者省略了关键的细节或者对关键的参数施加了限制。这种失误或省略的典型结果是连续不断的质量问题。供应商交付来的商品或服务满足了规格的要求，但是却不能满足实际的应用要求。

（4）倾斜的规格。它是指满足特殊的产品或供应商的规格。典型的结果有人为地限制竞争、过高的采购价格（因为供应商清楚在规格中可有人为控制的因素），以及可能只使用将来需要的一些供应商（由于一些将来可能发生的问题）。

（5）无用的普通规格。当普通产品有能力限制竞争时，它就会创立一个品牌名称，并产生较高的价格。

（6）过时的规格。因为规格可以为供应商报价提供参考，并且可以为产品的生产和服务的交付提供指导，那么不合时宜的规格将会使所有的后续工作产生问题，并且可能形成非常高的成本。

（7）国际标准的差异。供应商和采购方使用同样的标准规格是非常重要的。就像同时使用米制和美国的单位制会产生问题一样，如果供应商和采购方采用不同的国际标准规格体系，那么就会产生规格问题。

3.4　采购计划

3.4.1　编制采购计划的目的

一般而言，制造业的经营开始于购入原料、物料后，经加工制造或经组合装配成为产品，再通过销售过程获取利润。其中，如何获取足够数量的原料、物料是采购数量计划的重点所在。因此，数量计划乃是为维持正常的产销活动，在某一特定的期间内应在何时购入何种材料及多少数量的估计作业，此项数量计划应达到下列的目的：

① 预估材料需用数量与时间，防止供应中断，影响产销活动；

② 避免材料储存过多，积压资金及占用堆积的空间；

③ 配合公司生产计划与资金调度；

④ 使采购部门事先准备，选择有利时机购入材料；

⑤ 确立材料耗用标准，以便管制材料购用数量及成本。

3.4.2　决定采购计划的资料基础

（1）生产计划（Production Schedule）。由销售预测，加上人为的判断，即可拟订销售计划或目标。销售计划表明各种产品在不同时间的预期销售数量，而生产计划即依据销售数量，加上预期的期末存货再减去期初存货来拟订。

（2）用料清单（Bill of Material）。生产计划只列出产品的数量，并无法直接知道某一产品需用哪些物料，以及数量多少，因此必须借助用料清单。用料清单是由研究发展或产品设计部制成，根据此用料清单可以精确计算制造某一种产品的用料需求数量（Material Requirement），用料清单所列的耗用量，即通称的标准用量与实际用量相互比较，作为用料管制的依据。

（3）存量管制卡（Rin Card）。如果产品有存货，那么生产数量就不一定要等于销售数量。同理，若材料有库存数量，则材料采购数量也不一定要等于根据用料清单所计算的材料需用量。因此，必须建立物料的存量管制卡，以表明某一物料目前的库存状况；再依据用料需求数量，并考虑购料的作业时间和安全存量水平，算出正确的采购数量，然后才开具请购单，进行采购活动。

3.4.3 采购计划的编制程序

目前公认的采购计划的主要环节有准备认证计划、评估认证需求、计算认证容量、制定认证计划、准备订单计划、评估订单需求、计算订单容量、制定订单计划，下面分别详细阐述这8个环节。

1. 准备认证计划

准备认证计划是采购计划的第一步，也是非常重要的一步。关于准备认证计划可以从以下4个方面进行详细的阐述。

（1）接收开发批量需求。开发批量需求是能够启动整个供应程序流动的牵引项，要想制定比较准确的认证计划，首先要做的就是非常熟悉开发需求计划。目前开发批量需求通常有两种情形：一种是在以前或者是目前的采购环境中就能够挖掘到的物料供应，例如，若是以前所接触的供应商的供应范围比较大，就可以从这些供应商的供应范围中找到企业需要的批量物料需求；另一种情形就是企业需要采购的是新物料，在原来形成的采购环境中不能提供，需要企业的采购部门寻找新物料的供应商。

（2）接收余量需求。随着企业规模的扩大，市场需求也会变得越来越大，旧的采购环境容量不足以支持企业的物料需求；或者是因为采购环境有了下降的趋势从而导致物料的采购环境容量逐渐缩小，这样就无法满足采购的需求。以上这两种情况都会产生余量需求，这就产生了对采购环境进行扩容的要求。采购环境容量的信息一般是由认证人员和订单人员来提供。

（3）准备认证环境资料。通常来讲，采购环境的内容包括认证环境和订单环境两个部分。有些供应商的认证容量比较大，但是其订单容量比较小；有些供应商的情况恰恰相反，其认证容量比较小，但是订单容量比较大。产生这些情况的原因是认证过程本身是对供应商样件的小批量试制过程，这个过程需要强有力的技术力量支持，有时甚至需要与供应商一起开发；但是订单过程是供应商规模化的生产过程，其突出表现就是自动化机器流水作业及稳定的生产，技术工艺已经固化在生产流程之中，所以订单容量的技术支持难度比起认证容量的技术支持难度要小得多。因此，可以看出认证容量和订单容量是两个完全不同的概念，企业对认证环境进行分析的时候一定要分清这两个概念。

（4）制定认证计划说明书。制定认证计划说明书也就是把认证计划所需要的材料准备好，主要内容包括认证计划说明书（物料项目名称、需求数量、认证周期等），同时附有开发需求计划、余量需求计划、认证环境资料等，图3-2简单说明了准备认证计划过程。

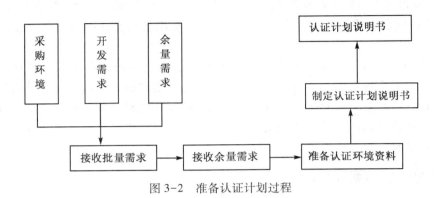

图3-2　准备认证计划过程

2. 评估认证需求

评估认证需求是采购计划的第二个步骤，其主要内容包括3方面：分析开发批量需求、分析余量需求、确定认证需求。

（1）分析开发批量需求。要做好开发批量需求的分析不仅需要分析量上的需求，而且要掌握物料的技术特征等信息。开发批量需求的样式是各种各样的，按照需求的环节可以分为研发物料开发认证需求和生产批量物料认证需求；按照采购环境可以分为环境内物料需求和环境外物料需求；按照供应情况可以分为可直接供应物料和需要订做物料；按照国界可分为国内供应物料和国外供应物料等。对于如此复杂的情况，计划人员应该对开发物料需求做详细的分析，有必要时还应该与开发人员、认证人员一起研究开发物料的技术特征，按照已有的采购环境及认证计划经验进行分类。从以上可以看出，认证计划人员需要兼备计划知识、开发知识、认证知识等，具有从战略高度分析问题的能力。

（2）分析余量需求。分析余量需求要求首先对余量需求进行分类，前面已经说明了余量认证的产生来源：一是市场销售需求的扩大，另一种情况是采购环境订单容量的萎缩。这两种情况都导致了目前采购环境的订单容量难以满足用户的需求，因此需要增加采购环境容量。对于因市场需求原因造成的，可以通过市场及生产需求计划得到各种物料的需求量及时间；对于因供应商萎缩造成的，可以通过分析现实采购环境的总体订单容量与原订容量之间的差别，这两种情况的余量相加即可得到总的需求容量。

（3）确定认证需求。要确定认证需求可以根据开发批量需求及余量需求的分析结果来确定。认证需求是指通过认证手段，获得具有一定订单容量的采购环境。

3. 计算认证容量

计算认证容量是采购计划的第三个步骤，它主要包括4方面的内容：分析项目认证资料、计算总体认证容量、计算承接认证量、确定剩余认证容量。

（1）分析项目认证资料。分析项目认证资料是计划人员的一项重要事务，不同的认证项目其过程及周期也是千差万别的。机械、电子、软件、设备、生活日用品等物料项目，它们的加工过程各种各样，非常复杂。作为从事某行业的实体来说，需要认证的物料项目可能是上千种物料中的某几种，熟练分析几种物料的认证资料是可能的，但是对于规模比较大的企业，分析上千种甚至上万种物料其难度则要大得多。

（2）计算总体认证容量。在采购环境中，供应商订单容量与认证容量是两个不同的概念，有时可以互相借用，但绝不是等同的。一般在认证供应商时，要求供应商提供一定的资源用于支持认证操作，或者一些供应商只做认证项目。总之，在供应商认证合同中，应说明认证容量与订单容量的比例，防止供应商只做批量订单，而不愿意做样件认证。计算采购环境的总体认证容量的方法是把采购环境中所有供应商的认证容量叠加即可，但对有些供应商的认证容量需要加以适当的系数。

（3）计算承接认证量。供应商的承接认证量等于当前供应商正在履行认证的合同量。一般认为认证容量的计算是一个相当复杂的过程，各种各样的物料项目的认证周期也是不一样的，一般是要求计算某一时间段的承接认证量。最恰当、最及时的处理方法是借助电子信息系统，模拟显示供应商已承接的认证量，以便认证计划决策使用。

（4）确定剩余认证容量。某一物料所有供应商群体的剩余认证容量的总和，称为该物料的"认证容量"，可以用下面的公式简单地进行说明。

$$物料认证容量 = 物料供应商群体总体认证容量 - 承接认证量$$

这种计算过程也可以被电子化，一般 MRP 系统不支持这种算法，因而可以单独创建系统。认证容量是一个近似值，仅作为参考，认证计划人员对此不可过高估计，但它能指导认证过程的操作。

采购环境中的认证容量不仅是采购环境的指标，而且也是企业不断创新，维持持续发展的动力源。源源不断的新产品问世是基于认证容量价值的体现，也由此能生产出各种各样的产品新部件。

4. 制定认证计划

制定认证计划是采购计划的第四个步骤，它的主要内容包括对比需求与容量、综合平衡、确定余量认证计划、制定认证计划 4 个方面的内容。

（1）对比需求与容量。认证需求与供应商对应的认证容量之间一般都会存在差异，如果认证需求小于认证容量，则没有必要进行综合平衡，直接按照认证需求制定认证计划；如果认证需求量大大超出供应商容量，出现这种情况就要进行认证综合平衡，对于剩余认证需求需要制定采购环境之外的认证计划。

（2）综合平衡。综合平衡就是指从全局出发，综合考虑生产、认证容量、物料生命周期等要素，判断认证需求的可行性，通过调节认证计划来尽可能地满足认证需求，并计算认证容量不能满足的剩余认证需求，这部分剩余认证需求需要到企业采购环境之外的社会供应群体之中寻找容量。

（3）确定余量认证计划。确定余量认证计划是指对于采购环境不能满足的剩余认证需求，应提交采购认证人员分析并提出对策，与之一起确认采购环境之外的供应商认证计划。

采购环境之外的社会供应群体如果没有与企业签订合同，那么制定认证计划时要特别小心，并由具有丰富经验的认证计划人员和认证人员联合操作。

（4）制定认证计划。制定认证计划是认证计划的主要目的，是衔接认证计划和订单计划的桥梁。只有制定好认证计划，才能根据该认证计划做好订单计划。下面给出认证物料数量及开始认证时间的确定方法。

认证物料数量＝开发样件需求数量＋检验测试需求数量＋样品数量＋机动数量

开始认证时间＝要求认证结束时间－认证周期－缓冲时间

5. 准备订单计划

准备订单计划也主要分为 4 个方面的内容：接收市场需求、接收生产需求、准备订单环境资料、制定订单计划说明书。

（1）接收市场需求。首先要弄明白什么是市场需求，市场需求是启动生产供应程序流动的牵引项，要想制定比较准确的订单计划，首先必须熟知市场需求计划，或者是市场销售计划。市场需求的进一步分解便得到生产需求计划。企业的年度销售计划一般在上年的年末制定，并报送至各个相关部门，同时下发到销售部门、计划部门、采购部门，以便指导全年的供应链运转；根据年度计划制定季度、月度的市场销售需求计划。

（2）接收生产需求。生产需求对采购来说可以称之为生产物料需求。生产物料需求的时间是根据生产计划产生的，通常生产物料需求计划是订单计划的主要来源。为了便于理解生产物料需求，采购计划人员需要深入熟知生产计划及工艺常识。在 MRP 系统之中，物料需求计划是主生产计划的细化，它主要来源于主生产计划、独立需求的预测、物料清单文件、库存文件。编制物料需求计划的主要步骤包括：

① 决定毛需求；

② 决定净需求；

③ 对订单下达日期及订单数量进行计划。

（3）准备订单环境资料。准备订单环境资料是准备订单计划中一个非常重要的内容。订单环境是在订单物料的认证计划完毕之后形成的，订单环境的资料主要包括：

① 订单物料的供应商消息；

② 订单比例信息（对多家供应商的物料来说，每一个供应商分摊的下单比例称为订单比例，该比例由认证人员产生并给予维护）；

③ 最小包装信息；

④ 订单周期，它是指从下单到交货的时间间隔，一般以天为单位。

订单环境一般使用信息系统管理。订单人员根据生产需求的物料项目，从信息系统中查询了解该物料的采购环境参数及其描述。

（4）制定订单计划说明书。制定订单计划说明书也就是准备好订单计划所需要的资料，主要内容包括：

① 订单计划说明书，如物料名称、需求数量、到货日期等；

② 附有市场需求计划、生产需求计划、订单环境资料等。

6. 评估订单需求

评估订单需求是采购计划中非常重要的一个环节，只有准确地评估订单需求，才能为计算订单容量提供参考依据，以便制定出好的订单计划。它主要包括 3 个方面的内容：分析市场需求、分析生产需求、确定订单需求。

（1）分析市场需求。市场需求和生产需求是评估订单需求的两个重要方面。订单计划不仅仅来源于生产计划，一方面，订单计划首先要考虑的是企业的生产需求，生产需求的大小直接决定了订单需求的大小；另一方面，制定订单计划还得兼顾企业的市场战略及潜在的市场需求等。此外，制定订单计划还需要分析市场要货计划的可信度。必须仔细分析市场签订合同的数量与还没有签订合同的数量（包括没有及时交货的合同）的一系列数据，同时研究其变化趋势，全面考虑要货计划的规范性和严谨性，还要参照相关的历史要货数据，找出问题的所在。只有这样，才能对市场需求有一个全面的了解，才能制定出一个满足企业远期发展与近期实际需求相结合的订单计划。

（2）分析生产需求。分析生产需求是评估订单需求首先要做的工作。要分析生产需求，首先就需要研究生产需求的产生过程，然后再分析生产需求量和要货时间，这里不再做详细的阐述，仅通过一个企业的简单例子做一下说明。某企业根据生产计划大纲，对零部件的清单进行检查，得到部件的毛需求量。在第一周，现有的库存量是 80 件，毛需求量是 40 件，那么剩下的现有库存量为

$$80-40=40（件）$$

则到第三周时，库存为 40 件，此时预计入库 120 件，毛需求量 70 件，那么新的现有库存为

$$40+120-70=90（件）$$

每周都有不同的毛需求量和入库量，于是就产生了不同的生产需求，对企业不同时期产生的不同生产需求进行分析是很有必要的。

（3）确定订单需求。根据对市场需求和对生产需求的分析结果，就可以确定订单需求。通常来讲，订单需求的内容是通过订单操作手段，在未来指定的时间内，将指定数量的合格物料采购入库。

7. 计算订单容量

计算订单容量是采购计划中的重要组成部分。只有准确地计算好订单容量，才能对比需求和容量，经过综合平衡，最后制定出正确的订单计划。计算订单容量主要有 4 个方面的内容：分析项目供应资料、计算总体订单容量、计算承接订单容量、确定剩余订单容量。

（1）分析项目供应资料。众所周知，在采购过程中物料和项目是整个采购工作的操作对象。对于采购工作来讲，在目前的采购环境中，所要采购物料的供应商信息是非常重要的一项信息资料。如果没有供应商供应物料，那么无论是生产需求还是紧急的市场需求，一切都无从谈起。可见，有供应商的物料供应是满足生产需求和满足紧急市场需求的必要条件。例如，某企业想设计一家练歌房的隔音系统，隔音玻璃棉是完成该系统的关键材料，经过项目认证人员的考察，该种材料被垄断在少数供应商的手中，在这种情况下，企业的计划人员

就应充分利用好这些情报，在下达订单计划时就会有的放矢的了。

（2）计算总体订单容量。总体订单容量是多方面内容的组合。一般包括两方面内容：一是可供给的物料数量，另一方面是可供给物料的交货时间。举一个例子来说明这两方面的结合情况：A供应商在12月31日之前可供应5万个特种按钮（i型3万个，ii型2万个），B供应商在12月31日之前可供应8万个特种按钮（i型4万个，ii型4万个），那么12月31日之前i和ii两种按钮的总体订单容量为13万个，其中ii型按钮的总体订单容量为6万个。

（3）计算承接订单容量。承接订单容量是指某供应商在指定的时间内已经签下的订单量，但是，承接订单容量的计算过程较为复杂。仍以一个例子来说明：A供应商在12月31日之前可以供给5万个特种按钮（i型3万个，ii型2万个），若是已经承接i型特种按钮2万个，ii型2万个，那么对i型和ii型物料已承接的订单量就比较清楚，即2万个（i型）+2万个（ii型）=4万个。

（4）确定剩余订单容量。剩余订单容量是指某物料所有供应商群体的剩余订单容量的总和，可以用下面的公式表示。

物料剩余订单容量＝物料供应商群体总体订单容量−已承接订单量

8. 制定订单计划

制定订单计划是采购计划的最后一个环节，也是最重要的环节。它主要包括4个方面的内容：对比需求与容量、综合平衡、确定余量认证计划、制定订单计划。

（1）对比需求与容量。对比需求与容量是制定订单计划的首要环节，只有比较出需求与容量的关系才能有的放矢地制定订单计划。如果经过对比发现需求小于容量，即无论需求多大，容量总能满足需求，则企业要根据物料需求来制定订单计划；如果供应商的容量小于企业的物料需求，则要求企业根据容量制定合适的物料需求计划，这样就产生了剩余物料需求，需要对剩余物料需求重新制定认证计划。

（2）综合平衡。综合平衡是指综合考虑市场、生产、订单容量等要素，分析物料订单需求的可行性，必要时调整订单计划，计算容量不能满足的剩余订单需求。

（3）确定余量认证计划。在对比需求与容量的时候，如果容量小于需求就会产生剩余需求，对于剩余需求，要提交认证计划制定者处理，并确定能否按照物料需求规定的时间及数量交货。为了保证物料及时供应，此时可以通过简化认证程序，并由具有丰富经验的认证计划人员进行操作。

制定订单计划是采购计划的最后一个环节，订单计划做好之后就可以按照计划进行采购工作了。一份订单包含的内容有下单数量和下单时间两个方面。

下单数量＝生产需求量−计划入库量−现有库存量+安全库存量

下单时间＝要求到货时间−认证周期−订单周期−缓冲时间

3.5 采购预算

所谓预算就是一种用数量来表示的计划，是将企业未来一定时期间经营决策的目标通过有关数据系统地反映出来，是经营决策的具体化、数量化。预算的时间范围要与企业的计划期保持一致，绝不能过长或过短，长于计划期的预算没有实际意义，徒然浪费人力、财力和物力；而过短的预算则又不能保证计划的顺利执行。企业所能获得的可分配的资源和资金在一定程度上是有限的，是受客观条件的限制，企业的管理者必须通过有效地分配有限的资源来提高效率以获得最大的收益。一个良好的企业不仅要赚取合理的利润，还要保证企业有良好的资金流。因此，良好的预算既要注重最佳实践，又要强调财务业绩。

3.5.1 预算的作用和类型

1. 预算的作用

一般说来，预算主要具有以下作用。

① 保障战略计划和作业计划的执行，确保组织向同一个方向迈进。

② 协调组织经营。

③ 在部门之间合理安排有限资源，保证资源分配的效率性。

④ 控制支出：预算通过审批和拨款过程及差异分析控制支出。

⑤ 监视支出：管理者用目前的收入和支出与预算的收入和支出相比较，变化最大的地方，无论是有利的还是不利的，可能就是管理者高度重视的对象，以确定这些差异的原因和应对方法。

2. 预算的种类

预算的种类不同，所起的作用也不同。根据时间的长短，可以将预算分为长期预算和短期预算。长期预算是指时间跨度超过 1 年以上的预算，主要涉及固定资产的投资问题，是一种规划性质的资本支出预算。长期预算对企业战略计划的执行有着重要意义，其编制质量的好坏将直接影响到企业的长期目标是否能够实现，影响到今后企业较长时间内的发展。企业的短期预算是指企业在 1 年内对经营财务等方面所进行的总体规划的数量说明。短期预算是一种执行预算，对作业计划的实现影响重大。

根据预算所涉及的范围，可以将预算分为全面预算和分类预算。全面预算又称为总预算，是短期预算的一种，涉及企业的产品或服务的收入、费用、现金收支等各方面的问题。总预算由分预算综合而成，它的特点和具体范围将随着部门和单元特性的不同而有所变化。分预算种类多种多样，有基于具体活动的过程预算，有各分部门的预算（对于分部门来说，这一预算又是总预算，因此分预算与总预算的划分是相对的）。分预算和总预算是相互关联的。

总预算根据其内容的不同分为财务预算、决策预算和业务预算 3 类。财务预算是指企业在计划期内有关现金收支、经营成果及财务状况的预算，主要包括现金预算、预计损益表、预计资产负债表等；决策预算是指企业为长期投资决策项目或一次性业务所编制的专门预算，其编制只是为了帮助管理者做出决策；业务预算则是指计划期间日常发生的各种经营性活动的预算，包括销售预算、成本预算、管理费用预算等。采购预算是业务预算的一种，它的编制将直接影响到企业的直接材料预算、制造费用预算等。

3. 采购中涉及的预算

采购部门中主要有 4 个领域受到预算控制：原料，维护、修理和运作（MRO）供应，资产预算及采购运作预算。

（1）原料。原材料预算的主要目的是确定用于生产既定数量的成品或者提供既定水平的服务的原材料的数量和成本。原料预算的时间通常是 1 年或更短。预算的钱数是基于生产或销售的预期水平及来年原材料的估计价格来确定的，这就意味着实际有可能偏离预算，这使得在很多组织中详细的年度原材料预算不是很切合实际。因此，很多组织采用灵活的预算（灵活的预算要反映条件的变化，比如产出的增加或减少；灵活的预算的优点是能对变化做出快速的反映，应该用灵活的预算进行原料预算，从而反映计划产量和实际产量的变化）来调整实际的生产和实际的价格。

准备充分的原料预算为组织提供如下作用：

① 使得采购部门能够设立采购计划以确保原料需要时能够及时得到；

② 用以确定随时备用的原材料和成品部件的最大价值和最小价值；

③ 建立一个财务部门确定与评估采购支出需求的基础。

尽管原料预算通常基于估计的价格和计划的时间进度，原料预算还可以做到下面的工作：

① 为供应商提供产量计划信息和消耗速度计划信息；

② 为生产和材料补充的速度制定恰当的计划；

③ 削减运输成本；

④ 帮助提前购买。

另外，原料预算还可以提前通知供应商一个估计的需求数量和进度，从而改进采购谈判。

（2）MRO 供应。维护、修理和运作（MRO）供应包含在运作过程中，但它们并没有成为生产运作中的一部分。MRO 项目主要有办公用品、润滑油、机器修理和门卫。MRO 项目的数目可能很大，对每一项都做出预算并不可行。MRO 预算通常由以往的比例来确定，然后根据库存和一般价格水平中的预期变化来调整。

（3）资产预算。固定资产的采购通常是支出较大的部分。好的采购活动和谈判能为组织节省很多钱。通过研究可能的来源及与关键供应商建立密切的关系，可以建立既能对需求做出积极响应又能刚好满足所需要花费的预算。固定资产采购的评估不仅要根据初始成本，还要根据包括维护、能源消耗及备用部件成本等的生命周期总成本。由于这些支出的长期性质，通常用净现值算法进行预算和做出决策。

（4）采购运作预算。采购职能的运作预算包括采购职能业务中发生的所有花费。通常，这项预算根据预期的业务和行政的工作量来制定，这些花费包括工资、空间成本、供热费、电费、电话费、邮政费、办公设施、办公用品、技术花费、差旅与娱乐花费、教育花费及商业出版物的费用。采购职能的业务预算应该反映组织的目标和目的，例如，如果组织的目的是减少间接费用，那么业务预算中的间接费预算就应该反映这一点。

3.5.2 采购预算编制步骤及注意事项

1. 采购预算需要考虑的因素

在制定初步采购计划时，采购经理需要考虑以下各方面因素：

① 目前的原料/零部件库存；

② 生产原料的未执行订单；

③ 商定的库存水平和目前的交货周期；

④ 相关期间的生产进度表；

⑤ 主要原料和零部件的长期价格趋势；

⑥ 短期单位价格。

2. 采购预算的编制步骤

采购预算的编制同其他类型预算编制过程一样，也包含以下几个步骤。

（1）审查企业及部门的战略目标。预算的最终目的是为了保证企业目标的实现，企业在编制部门预算前首先要审视本部门和企业的目标，以确保它们之间的相互协调。

（2）制定明确的工作计划。管理者必须了解本部门的业务活动，明确它的特性和范围，制定出详细的计划表，从而确定该部门实施这些活动所带来的产出。

（3）确定所需要的资源。有了详细的工作计划表，管理者可以对支出做出切合实际的估计，从而确定为实现目标所需要的人力、物力和财力资源。

（4）提出准确的预算数字。管理者提出的数字应当保证其最大准确性。可以通过以往的经验做出准确判断，也可以借助数学工具和统计资料通过科学分析提出准确方案。

（5）汇总。汇总各部门、各分单元的预算，最初的预算总是来自每个分单元，而后层层提交、汇总，最后形成总预算。

（6）提交预算。采购预算通常是由采购部门会同其他部门共同编制的，采购预算编制后要提交企业财务部门及相关管理部门，为企业资金筹集和管理决策提供支持。

3. 编制预算的注意事项

为了确保预算能够规划出与企业战略目标相一致的可实现的最佳实践，必须寻找一种科学的行为方法来缓和这种竞争和悲观的倾向，管理者应当与部门主管就目标积极开展沟通，调查要求和期望，考虑假设条件和参数的变动，制定劳动力和资金需求计划，并要求部门提供反馈。管理者应当引导部门主管将精力放到应付不确定情况的出现上，而不是开展"战备竞争"。

另一方面，为了使预算更具灵活性和适应性以应付意料之外的可能发生的不可控事件，企业在预算过程中应当尽力做到以下几点，以减少预算的失误及由此带来的损失。

1）改革业绩评估方式

为了鼓励部门提交更具挑战性的预算报告，有必要对业绩评估方式进行一些小小的修改。企业的预算规划是在战略目标框架之内提出的，在从设置目标到提交预算这连续的动态过程中，不但要仔细审查影响预算实现的内部不可控因素，还要详细研究外部不可控因素，并进一步识别出影响预算实现的关键成功因素。对这些因素有了初步的认识后，不论是基层管理者，还是高层决策人员都应当以积极的心态，以切合实际的态度，制定出实事求是的假设条件，这些假设条件要清楚无误地以书面形式记录下来，并呈交给各相关人员，尤其是人力资源部门，从而使人力资源部门明确认识到哪些是可控因素，哪些是不可控因素。对于那些不可控因素，人力资源部门在进行业绩评估时，必须有这方面的考虑，并向管理者提出建议。积极合理的假设将会使人力资源部做出正确的评估报告，解决部门主管绩效评估的后顾之忧，这就等于解开了束缚他们手脚的麻绳，使他们能够大显身手。

2）采取合理的预算形式

如果问一位企业的总经理，利润和现金流哪个更重要，你认为他会怎么回答？每一位明智的决策者都知道，现金流对于企业来说是最重要的，它是企业脉管中流淌的鲜血，时时都有新鲜血液的流动才能使组织充满青春的活力。因此，企业内部各部门所采用的预算形式应把重点放在现金流而不是收入和利润上。当然，最佳的预算形式最终还是取决于组织的具体目标。

3）建立趋势模型

预算讲述的是未来，所有的代表期望行为的数字都是估计值，提供的应是代表收入和支出的最有可能情况的数字预报。为了确保这些数字的最大价值，应当建立一个趋势模型，模型的建立可以对组织期望的产出有完善的规划和清晰的文件。模型以直接的数据资料为基础，具有时间敏感性，能够反映服务和产品需求的变化。使用这一方法，要求企业内部拥有完备的统计资料，掌握历史数据。

4）用滚动预算的方法

企业经营是一个连续不断的过程，只是为了使用方便才在时间上对它们进行了硬性分割。为了能够使预算与实际过程更加紧密地联合在一起，采用滚动预算的方法，在制定这一期预算的时候根据实际情况同时对后面几期的业务进行预算，能够保证企业活动在预算上的连续性。预算活动的滚动性和对细节的强调，要求各个部门的管理人员投入大量精力，紧密高效地开展工作。工作过程可以采取分两步走的方式：第一步是整体思考，要求管理者从总体战略出发，勾画出预算的框架，制定出必要的行动方案，如果预算结果出现偏差要及时修改；第二步进入细化阶段，管理者为每一部门制定最终预算的细节，并确保其被每一部门所接受。

无论是何种类型的预算，只要满足了上面的要求都可以最大程度地发挥其潜能，保障组织计划的顺利实施。

4. 预算编制流程

以制造业而言，通常业务部门的行销计划为年度经营计划的起点，然后生产计划才随之制定。而生产计划包括采购预算、直接人工预算及制造费用预算。由此可见，采购预算乃是采购部门为配合年度销售预测或生产数量，对需求的原料、物料、零部件等的数量及成本做翔实的估计，以利于整个企业目标的达成。换句话说，采购预算如果单独编定，不但缺乏实际的应用价值，也失去了其他部门的配合，所以采购预算的编订，必须以企业整体预算制度为依据。采购预算编订的流程和步骤，如图3-4所示。

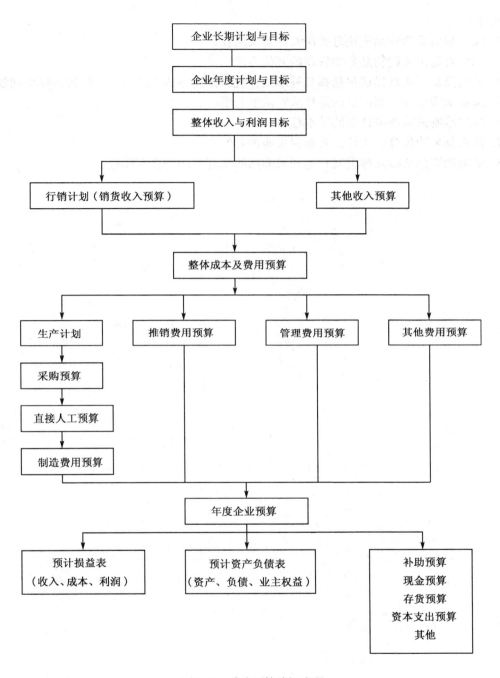

图 3-4 采购预算编订流程

复习思考题

1. 从采购方的角度研究供应市场细分和商品细分,市场营销学中是否有一些方法可以借鉴？

2. 深入理解采购物品模块分类法及其意义所在。

3. 你能否提出采购物品分类管理的其他方法？

4. 采购商品的规格描述包括哪几种形式？规格描述不清会给采购工作带来哪些问题？

5. 编制采购业务计划的目的是什么？依据有哪些？

6. 简述编制采购业务计划的基本程序。

7. 什么是采购预算？为什么要编制采购预算？

8. 采购预算包括哪几种类型？不同采购品的预算编制要点有哪些？

第4章

供应商管理

供应商管理是采购管理领域中的重要工作，也是国内企业管理中的薄弱环节。本章对企业的供应商选择、供应商审核、供应商评估和供应商关系管理等系列知识进行了详细的介绍，使读者通过对本章的学习，全面掌握供应商管理的基本知识和工作要点。

4.1 供应商选择

4.1.1 供应商的选择标准

1. 供应商选择的短期标准

选择、评价供应商的短期标准一般是商品质量合适、价格水平低、交易费用少、交付及时、整体服务水平好。采购单位可以通过市场调查获得有关供应商的资料，把获得的信息编制成一览表（如表4-1所示），并就这几个方面进行比较，依据比较出的结论做出正确决策。

表4-1　供应商资料信息一览表

商品名称：　　　　　　　　　　　　品种规格：　　　　　　　　　　计量单位：

供应商	质量	价格	地址	运费	其他费用	生产情况	交付情况	服务措施	附注

1）商品质量合适

采购物品的质量是否合乎采购单位的要求是企业生产经营活动正常进行的必要条件，也是采购单位进行商品采购时首要考虑的因素。质量次的商品，虽然采购成本低，但实际上导致了企业的总成本的增加。因为质量不合格的产品在企业投入使用的过程中，往往会影响生产的连续性和产品的质量，这些最终都将会反映到企业总成本中去。另一方面，质量过高并不意味着采购物品就适合企业生产所用，因为如果质量过高，远远超过了生产要求的质量，对企业而言也是一种浪费。因此，对于采购中质量的要求是符合企业生产所需，要求过高或过低都是错误的。评价供应商产品的质量，不仅要从商品检验入手，而且要从供应商企业内部去考察，如企业内部的质量检测系统是否完善，是否已经通过了 ISO9000 论证等。

2）成本低

对供应商的报价单进行成本分析，是有效甄选供应商的方式之一。不过成本不仅仅包括采购价格，而且包括原料或零部件使用过程中或生命周期结束后所发生的一切支出。采购价格低对于降低企业生产经营成本，提高竞争力和增加利润，有着明显的作用，因而它是选择供应商的一个重要条件。但是价格最低的供应商不一定就是最合适的，因为在产品质量、交货时间上达不到要求，或者由于地理位置过远而使运输费用增加，因此总成本最低才是选择供应商时考虑的主要因素。所谓总成本包括取得成本、作业成本和处置成本。

（1）取得成本。包括下列几项：

① 开发成本，即寻求、查访、评选供应商的支出，应包括订单处理的费用；

② 采购价格，即与供应商谈判后购入的成本；

③ 运输成本，如果是从国外采购，供应商以 FOB 报价，买方还需要支付运费，甚至保险费；

④ 检验成本，即进料检验所需支付的检验人员的工资及检验仪器或工具的折旧费用。

（2）作业成本。主要包括：

① 仓储成本，包括仓库租金、仓管人员工资、仓储设备的折旧费用等；

② 操作成本；

③ 维修成本。

3）交货及时

供应单位能否按约定的交货期限和交货条件组织供货，直接影响企业生产和供应活动的连续性，因此交货时间也是选择供应商所要考虑的因素之一。企业在考虑交货时间时，一方面要降低原料的库存数量，另一方面又要降低停工断料的风险，因此要审慎供应商的交货时间，以决定其是否能成为公司往来的对象。影响供应商交货时间的因素主要有：

① 供应商从取得原料、加工到包装所需要的生产周期；

② 供应商生产计划的规划与弹性；

③ 供应商的库存准备；

④ 所采购原料或零部件在生产过程中所需要的供应商数目与阶层（上下游）；

⑤ 运输条件及能力，供应商交货的及时性一般用合同完成率或委托任务完成率来表示。

4）整体服务水平好

供应商的整体服务水平是指供应商内部各作业环节，能够配合购买者的能力与态度，如各种技术服务项目、方便订购者的措施、为订购者节约费用的措施等。评价供应整体服务水平的主要指标有以下几个方面。

（1）安装服务。如空调的免费安装、电脑的装机调试、贴片机的安装调试等都属于供应商提供的安装服务的范畴。对于采购者来讲，安装服务是一大便利。通过安装服务，采购商可以缩短设备的投产时间或应用时间。供应商能否提供非常完善的安装服务是评价供应商服务水平的一个重要指标，同时也是认证人员对供应商进行认证的重要依据。

（2）培训服务。对采购者来讲，会不会使用所采购的物品决定着该采购过程是否结束。如果采购者对如何使用所采购的物品不甚了解，供应商就有责任向采购者传授所卖产品的使用知识。每一个新产品的问世都应该推出相应的辅助活动（如培训或讲座），供应商对产品卖前与卖后的培训工作情况，会大大影响采购方对供应商的选择。

（3）维修服务。供应商对所售产品一般都会做出免费保修一段时间的保证。例如，我们到电子市场买一台电脑，我们通常会问卖方提供多长时间的保修，有的提供 1 年免费保修，有的提供半年。1 年免费保修是指买到产品后一年内，因产品质量问题而出现的使用难题都可以得到供应商的免费维修。免费维修是对买方利益的保护，同时也对供应商提供的产品提出了更高的质量要求。供应商会想方设法地提高产品质量，避免或减少免费维修情况的出现。

（4）升级服务。这也是一种非常常见的售后服务形式，尤其对于现代信息时代的产品就更需要升级服务的支持。信息时代的产品更新换代非常快，各种新产品层出不穷，功能越来越强大，价格越来越低廉，供应商提供免费或者有偿的升级服务是对采购者的一大诱惑，也是供应商竞争力的体现。例如，各种各样的杀毒软件一般都要提供升级服务，只要购买了公司产品就可以随时在网上得到免费升级的服务。

（5）技术支持服务。这是供应商寻求广泛合作的一种手段。采购者有时非常想了解在其产品系统中究竟具有什么样参数的器件最合适，有时浪费大量的时间和费用也不一定能够找到合适的解决办法。这时，如果供应商向采购者提供相应的技术支持，供应商在为采购者解决难题的同时也销售了自己的产品。

5）履行合同的承诺与能力

企业进行采购，在确定供应商有无履行合同的承诺与能力时，要考虑以下几点。

① 先确认供应商对采购的项目、订单金额及数量是否感兴趣。订单数量大，供应商可能生产能力不足，而订单数量少，供应商可能缺乏兴趣。

② 供应商处理订单的时间。

③ 供应商在需要采购的项目上是否具有核心能力。

④ 供应商是否具有自行研发产品的能力。

⑤ 供应商目前的闲置设备状况，以了解其接单情况和生产设备的利用率。

2. 供应商选择的长期标准

选择供应商的长期标准主要在于评估供应商是否能提供长期而稳定的供应，其生产能力是否能配合本企业的成长而相对扩展，供应商是否具有健全的企业体制，与本企业是否有相近的经营理念，其产品未来的发展方向能否符合本企业的需求，以及是否具有长期合作的意愿等。

1）供应商的财务状况是否稳定

供应商的财务状况直接影响到其交货和履约的绩效，如果供应商的财务出现问题，周转不灵，导致倒闭破产，将会造成自身供料不足，甚至出现停工的严重危机。因此，供应商的财务状况是考虑供应商长期供货能力的一个重要指标。虽然企业不容易判断一家供应商的财务状况，但是可以利用资产负债表来考核供应商一段时期内营运的成果，观察其所拥有的资产和负债情况；通过损益表，考察供应商一段时期内的销售业绩与成本费用情况。如果供应商是上市公司还可以利用公司的年度报表中的信息来计算各种财务比率，以观察其现金流动情况，应收、应付账款的状况，库存周转率，获利能力等。

2）供应商内部组织与管理是否良好

供应商内部组织与管理是关系到日后供应商服务质量的因素。供应商内部组织机构设置是否合理影响着采购的效率及其质量，如果供应商组织机构设置混乱，采购的效率与质量就会因此下降，甚至由于供应商部门之间的互相扯皮而影响到供应活动能否及时、高质量地完成。另外，供应商的高层主管是否将采购单位视为主要客户也是影响供应质量的一个因素。如果供应商的高层没有将买主视为主要客户，在面临一些突发状况时，便无法取得优先处理的机会。

除此之外，还可以从供应商机器设备的新旧程度及保养状况，看出管理者对生产工具、产品质量的重视程度，以及内部管理的好坏。另外，可以参照供应商同业之间的评价及所属产业的地位。对客户满意程度的认知、对工厂的管理、对采购原材料来源的掌握、生产流程的控制，也是评估供应商内部管理时的指标。

3）供应商员工的状况是否稳定

供应商员工的平均年龄也是反映企业管理中是否存在问题的一个重要指标，若平均年龄偏高，表明供应商员工的流动率较低，相反也可能显示出供应商无法吸收新员工的加入，从而缺乏新观念、新技术的引进。另外，供应商员工的工作态度及受培训的水平也会直接影响到产出的效能，这些都是可以在现场参观时能够观察到的。

4.1.2 供应商的选择方法

选择合乎要求的供应商，需要采用一些科学和严格的方法。选择供应商的方法，要根据具体的情况采用合适的方法。常用的方法主要有直观判断、考核选择、招标选择和协商选择。

1. 直观判断

直观判断法是指通过调查、征询意见、综合分析和判断来选择供应商的一种方法，是一种主观性较强的判断方法，主要是倾听和采纳有经验的采购人员的意见，或者直接由采购人员凭经验做出判断。这种方法的质量取决于对供应商资料掌握得是否正确、齐全和决策者的分析判断能力与经验。这种方法运作简单、快速、方便，但是缺乏科学性，受掌握信息的详尽程度限制，常用于选择企业非主要原材料的供应商。

2. 考核选择

所谓考核选择，就是在对供应商充分调查了解的基础上，再进行认真考核、分析比较而选择供应商的方法。

1）要调查了解供应商

供应商调查可以分为初步供应商调查和深入供应商调查。每个阶段的调查对象都有一个供应商选择的问题，而且选择的目的和依据是不同的。

初步供应商调查对象的选择非常简单，选择的基本依据就是其产品的品种规格、质量价格水平、生产能力、地理位置、运输条件等。在这些条件合适的供应商中所选择出的几个，就是初步供应商调查的对象。

深入供应商调查对象的选择，一是根据企业自己产品的 ABC 分类确定的产品重要程度，二是根据供应商的生产能力水平的实际情况。对于影响企业的关键产品、重要产品，要认真地选择供应商，这些产品，或者是价值高，或者是精度高，或者是性能优越，或者是技术先进，或者是稀缺品，或者是企业产品的关键的、核心的零部件等。要对提供这些产品的供应商进行深入地研究考察考核，选择真正能够满足企业要求的供应商。对于那些不太重要的产品，例如普通的、供大于求的原材料、通用件、标准件、零部件等，可以不需要进行深入供应商调查。深入供应商调查对象的选择标准主要是企业的实力、产品的生产能力、技术水平、质量保障体系和管理水平等。

2）考察考核供应商

初步确定的供应商还要进入试运行阶段进行考察，试运行阶段的考察更实际、更全面、更严格，因为这是直接面对实际的生产运作。在运作过程中，就要进行所有各个评价指标的考核评估，包括产品质量合格率、准时交货率、准时交货量、交货差错率、交货破损率、价格水平、进货费用水平、信用度、配合度等的考核和评估。在单项考核评估的基础上，还要进行综合评估。综合评估就是把以上各个指标进行加权平均计算得到的一个综合成绩，可以用下式计算。

$$S = \frac{\sum W_i P_i}{\sum W_i} \times 100\%$$

式中：　　S —— 综合指标；

　　　　　P_i —— 第 i 个指标；

　　　　　W_i —— 第 i 个指标的权数，根据各个指标的相对重要性而主观设定。

把各个选定的单项考核指标值与相应的权数值相乘后，所有数据之和除以总权数，就可以算出综合成绩值 S。S 可以作为供应商表现的综合描述，这个值越高的供应商表现就越好。

3）考核选择供应商

通过试运行阶段，得出各个供应商的综合评估成绩后，基本上就可以最后地确定哪些供应商可以入选，哪些供应商被淘汰。一般试运行阶段达到优秀级的应该入选；达到一般或较差级的供应商，应予以淘汰；对于良好级的供应商，可以根据情况将其列入候补名单，候补名单中的成员可以根据情况处理，可以入选，也可以落选。现在一些企业为了制造供应商之间的竞争机制，创造了一些做法，就是故意选 2 个或 3 个供应商，称做 AB 角或 ABC 角。A角作为主供应商，分配较大的供应量；B 角（或再加上 C 角）作为副供应商，分配较小的供应量。综合成绩为优的中选供应商担任 A 角，候补供应商担任 B 角。在运行一段时间以后，如果 A 角的表现有所退步而 B 角的表现有所进步的话，则可以把 B 角提升为 A 角，而把原来的 A 角降为 B 角。这样无形中就造成了 A 角和 B 角之间的竞争，促使他们竞相改进产品和服务，使得采购企业获得更大的好处。

从以上分析可以看出，考核选择供应商是一个较长时间的深入细致的工作。这个工作需要采购管理部门牵头负责，全厂各个部门的人共同协调才能完成。当供应商选定之后，应当终止试运行期，签订正式的供应商关系合同，进入正式运行期后，就开始比较稳定正常的物资供需关系运作。

3. 招标选择

当采购物资数量大、供应市场竞争激烈时，可以采用招标方法来选择供应商。招标采购详见第 2 章。

4. 协商选择

在可选择的供应商较多、采购单位难以抉择时，也可以采用协商选择方法，即由采购单位选出供应条件较为有利的几个供应商，同他们分别进行协商，再确定合适的供应商。和招标选择方法相比较，协商选择方法因双方能充分协商，能确定更为合适的供应商；和招标选择方法比较，协商选择方法因双方能充分协商，因而在商品质量、交货日期和售后服务等方面较有保证，但由于选择范围有限，不一定能得到最便宜、供应条件最有利的供应商。当采购时间紧迫，投标单位少，供应商竞争不激烈，订购物资规格和技术条件比较复杂时，协商选择方法比招标选择方法更为合适。

4.1.3　选择供应商时应注意的问题

（1）自制与"外包"采购。一般情况，外包的比率越高，则选择供应商的机会越大，并以能够分工合作的专业厂商为主要对象。通过外包，企业可以将精力集中于核心能力上，避免了精力分散。

（2）单一供应商与多家供应商。单一供应商是指某种物品集中向一家供应商订购，这种购买方式的优点是供需双方的关系密切，购进物品的质量稳定、采购费用低；缺点是无法与其他供应商相比较，容易失去质量、价格更为有利的供应商，采购的机动性小，另外如果供应商出现问题则会影响本企业的生产经营活动。多家供应商是指向多家订购所需要的物品，其优缺点正好与单一供应商相反。

（3）国内采购与国际采购。选择国内的供应商，价格可能比较低，由于地理位置近，可以实现准时生产或者零库存策略；选择国际供应商则可能采购到国内企业技术无法达到的物品，提升自身的技术含量，扩大供应来源。

（4）直接采购与间接采购。若是大量采购或者所需物品对企业生产经营影响重大，则宜采用直接采购，从而避免中间商加价，以降低成本；如果采购数量小或者采购物品对生产经营活动影响不大，则可通过间接采购，节省企业的采购精力与费用。

4.2　供应商审核与认证

供应商审核是供应商管理中的必要环节。供应商审核是为了了解供应商的优缺点，控制供应过程，促进供应商改进的有效手段；同时，也是降低经营风险，保障持续供应的重要保障。

在供应商认可前开展供应商审核（Supplier Assessment），是对现有供应商进行表现考评及年度质量体系审核，这是供应商管理过程中的重要内容，是在完成供应市场调研分析、对潜在的供应商已做初步筛选的基础上对可能发展的供应商进行的。供应商质量体系审核则是供应商审核的一个重要方面，由于质量管理在企业管理中占据着特殊的重要地位，因而一般的公司往往将供应商质量体系审核单独列出，当然也可视情况要求将它当成是供应商审核的一部分与供应商审核一起进行。不同的供应商审核、供应商考评做法在供应商管理过程中所处的地位如图 4-1 所示。

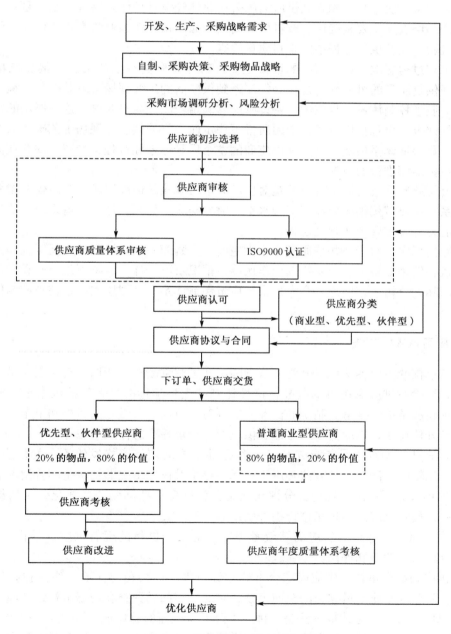

图 4-1　供应商管理过程示意图

4.2.1 供应商审核

供应商审核是在供应商认证前进行的，目的是确认、筛选出最好的供应商，优化供应商结构，提高竞争优势。

1. 供应商审核的层次

就采购供应的控制层次来说，供应商审核可局限在产品层次、工艺过程层次，也可深入到质量保证体系层次，甚至深入到供应商的公司整体经营管理体系层次（公司层次）。

（1）产品层次。主要是确认、改进供应商的产品质量。实施办法有正式供应前的产品或样品认可检验，以及供货过程中的来料质量检查。

（2）工艺过程层次。这一层次的审核主要针对那些质量对生产工艺有很强依赖性的产品。要保证供货质量的可靠性，往往必须深入到供应商的生产现场了解其工艺过程，确认其工艺水平、质量控制体系及相应的设备设施能够满足产品的质量要求。这一层次的审核包括工艺过程的评审，也包括供应过程中因质量不稳定而进行的供应商现场工艺确认与调整。

（3）质量保证体系层次。这是就供应商的整个质量体系和过程，参照 ISO9000 标准或其他质量体系标准而进行的审核。

（4）公司层次。公司层次的审核是对供应商进行审核的最高层次，它不仅要考察供应商的质量体系，还要审核供应商经营管理水平、财务与成本控制、计划制造系统、信息系统和设计工程能力等各主要企业管理过程。

在实际情况中，对于那些普通商业型供应商，采购商一般只局限于产品层次和工艺过程层次的审核，但是如果采购商要挑选合作伙伴，情况就不一样了，特别是那些管理严格、技术先进的国际大公司，它们通常会大量采用质量保证体系和公司层次的审核来控制供应链管理体系。

2. 供应商审核的方法

供应商审核的主要方法可以分为主观判断法和客观判断法。所谓主观判断法是指依据个人的印象和经验对供应商进行的判断，这种评判缺乏科学标准，评判的依据十分笼统、模糊；客观判断法是指依据事先制定的标准或准则对供应商进行量化的考核和审定，包括调查法、现场打分评比法、供应商绩效考评、供应商综合审核、总体成本法等方法。

（1）调查法。调查法是指事先准备一些标准格式的调查表格发给不同的供应商填写，收回后进行比较的方法，这种方法常用于招标、寻价及供应情况的初步了解等情况。

（2）现场打分评比法。现场打分评比法是预先准备一些问题并格式化，然后组织不同部门的专业人员到供应商的现场进行检查确认的方法。

（3）供应商绩效考评。供应商绩效考评是指对已经供货的现有供应商的供货、质量、价格等进行跟踪、考核和评比。

（4）供应商综合审核。供应商综合审核是针对供应商公司层次而组织的包括质量、工程、企划、采购等专业人员参与的全面审核，它通常将问卷调查和现场审核结合起来。

（5）总体成本法。总体成本法是一种为了降低供应商的总体成本而达到一个新的水平，从而降低采购价格为目的一种方法。它需要供应商的通力合作，由采购商组织强有力的综合专家团队对供应商的财务及成本进行全面、细致的分析，找出可以降低成本的方法，并要求供应商付诸实施与改进，改进后的受益则由双方共享。

3. 供应商审核的程序

1）市场调研，搜集供应商信息

供应商审核是在对供应市场进行调研分析的基础上进行的。对供应市场调研，搜集供应商的信息、资料是审核的前提，只有掌握了供应商翔实的资料，才能对供应商做出客观、公正的审核。在市场调研阶段，主要应该从供应商的市场分布，采购物品的质量、价格，供应商的生产规模等方面收集供应商的情况。

2）确定供应商审核的主要指标

不同的供应商，其审核的指标也不同，因此应该针对供应商的实际情况和本单位所采购物品的特性，对所要审核的供应商制定具体的审核指标。

3）成立供应商审核小组

对供应商的审核应视不同的采购物品成立相应的审核小组。对于一些标准品及金额比较低的物品，可以用采购人员自行决定的方式，由采购人员组成审核小组。这种方式最简单，也最为快速、方便；对于非标准品、价值金额较大的物品，则可以成立跨功能小组或商品小组来执行审核的任务。所谓跨功能小组是指依据采购物品的性质，由采购部门、物料管理部门、工程及研发部门、主管或财务部门的人员共同组成的临时性的供应商审核组织。

4）综合评分

供应商审核的最后一个环节是对供应商进行综合评分。针对每个审核项目，权衡彼此的重要性，分别给予不同的分数，审核小组决定了供应的审核内容及权重后，可根据供应商反馈的调查表及实地调查的资料，编制出供应商的资格评分表。

4. 供应商审核的内容

由于供应商自身条件的差别（各有优劣），必须有客观的评分的项目作为选拔合格供应商的依据。因此，供应商审核应该制定详细的审核内容，通常包括下列各项。

（1）供应商的经营状况。主要包括供应商经营的历史、负责人的资历、注册资本金额、员工人数、完工纪录及绩效、主要的客户、财务状况。

（2）供应商的生产能力。主要包括供应商的生产设备是否先进，生产能力是否已充分利用，厂房的空间距离，以及生产作业的人力是否充足。

（3）技术能力。主要包括供应商的技术是自行开发还是从外引进，有无与国际知名技术开发机构的合作，现有产品或试制品的技术评估，产品的开发周期，技术人员的数量及受教育程度等。

（4）管理制度。主要包括生产流程是否顺畅合理，产出效率如何，物料控制是否电脑化，生产计划是否经常改变，采购作业是否对成本计算提供良好的基础。

（5）质量管理。主要包括质量管理方针、政策，质量管理制度的执行及落实情况，有无质量管理制度手册，有无质量保证的作业方案，有无年度质量检验的目标，有无权威机构的评鉴等级，是否通过 ISO9000 认证。

4.2.2　供应商认证

1. 供应商认证流程

供应商认证是供应商管理的一项重要内容。在供应商认证之前，供应商至少要满足 3 个方面的条件：供应商提交的文件已经通过认证，价格及其他商务条款符合要求，供应商审核必须合格。

新供应商认证需要经理批准、财务部门调查，客户指定的需出具确认函件、供应商调查等文件。作为供应商而言，需要提供的信息包括工商文件（工商营业执照、税务登记证、资信等级、注册资本、经营范围）、行业资质和资格证书、产品质量文件、资源（工厂分布、运输、技术支持、服务等级）、客户名单、公司 SWOT 分析等。企业在必要时可由资信调查公司进行财务状况、信用等级调查，也可安排专门项目调查小组进行市场调查。

企业供应商认证流程如图 4-2 所示。

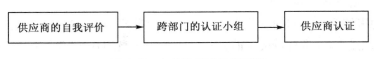

图 4-2　企业供应商认证流程

具体来说，供应商的认证流程如下。

（1）供应商自我评价。对供应商进行认证之前应要求供应商先进行自我评价。一般是先发信给供应商，让供应商先对自己做出自我评价，然后再组织有关人员进行认证。

（2）成立供应商认证小组。收回供应商自我评价的资料后，应着手成立供应商认证小组。供应商认证小组应包括不同部门成员，主要有质量管理、工程、生产等部门，认证小组成立后应确认对供应商认证采取的形式和认证的指标体系。

（3）针对认证的内容，确定相应的指标评分体系。对于供应商的认证要针对不同的供应商采取不同的评分体系。但一般情况下，供应商认证的评分体系包括领导班子和风格、信息系统及分析、战略计划、人力资源、过程控制、商务运作、客户满意程度、供应管理、销售管理、时间管理、环境管理等子系统。

（4）会同质量、工程、生产等部门进行现场调查。对供应商的现场调查中，要了解供应商的管理机构设置情况，各部门之间的分工及汇报流程；考察供应商质量控制与管理体系、生产工艺、顾客服务、环境体系等内容。在现场考察的同时应根据预先设置的评分体系，进行子系统的评价，并给出相应的分值。

（5）各部门汇总评分。进行现场考察后，各个部门应通过现场观察情况，并结合供应商的相关文件、先前的市场调查情况、与供应商的客户和供应商的会谈情况，以及小组讨论进行综合评分，得出供应商最终认证的总成绩。各部门进行汇总评分后，组织现场调查的部门应写出考察报告，呈报上级领导，并且将考察的资料进行备案并存档。

（6）将认证情况反馈给供应商。对供应商进行认证的最终结果应反馈给供应商，让供应商明确自己的不足之处，以便进行改进与提高。

（7）供应商认证跟踪。对供应商进行认证后，要进行跟踪。供应商的认证不仅仅是审查和评估的过程，而且也是一个反馈与跟踪的过程，要随时监测供应商的执行情况，不断督促供应商进行改进。总之，供应商的认证是一个长期的、动态的过程，是通过评估来确认和培养供应商的过程。

2. 供应商认证的主要内容

1）供应商认证的基本情况

供应商认证的基本情况主要有以下几个方面的内容。

（1）企业的经营环境。主要包括企业所在国家的政治、经济和法律环境的稳定性，进出口是否有限制，货币的可兑换性，近几年的通货膨胀情况，基础设施情况，有无地理限制等内容。

（2）企业近几年的财务状况。主要包括各种会计报表、银行报表、企业经营报告等。

（3）企业在同行业中的信誉及地位。主要包括同行业对企业产品质量、交货可靠性、交货周期及灵活性、客户服务及支持、成本等各项的评价。

（4）企业近几年的销售情况。包括销售量及趋势、人均销售量、本公司产品产量占行业总产量的比例。

（5）企业现有的紧密的、伙伴型的合作关系。包括与本公司的竞争对手，与其他客户或供应商之间的关系。

（6）地理位置。主要包括与本公司的距离和通关海关的难易程度。

（7）企业的员工情况。主要有员工的教育程度、出勤率、流失率、工作时间、平均工资水平、生产工人与员工总数的比例等。

2）供应商企业管理的情况

对供应商企业管理情况的认证要考虑以下几个方面的因素。

（1）企业管理的组织框架，各组织之间的功能分配，以及组织之间的协调情况。

（2）企业的经营战略及目标，企业的产品质量改进措施，技术革新的情况，提高生产率及降低成本的主要举措，员工的培训及发展情况，质量体系及是否通过 ISO9000 认证，对供应商的管理战略及情况等。

3）供应商的质量体系及保证情况

供应商质量体系及保证情况的主要内容如下所述。

（1）质量管理机构的设置情况及功能。

（2）供应商的质量体系是否完整。主要包括质量保证文件的完整性与正确性、有无质量管理的目标与计划、质量的审核情况、与质量管理相关的培训工作如何等。

（3）企业产品的质量水平。主要包括产品质量、过程质量、供应商质量及顾客质量投诉情况。

（4）质量改进情况。主要包括与顾客、供应商的质量协议，是否参与顾客的质量改进，是否参与供应商的质量改进，质量成本控制情况，是否接受顾客对其质量的审核等。

4）供应商的设计、工程与工艺情况

这部分内容主要包括以下几个方面。

（1）相关机构的设立与相应职责。

（2）工程技术人员的能力。主要包括工程技术人员受教育的情况、工作经验、在本公司产品开发方面的水平、在公司产品生产方面的工艺水平、工程人员的流失情况。

（3）开发与设计情况。主要有开发设计的试验、试验情况、与顾客共同开发的情况、与供应商共同开发的情况、产品开发的周期、产品及工艺开发程序、对顾客资料的保密情况等。

5）供应商的生产情况

供应商生产情况的主要内容包括生产机构、生产工艺过程及生产人员的情况，具体情况包括以下几个方面。

（1）生产机构的设置情况及职能。

（2）生产工艺过程情况。主要有工艺布置、设备（工艺）的可靠性、生产工艺的改进情况、设备利用率、工艺的灵活性、作业指导的情况、生产能力等。

（3）生产人员的情况。主要有职工参与生产管理的程度、生产的现场管理情况、生产报表及信息的控制情况、外协加工控制情况、生产现场环境与清洁情况等。

6）供应商的企划与物流管理情况

这项内容主要有以下几个方面。

（1）相关机构的设立情况。

（2）物流管理系统的情况，主要包括物流管理、物料的可追溯性、仓储条件与管理、仓储量、MRP 系统等。

（3）发货交单情况，主要包括发货交单的可靠性、灵活性、即时供应能力、包装及运输情况、交货的准确程度。

（4）供应商管理情况。主要有供应商的选择、审核情况、供应商表现考评的情况、供应商的分类管理情况、供应商的改进与优化情况等。

7）供应商的环境管理情况

供应商的环境管理情况主要包括以下几个方面。

（1）环境管理机构的设置及其管理职能。

（2）环境管理体系。主要有环境管理的文件体系、环境管理的方针与计划等。

（3）环境控制的情况。主要有环境控制的运作情况、沟通与培训情况、应急措施、环境监测情况、环境管理体系的审核情况。

8）供应商对市场及顾客服务支持的情况

供应商对市场及顾客服务支持的情况主要包括以下几个方面。

（1）相关机构的设置情况。

（2）交货周期及条件。主要有正常交货的周期、紧急交货的周期、交货与付款的条件、保险与承诺。

（3）价格与沟通情况。主要包括合同的评审、价格态度与降低成本的态度、电子邮件与联系手段、收单与发货沟通的情况。

（4）顾客投诉与服务情况。主要包括顾客投诉的处理程序、顾客投诉处理的情况与反应时间、顾客的满意程度、售后服务机构、顾客数量及伙伴顾客的数量等。

4.2.3　供应商质量体系审核

供应商质量体系审核是供应商管理过程中十分重要的环节，在供应商认证前必须进行（也可依实际情况结合供应商认可审核一起进行），通常是依据 ISO9000 标准制定相应的审核检查表，由采购员和品质工程师共同实施。参与质量体系审核的人员应当了解 ISO9000 标准的要求并具有内审资格。

供应商质量体系审核也可以用于供应商年审，一般由采购部门会同品质部门根据实际情况每年制定一份供应商质量体系审核计划并知会供应商认可后付诸实施。审核作为供应商整体改进计划的一部分，应针对那些需要提高改进质量体系的供应商，每年不宜超过十家。

审核原则上必须在供应商生产现场进行，审核范围应集中在供应商工厂与本公司产品相关的行政及其生产区域，审核结果按不同的目的可作为供应商认可的审核依据或提交反馈给供应商，要求供应商限期改进。

质量体系审核的主要内容包括以下几个方面。

（1）管理职责。总则、顾客需求、法规要求、质量方针、质量目标与计划、质量管理体系、管理评审。

（2）资源管理。总则、人力资源，其他资源（信息、基础设施、工作环境）。

（3）过程管理。总则与顾客相关的过程、设计与开发、采购、生产与服务运作、不合格品（项）的控制、售后服务。

（4）监测、分析与改进。总则、监测、数据分析、改进。

4.3　供应商绩效考核

供应商绩效考核是对现有供应商的日常表现进行定期监控和考核。传统上，虽然我们一直也在进行供应商的考核工作，但是一般都只是对重要供应商的来货质量进行定期检查，而没有一整套的规范和程序。随着采购管理在企业中的地位越来越重要，供应商的管理水平也在不断上升，原有的考核方法已不再适应企业管理的需要。

4.3.1　供应商绩效考核的目的、原则、范围及准备工作

1. 供应商绩效考核的目的

供应商绩效管理的主要目的是确保供应商供应的质量，同时在供应商之间进行比较，以便继续同优秀的供应商进行合作，而淘汰绩效差的供应商。供应商的绩效管理同时也是了解供应商存在的不足之处，将不足之处反馈给供应商，可以促进供应商改善其业绩，为日后更好地完成供应活动打下良好的基础。

2. 供应商绩效考核的基本原则

（1）供应商绩效管理必须持续进行，要定期地检查目标达成的程度。当供应商知道会定期地被评估时，自然就会致力于改善自身的绩效，从而提高供应质量。

（2）要从供应商和企业自身各自的整体运作方面来进行评估以确立整体的目标。

（3）供应商的绩效总会受到各种外来因素的影响，因此对供应商的绩效进行评估时，要考虑到外在因素带来的影响，不能仅仅衡量绩效。

3. 供应商绩效考核的范围

不同的单位针对供应商表现的考评要求不同，相应的考评指标也就不一样，最简单的做

法是仅衡量供应商的交货质量。成熟一些的除考核质量外，也跟踪供应商的交货表现；较先进的系统则进一步扩展到供应商的支持与服务、供应商参与本公司产品开发等表现，也就是由考评订单、交单实现过程延伸到产品开发过程。

世界先进水平的厂家则：

① 考评所有的供应商，并且文件规定好考评什么、何时考评、怎样考评、由谁考评；

② 事先确定好考评指标，并通过信息系统自动计算考评结果；

③ 考评指标明确、合理，与公司的大目标保持一致；

④ 考评指标具体，考评准则体现跨功能精神；

⑤ 考评表现反馈给供应商，并通报到公司内部相关人员；

⑥ 组织供应商会议跟踪相应的改善行动；

⑦ 设定明确的改进目标。

4. 供应商绩效考核的准备工作

要实施供应商考评，就必须制定一个供应商考评办法或工作程序，以便有关部门或人员依文件实施。实施过程中要对供应商的表现（如质量、交货、服务等）进行监测记录，为考评提供量化依据。考评前还要选定被考评的供应商，将考评做法、标准及要求同相应的供应商进行充分沟通，并在本公司内对参与考评的部门或人员做好沟通协调。供应商考评工作常由采购人员牵头组织，品质、企划等人员共同参与。

4.3.2　供应商的绩效考核的指标体系

为了科学、客观地反映供应商供应活动的运作情况，应该建立与之相适应的供应商绩效考核指标体系。在制定考核指标体系时，应该突出重点，对关键指标进行重点分析，尽可能地采用实时分析与考核的方法，要把绩效度量范围扩大到能反映供应活动时间运营的信息上去，因为这要比做事后分析有价值得多。评估供应商绩效的因素主要有质量指标，供应指标，经济指标，支持、配合与服务指标等。

1. 质量指标

供应商质量指标是供应商考评的最基本指标，包括来料批次合格率、来料抽检缺陷率、来料在线报废率、供应商来料免检率等。其中，来料批次合格率是最为常用的质量考核指标之一。

$$来料批次合格率 = \frac{合格来料批次}{来料总批次} \times 100\%$$

$$来料抽检缺陷率 = \frac{抽检缺陷总数}{抽检样品总数} \times 100\%$$

$$来料在线报废率 = \frac{来料总报废数}{来料总数} \times 100\%$$

其中，来料总报废数包括在线生产时发现的废样品。

$$来料免检率 = \frac{来料免检的种类数}{该供应商供应的产品总种类数} \times 100\%$$

此外，还有的公司将供应商体系，质量信息，供应商是否使用、如何使用 SPC 于质量控制等也纳入考核，比如供应商是否通过了 ISO9000 认证或供应商的质量体系审核是否达到一定的水平。还有些公司要求供应商在提供产品的同时，要提供相应的质量文件如过程质量检验报告、出货质量检验报告、产品成分性能测试报告等。

2. 供应指标

供应指标又称为企业指标，是同供应商的交货表现及供应商企划管理水平相关的考核因素，其中最主要的是准时交货率、交货周期、订单变化接受率等。其中，交货周期是指自订单开出日到收货日的时间长度，常以天为单位；订单变化接受率是衡量供应商对订单变化灵活性反应的一个指标，是指在双方确认的交货周期中可接受的订单增加或减少的比率。

$$准时交货率 = \frac{按时按量交货的实际批次}{订单确认的交货总批次} \times 100\%$$

$$订单变化接受率 = \frac{订单增加（或减少）的交货数量}{订单原订的交货数量} \times 100\%$$

值得一提的是，供应商能够接受的订单增加接受率与订单减少接受率往往不同，前者取决于供应商生产能力的弹性、生产计划安排与反应快慢及库存大小与状态（原材料、半成品或成品）；后者主要取决于供应的反应、库存（包括原材料与在制品）大小及因减单带来的可能损失的承受力。

3. 经济指标

供应商考核的经济指标总是与采购价格、成本相联系的。与质量及供应指标不同的是，质量与供应考核通常每月进行一次，而经济指标则相对稳定，多数企业是每季度考核一次；此外经济指标往往都是定性的，难以量化。具体考核点有以下几个方面。

（1）价格水平：往往同本公司所掌握的市场行情比较或根据供应商的实际成本结构及利润率进行判断。

（2）报价是否及时：报价单是否客观、具体、透明（分解成原材料费用、加工费用、包装费用、运输费用、税金、利润等，以及相对应的交货与付款条件）。

（3）降低成本的态度及行动：是否真诚地配合本公司或主动地开展降低成本活动，制定改进计划，实施改进行动，是否定期与本公司检讨价格。

（4）分享降价成果：是否将降低成本的好处也让利给本公司。

（5）付款：是否积极配合响应本公司提出的付款条件要求与办法，开出付款发票是否准确、及时，是否符合有关财税要求。

有些单位还将供应商的财务管理水平与手段、财务状况及对整体成本的认识也纳入考核。

4. 支持、配合与服务指标

同经济指标一样，考核供应商在支持、配合与服务方面的表现通常也是定性的考核，每季度一次，相关的指标大致有诸如反应与沟通、表现合作态度、参与本公司的改进与开发项目、售后服务等，具体如下所述。

（1）反应表现：对订单、交货、质量投诉等反应是否及时、迅速，答复是否完整，对退货、挑选等是否及时处理。

（2）沟通手段：是否有合适的人员与本公司沟通，沟通手段是否符合本公司的要求（电话、传真、电子邮件及文件书写所用软件与本公司的匹配程度等）。

（3）合作态度：是否将本公司看成是重要客户，供应商高层领导或关键人物是否重视本公司的要求，供应商内部沟通协作（如市场、生产、计划、工程、质量等部门）是否能整体配合并满足本公司的要求。

（4）共同改进：是否积极参与或主动参与本公司相关的质量、供应、成本等改进项目或活动，或推行新的管理做法等，是否积极组织参与本公司共同召开的供应商改进会议，配合本公司开展的质量体系审核等。

（5）售后服务：是否主动征询本公司的意见，主动访问本公司，主动解决或与预防问题。

（6）参与开发：是否参与本公司的各种相关开发项目，如何参与本公司的产品或业务开发过程。

（7）其他支持：是否积极接纳本公司提出的有关参观、访问事宜，是否积极提供本公司要求的新产品报价与送样，是否妥善保存与本公司相关的文件等不予泄露，是否保证不与影响到本公司切身利益的相关公司或单位进行合作等。

4.4 供应商关系管理

4.4.1 供应商细分

供应商细分是指在供应市场上，采购方依据采购物品的金额、采购商品的重要性及供应商对采购方的重视程度和信赖性等因素，将供应商划分成若干个群体。供应商细分是供应商关系管理的先行环节，只有在供应商细分的基础上，采购方才有可能根据细分供应商的不同情况实行不同的供应商关系策略。

根据不同方法可以将供应商细分为以下几种。

1. 公开竞价型、供应商网络型、供应链管理型

（1）公开竞价型。是指采购方将所采购的物品公开地向若干供应商提出采购计划，各个供应商根据自身的情况进行竞价，采购方依据供应商竞价的情况，选择其中价格低、质量好的供应商作为该项采购计划的供应商，这类供应商就称为公开竞价型供应商。在供大于求的市场中，采购方处于有利地位，采用公开竞价选择供应商，对产品质量和价格有较大的选择余地，是企业降低成本的途径之一。

（2）供应商网络型。是指采购方通过与供应商长期的选择与交易中，将在价格、质量、售后服务、综合实力等方面比较优秀的供应商组成供应商网络，企业的某些物品的采购只限于在供应商网络中进行。供应商网络的实质就是采购方的资源市场，采购方可以针对不同的物资组建不同的供应商网络。供应商网络型的特点是采购方与供应商之间的交易是一种长期性的合作关系，但在这个网络中应采取优胜劣汰的机制，以便长期共存、定期评估、筛选，适当淘汰，同时吸收更为优秀的供应商进入。

（3）供应链管理型。是以供应链管理为指导思想的供应商管理，采购方与供应商之间的关系更为密切，采购方与供应商之间通过信息共享，适时传递自己的需求信息，而供应商根据实时的信息，将采购方所需的物资按时、按质、按量地送交采购方。

2. 重点供应商和普通供应商

根据采购的 80/20 规则可以将供应商细分为重点供应商和普通供应商，其基本思想是针对不同的采购物品应采取不同的策略，同时采购工作精力的分配也应各有侧重，相应地对于不同物品的供应商也应采取不同的策略。根据 80/20 规则可以将采购物品分为重点采购品（占采购价值 80% 的 20% 的采购物品）和普通采购品（占采购价值 20% 的 80% 的采购物品），相应地，可以将供应商进行依据 80/20 规则分类，划分为重点供应商和普通供应商，即占 80% 采购金额的 20% 的供应商为重点供应商，而其余只占 20% 采购金额的 80% 的供应商为普通供应商。对于重点供应商应投入 80% 的时间和精力进行管理与改进。这些供应商提供的物品为企业的战略物品或需集中采购的物品，如汽车厂需要采购的发动机和变速器，电视机厂需要采购的彩色显像管及一些价值高但供应保障不力的物品。而对于普通供应商则只需要投入 20% 的时间和精力跟踪其交货。因为这类供应商所提供的物品的运作对企业的成本质量和生产的影响较小，例如办公用品、维修备件、标准件等物品。

在按 80/20 规则进行供应商细分时，应注意如下问题：

① 80/20 规则细分的供应商并不是一成不变的，是有一定的时间限度的，随着企业生产结构和产品线的调整，需要重新进行细分；

② 对重点供应商和普通供应商应采取不同的策略。

3. 短期目标型、长期目标型、渗透型、联盟型、纵向集成型

（1）短期目标型。是指采购方与供应商之间的关系是交易关系，即一般的买卖关系。双方的交易仅停留在短期的交易合同上，各自所关注的是如何谈判、如何提高自己的谈判技巧使自己不吃亏，而不是如何改善自己的工作，使双方都获利。供应商根据交易的要求提供标准化的产品或服务，以保证每一笔交易的信誉，当交易完成后，双方关系也就终止了，双方只有供销人员有联系，而其他部门的人员一般不参加双方之间的业务活动，也很少有什么业务活动。

（2）长期目标型。是指采购方与供应商保持长期的关系，双方有可能为了共同的利益对改进各自的工作感兴趣，并在此基础上建立起超越买卖关系的合作。长期目标型的特征是建立一种合作伙伴关系，双方工作重点是从长远利益出发，相互配合，不断改进产品质量与服务质量，共同降低成本，提高共同的竞争力。合作的范围遍及各公司内部的多个部门。例如，采购方对供应商提出新的技术要求，而供应商目前还没有能力，在这种情况下，可以对供应商提供技术资金等方面的支持；同时，供应商的技术创新也会促进企业产品改进，所以对供应商进行技术支持与鼓励有利于企业长期利益。

（3）渗透型。渗透型供应商关系是在长期目标型基础上发展起来的，其指导思想是把对方公司看成自己的公司，是自己的一部分，因此对对方的关心程度又大大提高了。为了能够参与对方活动，有时会在产权关系上采取适当措施，如互相投资、参股等，以保证双方利益的共享与一致性。同时，在组织上也采取相应的措施，保证双方派员加入到对方的有关业务活动之中。这样做的优点是可以更好地了解对方的情况，供应商可以了解自己的产品是如何起作用的，容易发现改进方向；而采购方可以知道供应商是如何制造的，也可以提出改进的要求。

（4）联盟型。联盟型供应商关系是从供应链角度提出的，其特点是更长的纵向链条上管理成员之间的关系，双方维持关系的难度提高了，要求也更高。由于成员增加，往往需要一个处于供应链上核心地位的企业出面协调各成员之间的关系，因而它也被称之为供应链核心企业。

（5）纵向集成型。纵向集成型供应商是最复杂的关系类型，即把供应链上的成员整合起来，像一个企业一样，但各成员是完全独立的企业，决策权属于自己。在这种关系中，要求每个企业在充分了解供应链的目标、要求，以及在充分掌握信息的条件下，能自觉做出有利于供应链整体利益的决策。有关这方面的知识，更多的是停留在学术上的讨论，而实践中的案例很少。

4. 商业型、重点商业型、优先型、伙伴型

根据供应商分类模块法可以将供应商分为商业型、重点商业型、优先型、伙伴型供应商4种形式。供应商分类的模块法是依据供应商对本单位的重要性和本单位对供应的重要性进行矩阵分析，并据此对供应商进行分类的一种方法。可以用下面的矩阵图表示，如图4-3所示。

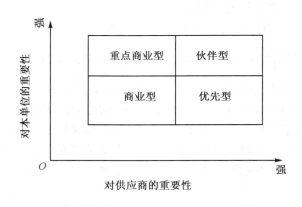

图4-3　供应商分类模块法

在供应商分类的模块中，如果供应商认为本单位的采购业务对于他们来说非常重要，供应商自身又有很强的产品开发能力等，同时该采购业务对本公司也很重要，那么这些采购业务对应的供应商就是"伙伴型"；如果供应商认为本单位的采购业务对于他们来说非常重要，但该项业务对于本单位却并不是十分重要，这样的供应商无疑有利于本单位，是本单位的"优先型"；如果供应商认为本单位的采购业务对他们来说无关紧要，但该采购业务对本单位却是十分重要的，这样的供应商就是需要注意改进提高的"重点商业型"；对于那些对于供应商和本单位来说均不是很重要的采购业务，相应的供应商可以很方便地选择更换，那么这些采购业务对应的供应商就是普通的"商业型"。

表 4-2 反映了几种典型供应商关系的特征及具体发展要求。

表 4-2　供应商关系的特点与发展要求

	商业型供应商	优先型供应商	伙伴型供应商	
			供应伙伴	设计伙伴
关系特征	运作联系	运作联系	战术考虑	战略考虑
时间跨度	1 年以下	1 年左右	1～3 年	1～5 年
质量	按顾客要求并选择	顾客要求 顾客与供应商共同 控制质量	供应商保证 顾客审核	供应商保证 供应商早期介入设计及产品 质量标准 顾客审核
供应	订单订货	年度协议+交货订单	顾客定期向供应商 提供物料需求计划	电子数据交换系统
合约	按订单变化	年度协议	年度协议（1 年） 质量协议	设计合同 质量协议等
成本价格	市场价格	价格+折扣	价格+降价目标	公开价格与成本构成 不断改进，降低成本

5. 供应商关系谱

供应商关系谱是将供应商分为不可接受的供应商、可接受的潜在供应商及 5 级不同层次的已配套的供应商，如表 4-3 所示。

表 4-3　供应商关系谱

	层次	类型	特征	适合范围
供 应 商 关 系	5	自我发展型的伙伴供应商	优化协作	态度、表现好的供应商
	4	共担风险的供应商	强化合作	
	3	运作相互联系的供应商	公开、信赖	
	2	需持续接触的供应商	竞争游戏	表现好的供应商
	1	已认可的、触手可及的供应商	现货买进方式	方便、合理的供应商
		可接受的潜在供应商		潜在供应商
		不可接受的供应商		不合适

第一层次的供应商为"触手可及"的关系，因采购价值低，它们对本单位显得不很重要，因而无需与供应商或供应市场靠得太紧密，只要供应商能提供合理的交易即可。处理这类供应商的关系可采取现货买进方式。

第二层次的供应商要求企业对供应市场要有一定的把握，如了解价格发展趋势等，采购的主要着力点是对供应市场保持持续接触，在市场竞争中买到价格最低的商品。

第三层次的供应关系必须做到双方运作相互联系，其特征是公开、互相信赖。一旦这类供应商选定，双方就以坦诚的态度在合作过程中改进供应、降低成本。通常这类供应商提供的零部件对本单位来说属于战略品，但供应商并不是惟一的，因而本单位有替代的供应商。这类供应商可以考虑长期合作。

第四个层次供应商的关系就成为一种共担风险的长期合作关系，其重要的特征是双方都力求强化合作，通过合同等方式将长期关系固定下来。

第五个层次是互相配合形成的自我发展型的伙伴供应商关系。这种关系意味着双方有着共同的目标，必须协同作战，其特征是为了长期的合作，双方要不断地优化协作，最具代表性的活动就是供应商主动参与到本单位的产品开发业务中来，而本单位亦依赖供应商在其产品领域内的优势来提高自己产品开发的竞争力。

6. 按供应商的规模和经营品种分类

按供应商的规模和经营品种进行供应商细分，常以经营品种作为横坐标，供应商的规模作为纵坐标进行矩阵分析，如图4-4所示。

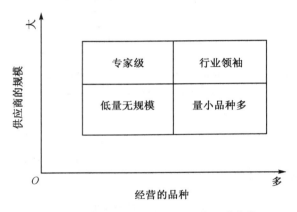

图4-4　按供应商的规模和经营品种分类

在这种分类方法中，"专家级"供应商是指那些生产规模大、经验丰富、技术成熟，但经营品种相对少的供应商，这类供应商的目标是通过竞争来占领广大市场；"低量无规模"的供应商是指那些经营规模小、经营品种少的供应商，这类供应商生产经营比较灵活，但增长潜力有限，其目标仅是定位于本地市场；"行业领袖"供应商是指那些生产规模大、经营品种也多的供应商，这类供应商财务状况比较好，其目标为立足本地市场，并且积极拓展国际市场；"量小品种多"的供应商虽然生产规模小，但是其经营品种较多，这类供应商的财务状况不是很好，但是其潜力可培养。

4.4.2　防止供应商控制

1. 独家供应

随着供应商伙伴关系的发展，供应商体系的优化，许多企业的某些零部件出现了独家供应的局面。独家供应的主要优点是采购成本低、效率高；缺点是全部依赖于某一家供应商。独家供应策略常发生在以下几种情况：

① 按客户要求专门制造的高科技、小批量产品，由于产品的技术含量高，又系专门小

批量配套，往往不可能要求两家以上的供应商同时供应；

② 某些企业的产品及其零部件对工艺技术要求高，且由于保密的原因，不愿意让更多的供应商知道；

③ 工艺性外协（如电镀、表面处理等），因企业周围工业基础等条件所限，有可能只固定在一家供应；

④ 产品的开发周期很短，必须伙伴型供应商的全力、密切配合。

独家供应除了客观上的条件局限以外，主观方面也具有优势，主要体现在：

① 节省时间和精力，有助于企业与供应商之间加强交流，发展伙伴关系；

② 更容易实施双方在产品开发、质量控制、计划交货、降低成本等方面的改进，并取得积极成效。

独家供应会造成供需双方的相互依赖，进而可能导致以下风险：

① 供应商有了可靠顾客，会失去其竞争的源动力及应变、革新主动力；

② 供应商可能会疏远市场，以致不能完全掌握市场的真正需求；

③ 企业本身不容易更换供应商。

2. 防止供应商控制的方法

许多企业对某些重要材料过于依赖于同一家供应商，这种供应商常常能左右采购价格，对采购方施加极大的影响。这时采购方已落入供应商垄断供货的控制之中，企业只有惟一的一家供应商，或者该供应商受到强有力的专利保护，任何其他商家都不能生产同类产品，或许采购方已被"套住"，处在进退维谷的两难境地，因为另寻门路不划算。比如计算机系统，如要更换，使用的相应软件就必须做出重大变动。

采购方要对付垄断供应商，有时还没等动手就已产生挫败感，因为力量的天平明显偏向供应商。尽管表面上看来，采购方可能无计可施，但"自古无绝路"，采购方仍可以找到一些行之有效的反垄断措施。

1）全球采购

当采购方得到许多商家的竞价时，采购方可以深信数字"3"的神奇魔力。不管能实际供货的有几家，比如有 50 家供应商，采购方只管要求 3 家报价，采购方准有把握找到最佳供应商。全球采购往往可以打破供应商的垄断行为。

2）再找一家供应商

独家供应有两种情况：一为 Single Source，即供货商不止一家，但仅向其中一家采购；另一为 Sole Source，即仅此一家别无其他供应商。通常 Single Source 多半是买方造成的，譬如企业将原来许多家供货商削减到只剩下最佳的一家；Sole Source 则是卖方造成的，譬如独占性产品的供应者或独家代理商等。

在 Single Source 的情况下，只要"化整为零"，变成多家供应（Multiple Sources），造成卖方的竞争，自然不会任意抬高价格，另找一家供应商是值得的。西门子公司的一项重要的采购政策就是：除非技术上不可能，每个产品会由两个或更多供应商供货，规避供应风险，保持供应商之间的良性竞争。

在 Sole Source 的情况下，破解之道在于开发新来源，包括新的供货商或替代品。当然这并非一蹴而就，必须假以时日。因此，在短期内必须"忍"，即保持低姿态，不主动找供货商洽谈价格，避免卖方借机涨价。

另外，在 Sole Source 情况下，由于市场信息缺乏，讨价还价的结果是买方依然吃亏；此时，若能与供货商建立良好的人际关系，签订长期合约，也可以避免买方在缺货时必须支付很高的现货价（Spot Price）。

3）增强相互依赖性

多给供应商一点业务，这样就提高了供应商对采购方的依赖性。

4）更好地掌握信息

要清楚了解供应商对采购方的依赖程度。例如，有家公司所需要的元件只有一家货源，但他发现自己在供应商仅有的三家客户中是采购量最大的一家，供应商离不开这家公司，结果在要求降价时供应商做出了相当大的让步。

5）利用供应商的垄断形象

一些供应商为自己所处的垄断地位而惴惴不安。在受到指责时，他们都会极力辩白，即使一点不利于他们垄断现象的宣传暗示也会让他们坐卧不宁。

6）注意业务经营的总成本

当供应商知道采购方没有其他货源，可能会咬定一个价，但采购方可以说服供应商在其他非价格条件上做出让步。采购方应注意交易中的每个环节，并全都加以利用。总成本中的每个因素都可能使采购方节约成本，而且结果往往令采购方大吃一惊。以下是一些潜在的节约成本机会。

（1）送货。洽谈适合采购方的送货数量和次数，可以降低仓储和货运成本。

（2）延长保修期。保修期不要从发货日期开始计算，而从首次使用产品的时间算起。采购方始终可以持这种观点，即既然产品质量不错，从真正使用产品的时间起计保修期，又有何不可？

（3）付款条件。只要放宽正常的付款条件，都会带来节约。立即付款则给予折扣，也是一种可行的方式。

7）让最终客户参与

如果采购方能与最终用户合作并给予他们信息，摆脱垄断供应商的机会也会伴之而来。例如，工程师往往只认准一个商标，因为他们不了解其他选择，向他们解释只有一家货源的难处，他们往往就可以让采购方采购截然不同的元件。

8）一次性采购

如果采购方预计所采购产品的价格可能要上涨时，这种做法方可行。根据相关的支出和库存成本，权衡一下将来价格上涨的幅度，与营销部门紧密合作，获得准确的需求数量，进行一次性采购。

9）协商长期合同

长期需要某种产品时，可以考虑订立长期合同。一定要保证持续供应和价格的控制，采取措施预先确定产品的最大需求量及需求增加的时机。

10）与其他用户联手

与其他具有同样产品需求的公司联合采购，由一方代表所有用户采购会惠及各方。只有那些产出不高、效率低下的独家供应商，才是采购方应该痛下杀手的对象。

11）未雨绸缪，化解垄断

如果采购方的供应商在市场上享有垄断地位，仗势压人，而采购方又不具备有效的手段与其讨价还价，最终结果势必是采购方在无奈中俯首称臣。轻则接受对方苛刻的价格和信用条款，重则自己的竞争策略备受掣肘，错失商机。其实，明智的企业主管完全可以未雨绸缪，化解供应商的垄断力量。

（1）虚实相间的采购策略。可以考虑通过一些策略性的举措，向垄断的供货商传递信息，使他意识到似乎采购方可以从别的渠道获取商品。如采购方可以和海外厂商联系，扶植弱小的供货商使其能与垄断的供货商一争高低，或促成外商在垄断厂商的领域投资。注意，在这里重要的是使垄断的供货商注意到采购方的举措，从而在施加垄断力量时有所顾忌；而此类举措的力度则可随机应变。

（2）多层接触，培养代言人。必须和供应商决策链的各个层次加强接触，包括它的高层主管及生产、质量管理和财务等职能部门，这样可以掌握供应商更为全面的信息；同时，由于采购方享有直达其最高层的沟通管道，供应商的直接决策人以势压人多多少少会有所收敛。

在此重要的一点是：垄断供应商由于其独特的垄断地位，轻而易举地就能在市场上呼风唤雨，所以一般在内部沟通上不会尽力；而一旦采购方掌握供应商较为完备的信息，在谈判和催货时便能游刃有余；另外，通过人际关系的打通和企业形象的渗透，可以在供应商内部培养对采购方深怀好感的"代言人"，无意识中为采购方的利益游说，使采购方增加进退空间。

（3）营建一流的专业采购队伍。要想不为供应商的垄断力量所伤，必须委用富有才干的专业人士担当采购重任。若是像一般企业任用平庸之才主管采购，则采购方势必成为垄断供应商的刀下鱼肉。

4.4.3　友好结束供应商关系

当合作伙伴关系失败而决定终止时，企业常常会对对方怀有讽刺乃至敌意，而不是采用适当的专家应有的态度。但当今世界已越来越小，说不定哪天又会需要用到其中那个供应商，或者供应商中的一个 CEO 跳到了其他公司，而这家公司正是企业目前所依靠的。所以企业要将转换供应商这一过程尽量做得天衣无缝，同时又不损害客户满意度、公司的利润及名誉。这里首先要了解什么情况会导致与供应商拆伙。

1. 拆伙种类

从采购方来讲，可分自愿与非自愿拆伙两种。自愿拆伙的原因中最常见的是对供应商表现不满。比如当企业连续向对方派出质量小组以帮对方解决重复性的问题，对方却没有做出相应的改变，而退货还在持续发生，最终只能放弃它转而去寻找一家能做出积极响应或更有能力的供应商。非自愿拆伙往往来自于供应商的破产或无法预测的风险，这种拆伙也可能是供应商被别的企业收购导致企业所依靠的工厂行将关闭而不得不做出的反应。

除了上述原因外，另一导致供应商伙伴关系破裂的普遍原因是相互之间失去了信任。与供应商失败的沟通，尽管双方都是无意的，但能直接损害双方的信任。因此，为了公司的利益，为了使破坏程度最小化，需要尽可能地减小与供应商的敌意，这样在转换供应商的过程中才能得到他们的协作。

2. 策略

有的企业会在事先没有通知对方的前提下突然向供应商提出结束合作；或以一些含糊的指责，如"你做得不好"或"你欠了我们的"，甚至是不光彩的手法来结束与供应商的合作。所有这些都会使供应商充满敌意，同时也会使新的供应商觉得自己以后是否也会被同样对待，而企业的声誉也会遭到损害。

什么是友好地结束与供应商关系的最佳途径呢？简单地说，企业可以在供应商的表现、管理或者成本接近"危险区"时，坦率而直接地发出警告信号，而不是隐瞒不满，这样供应商就不会感到不合理。这里有 3 个"P"可以帮企业在与供应商拆伙时减小对方的敌对情绪。

（1）Positive Attitude（积极的态度）：与其面对延续的挫折，不如现在先结束合作，等以后双方情况改变后再寻求合作机会。

（2）Pleasant Tone（平和的语调）：不要从专业的或个人的角度去侮辱对方。这好比离婚，双方都会有种失落感，都不要过多地相互指责。

（3）Professional Justification（专业的理由）：这不是个人的问题，采购员要告诉供应商，其职责是为公司创造价值，吸引和留住客户。

3. 转换过程

应先向供应商解释这次拆伙对双方可能都有好处，然后再寻求迅速公平的转换方法以使"痛苦"降到最小，接着采购方应清楚地列出供应商该做什么，如对方需按指示停止相关工作，同意终止合同，马上结束他的分包合约，送回属于我方的资产，对方懂得按照有关的法律事项，以及如何以双方最低的成本处理现有库存。

同样也要认可供应商对企业的要求：围绕拆伙事实的合理解释，对已发生的费用如何结算，协助处理现有库存。请记住采购方和供应商要共同确立转换过程的合理时间表，最后拟订一份"出清存货合同清单"，正规地对所有细节加以回顾，写明双方的职责和结束日期。

对这一转换过程所期望的结果应是：

① 有秩序的退出；

② 对客户没有损害；

③ 最少的浪费和开支；

④ 清楚的双方签字的结算记录；

⑤ 对这次拆伙原因有清醒认识；

⑥ 即使情况最坏，对所有相关人员也是一次教训，事后曾经合作的双方都会说："以后再也不会犯那种错误了！"

复习思考题

1. 企业的供应商应如何分类管理？

2. 同一种材料的供应商到底应该有几个？一个，两个，多个？为什么？

3. 对一个供应商的评价应该用哪些指标？请建立指标体系并进行分解。

4. 试举例说明应如何保持与供应商的良好关系？

5. 你认为企业与供应商间建立"战略联盟"时应注意哪些问题？

6. 概括地讲，企业与供应商间的关系有两种：一是竞争型交易关系；二是伙伴型交易关系。

你认为在我国的现实条件下，企业应该重点发展竞争型的供应关系，还是伙伴型的供应关系？为什么？

第5章

采购成本分析

成本分析与降低同样是企业采购管理工作的重点之一，本章按采购商品的价格分析、成本分析和价值分析3个层次，阐述了采购成本分析的全部内容和发展历程，使读者在正确理解采购价格、采购成本、采购价值等相关概念的基础上，掌握采购成本分析的一般方法及降低采购成本的主要途径。

5.1 供应价格分析

确定最优的采购价格是采购管理的一项重要工作，采购价格的高低直接关系到企业最终产品或服务价格的高低。因此，在确保满足其他条件的情况下力争取得最低的采购价格是采购人员最重要的工作。

5.1.1 供应价格影响因素

所谓供应价格是指供应商对自己的产品提出的销售价格。影响供应价格的因素主要有成本结构和市场结构两个方面。成本结构是影响供应价格的内在因素，受生产要素的成本，如原材料、劳动力价格、产品技术要求、产品质量要求、生产技术水平等影响；而市场结构则是影响供应价格的外在因素，包括经济、社会政治及技术发展水平等，具体有宏观经济条件、供应市场的竞争情况、技术发展水平及法规制约等。市场结构对供应价格的影响直接表现为供求关系。市场结构同时又会强烈影响成本结构；反过来，供应商自己的成本结构往往不会对市场结构产生影响。

现把这些影响因素简要分述如下。

（1）供应商成本的高低。这是影响采购价格的最根本、最直接的因素。供应商进行生产，其目的是获得一定利润，否则生产无法继续。因此，采购价格一般在供应商成本之上，两者之差即为供应商获得的利润，供应商的成本是采购价格的底线。一些采购人员认为，采购价格的高低全凭双方谈判的结果，可以随心所欲地确定，其实这种想法是完全错误的。尽管经过谈判后供应商大幅降价的情况时常出现，但这只是因为供应商报价中水分太多的缘故，而不是谈判决定价格。

（2）规格与品质。采购方对采购品的规格要求越复杂，采购价格就越高。价格的高低与采购品的品质也有很大的关系。如果采购品的品质一般或质量低下，供应商会主动降低价格，以求赶快脱手，有时甚至会贿赂采购人员。采购人员应首先确保采购物品能满足本企业的需要，质量能满足产品的设计要求，千万不要只追求价格最低，而忽略了质量。

（3）采购数量多少。如果采购数量大，采购方就会享受供应商的数量折扣，从而降低采购的价格，因此大批量、集中采购是降低采购价格的有效途径。

（4）交货条件。交货条件也是影响采购价格的非常重要的因素，交货条件主要包括运输方式、交货期的缓急等。如果货物由采购方来承运，则供应商就会降低价格，反之就会提高价格。有时为了争取提前获得所需货物，采购方会适当提高价格。

（5）付款条件。在付款条件上，供应商一般都规定有现金折扣、期限折扣，以刺激采购方能提前用现金付款。

（6）采购物品的供需关系。当企业需采购的物品为紧俏商品时，则供应商处于主动地位，它会趁机抬高价格；当企业需采购的商品供过于求时，则采购方处于主动地位，可以获得最优的价格。

（7）生产季节与采购时机。当企业处于生产的旺季时，对原材料需求紧急，因此不得不承受更高的价格。避免这种情况的最好办法是提前做好生产计划，并根据生产计划制定出相应的采购计划，为生产旺季的到来提前做好准备。

（8）供应市场中竞争对手的数量。供应商毫无例外地会参考竞争对手的价位来确定自己的价格，除非他处于垄断地位。

（9）客户与供应商的关系。与供应商关系好的客户通常都能拿到好的价格。

有些产品的供应价格几乎全部取决于成本结构（如塑胶件），而另外一些产品则几乎全部依赖于市场（如短期内的铜等原材料）。对于后一类产品单个供应商处于完全竞争的市场，对产品价格的影响无能为力。当然不少产品的供应价格既受市场结构影响，同时供应商又能通过成本结构来进行控制。表 5-1 给出了不同种类产品的供应价格影响因素构成。

表 5-1　不同产品的供应价格影响因素的构成

产品类别	成本结构为主	侧重于成本结构	50%成本结构、50%市场结构	侧重于市场结构	市场结构为主
原材料				√	√
工业半成品			√	√	
标准零部件		√	√	√	
非标准零部件	√	√	√		
成品	√	√	√		
服务	√	√	√	√	√

5.1.2　供应商的定价方法

1978 年 Corey 提出供应商定价不外乎有 3 种方法，即成本导向定价法（Cost-based Pricing）、需求导向定价法（Market-based Pricing，又称为市场导向定价法）和竞争导向定价法（Competitive Bidding）。成本导向定价法是以产品成本（当然包括销售成本）为基础确定供应价格；市场导向定价法则是随行就市的方法，即以市场价格作为自己的产品价格；而竞争导向定价法则是结合市场因素及成本因素一起考虑来确定自己的产品价格，它是最常见的方法。供应商在确定其产品的供应价格时，通常会考虑到供应市场的供应关系，再结合自己的成本结构。供应商的定价方法又可细分为成本加成定价法（Cost-plus Pricing）、目标利润定价法（Target-profit Pricing）、采购商理解价值定价法（Pricing-based on Values Perceived by the Buyer）、竞争定价法（Pricing-based on Competitor' Prices）及投标定价法（Tender-based price）。

（1）成本加成定价法。这是供应商最常用的定价法，它以成本为依据在产品的单位成本的基础上加上一定比例的利润。该方法的特点是成本与价格直接挂钩，但它忽视市场竞争的影响，也不考虑采购商（或客户）的需要。由于其简单、直接，又能保证供应商获取一定比例的利润，因而许多供应商都倾向于使用这种定价方法。实际上由于市场竞争日趋激烈，这种方法只有在卖方市场或供不应求的情况下才真正行得通。

（2）目标利润定价法。这是一种以利润为依据制定卖价的方法，基本思路是，供应商依据固定成本、可变成本及预计的卖价，通过盈亏平衡分析算出保本产量或销售量，根据目标利润算出保本销售量以外的销售量，然后分析在此预计的卖价下销售量能否达到；否则，调整价格重新计算，直到在制定的价格下可实现的销售量能满足利润目标为止。

（3）采购商理解价值定价法。这是一种以市场的承受力及采购商对产品价值的理解程度作为定价的基本依据，常用于消费品尤其是名牌产品，也有时适用于工业产品如设备的备件等。

（4）竞争定价法。这种方法最常用于寡头垄断市场，具有明显规模经济性的行业，如较成熟的市场经济国家的钢铁、铝、水泥、石油化工及汽车、家用电器等。其中，少数占有很大市场份额的企业是市场价格的主导，而其余的小企业只能随市场价格跟风。寡头垄断企业之间存在着很强的相互依存性及激烈的竞争，某企业的产品价格的制定必须考虑到竞争对手的反应。

（5）投标定价法。这种公开招标竞争定价的方法最常用于拍卖行、政府采购，也用于工业企业，如建筑包工、大型设备制造，以及非生产用原材料（如办公用品、家具、服务等）的大宗采购，一般是由采购商公开招标，参与投标的企业事先根据招标公告的内容密封报价、参与竞争。密封报价是由各供应商根据竞争对手可能提出的价格及自身所期望的利润而定，通常中标者是报价最低的供应商。

5.1.3 价格折扣

折扣是工业企业产品销售中常用的一种促销方式。了解折扣有助于供应商在谈判过程中降低采购价格，概括起来大体有以下几类折扣。

（1）付款折扣。现金付款比月结付款的采购价格通常要低，此外以坚挺货币（如美金等）付款比其他货币付款具有价格优势。

（2）数量折扣。数量小的订单其单位产品成本较高，因为小数量订单所需的订单处理、生产准备等时间与大数量订单并无根本区别，此外有些行业生产本身具有最小批量要求，如印刷、电子元件的生产等。以印刷为例，每当印刷品的数量增加一倍，其单位产品的印刷成本可降低多达50%。

（3）地理折扣。多数跨国生产的供应商在销售时实行不同地区不同价格的地区差价，对于地理位置有利的客户给予折扣优惠。此外，如果供应商的生产场地或销售点接近顾客时，往往也可以因交货运输费用低等原因获得较优惠的价格。

（4）季节折扣。许多消费品包括工业消费品都具有季节性，相应的原材料和零部件的供应价格也随着季节的起伏而上下波动。在消费淡季时将订单下给供应商往往能拿到较低的价格。

（5）推广折扣。许多供应商为了推销产品、刺激消费、扩大市场份额或推广新产品、降低市场进入障碍，往往采取各种推广手段在一定的时期内降价促销。策略地利用推广折扣是降低采购成本的一种手法。

5.1.4　如何确定采购价格

通常采购的基本要求是品质第一，服务第二，价格列为最后。因此，采购价格以能达到适当价格为最高要求。尽管价格是采购中一个非常重要的因素，应予以重视，但也不能因此过分重视，而忽略其他采购因素。影响采购总成本的因素，不止价格一个，对于这一点，采购人员必须了解，因此在决定采购的各项原则中，价格应被看做是最后的一项考虑因素。但如不能确保适当的品质、数量与可靠供应，价格高低也就毫无意义。所以说采购价多么低廉，并不足以用来夸耀是为公司省钱，道理就是如此。在采购作业阶段，企业应当注意要使所需采购的物资，在适当的品质、数量、交货时间及其他有关条件下，付出合适的价格。

因此，决定适当采购价格的目标，主要在于确保所购物资的成本，以期能树立有利的竞争地位，并在维持买卖双方利益的良好关系下，使原料供应继续不断，这是采购人员的主要责任。

1. 采购价格调查

一个企业所需使用的原材料，少的有八九十种，多的达万种以上，按其性质划分，可分为"高价物品"、"中价物品"与"低价物品"3 类。由于采购物资种类繁多，规范复杂，有关采购价格资料的搜集、调查、登记、分析十分困难。采购材料规格有差异，价格就可能相差悬殊，而且世界各地商业环境变化莫测，要做好国际商业环境调查是很困难的。

1）调查的主要范围

在大型企业里，原材料种类不下万种，但限于人手，要做好采购价格调查，却又谈何容易。因此，企业要了解帕累托定理里所说的"重要少数"：就是通常数量上仅占 10%的原材料，而其价值却占全体总值的 70%～80%。假如企业能掌握住 80%左右价值的"重要少数"，那么，就可以达到控制采购成本的真正效益，这就是重点管理法。根据一些企业的实际操作经验，可以把下列 6 大项目列为主要的采购调查范围：

① 选定主要原材料 20～30 种，其价值占全部总值的 70%～80%以上；

② 常用材料、器材属于大量采购项目的；

③ 性能比较特殊的材料、器材（包括主要零配件），一旦供应脱节，可能导致生产中断的；

④ 突发事件紧急采购；

⑤ 波动性物资、器材采购；

⑥ 计划外资本支出、设备器材的采购，数量巨大，影响经济效益深远的。

上面所列 6 大项目，虽然种类不多，但所占数值的比例很大，或影响经济效益甚广。其中①、②、⑤这 3 项，应将其每日行情的变动，记入记录卡，并于每周或每月做一个"周期性"的行情变动趋势分析。由于项目不多，而其金额又占全部采购成本的一半以上，因此必须做详细细目调查的记录。至于③、④、⑥这 3 项，则属于特殊性或例外性采购范围，价格差距极大，也应列为专业调查的重点。表 5-2 是一张调查的记录卡。

在一个企业中，为了便于了解占总采购价值 80%的"重要少数"的原材料价格变动行情，就应当随时记录，真正做到了如指掌。久而久之，对于相关的项目，它的主要原料一旦涨价，就可以预测到成品价格的上涨情况。

表 5-2　调查记录卡

原材料名称	近日价格	昨日价格	增减幅度/%	上周价格	上月价格

制表人：　　　　　　日期：

2）信息搜集方式

根据统计，采购人员约有 27%的时间从事搜集，足见采购信息的重要性。信息的收集可分为 3 类。

（1）上游法。即了解拟采购的产品是由哪些零部件或材料组成的，换言之，查询制造成本及产量资料。

（2）下游法。即了解采购的产品用在哪些地方，换言之，查询需求量及售价资料。

（3）水平法。即了解采购的产品有哪些类似产品，换言之，查询替代品或新供货商的资料。

3）信息的搜集渠道

至于信息的搜集，常用的渠道有：

① 杂志、报纸等媒体；

② 信息网络或产业调查服务业；

③ 供货商、顾客及同业；

④ 参观展览会或参加研讨会；

⑤ 加入协会或公会。

不过，由于商情范围广阔，来源复杂，加之市场环境变化的迅速，因此必须筛选正确有用的信息以供决策。最近几年对国外采购信息的需要越来越迫切，除依赖公司派人亲赴国外搜集外，亦可利用外贸协会信息处资料搜集组的书刊（名录、企管新知、电话簿、统计资料、市调、报告等）、期刊（报纸、杂志）、非书资料（录音带、录像带、磁盘、统计微缩片等）及其他小册子、宣传品、新书通告、DM 等。

4）调查所得资料的处理方式

企业可将采购市场调查所得到的资料，加以整理、分析与检讨，在此基础上提出报告及建议，即根据调查结果，编制材料调查报告及商业环境分析，对本企业提出有关改进建议（如提供采购方针的参考，以求降低成本，增加利润），并根据科学调查结果，研究更好的采购方法。

2. 采购价格确定方式

（1）询价采购方式。所谓询价采购，即采购方根据需采购物品向供应商发出询价或征购函，请其正式报价（Quotation）的一种采购方法。通常供应商寄发报价单，内容包括交易条件及报价有效期等，有时自动提出信用调查对象，必要时另寄"样品"及"说明书"。报价经采购方完全同意接受后，买卖契约才算成立。

（2）招标确定价格。招标的方式是采购方确定价格的重要方式，其优点在于公平合理。因此，大批量的采购一般采用招标的方式。但采用招标的方式需受几个条件的限制：所采购的商品的规格要求必须能表述清楚、明确，易于理解；必须有两个以上的供应商参加投标。这是采用招标方式的基本条件。

（3）谈判确定价格。谈判是确定价格的常用方式，也是最复杂、成本最高的方式。谈判方式适合于各种类型的采购。

5.2 采购成本分析

5.2.1 成本结构分析

采购人员要想知道供应商的实际成本结构并不容易，而了解供应商的供应价格影响因素及定价方法无疑有助于供应商的成本结构分析。要真正掌握成本结构分析方法并据此来判断供应价格的合理性，还必须对国际通行的工业企业成本结构有所了解。反映企业成本结构的最直接工具是财务损益表，它包括产品销售收入、产品销售成本、产品销售毛利、销售费用、管理费用、财务费用、产品销售利润、所得税、净利润等主要项目，其计算方法为

产品销售毛利=产品销售收入−产品销售成本

产品销售利润=产品销售毛利−（销售费用+管理费用+财务费用）

净利润=产品销售利润−所得税

其中，产品销售成本包括原材料费用和工人（或直接劳动力）成本；产品销售毛利与产品销售收入之比是反映企业盈利能力的一项重要指标，称为毛利率；销售费用包括市场营销、广告及销售部门的固定资产折旧等费用；管理费用则包括企业内所有管理人员的工资、固定资产折旧、能耗等；财务费用包括利息、汇兑收支等；产品销售利润是反映企业生产经营好坏的财务指标。

此外，工业企业在开发新产品或投资建厂时都会进行盈亏平衡分析（Even Point Analysis）。盈亏平衡分析又叫量本利分析或保本分析，它是通过分析生产成本、销售利润和生产量之间的关系来了解盈亏变化，并据此确定产品的开发及生产经营方案，如图 5-1 所示。生产成本（包括工厂成本和销售费用）可分为固定成本和可变成本。可变成本是随着产品的产量增减而相应提高或降低的费用，包括原材料、能耗等；而固定成本则在一定时期内保持稳定，不随产品产量的增减而变化，包括管理费用、设备折旧等。

根据量本利之间的关系，有

$$S = QP$$

式中： S —— 销售收入；

Q —— 产品的产量；

P —— 产品的单价。

$$C = F + QC_v$$

式中： C —— 固定成本；

F —— 固定费用；

C_v —— 单位产品可变费用。

当盈亏达到平衡，即销售收入等于生产成本或单价等于单位产品成本时，有以下关系。

$$S_0 = Q_0 P = F + Q_0 C_v$$

因而保本产量 Q_0 和保本收入 S_0 的表达式为

$$Q_0 = \frac{F}{P - C_v}$$

$$S_0 = \frac{F}{1 - C_v/P}$$

其中，$P - C_v$ 是指单位产品销售收入扣除可变费用后的剩余，叫做边际贡献或毛利，而 $1 - C_v/P$ 表示单位产品销售收入可帮助企业吸收固定费用，实现企业利润的系数，叫做边际贡献率或毛利率。

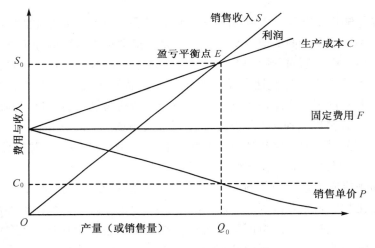

图 5-1 产品的成本与盈亏平衡

毫无疑问，供应商在制定产品的价格时都会考虑到其边际贡献率或毛利率应该大于零，也就是说产品的单价应该大于成本（单位固定费用摊销与单位产品可变费用之和）。作为采购人员要了解供应商的成本结构，就要了解其固定费用及可变费用的内容。

一般来说，在产品的成本构成中，固定成本比例越高，价格的弹性就越大，随市场季节变化及原材料的供应而变化的波动也就越强烈，因而这些产品在采购时可采用加大订购数量及在消费淡季订购等方法来降低采购成本；而对于可变成本比例较高的产品则要下力气改善供应商，促进其管理水平的提高并降低管理费用。

5.2.2　学习曲线

1. 学习曲线的含义

学习曲线（the Learning Curve）是分析采购成本、实施采购降价的一个重要工具和手段。学习曲线最早由美国航空工业提出，其基本概念是随着产品的累计产量增加，单位产品的成本会以一定的比例下降。需要说明的是这种单位产品成本的降低与规模效益并无任何关系，它是一种学习效益。这种学习效益是指某产品在投产的初期由于经验不足，产品的质量保证、生产维护等需要较多的精力投入以致带来较高的成本，随着累计产量的增加，管理渐趋成熟，所需要的人力、财力、物力逐渐减少，工人越来越熟练，质量越来越稳定，前期生产期间的各种改进措施逐步见效，因而成本不断降低，主要表现为：

① 随着某产品逐步进入成长、成熟期，其生产经验不断丰富，所需要的监管、培训及生产维护费用不断减少；

② 随着累计产量增加，工人愈趋熟练，生产效率不断提高；

③ 生产过程中的报废率、返工率及产品的缺陷不断降低；

④ 生产批次不断优化，设备的设定、模具的更换时间不断缩短；

⑤ 随着累计产量的增加，原材料的采购成本可不断降低；

⑥ 经过前期生产学习，设备的效率及利用率等方面不断得到改进；

⑦ 通过前期生产学习，物流不断畅通，原材料及半成品等库存控制日趋合理；

⑧ 通过改进过程控制，突发事件及故障不断减少；

⑨ 随着生产的进行，前期的工程、工艺技术调整与变更越来越少。

2. 学习曲线的基本模型

学习曲线反映累计产量的变化对单位成本的影响，累计产量的变化率与单位工时或成本的变化率之间保持一定的比例关系，如图 5-2 所示。

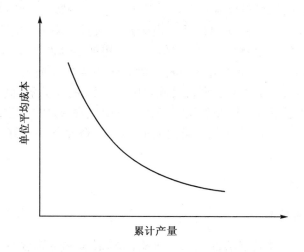

图 5-2　学习曲线：单位平均成本与累计产量

学习曲线的基本原理是，每次当一个特定产品的累计产量翻倍时，生产该产品所需要的平均时间大约为开始所需要时间的 $x\%$。一个曲率为80%的曲线意味着如果生产的产品的累计产量翻倍时，生产一个单位的产品所需要的时间只需要原始时间的80%。举例如表5-3所示。

表5-3 某产品学习曲线效益（80%学习曲线）

累计产量	单件产品所要求的时间
1 000	20
2 000	16
4 000	12.8
8 000	10.24
16 000	8.19

5.2.3 质量成本

质量成本（Cost of Quality）是采购人员审核供应商成本结构、降低采购成本所应看到的另一个方面。目前质量成本尚无统一的定义，其基本含义是指工业企业针对某项产品或者某类产品因产品质量、服务质量或工作质量不符合要求而导致的成本增加，其实质意义是不合格成本，主要包括退货成本、返工成本、停机成本、维修服务成本、延误成本、仓储报废成本等。

（1）退货成本。在整体供应链（包括采购、生产、仓储、运输各销售过程）中任何环节出现的不合格退货所发生的成本。

（2）返工成本。在采购、生产仓储、运输和销售过程中由于产品或工作不符合要求而需要进行返工维修或检验所带来的成本增加，包括人工、材料、运输等费用。

（3）停机成本。因任何原因导致的设备停机，生产停线所造成的损失，包括设备因维护不善出现故障停机，因原材料供应不上导致停产，生产安排不合理导致生产线闲置等。

（4）维修服务成本。在产品卖出以后，由于产品质量、服务质量问题导致的在维修期内所发生的所有费用，如处理顾客投诉、维修产品、更换零部件等成本。

（5）延误成本。指产品开发及交货延误导致的成本增加或损失。产品开发过程中，因设计错误或设计延误导致人工损失、设备设施报废、产品进入市场时间推迟而造成的直接经济损失；在生产及交货过程中，因交货延误导致的理赔或失去市场等损失。

（6）仓储报废成本。因产品换代、仓储时间过长、仓储条件不好等导致的原材料、零部件或成品报废。

5.2.4 整体采购成本

1. 采购价格与采购成本

在采购过程中，原材料或零部件的采购价格固然是很重要的财务指标，但作为采购人员，不要只看到采购价格本身，还要将采购价格与交货、运输、包装、服务、付款等相关因素结合起来考虑，衡量采购的实际成本。对于生产用原材料或零部件，采购成本除价格外，还应明确或考虑的因素包括价格的稳定性或走向、不同订购数量的价格变化、付款方式与结算方式、币种、交运成本、交货地点、保险、包装与运输、交货库存、质量水平与技术要求、即时供应条件、独家供货条件、风险承担、推广与产品宣传协助、供应商考察与认可费用、供应商样品测试费用、循环使用包装材料、售后服务等。

表 5-4 为某单位采购电视机玻壳的采购成本分析。由表 5-4 中数据可知，采购单价为 37.20 美元，而实际采购成本则为 68.50 美元，采购价格仅占采购成本的 54.31%。

表 5-4　某单位玻壳采购成本分析

项目	单价或单位费用/美元	该项目占总采购成本之比
玻壳采购价（发票价格）	37.20	54.31%
运输费	5.97	8.72%
保险费	1.96	2.86%
运输代理	0.03	0.04%
进口关税	2.05	2.99%
流通过程费用	0.41	0.60%
库存利息	0.97	1.42%
仓储费用	0.92	1.34%
退货包装等摊销	0.09	0.13%
不合格品内部处理费用	0.43	0.63%
不合格品退货费用	0.14	0.20%
付款利息损失	0.53	0.77%
玻壳开发成本摊销	6.20	9.05%
提供给供应商的专用模具摊销	5.60	8.18%
包装投资摊销	6.00	8.76%
其他费用	0.00	0
总计	68.50	100%

对于非生产用原材料（如设备、服务等）的采购，除以上因素外，影响采购成本的还有维修与保修、备件与附件、安装、调试、图纸、文件与说明书、安全证明、使用许可证书、培训、专用及备用工具等。

2. 整体采购成本

整体采购成本又称为战略采购成本，是除采购成本之外考虑到原材料或零部件在本企业产品的全部寿命周期过程中所发生的成本，它包括采购在市场调研、自制或采购决策、产品预开发与开发中供应商的参与、供应商交货、库存、生产、出货测试、售后服务等整体供应链中各环节所产生的费用对成本的影响，概括起来是指在本公司产品的市场研究、开发、生产与售后服务各阶段，因供应商的参与或提供的产品（或服务）所导致的成本，它包括供应商的参与或提供的产品（或服务）没有达到最高水平而造成的二次成本或损失。作为采购人员，其最终目的不仅是要以最低的成本及时采购到质量最好的原材料或零部件，而且要在本公司产品的全部寿命周期过程中，即产品的市场研究、开发、生产与售后服务的各环节，都要将最好的供应商最有效地利用起来，以降低整体采购成本。

按功能来划分，整体采购成本发生在以下的过程中：开发过程、采购过程、企划过程、质量过程、服务过程。

（1）在开发过程中，因供应商介入或选择可能发生的成本：

① 原材料或零部件对产品的规格与技术水平的影响；

② 供应商技术水平及参与本公司产品开发的程度；

③ 对供应商技术水平的审核；

④ 原材料或零部件的合格及认可过程；

⑤ 原材料或零部件的开发周期对本公司产品的开发周期影响；

⑥ 原材料或零部件及其工装（如模具）等不合格对本公司产品开发的影响等。

（2）采购过程中可能发生的成本：

① 原材料或零部件采购费用或单价；

② 市场调研与供应商考察、审核费用；

③ 下单、跟货等行政费用；

④ 文件处理及行政错误费用；

⑤ 付款条件所导致的汇率、利息等费用；

⑥ 原材料运输、保险等费用等。

（3）企划（包括生产）过程中可能因采购而发生的成本：

① 收货、发货（至生产使用点）费用；

② 安全库存仓储费、库存利息；

③ 不合格来料滞仓费、退货、包装运输费；

④ 交货不及时对本公司生产的影响及对仓管等工作的影响；

⑤ 生产过程中的原材料或零部件库存；

⑥ 企划与生产过程中涉及原材料或零部件的行政费用等。

（4）质量过程中可能发生的采购成本：

① 供应商质量体系审核及质量水平确认（含收货标准）；

② 检验成本；

③ 因原材料或零部件不合格而导致的对本公司的生产、交货的影响；

④ 不合格品本身的返工或退货成本；

⑤ 生产过程中不合格品导致的本公司产品的不合格；

⑥ 处理不合格来料的行政费用等。

（5）售后服务过程中因原材料或零部件而发生的成本：

① 零部件失效产生的维修成本；

② 零部件供应给服务维修点不及时而造成的影响；

③ 因零部件问题严重而影响本公司的产品销售；

④ 因零部件问题导致本公司的产品理赔等。

在实际采购过程中，整体采购成本分析通常要依据采购物品的分类模块按 80/20 规则选择主要的零部件进行，而不必运用到全部的采购物料。整体采购成本分析需要由有经验的采购、企划、开发、生产、品质、经济、成本人员一起组成跨功能小组共同进行，一般是先在现有的供应商中选择最重要的进行综合采购成本分析，找出实际整体采购成本与采购价格之间的差距，分析各项成本发生的原因，在此基础上提出改进措施。通过对现有主要供应商的整体采购成本分析的规律性总结，在新产品的开发过程中再综合运用于"上游"采购，以达到有预防性地降低整体采购成本的目的。

5.3　降低采购成本的方法

降低采购成本是采购部门的一项基本职责。降低采购成本应主要着眼于供应商和供应市场，而不是依靠压缩采购人员的待遇。降低采购成本的方法总结起来有以下几类。

（1）优化整体供应商结构及供应配套体系。这包括通过供应市场调研等寻找更好的新供应商，通过市场竞争招标采购，与其他单位合作实行集中采购，减少现有原材料及零部件的规格品种进行大量采购，与供应商建立伙伴型合作关系取得优惠价格等。

（2）通过对现有供应商的改进提高来降低采购成本。如改进供应商的交货，实施即时供应，提高供应商的质量，降低供应商的不合格质量成本，组织供应商参与本企业的产品开发及工艺开发，降低产品与工艺成本，与供应商实行专项共同改进项目以节省费用（如采用周转包装材料降低包装费用，采用专用运输工器具缩短装卸运输时间和成本，采用电子邮件传递文件信息减少行政费用并提高工作效率等）。

（3）通过运用采购技巧和战术来降低采购成本。其中最常用的是灵活运用采购谈判技巧，辅助价格谈判的一个基本工具就是成本结构分析，另一个工具就是了解供应商的"学习曲线"，再一个就是利用折扣优势。

美国密执根州立大学（Michigan State University）一项全球范围内的采购与供应链研究结果表明：在所有降低采购成本的方式中，供应商参与产品开发最具潜力，成本降低可达42%；利用供应商的技术与工艺则可降低成本40%；利用供应商开展即时生产可降低成本20%；供应商改进质量可降低成本14%；而通过改进采购过程及价格谈判等仅可降低成本11%。欧洲某专业机构的另一项调查也得出类似结果：在采购过程中通过价格谈判降低成本的幅度一般在3%～5%；通过采购市场调研比较优化供应商平均可降低成本3%～10%；通过发展伙伴型供应商并对供应商进行综合改进可降低成本10%～25%；而供应商早期参与产品开发成本降低则可达到10%～50%。由此可见，降低整体采购成本的最高境界是"上游"采购（Upstream Purchasing），亦即在产品的开发过程中充分有效地利用供应商。

下面简要叙述几种降低采购成本的方法。

1. 集中采购法

集中采购是很有效的方法，将各部门的需求集中起来，采购方便可以较大的采购筹码得到较好的数量折扣价格。规格标准化后，可取得供货商标准品的优惠价格，库存量也可以相对降低。如此，可以借助统一采购作业减少行政费用的支出，采购方便能够有更多的时间将资源用于开发新的供货商。

不过，集中采购或许会给人一种僵化、没有弹性的感觉，另一个较折中的方法，便是由使用量最多的单位（Lead-divisional Buying）来整合所有采购数量，负责主导采购议价。这除了可以拥有与集中采购相同的采购筹码外，还能让采购方更靠近使用单位，更了解使用单位的需求状况。其他如由各相关部门代表组成的产品委员会、联合采购、长期合约及采购产品生命周期所需的总需求量合约，都是可以交互运用的。

2. 价值分析法

价值分析（Value Analysis）法也是重要方法之一，将产品简化设计以便于制造、使用替代性材料。另外，采用提供较佳付款条件的供货商、采购二手机器设备而非全新设备、运用不同的议价技巧、选择费用较低的货运承揽业者（Forwarder），或考虑改变运输模式（如将空运改为海运），亦可同样达到降低成本的目的。当然，前置时间（Lead-time）是否足够，是否会影响到其他工作，必须先行确认，并做周密的评估。

3. 作业导向成本法

作业导向成本法（Activity-based Costing）是另外一个降低成本的方法，这在美国惠普公司早已行之多年，可以将间接成本（Indirect Cost）依照在某一产品上所花费的时间很正确地配置，这有别于传统会计作业将间接成本平均分摊的做法。它可以让管理阶层清楚地了解间接成本分配的状况，并易于检讨成本分配是否合理。不过，分析的过度细化，可能导致越想全面掌控却又越抓不到重点的情形。所以，适时地利用如帕累托分析（Pareto Analysis）等工具，来找出关键成本所在是绝对必要的。

此外，还可以运用具有高风险的采购策略，如商品期货（Hedging）操作，获得投机收入。事实上，任何可以节省费用的手段都应该是采购值得考虑的对象，但必须是合情、合理，更要合法，有利于与供货商的伙伴互动关系。至于上述何种方法应该优先使用，何种方法较好，则有赖于采购人员的专业判断，依照不同状况，采取不同方法，并无惟一的答案。

4. 目标成本法

如何改进产品与工序设计，在满足市场需求及企业所期望的盈利水平的前提下，如何降低设计阶段被锁定的80%左右的产品成本？20世纪60年代由日本丰田汽车公司发明的目标成本规划法可担此重任。这一方法对提高日本工业企业（尤其是汽车制造业）的经济效益与竞争实力，立下了汗马功劳。20世纪80年代以来，这一方法被欧美许多著名的企业（如福特汽车公司）相继采用，大大改进了其成本与财务状况。

目标成本是指企业在新产品开发设计过程中，为了实现目标利润而必须达到的成本目标值，即产品生命周期成本下的最大成本允许值。目标成本规划法的核心工作就是制定目标成本，并且通过各种方法不断地改进产品与工序设计，以最终使得产品的设计成本小于或等于其目标成本。这一工作需要由包括营销、开发与设计、采购、工程、财务与会计，甚至供应商与顾客在内的设计小组或工作团队来进行，主要操作过程如下。

（1）制定目标成本。由于目标成本为目标售价减去目标利润，因此必须首先制定目标售价。这需要进行市场研究，预测市场目前和将来需要的产品及其主要功能、需求量、消费者愿意支付的价格，还应了解竞争者的产品功能与价格。然后，可根据企业中长期的目标利润计划，并考虑对投资报酬与现金流量的期望等因素来确定目标利润（率），则由市场驱动（Market-drive）的目标成本得以确定。

（2）改进设计以达到目标成本。产品的目标成本确定后，可与公司目前的相关产品成本相比较，确定成本差距。而这一差距就是设计小组的成本降低目标，也是其所面临的成本压力。设计小组可把这一差距从不同的角度进行分解，如可分解为各成本要素（原材料和辅助设备的采购成本、人工成本等）或各部分功能的成本差距；也可按上述设计小组内的各部分（包括零部件供应商）来分解，以使成本压力得以分配和传递，并为实现成本降低目标指明具体途径。然后，设计小组可运用质量功能分解（QFD）、价值工程（VE）、流程再造（BPR）等方法来寻求满足要求的产品与工序设计方案。QFD 旨在识别顾客需求，并比较分析其与设计小组计划满足的需求的差距，以支持 VE 工程的设计过程。

5. 成本结构分析法

在实际操作中，了解供应商成本结构以便在谈判过程中取得合理的价格，以控制、降低采购成本的一个基本手段是采用尽量详细的报价单，即将供应商提供的产品按固定费用及可变费用细项展开计算，逐项核定其准确合理性。

6. 谈判法

企业应定期对产品规格的成本和好处进行深入审核，其中包括对竞争对手产品的细目分类。进行审核的时候，应使用一套整合系统将采购、市场、销售及生产部门的策略联系起来，从而确保规格变动方面的决策能够很快得到实施。另外，对采购战略至关重要的工作是对供应商成本结构及其业绩进行分析，并在此基础上进行谈判。

5.4　价值分析在采购中的应用

5.4.1　价值分析的含义

价值分析（Value Analysis，VA）又称为价值工程（Value Engineering，VE），是一门新兴的管理技术，是降低成本、提高经济效益的有效方法。所谓价值分析，指的就是通过集体智慧和有组织的活动对产品或服务进行功能分析，使目标以最低的总成本（寿命周期成本）可靠地实现产品或服务的必要功能，从而提高产品或服务的价值。价值工程的主要思想是通过对选定研究对象的功能及费用分析，提高研究对象的价值。这里的价值，指的是反映费用支出与获得之间的比例，用数字比例式表达如下。

$$价值 = \frac{功能}{成本}$$

5.4.2　价值分析在采购中的应用

早在 20 世纪 40 年代，美国通用电气公司的采购员麦尔斯就成功地解决了短缺物资的代用问题，随之创立了价值分析学说。对在物资采购中所遇到的问题，根据价值分析的原理进行研究，经过实践发现价值分析应用于物资采购中不失为一种有效方法。

　　正确选购物资，是企业合理使用物资，降低产品成本的先决条件，要做到正确的选购物资，就必须对采购物资进行价值分析，以最低的费用获得所需要的必要物资。采购物资不仅是购买一种实物，更重要的是购买这种实物所包含的必要功能，这是价值分析理论的核心。

　　以合理的价格采购物资，是价值分析的目的之一。任何功能都要为之付出费用，不切实际地追求多功能、高质量势必造成浪费。因此，应以性能价格比作为衡量物资采购成功与否的标志。

　　降低物资的使用费用是价值分析的另一个目的。购置费用容易引起人们的重视，而使用费用往往被忽视。例如，有的物资购置费用低而使用费用及寿命周期费用却较高，价值分析则要求整个寿命周期费用降低到最低限度。

　　过去，企业在面对经济萧条时，为了追求企业利润与降低成本，惯用的方法是通过采购人员的强势或谈判能力，将卖方的报价给予无情砍杀，以使采购价格压低，进而达到降低成本的目的。然而，由于近年来经济、社会环境的变化（如员工价值观剧变及对环保、工作安全与工作环境的追求等），不仅使企业经营成本大幅度提高，更导致企业经营管理的巨变，因此只凭借往日的强势作为，已无法达到降低采购价格与生产成本的目标。或许尚有些采购人员仍然抱着以往强势采购的偏狭观念，如卖方（或协作厂商）是靠企业养的，只有杀价才能买到便宜货，但倘若企业中有此类型的采购人员，那么将是影响企业成长与发展的重要祸源之一。目前在国内外经营绩效卓著的企业，其采购策略普遍采取 VA 方式。

5.4.3　价值分析方法

1. VA 的特征、程序及思想

　（1）VA 的特征：

　① 以顾客为中心，即以市场或买主需要为依据；

　② 运用功能中心的研讨方式，即以成本分析达到节省成本的目的，但是从产品设计的构想出发，并以确保功能为前提；

　③ 以团队合作方式，凝聚设计、生产、品质管理、资材、采购人员的智能，进入团队设计共同参与的境界。

　（2）VA 的程序。在 VA 的工作程序中包括意思决定的三个过程（分析、综合及评价）、两个步骤（基本步骤及详细步骤）及一质询（针对产品或采购品的功能、价值、成本等进行质询）。

　（3）VA 的思想：

　① 提高功能，降低成本，大幅度提高价值；

　② 功能不变，降低成本，提高价值；

　③ 功能有所提高，成本不变，提高价值；

　④ 功能略有下降，成本大幅度降低，提高价值；

　⑤ 大幅度提高功能，适当提高成本，从而提高价值。

　（4）VA 与一般降低成本的差异。VA 与一般降低成本方法的差异比较如表 5-5 所示。

表 5-5　VA 与一般降低成本方法的差异比较

VA 法	一般降低成本方法
● 以功能为中心	● 以采购品或材料为中心
● 以功能性研究/设计构想	● 以成本分析为中心，节约采购成本
● 以团队组织共同努力、共同设计	● 以采购本位为主，情报及创意不定
● 通过团队任务编组与分工，发挥整体的配合与默契	● 因本位观念特重，造成力不从心
● 可以获得明确成本降低	● 降低成本目标不易明确

2. VA 实施的八大步骤

① 选定对象、设定目标，即以采购物品中最主要的及影响最大的物品（按 80/20 原则，即占 80% 成本的 20% 采购品）为对象。

② 成立 VA 改善工作小组，并以采购为核心，召集设计、生产、品质管理、资材、采购及提供零组件或模具等人员共同组成。

③ 收集、分析与活用实施对象的情报。

④ 拟订降低采购成本的战略方案（机能设计），以正确掌握价值分析的目的与功能。

⑤ 拟订具体实施计划，即改善方案。

⑥ 改善方案的展开。

⑦ 效果的确认，即确认具体改善方案及其成效。

⑧ 新方案变更（即标准化）与跟催。

案例　IBM 公司几亿的采购成本是怎样降低的

全球 IT 行业巨擘 IBM 公司过去也是用"土办法"采购：员工填单子、领导审批、投入采购收集箱、采购部定期取单子。企业的管理层惊讶地发现，这是一个巨大的漏洞——烦琐的环节，不确定的流程，质量和速度无法衡量、无法提高，非业务前线的采购环节已经完全失控了，甚至要降低成本，都不知如何下手！

1. 剖析 1 元钱的成本

摆在 IBM 公司面前的问题是运营成本如何减少，可能降低哪部分成本。于是公司切开每 1 元钱的成本，看看它到底是如何构成的。这一任务经过 IBM 公司全球各机构的统计调查和研究分析，在采购、人力资源、广告宣传等各项运营开支中，采购成本显露出来。

管理层不得不反思，IBM 公司到底是如何采购的呢？那时 IBM 不同地区的分公司、不同的业务部门的采购大都各自为政，实施采购的主体分散，重复采购现象普遍。以生产资料为例，键盘、鼠标、显示器甚至包装材料，大同小异，但采购流程自成体系，权限、环节各不相同，合同形式也五花八门。

而自办采购的问题很明显，对外缺少统一的形象，由于地区的局限，采购人员不一定找到最优的供应商，而且失去了大批量购买的价格优势。

2. 由专家做专业的事

在深挖出采购存在的问题后，IBM 公司随即开始了变革行动，目标就是电子采购。从后来 IBM 公司总结的经验看,组织结构、流程和数据这三个要素是改革成功的根本。电子采购也正是从这三方面着手的。

变化首先发生在组织结构。IBM 公司成立了"全球采购部",其内部结构按照国家和地区划分,开设了 CPO(Chief Procurement Officer,全球首席采购官)的职位。组织结构的确立,意味着权力的确认。"全球采购部"集中了全球范围的生产和非生产性的采购权力,掌管全球的采购流程的制定,统一订单的出口,并负责统一订单版本。

经过"全球采购部"专家仔细的研究,把 IBM 公司全部采购物资按照不同的性质分类,生产性的分为 17 个大类,非生产性的分为 12 个大类。每一类成立一个专家小组,由工程师组成采购员,他们精通该类产品的情况,了解每类物资的最新产品、价格波动、相应的供应商资信和服务。在具体运作中,"全球采购部"统一全球的需求,形成大订单,寻找最优的供应商,谈判、压价并形成统一的合同条款。以后的采购只需按照合同"照章办事"就可以了,这种集中采购的本质就是"由专家做专业的事"。

3. 工程师、律师、财务总监审定流程

貌似简单的采购流程,前期准备工作异常复杂。IBM 公司采购变革不在于订单的介质从纸张变为电子,人工传输变为网络,而在于采购流程的梳理。

制定流程首先遇到的一个问题是采购物资如何分类,才能形成一张完整而清晰的查询目录?于是,通过调查反馈,IBM 公司汇总全球各地所有采购物资,林林总总上万种。采购工程师们坐在一起,进行长时间的细致工作。听起来有些可笑:螺丝钉,在目录中的名称到底是什么?分为平头、一字、十字,共多少种?依靠专家们才智、经验和耐心才形成"17 类生产性和 12 类非生产性"详尽的目录。这一步工作的目标是使来自不同地区、具有不同习惯、使用不同语言的员工能够方便、快捷地查找到所需要的"螺丝钉"。

工程师们讨论过后,律师们也要"碰头",如何统一合同?全球流程?从法律角度审查,怎样设计流程更可靠而且合法?怎样制定合同才能最大限度地保护 IBM 公司的利益,又对供应商公平?还要对不同国家的法律和税收制度留有足够的空间,以适应本地化的工作。之后,全球的财务总监还要商讨:采购的审批权限应如何分割,财务流程与采购流程应如何衔接?

4. 突破顽固势力

目前 IBM 公司电子采购主要由五大系统构成,即采购订单申请系统、订单中心系统、订单传送系统(与供应商网上沟通)和寻价系统(OFQ),以及一个相对完善的"中央采购系统"。但系统在推广过程中并不是一帆风顺,特别是在 IBM 公司电子采购变革刚刚开始阶段。据调查,60% 员工对现存的采购流程不满意,原因是平均长达 40 页的订单合同及 30 天时间的处理。低效率的结果是,IBM 公司有 1/3 的员工忙于"独立采购",以绕过所谓标准的采购流程,避免遇到"官僚作风",而这种作风往往导致更高的成本。

推广的难度在于地区和部门之间的协调。制定的订单新标准与老系统冲突怎么办?问题陷入僵局。于是各地区的财务总监、系统总监、采购总监又坐到一起列单子,各地区正在使用的"土"系统有哪些?与新系统相比,数据的输入、输出是怎样的?一个一个的数据处理掉,形成统一的标准。最后,CPO 手里握住一张"时间表",左边一栏是老系统退出历史

舞台，右边一栏是新系统登场，CPO 不停地追着生产总监"为什么老系统还不下"？

新旧系统更替过程中，"传统势力很顽固"，因为他们毕竟面临着新的采购系统与原有生产系统衔接的问题。如何保障生产正常运转？如何更新原有的数据？公司认为提供过渡方案，帮助解决具体问题，这样才能稳定地平滑过渡。IBM 公司普通员工的感受很能说明问题，即"不知不觉中发生了变化，没有引起内部任何动荡"。

就技术而言，IBM 公司的电子采购系统已经到了能在国内广泛推行的地步，IBM 公司已经与供应商开始了订单的网上交易。但由于国家法律及相关流程的限制，电子发票却尚未实施。为此，IBM 公司已经与国家相关部门在探讨如何就此推行初步试点。

5. 一个季度成本降低 2 亿多美元

当"中央采购"系统随风潜入 IBM 公司内部，并平稳运转后，效果立竿见影。以 2000 年第 3 季度为例，IBM 公司通过网络采购了价值 277 亿美元的物资和服务，降低成本 2.66 亿美元。大概有近 2 万家 IBM 供应商通过网络满足 IBM 公司的电子采购。基于电子采购，IBM 公司降低了采购的复杂程度，采购订单的处理时间已经降低到 1 天，合同的平均长度减少到 6 页，内部员工的满意度提升了 45%，"独立采购"也减少到 2%。电子采购在 IBM 公司内部产生了效率的飞跃。

与此同时，供应商最大的感受之一是与 IBM 公司做生意更容易了。统一的流程、标准的单据，意味着更公平的竞争。集中化的采购方式更便于发展战略性的、作为合作伙伴的商业关系，这一点对生产性采购尤为重要。从电子采购系统的推广角度而言，供应商更欢迎简便快捷的网络方式与 IBM 公司进行商业往来，与 IBM 公司一起分享电子商务的优越性，从而达到一起降低成本、一起增强竞争力的双赢战略效果。

简化业务流程方案实施后，在 5 年的时间里，总共节约的资金超过了 90 亿美元，其中 40 多亿美元得益于采购流程方案的重新设计。现在 IBM 公司全球的采购都集中在该中央系统之中，而该部门只有 300 人。IBM 公司采购部人员总体成本降低了，员工出现了分流：负责供应商管理、合同谈判的高级采购的员工逐渐增多，而执行采购人员逐渐电子化、集中化。新的采购需求不断出现，改革也将持续下去。

复习思考题

1. 什么是采购价格？采购价格受哪些因素的影响？
2. 什么是采购成本？采购相关成本包含哪些因素？
3. 什么是整体采购成本？
4. 试述降低采购成本的方法有哪些？
5. 什么是价值分析？价值分析的基本思想是什么？
6. Acreage Foods 采购的番石榴浓缩汁成本分析案例

Acreage Foods，美国一个主要的跨国食品加工企业。贝蒂是这家公司负责购进生产所需要的水果产品的老采购员。这个公司在其产品中使用各种浓缩果汁、浓汤、调味料。贝蒂的职责之一是每年与供应商就这些配料购买合同进行磋商。其中一种配料——番石榴浓缩汁在世界多个国家季节性生长和收获。

贝蒂现在正在检查一项支出。这笔支出是用于支付给一家菲律宾的番石榴种植及加工商的。该公司已经和这个高质量的供应商合作多年了。番石榴浓缩汁产于菲律宾一个偏远的地区，要运至加工厂进行浓缩、包装，然后出口海外。口味独特的番石榴系列产品以其美味著称，而其特殊口味的制成来源于供应商所采用的特殊加工过程。

番石榴浓缩汁目前 FOB 价为 0.29 美元/磅，用银箔进行内包装，每包有产品 50 磅，配以皱纹纸箱外包装。这些纸箱堆在托板上，每个托板堆 40 个纸箱，以便装入集装箱。每个集装箱可装 20 个托板，通过海运运出。海运费用为每集装箱 2 300 美元。集装箱到了美国港口后，再以每箱 250 美元的运费运至本地仓库储存。美国海关收取货物本身价格（不含运费）15%的关税。该公司每个月需要一集装箱番石榴浓缩汁。

集装箱在本地存储到需要提货加工为止。月库存费用为每托板 5.5 美元。此外，仓库收取每托板 6 美元的进出费作为管理成本。Acreage Foods 公司的资本成本为 18%。假设 1 年中番石榴浓缩汁的需求不变。

厂家需要番石榴浓缩汁时，集装箱由本地运输公司从仓库运来，每箱运价 150 美元，每托板质量控制成本约为 2 美元，公司估计由于产品的特性，购买和储存番石榴浓缩汁会有一定的损失，并入公司产品预算时，番石榴浓缩汁以 97%计，另外 3%为产品损耗，这些损耗品是不可以从生产商处兑换的。

一些事前未发现的腐坏变质的番石榴浓缩汁要从商店的货架上撤掉并回收，每次产品回收会发生的现付成本为 20 000 美元，供应商不承担弥补这些损失的责任。公司记录表明，这种事件平均每 8 个月发生 1 次。此外，公司会计政策要求划出全部采购总额的 15%作为管理成本。

（1）计算每磅番石榴浓缩汁从菲律宾运到美国的成本。

（2）计算每磅番石榴浓缩汁从码头运到仓库的成本。

（3）计算每磅番石榴浓缩汁从仓库到进入生产的成本。

（4）计算该公司购买每磅番石榴浓缩汁的全部相关成本，需要考虑案例中提出的全部相关成本。

（5）如果该公司的目标就是降低采购该原料的总成本，讨论公司在该原料上降低成本的具体可选方案。

第6章

企业采购内部管理

本章对企业内部采购运作管理中的几项重要内容进行介绍，具体包括采购部门的设置和人员管理、合同和交货管理、绩效管理和品质管理等方面，使读者能够全面掌握采购管理所涉及的各项工作要点及注意的问题，为从事实际工作奠定基础。

6.1 采购组织与人员管理

6.1.1 采购管理部门的设置

1. 采购部门的设置原则

（1）部门设置应同企业的性质产品、规模等相适应。采购机构的设置同企业的性质、产品、规模等有直接的关系，比如石油企业的原材料一般需要一些专业人员采购，并往往直接向最高领导汇报。小公司可能仅仅设置一个简单的供应部门负责原材料的采购，而大型企业或跨国公司则常常设有集团采购部或中央采购中心负责采购。

（2）部门设置应同企业采购目标、方针相适应。比如企业产品质量不好，而影响产品质量的因素主要是原材料，则改进供应商原材料质量的责任主要在采购部门，那么采购部门就应该配备相应的品质工程师，或者赋予采购部门以相应的职责以使其指挥相关部门的人员参与原材料质量的改进。

（3）部门设置应同企业的管理水平相适应。

2. 影响采购在组织中地位的因素

采购的组织定位非常依赖于管理层对于采购职能所持的看法。当管理层主要将采购职能看做是业务活动时，就会造成采购部门在组织等级中处于相当低的地位。但是，如果管理层将采购视为一个重要的竞争因素，并且对组织具有战略重要性，那么采购经理就很有可能向董事会汇报。管理层对于采购的观点在很大程度上与下列因素有关。

（1）管理层自身的知识及认识水平。

（2）在最终产品的成本-价格中采购所占的份额。采购的量越高，管理层就越认为采购职能越具有战略性。

（3）公司的财务状况。在发生严重财务亏损的时候，管理层会对采购业务和与采购相关的成本提出更高的要求，这导致对会计责任的更高要求。

（4）公司对于供应商市场的依赖程度。高度集中的供应市场通常会得到管理层更多的关注。

采购管理具有巨大的潜在作用，相对于提高销售额的努力，付出较少的时间和精力就能获得巨大的效益。但这仅仅是一种可能性，并不一定会发生，其发生的条件就是高层管理者的重视。有些企业的高层就是从采购工作做起的，但这一情况非常不普遍，在中国更是少之又少。研究报告表明，采购部门的经理最常用的头衔是副总裁（31%），紧接着是主任（30%）。可以相信，若把采购主管提高到公司高层的位置，再配备高素质的员工并给予正常的权利，采购部门必将发挥巨大的作用。

3. 采购部门的组织模式

虽然说，集中企业采购权于一个部门是采购管理发展的趋势，但要根据企业的具体情况来决定采购部门的设置，主要是企业的规模和产品的多少。但是，无论采购部门如何设置，都必须在企业中拥有较高的地位，最好能向最高领导直接汇报工作，因为这是保证采购部门发挥作用的必要条件。

（1）单一采购部门。如果企业规模较小，产品结构较单一（典型的例子就是单一的工厂或企业，分公司距离较近的大公司也可以），设置单一的采购部门并直接向总经理汇报工作较好。如图6-1所示。

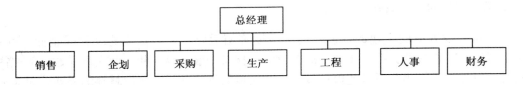

图6-1 企业采购部门设置形式之一

（2）集中采购部门。一些企业的规模较大，如大型的跨国公司或国内的大型国有企业，还有一些企业业务较多、管理繁杂，这样的企业可以设置独立的采购部门体系，并向分管采购的副总经理汇报工作，这样不仅满足了采购集中化的要求，也方便了公司的管理。如图6-2所示。

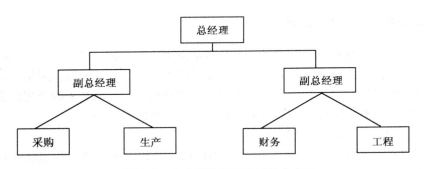

图6-2 企业采购部门设置形式之二

（3）集中分散采购部门。对于一些规模大、产品种类多、原材料需求差异性大、各子公司的地理位置距离远的企业，可采用集中分散的采购设置模式。在公司总部设采购部，负责总公司采购战略和计划的制定，协调各子公司之间的采购行动，避免恶意竞争，集中采购总公司共性化的产品和服务，实现采购总成本最低。同时，在各子公司或某一地理区域分设采购部，这样便于各子公司满足个性化的需求，保持同供应商之间的密切联系，以此促进公司的发展。如图6-3所示。

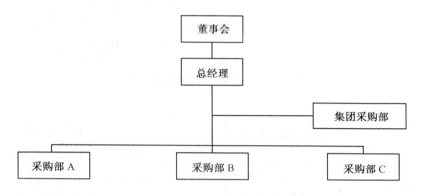

图6-3 企业采购部门设置形式之三

4. 采购部门人员设置

当明确了采购部门在公司中的设置后，下面就要考虑采购部门内部人员的设置。采购部门内部岗位责任的设置一般有3种方式。

（1）根据采购物料，不同的采购物料配备不同的采购人员。这适合原材料需求种类多、专业性强的企业，如大型的汽车厂、石化厂。在这些企业中，几乎每一种原材料都有自己物理或化学方面的要求，如果没有专业的知识和技能，不可能完成采购任务，因此不同的原材料采购需要配备不同的采购人员。如图6-4所示。

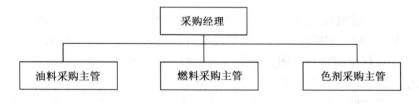

图6-4 某石化厂按采购部门设置采购人员

（2）根据采购流程，采购的不同环节设置不同的采购人员。这样便于采购人员更好地熟悉业务，精通如招标、谈判等技能；同时，有利于各个环节之间相互监督，避免浪费和腐败现象，减少内部审计成本，还有利于培养采购人员的团队合作精神。但这要求采购内部更好地协调和合作，否则会造成采购效率低下，管理混乱。如图6-5所示。

（3）综合采购物料和采购流程设置采购人员。这种方式主要适合于一些大企业。在这些大企业中原材料需求多、数量大、专业性强，采购组织也相应复杂得多。如图6-6所示。

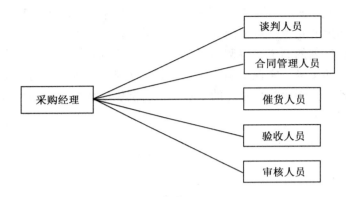

图 6-5　按采购流程设置采购人员

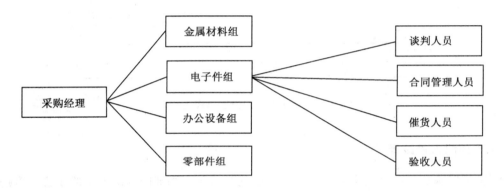

图 6-6　综合采购物料和采购流程设置采购人员

6.1.2　采购管理部门的职责

关于采购任务、职责和权力的分配，有 3 个不同的层次需要加以区分：战略层次、战术层次、业务层次。

（1）战略层次。战略层次涵盖了那些从长远看，影响公司市场地位的采购决策。做出这些决策主要是高级管理层的职责，这个层次的采购决策有如下几个方面：

① 运营方针、程序和任务说明书的制定和发布，是采购部门的权力；

② 开发和实施为监控和改进采购作业与绩效的审计和复查程序；

③ 建立长期的合同，与经鉴定的或者优先的供应商签订合同（如长期采购协定、特许协议、合作协定、共同设计协定）；

④ 与供应商战略相关的决策，这种战略以多重或单一采购为基础；

⑤ 重大的投资决策（建筑物、设备、计算机）；

⑥ 重大的制造或购买决策，通过这种决策原先在内部进行的制造活动被转移给外部的供应商；

⑦ 与后向一体化有关的决策，也就是在财务上参与供应商的组织以保证关键物料的未来供应；

⑧ 与价格转移和公司间的供应政策有关的决策;

⑨ 与互惠协议、互惠贸易和易货贸易政策有关的决策。

以上说明了采购和供应决策对公司的竞争战略可能产生的长期的、战略的影响。

（2）战术层次。战术层次包含采购职能影响产品、工艺和供应商选择的参与，该层次的采购决策有如下几个方面:

① 共同协定和（或）年度供应商协定;

② 准备和发展价值分析程序和（或）与设计复查和（或）简化为目标的程序;

③ 采用和实施供应商认证程序（包括审计）以改善来料的质量;

④ 一般的供应商的选择和订约，特别是以减少供应商基数为目标的程序。

有关这些问题的决策常常有着较长时间的影响（1～3 年）。它们是跨职能的，因为从有效处理它们的意义而言，要求组织内部的其他专业的协调与合作（包括工程设计、制造、物流、质量保证）。

（3）业务层次。业务层次指的是与订购和规划预算职能有关的所有活动。这个层次的活动包括物料的订购、监控交货和解决来料的质量争端，更加特别的采购职能的业务活动包括以下几个方面:

① 订购过程（根据与供应商缔结的相应合同发出订单）;

② 与发出的订单有关的所有规划预算活动;

③ 供应商表现的监控和评价;

④ 解决纷争，指解决与供应商关系中的日常问题。

表 6-1 显示了所定义的 3 个任务层次和若干采购职能之间的关系。

表 6-1 采购的 3 种管理层次和一些管理者位置之间的关系

管理层次	最高管理层	物流管理	采购管理	高级采购员	采购助理/物料计划员
战略层次	x	x	x		
战术层次		x	x	x	
业务层次				x	x

在一般人事管理较好的企业机构，前述各个不同阶层采购人员的职责，都会在职位工作说明书中有详细记载。根据美国《采购世界月刊》（Purchasing World）对 1 280 个采购部门所做的调查显示，采购部门的职责按其重要性来排列，其前 9 种重要工作顺序如下:

① 评估现有的供应商;

② 选择及开发新的供应商;

③ 安排采购及交货日期;

④ 谈判采购合约;

⑤ 从事价值分析的工作;

⑥ 自制或采购（外包）的决策;

⑦ 指定运输方式;

⑧ 控制存货;

⑨ 租赁或买断的决策。

由此可知，采购部门仍是以寻求合格的厂商以维持物料的充分供应为最重要的职责。但是，除了这些固有的职责之外，根据 1983 年 4 月美国《采购杂志》（Purchasing）的调查，采购部门将增加下列各项新的职责（按其重要性排列）：

① 策略规划；

② 产品开发；

③ 运输；

④ 新产品评估；

⑤ 购买固定设备；

⑥ 出差；

⑦ 行销规划；

⑧ 提供经济指标；

⑨ 期货操作；

⑩ 现金流量计划。

采购部门的职责已逐渐从传统的业务层次提升到战略层次，显示采购部门已参与公司长期发展的决策。

6.1.3　优秀采购团队的组建

为了提高采购管理的效率，可以灵活使用多种方法，组建采购团队就是众多方法中的一种。这种方法通过组建不同类型的团队，例如跨职能的采购团队、有供应商参与的采购团队、新产品开发团队，把分散采购的灵活性和集中采购的低成本优势结合起来，从而使采购管理对企业的成长发挥更大的作用。组建采购团队是供应链管理的一种应用、一种变形。

1. 采购团队的奋斗目标

团队的核心是共同奉献；否则，团队只是松散的个人集合。在这一方面上，采购团队也不例外。采购团队的每一成员都要有大局意识、奉献精神，愿意为完成共同的采购目标而奋斗。采购团队具体有以下几个目标。

（1）共同开发公司的采购战略。制定正确的采购战略仅靠采购部门是无法完成的，它需要销售、质检、公关、生产等各部门的共同努力。因为采购战略必须服从公司的整体战略，必须和各部门相互协调。例如，采购工作如果没有生产部门的参与，则采购的原材料就可能满足不了生产的要求，毕竟原材料是为生产服务的。

（2）开发新产品。开发新产品本是设计部门的事，但如果有采购部门、供应商的参与，就可以缩短开发时间、减低开发成本。因为采购部门随时了解开发进程，可以及时采购需要的零部件，供应商也可以根据设计的要求及时生产所需的原材料。

（3）对供应商进行选择、评价、管理。

（4）对所采购的物料进行调查、分析、磋商。

采购团队的具体目标还有很多，但都是围绕着降低公司总成本、提高采购效率，进而提高整个公司的运作效率而提出的。

2. 采购团队的类型及组建流程

（1）多部门组成的采购团队。多部门采购团队至少由来自 3 个不同职能部门的人员组成，他们在考虑采购目标的基础上，共同来完成采购有关的工作。发展跨职能采购团队的目标主要有 5 个：

① 缩短采购时间；

② 有利于采购问题的解决；

③ 发展协作，推动产品革新；

④ 推动企业整体战略目标的实现；

⑤ 有利于团队中每个成员的发展。

（2）有供应商参与的采购团队。吸收供应商参与采购团队，相互交流信息，有利于对供应商的管理，确保得到优质的原料和服务；同时，对新产品的开发也有很大的支持作用。

（3）有最终消费者参与的采购团队。最终消费者参与采购团队，有利于企业及时了解消费者的需求变化，更好地改进自己的产品。设计的变化，必然要求采购的变化，这样更方便采购部门及时制定和修正自己的计划。

采购团队的组建一般包括计划、执行、检查、调整 4 个阶段，如图 6-7 所示。

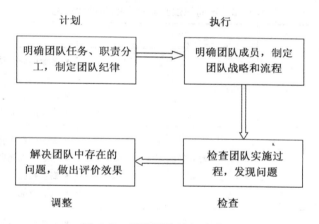

图 6-7　采购团队的组建流程

3. 专业采购人员的要求

在多数大公司中，可以找到如下所述的职位。

（1）公司采购者。这一般集中于非常专门的任务。就大批量货物（原材料）或大的投资项目（如制造设备和计算机硬件与软件）进行谈判是他们的任务，他们的对应人员通常是客户经理，其教育程度较高并且经验丰富。因此，公司采购者最好拥有相似的教育背景，通常是大学水平。

（2）采购工程师。这些购买者常常工作于分散的层次，通常的任务有着短期规划周期的特点和较多的运营任务。由于必须经常与工程师和其他技术专家会见和交谈，因此他们要有足够的技术背景，并且与商业技能相结合。这些能力与采购工程师最重要的任务和活动有关，他们的大多数时间花在市场调查、供应商的选择，以及准备和实施与供应商的合同谈判上。

（3）项目采购者。项目采购者的任务与采购工程师的任务有点相似，然而采购工程师考虑生产用物资，而项目采购者主要考虑投资设备类物资。对于这个职位而言，大学水平的专业教育背景是必需的。由于这些决策通常要求采用团队的方法，项目采购者应该拥有有效的沟通和表达技能。

（4）MRO 采购者。对 MRO 采购者而言，一般的专科大学的教育背景就足够了。对于备件的采购，这些项目的交付一般会包括在投资设备货物的原始合同中。MRO 的品种通常很多，MRO 购买者的任务是有效地管理这些品种，而不是力争使每一个单独的项目的性能价格比最优。因此，对于这种类型的购买者而言，对于物流管理和技巧（特别是存货管理和订货管理）的良好理解是基本要求。

（5）物料计划员。物料计划员对于物料计划和订购负责。那些在物料领域实现了高度计算机化的公司中，这两个任务经常综合为一种职能。这里，物料计划员主要依照年度计划购买物料。此外，他们在质量和交货表现上监督和控制供应商。对于这个职位而言，中级的教育水平就足够了。在这个职位，最重要的是个人能力，如工作取向和有效地组织工作的能力。除此之外，这个职位为未来成为采购者提供了熟悉工作的良好机会。

表 6-2 总结了前述职位的最重要的技能和能力。

表 6-2　不同职位及其重要的职责和技能

职　　位	职　　责	要求的技能
公司采购者	战略商品	● 专业的商业技能 ● 长期规划周期 ● 沟通技能 ● 广泛的商业导向
采购工程师	● 新的物资和新的部件 ● 新的供应商	● 全面的技术背景 ● 中期规划周期 ● 商业技能 ● 沟通技能
项目采购者	设备和服务	● 专业的项目管理技能 ● "团队合作"
MRO 采购者	MRO 供应品	● 通才 ● 有效地处理订单 ● 品种经理 ● 服务导向 ● 商业技能
物料计划员	● 物料和订单计划 ● 订单处理 ● 卖主评级	● 全面的"常识" ● 承受压力 ● 服务导向 ● 解决问题的能力

6.2　采购合同和交货管理

6.2.1　采购合同的含义和特征

1. 采购合同的含义

合同是双方或多方确立、变更和终止相互权利和义务关系的协议。合同的种类很多，但生活中最常见、最普遍的合同是经济合同，它是法人之间为实现一定的经济目的，明确双方权利义务关系的协议。它的基本特征在于：经济合同的主体限于法人；经济合同的内容限于法人之间为进行其经济义务行为的各种事项。

采购合同是经济合同的一种，是供需双方为执行供销任务，明确双方权利和义务而签订的具有法律效力的书面协议。随着商品流通的发展，采购合同正成为维护商品流通秩序和促进商品市场发展完善的法规。

2. 采购合同的特征

物品采购合同具有以下主要特征。

（1）它是转移标的物所有权或经营权的合同。物品采购合同的基本内容是卖方向买方转移合同标的物的所有权或经营权，买方向卖方支付相应货款，因此它必然导致标的物所有权或经营权的转移。当合同当事人一方是全民所有制主体，而另一方是非全民所有制主体，或者双方都是非全民所有制主体时，物品采购合同导致标的物所有权的转移；当双方当事人都是全民所有制主体时，物品采购合同导致标的物经营权的转移。

（2）物品采购合同的主体比较广泛。从国家对物品流通市场的管理和物品采购的实践来看，除生产企业外，流通企业也是物品采购合同的重要主体，其他社会组织和具有法律资格的自然人也是物品采购合同的主体。

（3）物品采购合同与物品流通过程密切联系。物品流通是社会再生产的重要环节之一，对国民经济和社会发展有着重大影响，重要的工业品生产资料的采购关系始终是国家调控的重要方面。物品采购合同是物品采购关系的一种法律形式，它以物品采购这一客观经济关系作为设立的基础，直接反映物品采购的具体内容，与物品流通过程密切相连。

6.2.2　采购合同的组成

合同、合约、协议等作为正式契约，应该条款具体、内容详细完整。一份买卖合同主要由首部、正文与尾部 3 部分组成。

1. 首部

合同的首部主要包括以下内容。

① 名称，如生产用原材料采购合同、品质协议书、设备采购合同、知识产权协议、加工合同。

② 编号，如 2000 年第 1 号。

③ 签订日期。

④ 签订地点。

⑤ 买卖双方的名称。

⑥ 合同序言，如胜利石油管理局海洋开发企业 4 000 马力燃气透平发电机大修项目合同。

2. 正文

1）主要内容

合同的正文主要包括以下内容。

（1）商品名称。商品名称是指所要采购物品的名称。

（2）品质规格。品质是指商品所具有的内在质量与外观形态的结合，包括各种性能指标和外观造型。该条款的主要内容有技术规范、质量标准、规格和品牌。

品质控制的方法有两种：一是使用实物或样品，二是使用设计图纸或说明书。在使用实物或样品确定商品品质时，供应商提供的物品品质要与样品的品质完全一致；使用设计图纸或说明书来确定商品品质时，供应商提供的物品品质要符合设计图纸或说明书的要求。

（3）数量。是指用一定的度量制度来确定买卖商品的重量、个数、长度、面积、容积等。该条款的主要内容有交货数量、单位、计量方式等，必要时还应该清楚地说明误差范围及交付数量超出或不足等。

（4）单价与总价。价格是指交易物品每一计量单位的货币数值。如一台计算机 6 000元。该条款的主要内容包括计量单位的价格金额、货币类型、国际贸易术语（如 FOB、CIF、CPT 等）、物品的定价方式（固定价格、变动价格）。

（5）包装。包装是为了有效地保护商品在运输存放过程中的质量和数量，并有利于分拣和环保而把货物装进适当容器的操作。该条款的主要内容有包装标志、包装方法、包装材料要求、包装容量、质量要求、环保要求、规格、成本、分拣运输成本等。

（6）装运。装运是把货物装上运输工具并运送到交货地点。该条款的主要内容包含有运输方式、装运时间、装运地与目的地、装运方式（分批、转运）和装运通知等。在 FOB、CIF 和 CFR 合同中，卖方只要按合同规定把货物装上船或者其他运输工具，并取得提单，就算履行了合同中的交货义务。提单签发的时间和地点即为交货时间和地点。

（7）到货期限。到货期限是指约定的到货最晚时间，到货期限要以不延误企业生产为标准。

（8）到货地点。到货地点是货物到达的目的地。到货地点的确定并不一定总是以企业的生产所在地为标准，有时为了节约运输费用，在不影响企业生产的前提下，也可以选择交通便利的港口等。

（9）付款方式。国际贸易中的支付是指采用一定的手段，在指定的时间、地点、使用确定的方式方法支付货款，付款条款的主要内容有支付手段、付款方式、支付时间、支付地点。

（10）保险。保险是企业向保险公司投保，并交纳保险费；货物在运输过程受到损失时，保险公司向企业提供经济上的补偿。该条款的主要内容包括确定保险类别及其保险金额，指明投保人并支付保险费。根据国际惯例，凡是按照 CIF 和 CIP 条件成交的出口物资，一般都由供应商投保；按照 FOB、CFR 和 CPT 条件成交的进口物资由采购方办理保险。

（11）商品检验。商品检验是指商品到达后按照事先约定的质量条款进行检验，对于不符合要求的产品要及时处理。

（12）纷争与仲裁。仲裁条款是以仲裁协议为具体体现，是指买卖双方自愿将其争议事项提交第三方进行裁决，仲裁协议的主要内容有仲裁机构、适用的仲裁程序、仲裁地点、裁决效力。

（13）不可抗力。不可抗力是指在合同执行过程中发生的、不能预见的、人力难以控制的意外事故，如战争、洪水、台风、地震等，致使合同执行被迫中断。遭遇不可抗力的一方可因此免除合同责任。不可抗力条款的主要内容包括不可抗力的含义、适用范围、法律后果、双方的权利义务等。

2）选择内容

合同正文可以选择包括以下几部分内容。

（1）保值条款。

（2）价格调整条款。

（3）误差范围条款。

（4）法律适用条款：买卖双方在合同中明确说明合同适用何国、何地法律的条款称为法律适用条款。

对大批量、大金额、重要设备及项目的采购合同，要求全面详细地描述每一条款；对于金额不大、批量较多的小五金、土特产等，而且买卖双方已签有供货、分销、代理等长期协议（认证环节完成）的，则每次采购交易使用简单订单合同，索赔、仲裁和不可抗力等条款已经被包含在长期认证合同中。

对于企业因频繁批量采购而与供应商签订的合同可以分为两个部分：认证合同、订单合同。认证合同解决在买卖之间长期需要遵守的协议条款，由认证人员在认证环节完成，是对企业采购环境的一个需求；订单合同就每次物料采购的需求数量、交货日期，以及其他特殊要求等条款进行表述。

3. 尾部

合同的尾部包括：

① 合同的份数；

② 使用语言及效力；

③ 附件；

④ 合同的生效日期；

⑤ 双方的签字盖章。

6.2.3 采购合同的订立

采购合同的订立，是买方和卖方双方当事人在平等自愿的基础上，就合同的主要条款经过协商取得一致意见，最终建立起物品采购合同关系的法律行为。

1. 采购合同订立前的准备工作

合同依法订立后，双方必须严格执行。因此，采购人员在签订采购合同前，必须审查卖方当事人的合同资格、资信及履约能力，按经济合同法的要求，逐条订立采购合同的各项必备条款。

1) 审查卖方当事人的合同资格

为了避免和减少采购合同执行过程中的纠纷，在正式签订合同之前，采购人员首先应审查卖方当事人作为合同主体的资格。所谓合同资格，是指订立合同的当事人及其经办人，必须具有法定的订立经济合同的权利。审查卖方当事人的合同资格，目的在于确定对方是否具有合法的签约能力，这一点直接关系到所签订的合同是否具有法律效力。

（1）法人资格审查。认真审查卖方当事人是否属于经国家规定的审批程序成立的法人组织。法人是指拥有独立的必要财产、有一定的经营场所、依法成立并能独立承担民事责任的组织机构。判断一个组织是否具有法人资格的标志，主要看其是否持有工商行政管理局颁发的营业执照。经工商登记的国营企业、集体企业、私营企业、各种经济联合体、实行独立核算的国家机关、事业单位和社会团体，都具有法人资格，都可以成为合法的签约对象。

在审查卖方法人资格时应注意：没有取得法人资格的社会组织及已被取消法人资格的企业或组织，无权签订采购合同。要特别警惕一些根本没有依法办理工商登记手续或未经批准的所谓"公司"，它们或私刻公章，冒充法人，或假借他人名义订立合同，旨在骗取买方的贷款或定金；同时，要注意识别那些没有设备、技术、资金和组织机构的"四无"企业，它们往往在申请营业执照时弄虚作假，以假验资、以假机构骗取营业执照，虽签订供货合同并收取贷款或定金，但根本不具备供货能力。

（2）法人能力审查。审查卖方的经营活动是否超出营业执照批准的范围。超越业务范围以外的经济合同，属无效合同。

法人能力审查还包括对签约的具体经办人的审查。采购合同必须由法人的代表人或法定代表人授权证明的承办人签订。法人的法定代表人就是法人的主要负责人，如厂长、经理等。他们对外代表法人签订合同。法人代表也可授权业务人员如推销员、采购员作为承办人，以法人的名义订立采购合同。承办人必须有正式授权证明书，方可对外签订采购合同。法人的代表人在签订采购合同时，应出示身份证明、营业执照或副本；法人委托的经办人在签订采购合同时，应出示本人的身份证明、法人的委托书、营业执照或副本。

2) 审查卖方当事人的资信和履约能力

资信，即资金和信用。审查卖方当事人的资信情况，了解当事人对采购合同的履行能力，对于在采购合同中确定权利义务条款，具有非常重要的作用。

（1）资信审查。具有固定的生产经营场所、生产设备和与生产经营规模相适应的资金，特别是拥有一定比例的自有资金，是一个法人对外签订采购合同起码的物质基础。在准备采购合同签订，采购人员在向卖方当事人提供自己的资信情况说明的同时，要认真审查卖方的资信情况，从而建立起相互依赖的关系。

（2）履约能力审查。履约能力是指当事人除资信以外的技术和生产能力、原材料与能源供应、工艺流程、加工能力、产品质量、信誉高低等方面的综合情况。总之，就是要了解对方有没有履行采购合同所必需的人力、物力、财力和信誉保证。

如果经审查发现卖方资金短缺、技术落后、加工能力不足，无履约供货能力，或信誉不佳，都不能与其签订采购合同。只有在对卖方的履约能力充分了解的基础上签订采购合同，才能有可靠的供货保障。

审查卖方的资信和履约能力的主要方法有通过卖方的开户银行，了解其债权债务情况和资金情况；通过卖方的主管部门，了解其生产经营情况、资产情况、技术装备情况、产品质量情况；通过卖方的其他用户，可以直接了解其产品质量、供货情况、维修情况；通过卖方所在地的工商行政管理部门，了解其是否具有法人资格和注册资本、经营范围、核算形式；通过有关的消费者协会和法院、仲裁机构，了解卖方的产品是否经常遭到消费者投诉，是否曾经牵涉到诉讼。对于大批量的性能复杂、质量要求高的产品或巨额的机器设备的采购，在上述审查的基础上，还可以由采购人员、技术人员、财务人员组成考察小组，到卖方的经营加工场所实地考察，以确知卖方的资信和履约能力。采购人员在日常工作中，应当注意搜集有关企业的履约情况和有关商情，作为以后签订合同的参考依据。

2. 采购合同签订的程序

签订采购合同的程序根据不同的采购方式而有所不同，这里主要谈采购合同订立的一般程序。普遍运用的采购合同的签订要经过要约和承诺两个阶段。

1）要约阶段

这是指当事人一方向他方提出订立经济合同的建议。提出建议的一方叫要约人。要约是订立采购合同的第一步，要约应具有如下特征。

① 要约是要约人单方的意思表示，它可向特定的对象发出，也可向非特定的对象发出。当向某一特定的对象发出要约，要约人在要约期限内不得再向第三人提出同样的要约，不得与第三人订立同样的采购合同。

② 要约内容必须明确、真实、具体、肯定，不能含糊其辞，模棱两可。

③ 要约是要约人向对方做出的允诺，因此要约人要对要约承担责任，并且要受要约的约束。如果对方在要约一方规定的期限内做出承诺，要约人就有接受承诺并与对方订立采购合同的义务。

④ 要约人可以在得到对方接受要约表示前撤回自己的要约，但撤回要约的通知必须不迟于要约到达。对已撤回的要约或超过承诺期限的要约，要约人不再承担法律责任。

2）承诺阶段

承诺表示当事人另一方完全接受要约人的订约建议，同意订立采购合同的意思表示。接受要约的一方叫承诺人，承诺是订立合同的第二步。它具有如下特征。

① 承诺由接受要约的一方向要约人做出。

② 承诺必须是完全接受要约人的要约条款，不能附带任何其他条件。即承诺内容与要约内容必须完全一致，这时协议即成立。如果对要约提出代表性意见或附加条款，则是拒绝原要约，提出新要约，这时要约人与承诺人之间的地位发生了交换。在实践中，很少有对要约人提出的条款一次性完全接受的，往往要经过反复的业务洽谈，经过协商，取得一致的意见后，最后达成协议。

供需双方经过反复磋商，经过要约与承诺的反复，形成具有文字的草拟合约，再经过签订合同和合同签证两个环节，一份具有法律效力的采购合同便正式形成了。签订合同是在草拟合约确认的基础上，由双方法定代表签署，确定合同的有效日期。合同签证是合同管理机关根据供需双方当事人的申请，依法证明其真实性与合法性的一项制度。在订立采购合同时，特别是在签订金额数目较大及大宗商品的采购合同时，必须经过工商行政管理部门或立约双方的主管部门签证。

3. 采购合同签订的形式

1）口头合同形式

即指合同双方当事人只是通过语言进行意思表示，而不是用文字等书面表达合同内容而订立合同的形式。采用口头形式订立物品采购合同的优点是：当事人建立合同关系简便、迅速，缔约成本低。但这类合同发生纠纷时，当事人举证困难，不易分清责任。

《合同法》在合同形式的规定方面，放松了对当事人的要求，承认多种合同形式的合法性，将选择合同形式的权利交给当事人，对当事人自愿选择口头形式订立物品采购合同的行为予以保护，体现了合同形式自由的原则，这与旧合同法的规定有很大不同。但是《合同法》同时规定："法律规定采用书面形式的合同，必须采用书面形式。"这是法律从交易安全和易于举证的角度考虑，对一些重要合同要求当事人必须签订书面合同。

2）书面合同形式

《合同法》第 11 条明确规定："书面形式是指合同书、信件和数据电文（包括电报、电传、传真、电子数据交换和电子邮件）等可以有形地表现所载内容的形式。"简单地说，书面形式是以文字为表现形式的合同形式。所谓"有形地表现所载内容"是相对于口头形式而言的，口头合同只有当事人内心知道合同内容，如果不告知，外界无法知道合同内容；而书面合同不同，人们只要看到书面载体，就会了解合同的内容。书面合同的优点是：有据可查、权利义务记载清楚，便于履行，发生纠纷时容易举证和分清责任。在我国目前市场经济制度尚未完善之际，当事人订立物品采购合同，适宜采用书面合同形式。

书面合同是物品采购实践中采用最广泛的一种合同形式。《合同法》第 10 条第 2 款规定："法律、行政法规规定采用书面形式的，应当采用书面形式；当事人约定采用书面形式的，应当采用书面形式。"可见，书面形式是一种十分重要的合同形式。

3）其他合同形式

是指除口头合同与书面合同以外的其他形式的合同，主要包括默示形式和推定形式。

6.2.4　采购合同管理

采购合同管理涉及从合同签订到合同终止期间内，供应商或者采购方的关于合同的所有活动。合同管理的目标是解决合同期间出现的任何问题，确保供应商履行合同规定的义务。

1. 争议与索赔的处理

在采购过程中，买卖双方往往会因彼此之间的责任和权利问题引起争议，并由此引发索赔、理赔、仲裁及诉讼等。为了防止争议的产生，并在争议发生后能获得妥善的处理和解决，买卖双方通常都在签订合同时，对违约后的索赔、免责事项等内容事先做出明确规定。这些内容反映在合同内，就是违约责任条款。

采购业务中，处理好争议和索赔是一项重要工作。索赔一般有 3 种情况：买卖双方间的贸易索赔，向承运人的运输索赔，向保险人的保险索赔。

1）违反合同的责任区分

当采购合同履行过程中，采购商品未能按合同要求送达采购方时，首先应分清是供、需方责任还是运输方责任，认清索赔对象。

（1）违反采购合同的责任。

供方的责任主要有以下2个方面的内容。

① 商品的品种、规格、数量、质量和包装等不符合合同的规定，或未按合同规定日期交货，应偿付违约金、赔偿金。

② 商品错发到货地点或接货单位（人），除按合同规定负责运到规定的到货地点或接货单位（人）外，并承担因此而多支付的运杂费；如果造成逾期交货，偿付逾期交货违约金。

需方的责任有以下3个方面的内容。

① 中途退货应偿付违约金、赔偿金。

② 未按合同规定日期付款或提货，应偿付违约金。

③ 错填或临时变更到货地点，承担因此多支出的费用。

（2）违反货物运输合同的责任。当商品需要从供方所在地托运到需方收货地点时，如果未能按采购合同要求到货，应分清是货物承运方责任还是托运方责任。

承运方的责任主要有以下5方面内容。

① 不按运输合同规定的时间和要求发运的，偿付托运方违约金。

② 商品错运到货地点或接货人，应无偿运至合同规定的到货地点或接货人；如果货物运到时已逾期，偿付逾期交货的违约金。

③ 运输过程中商品的灭失、短少、变质、污染、损坏，按其实际损失（包括包装费、运杂费）赔偿。

④ 联运的商品发生灭失、短少、变质、污染、损坏，应由承运方承担赔偿责任的，由终点阶段的承运方按照规定赔偿，再由终点阶段的承运方向负有责任的其他承运方追偿。

⑤ 在符合法律和合同规定条件下的运输，由于下列原因造成商品灭失、短少、变质、污染、损坏的，承运方不承担违约责任：如不可抗力的地震、洪水、风暴等自然灾害；商品本身的自然性质；商品的合理损耗；托运方或收货方本身的过错。

托运方的责任主要有以下3个方面的内容。

① 未按运输合同规定的时间和要求提供运输，偿付承运方违约金。

② 由于在普通商品中夹带、匿报危险商品，错报笨重货物重量等而招致商品摔损、爆炸、腐蚀等事故，承担赔偿责任。

③ 罐车发运的商品，因未随车附带规格质量证明或化验报告，造成收货方无法卸货时，托运方需偿付承运方卸车等存费及违约金。

（3）已投财产保险时，保险方的责任。对于保险事故造成的损失和费用，在保险金额的范围内承担赔偿责任。被保险方为了避免或减少保险责任范围内的损失而进行的施救、保护、整理、诉讼等所支出的合理费用，依据保险合同规定偿付。

2）索赔和理赔应注意的问题

发生合同争议后，首先分清责任属供方、需方，还是运输方。如需方在采购活动中因供方或运输方责任蒙受了经济损失，就可以通过与其协商交涉，进行索赔。

索赔和理赔既是一项维护当事人权益和信誉的重要工作，又是一项涉及面广、业务技术性强的细致工作。因此，提出索赔和处理理赔时，必须注意下列问题。

（1）索赔的期限。索赔的期限是指，争取索赔的当事人向违约一方提出索赔要求的违约期限。关于索赔期限，《合同法》有规定的必须依法执行；没有规定的，应根据不同商品的具体情况做出不同的规定。如果逾期提出索赔，对方可以不予理赔。一般地，农产品、食品等索赔期限短一些，对于一般商品索赔期限长一些，机器设备的索赔期限则定得更长一些。

（2）索赔的依据。提出索赔时，必须出具因对方违约而造成需方损失的证据（保险索赔另外规定），当争议条款为商品的质量条款或数量条款时，该证明要与合同中检验条款相一致，同时出示检验的出证机构。

如果索赔时证据不全、不足或不清，以及出证机构不符合规定，都可能遭到对方的拒赔。

（3）索赔额及赔偿办法。关于处理索赔的办法和索赔的金额，除了个别情况外，通常在合同中只做一般笼统的规定，而不做具体规定。因为违约的情况较为复杂，当事人在订立合同时往往难以预计。有关当事人双方应根据合同规定和违约事实，本着平等互利和实事求是的精神，合理确定损害赔偿的金额或其他处理的办法，如退货、换货、补货、整修、延期付款、延期交货等。

当商品因质量出现与合同规定不符造成采购方蒙受经济损失时，如果违约金能够补偿损失，则不再另行支付赔偿金；如违约金不足以抵补损失，还应根据所蒙受经济损失的情况，支付赔偿金以补偿其差额部分。

国际贸易中发生索赔时，根据联合国际货物销售合同规定：一方当事人违反合同应付的损害赔偿额，应与另一方当事人因其违反合同而遭受的包括利润在内的损失额相等；如果合同被宣告无效，而在宣告无效后一段合理时间内，买方已以合理方式购买替代货物，或者卖方已以合理方式把货物转卖，则要求损害赔偿的一方可以取得合同价格和替代货物交易价格之间的差额。

3）仲裁

经济仲裁是指签订经济合同的当事人双方发生争议时，如通过协商不能解决，当事人一方或双方自愿将有关争议提交给双方同意的第三者依照专门的裁决规则进行裁决，裁决的结果对双方都有约束力，双方必须依照执行。

当采购方与供应商发生纠纷需要仲裁时，可按照一般的仲裁程序到相应的受理机构提出仲裁申请，仲裁机构受理后，经调查取证，先行调解，如调解不成，进行庭审，开庭裁决。

（1）仲裁的受理机构。根据我国实际情况和有关的法律规定：凡是我国法人之间及法人与自然人之间的经济合同纠纷案件，统一由国家工商行政管理局设立的经济合同仲裁委员会仲裁管辖；凡是有涉外因素的经济纠纷或海事纠纷案件，即争议的一方或双方是外国法人或自然人的案件，以及中国商号、公司或其他经济组织间有关外贸合同和交易中所发生的争议案件，由民间性（非政府的）社会团体——中国国际贸易促进委员会附设的对外经济贸易仲裁委员会和海事仲裁委员会仲裁管辖，前者属于国内经济仲裁的范畴，后者则属于涉外经济仲裁的范畴。

① 国内经济仲裁的受理机构。我国经济法规定，国内采购合同纠纷一般由采购合同履行地或者合同签订地的仲裁机关管辖，执行中有困难的，也可以由被诉方所在地的仲裁机关管辖——由合同履行地的仲裁机关管辖，便于查清发生纠纷的原因和事实，做出裁决之后也好执行。这里所说的合同履行地，通常是指不履行或不适当履行合同义务行为的地点。在

一般情况下，也就是被诉方的所在地，但有时也可能并不一致。

争议金额的大小，按照案件的不同情况，可分别向县、地区、省和国家工商行政管理局的四级仲裁机关申请仲裁。一般经济合同纠纷案件，由县（市）、市辖区仲裁机关受理。如果案件影响较大，争议金额高或者跨省、市，跨部门，则分别就不同情况，用下述办法确定仲裁的受理机构：有较大影响或者争议金额 50 万元以上至 500 万元的经济合同纠纷案件，由地区直辖市、自治州仲裁机关管辖受理；有重大影响或者争议金额在 500 万元至 1 000 万元的经济合同纠纷案件，由省、直辖市、自治区仲裁机关管辖受理；在全国范围内有重大影响或者省、市、自治区之间，中央部门与省、市、自治区之间、中央各部门之间争议金额在 1 000 万元以上的经济合同纠纷案件，则由国家工商行政管理局的经济合同仲裁机关管辖受理。

② 涉外经济仲裁的受理机构。目前在我国的进出口业务所签订的采购合同中，仲裁受理地点主要有以下 3 种形式：规定在我国由中国国际贸易促进委员会对外经济贸易委员会仲裁，规定在被诉方所在国家仲裁，规定在双方同意的第三国进行仲裁。至于同我国有贸易协定的国家，仲裁地点应按照协定的规定办理。

外贸采购合同中不仅规定了仲裁地点，而且规定了仲裁机构及仲裁程序和仲裁费用等。国际商事仲裁机构分为常设机构和临时性机构，前者又分为国际性或区域性的仲裁机关，如国际商会仲裁院；全国性仲裁机构，如瑞典斯德哥尔摩商会仲裁院、美国仲裁协会等，中国国际贸易促进委员会内设立的对外经济贸易仲裁委员会也属全国性的仲裁机构；另外，还有附设在特定行业内的专业性仲裁机构。

（2）仲裁的程序。仲裁的程序主要由以下 5 个部分组成。

① 提出仲裁申请。向仲裁机关申请仲裁，应按仲裁规则的规定递交申请书，并按照被诉人数提交副本。当事人向仲裁机关申请仲裁，应从其知道或者应当知道权利被侵害之日起 1 年内提出，但侵权人愿意承担债务的不受该时效限制；否则，超过期限，一般不予受理。

仲裁申请人必须是与本案有直接利害关系的当事人。所写申请书应当写明以下事项：一是申诉人名称、地址、法人代表姓名、职务；二是被诉人名称、地址、法人代表姓名、职务；三是申请的理由和要求；四是证据、证人姓名和住址。

仲裁申请书的上述内容要明确具体，如有缺欠者，应责令补齐，否则将直接影响仲裁机关下一步的工作。

② 立案受理。仲裁机关收到仲裁申请书后，经过审查符合仲裁条例规定的，应当在 7 日内立案；不符合规定的，应在 7 日内通知申诉人不予受理，并说明理由。

案件受理后，应当在 5 日内将申请书副本发送被诉人；被诉人收到申请书副本后，应当在 15 日内提交答辩书和有关证据。被诉人没有按时提交或者不提交答辩书的，不影响案件的受理。

③ 调查取证。仲裁员必须认真审阅申请书、答辩书，进行分析研究，确定调查方案及收集证据的具体方法、步骤和手段。

为了调查取证，仲裁机关可向有关单位查阅与案件有关的档案、资料和原始凭证。有关单位应当如实地提供材料，协助进行调查，必要时应出具证明。

仲裁机关在必要时可组织现场勘察或者对物证进行技术鉴定。

④ 先行调解。仲裁庭经过调查取证，在查明事实、分清责任的基础上，应当先行调解，

促使当事人双方互谅互让、自愿达成和解协议。

调解达成协议，必须双方自愿，不得强迫。协议内容不得违背法律、行政法规和政策，不得损害公共利益和他人利益。达成协议的，仲裁庭应当制作调解书。调解书应当写明当事人的名称、地址，代表人或者代理人姓名、职务，纠纷的主要事实，责任，协议内容和费用的承担。调解书由当事人签字，仲裁员、书记员署名，并加盖仲裁机关的印章。

调解书送达后即发生法律效力，双方当事人必须自动履行。调解未达成协议或者在调解书送达前一方或双方翻悔的，仲裁庭应当进行仲裁。

⑤ 开庭裁决。仲裁庭决定仲裁后，应当在开庭之前，将开庭审理的时间、地点，以书面形式通知当事人。

在庭审过程中，当事人可以充分行使自己的诉讼权利，即申诉、答辩、反诉和变更诉讼请求的权利，委托律师代办诉讼的权利，申请保金的权利，申请回避的权利等。仲裁庭认真听取当事人陈述和辩论，出示有关证据，然后按申诉人、被诉人的顺序征询双方最后意见，可再行调解，调解无效由仲裁庭评议后裁决，并宣布裁决结果。闭庭后 10 日内将裁决书送达当事人。

2. 采购合同的变更与解除

当一方要求变更或解除合同时，在新的协议未达成之前，原合同仍然有效。但要求变更或解除合同的一方应采取书面形式（文书、电报等）及时通知对方，对方在接到通知后 15 日内（另有规定或当事人另行商定期限者除外）予以答复，逾期不答复的视为默认。

变更或解除合同的日期，以双方达成协议的日期为准，需报经上级主管部门批准的，以批准的日期为准。

另外，签订合同有笔误需要修正的，需经双方协商同意后才生效。

3. 交货管理

物料采购的交货控制至为重要。因交货期太早，必会增加仓储管理费用及损耗，积压资金而负担利息；交货期迟误，会造成停工待料，机器及工人闲置，更会影响企业信誉或受合约限制，导致逾期罚款或赔偿损失。总之，交货迟延一旦发生，后续的一连串计划（生产计划、出货、输送、销售等）即会发生异常，影响到公司内外的各种事务，甚至造成顾客抱怨，进而使生产成本增加、制造过程混乱，不断地丧失应得的利润。

采购人员若要有效控制交货，必须先了解不能如期履约的各项原因。

1）供应商的原因

（1）超过产能或制造能力不足。由于供应商的预防心理，其所接受的订单常会超过其生产设备的能量，以便部分订单取消时，尚能维持"全能生产"的目标。另外，供应商对顾客的需求状况及验收标准未详加分析就接受订单，最后才发觉力不从心，根本无法制造出合乎要求的产品。

（2）转包不成功。供应商由于受设备、技术、人力、成本等因素限制，除承担产品的一部分制造过程外，另将部分制造工作转包他人（承包商）。由于承包商未能善尽职责，导致产品无法组装完成，延误了交货的时间。

（3）制造过程或品质不良。有些厂商因为制造过程设计不良，以致产出率偏低，必须花费许多时间对不合格的产品加以改造（Rework）；另外，也可能因为对产品质量的管制欠佳，以致最终产品的合格率偏低，无法满足交货的数量。

（4）材料欠缺。供应商也会因为物料管理不当或其他因素造成材料欠缺，以致浪费了制造时间，延误了交货日期。

（5）报价错误。如果供应商因报价错误或承包的价格太低，以致尚未生产即已预知面临亏损或利润极其微薄，因此交货的意愿低落，或将其产能转移至其他获利较高的订单上，也会迟延交货时间。

（6）缺乏责任感。有些供应商争取订单时态度相当积极，可是一旦得到订单后，似乎有恃无恐，往往制造工作中显得漫不经心，对如期交货缺乏责任感，视迟延交货为家常便饭。

2）买方的原因

（1）紧急订购。由于人为或天然的因素，前者如库存数量计算错误或发生监守自盗情况，后者如水灾或火灾，使库存材料毁于一旦，因此必须紧急订购，但是供应商可能没有多余的生产能力来吸收临时追加的订单，买方就必须停工断料一段时间。

（2）低价订购。由于订购价格偏低，供应商缺乏交货意愿，甚至借迟延交货来要挟买方追加价格，甚至取消订单。

（3）购运时间不足。由于请购单位提出请购需求的时间太晚，譬如国外采购在需求日期前 3 天才提出请购单，让采购单位措手不及；或由于采购单位在询价、议价、订购的过程中，花费了太多时间，当供应商接到订单时，距离交货的日期已不足以让他有足够的购料、制造及装运的时间。

（4）规格临时变更。制造中的物品或施工中的工程，突然接到买方变更规格的通知，因此物品可能需要拆解重做，工程也可能半途而废，另起炉灶。若因规格变更，需另行订制或更换新的材料，也会使得交货迟延情况更加严重。

（5）生产计划不正确。由于买方产品销售预测不正确，导致已列入生产计划者缺乏需求，而未来列入生产计划者或生产日程排列在后期者，市场需求反而相当殷切，因此紧急变更生产计划，让供应商一时之间无法充分配合，产生供料迟延情形。

（6）未能及时供应材料或模具。有些物品系委托其他厂商加工，因此买方必须供应足够的装配材料，或充填用的模具。但买方因采购不及，以致承包的厂商无法进行工作。

（7）技术指导不周。外包的物品或工程，有时需要由买方提供制作的技术，因为买方指导不周全，使得供应商暗中摸索，影响到交货或完工的期限。

（8）催货不积极。在市场出现供不应求时，买方以为已经下了订单，到时候物料自会滚滚而来，未料供应商"捉襟见肘"，因此"挖东墙补西墙"，谁催得紧、逼得凶，或者谁价格出得高，材料就往谁那里送。因此催货不积极的买主，到交货日期过了才恍然大悟，但已悔之晚矣。

3）其他因素

（1）供需单位缺乏协调配合。企业有关部门如生产或需求单位的使用计划与采购单位的采购计划未尽配合，即生产或使用单位的日程计算过于保守，未设定正常延误时间，采购计划未就来源或市场可能变动或影响延误的因素列入计算，造成实际交货时间与计划交货时间不符，这是形成交期延误的主要原因。

任何需求计划，不应该只要求个别计划的正确性，更需要重视各计划之间的配合性，因各计划如未能有效配合，只要其中任何协力单位有误，就会造成整体计划的延误。因此，交期延误的防止，必须先看本身计划是否健全，各单位之间计划或业务执行的联系，都应有良好的制度设计。

（2）采购方法运用欠妥。大凡招标方式采购，虽较为公平及公正，但对供应商的承接能力及信用等，均难以事先做彻底地了解；得标之后，也许无法进料生产，也许无法自行生产而予以转包，更为恶劣者，则以利润厚者或新近争取的顾客优先，故意延误。

因此，要避免供应商交货的延误，应重视供应来源的评选，即凡有不良记录者，就应提高警觉，特别是在合约中应详加规定交货办法，逾期交货的管制，如要求承制厂商提出生产计划进度，履约督导或监督办法，使厂商签约后，必须依照承诺生产交货，否则除取消合约，并要求补偿所发生的损失，而不致恶性延误交期。

（3）偶发因素。偶发因素多属事先无法预料或不可抗力因素，包括战争、罢工或停工、自然灾害、经济因素、政治或法律因素。

由上面的分析可知供应商不能如期交货的原因很多，因此采购人员要有效控制交货期，必须要做好交货管理的事前规划、事中执行与事后考核，其中作业要点如表6-3所示。

表6-3　交货管理作业要点

事前规划	事中执行	事后考核
● 确定交货日数及数量 ● 了解供应商生产设备利用率 ● 供应商提供生产计划表或交货日程表 ● 给予供应商合理的交货时间 ● 了解供应商物料管理及生产管理能力 ● 准备替代来源	● 了解供应商备料情形 ● 买方提供必要的材料、磨具或技术支援 ● 了解供应商的生产效率 ● 买方加强交货前的稽催工作 ● 交期及数量变更的通知 ● 买方尽量减少规格变更	● 对交货延迟的原因分析 ● 检讨是否必须移转订单 ● 执行供应商的奖惩办法 ● 完成交易后剩料、磨具等的收回 ● 选择优越供应商，签订长期合约

现将各项作业要点准则简述如下。

（1）一般的监视。采购方早在开立订单或签订合约时，便应决定应如何监视，倘若采购品目并非重要项目，则仅作一般的监视便已足够，通常只须注意是否正确能按规定时间收到验收报表，有时可用电话查询；但若采购品目较为重要，可能影响企业的经营，则应考虑另做较周密的监视步骤。

采购方应审核供应商的供应计划进度，并分别从各项资料获得供应商的实际进度。如供应商生产管制的资料，生产汇报中所得资料，直接访问供应商工厂所见，或供应商按规定送交的定期进度报表等。

（2）预定进度时程。倘若认为有必要，可在采购订单或合约中明确规定供应商，应编制预定时程进度表。

所谓预定时程进度表，应包括全部筹划供应作业的时程，如企划作业、设计作业、采购作业、工厂能量扩充、工具准备、组件制造、次装配作业、总装配作业、完工试验及装箱交运等全部过程。此外，应明确规定供应商必须编制实际进度表，将预估进度并列对照，并说明延误原因及改进措施。

（3）制定合理的购运时间。即将请购、采购、卖方准备、运输、检验等各项作业所需的时间，予以合理的规划，避免造成供应商爱莫能助、强人所难。

（4）工厂实地查证。对于重要品目的采购案，除要求供应商按期递送时程进度表外，还应实地前往供应商工厂访问查证。但此项查证，应明确订于合约或订单内，必要时需专人亲临工厂监视。

（5）购售双方资讯的沟通。关于供应商准时交货的管理，尚有所谓"资源共享计划"的说法。购售双方应有统合性沟通系统，使购方的需要一有变动，立即可通知售方；售方的供应一有变动，亦可随时通知购方，交货适时问题，即能顺利解决。

（6）销售、生产及采购部门加强联系。由于市场的状况变化莫测，因此生产计划若有调整之必要，必须征询采购部门的意见，以便对停止或减少送货的数量、应追加或新订的数量，做出正确的判断，并尽快通知供应商，使其减少可能的损失，以提高配合的意愿。

（7）准备替代来源。供应商不能如期交货的原因颇多，且有些是属于不可抗力，因此采购人员应未雨绸缪，多联系其他来源，工程人员亦应多寻求替代品，以备不时之需。

（8）加重违约罚则。在订买卖合约时，应加重违约罚款或解约责任，使供应商不敢心存侥幸；不过，如果需求急迫时，应对如期交货的厂商给予奖金，或较优厚的付款条件。

要做好交货管理，应有"预防重于治疗"的观念。因此，买方应事前慎选有交货意愿及责任感的供应商，并规划合理的购运时间，使供应商从容应付。

买方在订购或发包后，应主动监察供应商备料及生产速度，不可等到逾交期后才开始查询。

一旦卖方发生交货迟延，若非短期内可以改善或解决，应立即寻求同业支援或其他来源；对表现优越的供应商，可签订长期合约或建立事业伙伴关系。

6.3　采购绩效评估

6.3.1　影响采购绩效评估的因素

影响采购绩效评价的一个重要因素是管理人员如何看待采购业务的重要性及它在企业中所处的地位。早在 1962 年美国的海斯（Hayes）和雷纳德（Renard）就提出，管理人员对采购业务的不同期望会对所采用的评价方法和技术产生重要影响。

对工业企业的一项调查结果表明，不同企业在采购绩效的评价方面是不同的。导致这种状况的直接原因是各公司在管理风格、组织程度、委托采购上分配的职责不同，而不是由企业的具体特征（如工业类型、生产经营类型等）造成的。关于采购业务，目前主要有下面 4 种管理观点。

（1）业务管理活动。根据这种观点，评价采购业务的绩效主要取决于与现行采购业务有关的一些参数，比如订货量、订货间隔期、积压数量、现行市价等。

（2）商业活动。这种观点把采购业务看成是一种商业活动，管理人员主要关注采购所能实现的潜在节约额。采购部门的主要目的是降低价格以减少成本的支出。采购时要关注供应商的竞争性报价，以便保持一个满意的价位。采用的主要参数是采购中的总体节约量（通常用每一产品组和每一客户表示）、市价的高低、差异报告、通货膨胀报告等。

（3）综合物流的一部分。管理人员也清楚追求低价格有一定的缺点，它可能导致次优化决策，太关注价格会引诱客户因小失大。降低产品的价格通常会使供应商觉得产品的质量可能会降低，并会降低供应的可信度。因此管理人员要向供应商介绍产品质量改进目标情况，尽量减少到货时间并提高供应商的供货可靠度。

（4）战略性活动。这种观点认为，采购业务对于决定公司的核心业务及提高公司的竞争力将产生积极的作用，因为采购业务积极地参与到了产品是自制还是购买决策的研究中。地区性供应商已卷入到了国际竞争之中，在这种情况下，管理人员评价采购绩效主要考虑以下几个方面：基本供应量的变化数量（通常是减少量）、新的有联系的（国际）供应商（订有合同的）的数量及依据已实现的节约额对底线的贡献大小等。

根据目前比较流行的观点，在企业结构体系中，采购部门所处的地位不同，用于评价采购绩效的方法也有很大的区别。依据表6-4所示，当把采购看成是一项业务职能时，采购绩效的评价方法主要是从特征上进行定量的管理性分析。另一方面，当采购被看成是一项策略时，这时会采用更加定性的和评判性的方法。这种情况下，通常使用复杂的程序和指导体系来监控采购过程，提高采购效率，防止背离特定的采购计划。

表6-4　管理层如何看待采购

可替代的观点	采购业务的等级地位	绩效评定
● 采购被看成是一种管理业务活动	● 在组织中的地位低	● 订单数量、订单累计额、供应到货时间管理、授权、程序等
● 把采购看成是一项商业活动	● 向管理人员报告	● 节约额、降价程度、ROI测量、通货膨胀报告、差异报告
● 把采购看成是综合物流的一部分	● 采购同其他与材料相关的业务构成统一的整体	● 节约额、成本节约额、货物供应的可靠程度、废品率、供应到货时间的缩短量
● 把采购看成是一项战略性活动	● 采购者进入高级管理层	● 应有成本分析、早期介入的供应商数量、自制还是购买决策、供应基本额的减少量

由于外在因素的影响，那些把采购看成是一项商业活动的公司必须思考的问题是哪些因素决定着当前比较流行的采购评估模式，这些外在因素主要有价格和毛利上的压力、丧失市场份额的压力、材料成本显著降低的要求、供应市场上价格剧烈波动等。这些问题迫使各个管理人员必须关注高水平的采购绩效。另外，一些内在因素也会影响管理人员对采购业务所持有的观点，主要的内在因素有公司实行的综合物流程度、引进和应用的现代质量概念的程度、材料管理领域的计算机化程度等。

总之，可以这样说，由于每个公司的采购绩效的评价方法的不同，形成一种统一的方法和评估系统来测量采购绩效是不可能的。

6.3.2　采购绩效评估的目的

在许多企业与机构里，至今仍然把采购人员看成"行政人员"，对他们的工作绩效还是以"工作品质"、"工作能力"、"工作知识"、"工作量"、"合作"、"勤勉"等一般性的项目来考核，使采购人员的专业功能与成果，未受到应有的尊重与公正的评价。实际上，若能对采购工作做好绩效评估通常可以达到下列的目的。

（1）确保采购目标的实现。各企业的采购目标互有不同，例如政府的采购单位偏重"防弊"，采购作业以"如期"、"如质"、"如量"为目标；民营企业的采购单位则注重"兴利"，采购工作除了维持正常的产销活动外，非常注重产销成本的降低。因此，各企业可以针对采购单位所应追求的主要目标加以评估，并督促它的实现。

（2）提供改进绩效的依据。绩效评估制度，可以提供客观的标准来衡量采购目标是否达成，也可以确定采购部门目前的工作表现如何。采购绩效的测量可以产生更好的决策，因为这可以从计划实施后产生的结果中鉴别不同的差异。通过对这些差异的分析，可以判断产生差异的原因，并可以及时采取措施防止未来的突发事件。

（3）作为个人或部门奖惩的参考。良好的绩效评估方法，能将采购部门的绩效，独立于其他部门而凸现出来，并反映采购人员的个人表现，作为各种人事考核的参考资料。依据客观的绩效评估，达成公平的奖惩，使整个部门发挥合作效能。

（4）协助人员甄选与训练。根据绩效评估的结果，可针对现有采购人员工作能力的缺陷，拟订改进的计划，如安排参加专业性的教育训练。若发现整个部门缺乏某种特殊人才（如成本分析员或机械制图人员等），则可经由公司内部甄选或向外界招募。

（5）增强业务的透明度。定期报告制定的计划内容和实际执行的结果可以使客户能够核实他们的意见是否被采纳，这可以向客户提供建设性的反馈意见；并且，通过向管理部门提供个人和部门的业绩，有利于增强采购部门的认可程度。

（6）促进部门之间的沟通。采购部门的绩效，受其他部门能否配合的影响很大。故采购部门的职责是否明确，表单、流程是否简单、合理，付款条件及交货方式是否符合公司管理制度，各部门的目标是否一致等，均可透过绩效评估来判定，并可以改善部门间的合作关系，增进企业整体的运作效率。如通过分析那些需要特别检查的发货单，可使付款程序得到更加合理的安排，从而增强采购部门同管理部门之间的协调。

（7）产生良好的激励效果。有效且公平的绩效评估制度，将使采购人员的努力成果获得适当回馈与认定。采购人员透过绩效评估，将与业务人员或财务人员一样，对公司的利润贡献有客观的衡量尺度，成为受到肯定的工作伙伴，对其士气的提升大有帮助。

6.3.3　采购绩效评估指标和标准

1. 采购绩效评估的指标

1）品质绩效

采购的品质绩效可由验收记录及生产记录来判断。前者是指供应商交货时，为公司所接受（或拒收）的采购项目数量或百分比；后者则是指交货后，在生产过程发现品质不合格的项目数量或百分比。

$$进料验收指标（\%）= \frac{合格（或拒收）数量}{检验数量} \times 100\%$$

$$在制品验收指标（\%）= \frac{可用（或拒用）数量}{使用数量} \times 100\%$$

若以进料品质管制抽样检验的方式，则在制品品质管制发现品质不良的比率，将比采用全部检验的方式为高。拒收或拒用比率愈高，显示采购人员的品质绩效愈差，因为未能找到理想的供应商。

2）数量绩效

当采购人员为争取数量折扣，以达到降低价格的目的时，却可能导致存货过多，甚至发生呆料、废料的情况。

（1）储存费用指标。现有存货利息及保管费用与正常存货水准利息及保管费用之差额。

（2）呆料、废料处理损失指标。处理呆料、废料的收入与其取得成本的差额。

存货积压利息及保管的费用愈大，呆料、废料处理的损失愈高，显示采购人员的数量绩效愈差。不过此项数量绩效，有时受到公司营业状况、物料管理绩效、生产技术变更或投机采购的影响，所以并不一定完全归咎于采购人员。

3）时间绩效

这项指标是用以衡量采购人员处理订单的效率，以及对于供应商交货时间的控制。延迟交货，固然可能形成缺货现象，但是提早交货，也可能导致买方负担不必要的存货成本或提前付款的利息费用。

（1）紧急采购费用指标。紧急运输方式（如空运）的费用与正常运输方式的差额。

（2）停工断料损失指标。停工期间作业人员薪资损失。

事实上，除了前述指标所显示的直接费用或损失外，尚有许多间接的损失。例如，经常停工断料，造成顾客订单流失；作业员离职，以及恢复正常作业的机器必需做出的各项调整（包括温度、压力等）。紧急采购会使采购品的价格偏高，品质欠佳，也会产生为赶进度而额外支付的费用，这些费用与损失，通常都未加以估算在此项绩效指标内。

4）价格绩效

价格绩效是企业最重视及最常见的衡量标准。透过价格绩效，可以衡量采购人员议价能力及供需双方势力的消长情形。

采购价差的指标，通常有下列数种：

① 实际价格与标准成本的差额；

② 实际价格与过去移动平均价格的差额；

③ 比较使用时的价格和采购时的价格的差额；

④ 将当期采购价格与基期采购价格的比率，和当期物价指数与基期物价指数的比率相互比较。

5）采购效率（活动）指标

以上品质、数量、时间及价格绩效，是就采购人员的工作效果（Effectiveness）来衡量的，另可就其效率（Efficiency）来衡量。

下列各项指标可衡量在达成采购目标的过程中各项活动水准或效率。

① 采购金额；

② 采购金额占销货收入的百分比；

③ 订购单的件数；

④ 采购人员的人数；

⑤ 采购部门的费用；

⑥ 新厂商开发个数；

⑦ 采购完成率；

⑧ 错误采购次数；

⑨ 订单处理的时间。

由采购活动水准上升或下降，不难了解采购人员工作的压力与能力，这对于改善或调整采购部门的组织与人员，将有很大的参考价值。

2. 采购绩效评估的标准

有了绩效评估的指标之后，必须考虑依据何种标准，作为与目前实际绩效比较的基础，一般常见的标准如下。

1）以往绩效

选择公司以往的绩效作为评估目前绩效的基础，是相当正确、有效的做法。但公司采购部门，无论组织、职责或人员等，均应在没有重大变动的情况下，才适合使用此项标准。

2）预算或标准绩效

如果过去的绩效难以取得或采购业务变化甚大，则可以预算或以标准绩效作为衡量基础。标准绩效的设定，有下列 5 种原则。

（1）固定的标准。标准一旦建立，则不再更动。

（2）理想的标准。是指在完美的工作条件下应有的绩效。

（3）可达成的标准。在现在状况下"应该"可以达到的水平，通常依据当前的绩效加以考量设定。

（4）同业平均绩效。如果其他同业公司在采购组织、职责及人员等方面均与公司相似，则可与其绩效比较，以辨别彼此在采购工作成效上的优劣。若个别公司的绩效资料不可得，则可以整个同业绩效的平均水准来比较。

（5）目标绩效。预算或标准绩效是代表在现在状况下"应该"可以达成的工作绩效；而目标绩效则是在现在状况下，非经过一番特别的努力，否则无法完成的较高境界。目标绩效代表公司管理当局对工作人员追求最佳绩效的"期望值"。此目标绩效，常以同业最佳的绩效水准为标准。

6.3.4 采购绩效评估的人员与方式

1. 评估人员

（1）采购部门主管。由于采购主管对管辖的采购人员最熟悉，且所有工作任务的指派，或工作绩效的好坏，均在其直接督导之下，因此由采购主管负责评估，可以注意人员的个别表现，并兼收监督与训练的效果。

（2）会计部门或财务部门。会计部门或财务部门不但掌握公司产销成本数据，对资金的取得与付出亦做全盘管制，因此对采购部门的工作绩效，可以参与评估。

（3）工程部门或生产管制部门。如果采购项目的品质及数量对企业的最终产出影响重大时，有时可由工程或生产管制人员评估采购部门的绩效。

（4）供应商。有些公司通过正式或非正式管道，向供应商探询其对于采购部门或人员的意见，以间接了解采购作业的绩效和采购人员的素质。

（5）外界的专家或管理顾问。为避免公司各部门之间的本位主义或门户之见，可以特别聘请外界的采购专家或管理顾问，针对全盘的采购制度、组织、人员及工作绩效，做出客观的分析与建议。

2. 评估方式

采购人员工作绩效的评估方式，可分为定期的评估及不定期的评估。

定期的评估是配合公司年度人事考核制度进行的，有时难免落入俗套。一般而言，以"人"的表现，如工作态度、学习能力、协调精神、忠诚程度为考核内容，对采购人员的激励及工作绩效的提升，并无太大作用。若能以目标管理的方式，即从各种工作绩效指标中，选择当年度重要性比较高的项目中的3～7个订为目标，年终按实际达成程度加以考核，则必能提升个人或部门的采购绩效，并且因为摒除了"人"的抽象因素，以"事"的具体成就为考核重点，也比较客观、公正。

不定期的绩效评估，是以专案方式进行的。例如，公司要求某项特定产品的采购成本降低10%，当设定期限结束时，评估实际的成果是否高于或低于10%，并就此成果给予采购人员适当的奖惩，此种评估方式对采购人员的士气有相当大的提升作用。此种不定期的绩效评估方式，特别适用于新产品开发计划、资本支出预算、成本降低专案等。

6.3.5 采购绩效评价系统的建立

在采购活动中用适当的绩效评定方式、规范和标准建立一个评价体系有很多不同的方法，其中最常用的有以下几种方法。

（1）管理人员主观评定。由管理人员确定采购业务的目标和策略，并把这些目标和策略应用于采购活动。

（2）专家评定。采购活动的目标由具有丰富采购经验的专家来确定。

（3）时间序列分析。根据过去的行为来推断将来的行为，采购绩效目标的评价以历史数据为基础，并假设过去活动中某种趋势将会在未来几年内持续下去。

（4）同行业不同公司之间的比较（基准）。要讨论这个问题，必须要有一个特定背景的采购组织为参考，以作为比较的依据。采购基准法使用得越来越广泛，并且已被普遍认可。

企业通常是在一段时间内对特定的方法进行追踪分析，从趋势分析中可以形成标准和规范，如通过对历史数据的推测分析，形成一个系统化的绩效评定系统。

采购绩效评价系统的建立主要有下面几个步骤。

① 通过细致地分析，管理人员必须决定哪些活动最重要，并且要保证评价活动的公正进行。

② 必须决定数据报告的频率和格式，以及哪些人员将承担这些职责。

③ 一旦前面的决定已经做出，就要形成一个系统化的程序来收集在评价过程中可能使用的大量的历史数据和统计数据。

④ 管理人员必须找出这些数据之间的相互关系，分析手段和目的之间的联系，同时区别采购效果和采购效率。

⑤ 进入分析阶段，形成不同的方法，对每一种方法进行分析并做出相应的改进。这一阶段要避免使用非常复杂的和庞大的测量方法，简单是关键。

⑥ 在执行的过程中通过适当的随访，定期向使用者报告结果。

整个过程可以自我完善。在形成和实施制定的标准和计划后，要对产生的结果重新进行审视，对已经形成的标准和方法不断地进行提炼和改进。这样，数据的收集、分析与方案的提炼改进就形成了一个精确而复杂的循环。

6.4　品质管理

如果所采购的原材料的质量有问题，就将会直接影响到产品的质量。在采购中要彻底保证采购的质量，以求"防患于未然"。采购材料的成本是直接的，所以每个公司领导层非常重视；而品质成本是间接的，所以往往就被许多公司领导层所忽略。"价廉物美"才是最佳的选择，偏重任何一头都会造成最终产品成本的增加。采购质量的不佳将会造成如下的危害。

（1）品质不良导致经常性的退货，造成各种管理费用增加。经常退货，造成经常性的生产计划变更，增加生产成本，影响交货期，降低信誉和产品竞争力。

（2）品质不良就需增加大量检验人员，增加成本。生产过程中因原材料不良造成不良品增多、返修多、返工多，增加时间成本和人员成本。

（3）品质不良造成产品品质不良率加大，客户投诉及退货增多，付出的代价就高。

因此，在采购的过程中，必须严格控制产品质量。

6.4.1　品质的定位标准

1. 优良品质应具备的特性

优良品质应该包括以下 10 个特性。

（1）符合设计品的特性 —— 把产品企划的目标品质实现出来。

（2）品质安定性 —— 各批成品的品质差距小。

（3）性能可靠性 —— 操作容易，并能发挥预期的效益。

（4）修护性 —— 若有故障，能迅速修复。

（5）服务性 —— 零件补给容易，技术服务良好。

（6）安全性 —— 使用时或故障时无危险性。

（7）制品责任性 —— 对使用的人及其他周围的人不会使他们增加困扰或伤害。

（8）节省性 —— 不会耗用大量的资源和能源。

（9）环境非破坏性 —— 不影响现在及将来的人类社会环境。

（10）经济性 —— 产品从制成到使用后废弃，其成本符合经济效益。

2. 品质的定位标准

劳斯莱斯被认为是品质优良的汽车，钻石毋庸置疑是高品质的珠宝，人们总相信"高品质"就是商品本身被强烈追求。在企业及机关的采购中，品质的定义是全然不同的，品质通常与合适性及成本（非售价）有关，而不是产品的内在表现。最佳的品质是能以最低的成本采购符合需求的货物。

质量的定位要恰当地处理质量与成本、供应、服务等要素之间的关系。不同物料、不同应用场合其质量定位的标准不同，不能采取"一刀切"的方法。

质量与成本之间的关系最常用的是使用"性价比"来平衡。前面已经提到过质量并不是越高越好，质量过高会产生质量过剩，并使成本大大增加。作为认证人员应该严格掌握质量标准，在认证准备期间认真阅读"技术规范"等项目资料，在供应商试制、中试期间监控质量实施情况中，慎重选择每一项物料。

质量与供应之间的关系也应恰当处理。对于大批量的供应来说，由于对质量的过高要求，可能会导致供应商加工周期过长，严重时可能会导致缺货，特别是对于自动化不连续的机械供应商，只要物料不影响产品质量，就不要像精品一样逐个检验物料。

质量与售后服务之间的关系也较为密切，由于产品组成部件的质量问题导致故障频繁出现，不仅使产品在用户心目中的印象较差，而且给售后服务带来麻烦，增加服务成本。所以，质量是检验供应商的第一道关。

"品质"是一个较为抽象的名词，通常必须以"规格"做较详细的界定。规格（Specification）是对采购的产品或劳务的要求条件所做的精确说明，是生产制造的标准及交货验收的依据。规格内容除包括产品或劳务的名称、外观（形状）、尺寸、材料成分、强度、精密度、耗损率、不良率、色泽、表面处理、性能要求、重量、容积、安全保护、包装方式和单位包装量、标志内容或方法、验收要项、检验方法、接收水准、结构蓝图及交货安装等各种品质（硬件）的特性外，还包括各种服务（软件）的特性，如服务效率、服务品质、次数、地点、方式、技术资料文件及培训、电脑软件及技术管理顾问的咨询服务与其权利义务等。换言之，规格是买方将采购产品的要求品质及一切条件告知卖方的文书说明，亦为验收时可否予以接收的依据。

6.4.2　品质管理的规划

采购部门在品质管理方面的作业要点可分为事前规划、事中执行与事后考核三大部分。每个部分的详细内容如表6-5所示。

表6-5　品质管理作业要点

事前规划	事中执行	事后考核
● 决定品质标准并开列公平的规格 ● 买卖双方确认规格及图样 ● 了解供应商的承制能力 ● 买卖双方确认验收标准 ● 要求供应商实施品管制度（品管认证等级） ● 准备核正检验工具或仪器	● 检视供应商是否按照规范施工 ● 提供试制品以供品质检测 ● 派驻检验员抽查在制品的品质 ● 品管措施是否落实	● 解决买卖双方有关品质分歧 ● 严格执行验收标准 ● 提供品质异常报告 ● 要求卖方承担保证责任 ● 淘汰不合格供应商

1. 事前规划

在事前规划方面，主要着重于产品规格的制定、供应商的选择和合约控制等。

1）制定产品规格

就制定规格而言，应同时考虑设计、生产要素、商业及行销4种不同的因素。设计需求的考虑，即尽可能在不改变原设计的情况下，获得符合需求的原物料规格；生产因素的考虑即为配合机器设备的操作要求，选择适当规格的物料；而行销因素的考虑则着重于消费者的接受程度，如环保要求及购买力等；而考虑到商业性采购因素时，采购人员必须进行下列几项调查：

① 研究品质的需求状况；

② 确定品质需求已经完整且明确地在规格说明有所规定；

③ 调查供应商合理与相对的成本；

④ 确定品质是以一般通用的规格写成，让有潜力的供应商也能参与竞争；

⑤ 决定合适的品质是否可由现有的供应商来制造；

⑥ 确定监督与测试的方法，维护良好的品质水准。

某些原料和成分在这些方面的调查比较容易，但是有些就比较复杂，如新产品的规格。在一些公司中，把品质工程师安排在采购部门中，担任幕僚的工作，协助分析一些复杂的问题。当有技术性的品质问题产生时，品质工程师与采购人员会共同审视产品规格，并将适当的品质需求推荐给产品设计工程师，进行适当的修改。

规格设计有如下一些基本原则可供依循。

（1）通用原则。一般性物料，尽量采用国际性及通用性的规格，其理由如下：

① 符合标准化要求，可保证品质优良；

② 假如不使用通用规格，必须特别加工，势必提高成本；

③ 容易把握料源，后续补充亦容易。

（2）新颖原则。规格设计力求新颖，并以适应新发明的原料及制造方法为原则，这是因为：

① 生命周期较短，且旧产品可能不再供应；

② 符合时代要求，因为旧产品性能落伍，必被淘汰或沦为二流产品。

（3）标准公差原则。

① 易于获得。没有合理的公差，厂商多不愿承制。

② 可获得较合理的价格。无公差之产品，厂商无交货把握，定会提高报价以避免风险。

③ 可迅速交货。这是因为有了合理公差，就容易掌握制造品质，容易控制时效。

（4）区分规格原则。主要规格力求清晰和明确；次要规格应具有弹性，避免严苛。这是因为：主要规格，如不明确开列，订得过于简单粗陋，不但失去设定品质标准的意义，而且供应商亦失去其制造的依据，日后交货检验，必生争端；次要规格，避免有不必要的限制，如果指定厂牌，一般厂商无法供应。规格恰当与否是采购成败的关键因素之一，然而制定规格并不容易，因此可以参考一些通用的规格，其采用的顺序如下所述。

① 国内采购规格选用顺序。一是国家标准，凡有国家标准可用者，原则上不应使用其他规格采购；二是各公会或协会制定的标准，如无国家标准可用时，则可考虑使用国内各公会或协会、委员会制定的标准。

② 国外采购规格选用顺序。一是国际通用规格，凡有国际通用规格可采用者，不得使用其他规格采购；二是美国联邦规格，或其他国家规格且有通用性质者；三是美军军品规格而且为其他国家采用者。

③ 补助规格之使用及限制。一是厂商设计规格，如买方本身无能力编订规格时，可考虑国内具有工业水准及检验能力的厂商代为设计规格。厂商设计的规格，最好先经过专业人员审订后才能使用。二是以产品性能采购。采购时如无规格可供采用，可以性能作为采购物的要求条件，要求厂商先行提供规格，经选定可用规格后，再要求规格可用的厂商进行比价，决标签约。经选定的厂商规格，决标、签约、交货情形良好者，此种规格可列为日后采

购的参考。三是蓝图、照片、说明书。仅能作为规格的补助资料，不能单独用以作为采购的惟一依据。

当品质标准与规格决定之后，应予以书面化，包括"规格说明书"或"规格规范手册"，作为买卖双方签订契约的依据。

2）选择优秀的供应商

采购在品质管理事前规划的另一个重点是供应商的选择。许多公司能够把他们的原料品质问题减至最低，就是因为他们在开始就选择了有能力而且愿意合作的供应商，因此品质水准得以维持并提升。

3）合约控制

企业与供应商之间应通过合约控制来保证产品质量符合要求，具体措施如表 6-6 所示。

表 6-6　合约控制的主要内容

协议名称	目的	具体内容
质量保证协议	明确规定供应商应负的质量保证责任	● 信任供应商的质量体系 ● 随发运的货物提交规定的检验/试验数据及过程控制记录 ● 由供应商进行 100% 的检验/试验 ● 由供应商进行批次接收抽样检验/试验 ● 实施本企业规定的正式质量体系 ● 由本企业或第三方对供应商的质量体系进行定期评价 ● 内部接收检验或筛选
验证方法协议	与供应商就验证方法达成明确的协议，以验证产品是否符合要求	● 规定检验项目 ● 检验条件 ● 检验规程 ● 抽样方法 ● 抽样数据 ● 合格品判断标准 ● 供需双方需交换的检测资料 ● 验证地点
解决争端协议	解决供应商和本企业之间的质量争端，就常规问题和非常规问题的处理做出规定	● 常规问题，即不符合产品技术标准的一般性质量问题 ● 非常规问题，即产品技术标准范围之外的质量问题或成批不合格或安全特性不合格等 ● 制定疏通本企业和供应商之间处理质量事宜时的联系渠道和措施等

2. 品质管理的执行

品质检验不只是生产与品质管理部门的责任，采购部门也必须恪尽职守，不仅要检视供应商是否按照规范施工，还要派驻检验员抽查供应商在制品的品质，并提供试制品以供品质检测，以及检视供应商的品质管理措施是否落实，确保采购原物料的品质没有异常状况。

采购部门对执行品质管理必须有所依循，这也就是与供应商签订合作契约中的主要部分。在契约书中必须提到"品质保证协定"，这份协定主要是买卖双方为确保交货物品的品质，相互规定必须实施的事项，并根据这些事项，执行品质检验、维持与改善，对于双方的生产效率与利润均有助益。

在品质保证协定中，首先要把品质规格的内容说明清楚，包括有关材料、零部件的标准规格，完成图面、工作图面，品质规格检验标准与方法及其他特殊需求的规格。其次，双方必须成立能充分实施品质管制的组织，在采购、制造、检验、包装、交货等作业，建立彼此相关的标准作业程序，以便双方能按照作业标准来完成合作事宜。对供应商的品质检验作业中，应包括下列3个阶段。

（1）进料检验。供应商为了提供买方所需物品，而外购的材料、零件，必须实施验收；当买方想了解进货的品质时，应提供相关资讯，也就是买方应追踪供应商购料的品质，以确保物品的品质水准。

（2）制造过程中的品质管制。买方对于供应商加工及设备的保养，标准化作业的实行及其他必要的项目实施检查，防止制造过程中发生不良产品。也就是要派驻厂检验员抽查在制品的品质及检视供应商是否按照规范施工。

（3）制成品出货的品质管制。采购部门在供应商进行大量生产以前，可以要求供应商提供试制品供工程人员进行品质检测，供应商在制成品出货时，必须按照双方谈好的标准实施出货检验，并且要附上相关材料（如制造商的试验检查表），让品质管制做到环环相扣的境界。

一般而言，采购部门对于供应商运送来的物料，会先进行检验才可入库。然而，若事先对供应商的品质管制做得相当彻底，就可以省略此步骤而直接入库，以便节省部分的人力与检验成本。当然，这种做法是建立于彼此对品质管理都非常严谨，而且合作无间的基础上的。目前盛行的全面品质管理就是试图要达到这样的地步。

大部分的采购部门对于进货的物品仍实施检验，在进货检验中，有以下几项重点：

① 制定抽样检验的标准与程序，作为双方配合的依据；

② 根据检验标准、规格、图面，针对供应商交货的物品进行检验、比对，以决定合格、退回修改或退回废弃；

（3）在检验时，发现有不合格的地方，应要求供应商迅速调查原因，并报告处理对策。

3. 品质管理的考核

采购部门对于供应商品质管理的考核，在于严格执行验收标准，并提供品质异常报告，要求供应商承担保证，设法解决买卖双方有关品质歧见的问题，考核的结果可作为淘汰不合格供应商的依据。因此，买卖双方在签订合作契约之前，要保持正确的品质管理信念，并了解彼此的要求，共同研讨相关的规范，避免日后有品质方面的歧见。下列10项品质管理原则是买卖双方在制定品质保证协定时应该要遵守的重要准绳。

（1）买方和卖方具有相互了解对方的品质管理体制，并协力实施品质管理的责任。

（2）买方和卖方务必互相尊重对方的自主性（双方对等、相互尊重）。

（3）买方有责任提供给卖方有关产品的充分资讯。

（4）买方和卖方在交易开始时，对于有关质、量、价格、交货期、付款条件等事项，须订合理的契约。

（5）卖方有责任保证产品是买方使用上可满足的品质，必要时有责任提供必要的客观资料。

（6）买方和卖方在订契约时，务必订定双方可接受的评价方法。

（7）买方和卖方对于双方之间的各种争议解决方法及程序，务必于订约时订定。

（8）买方和卖方应相互站在对方的立场，交换双方实施品质管理所必要的资讯。

（9）买方和卖方，为了双方的关系能够更圆满顺利，对于订购作业、生产管制、存货计划等，应经常做妥善管理。

（10）买方和卖方在交易时，都应充分考虑最终消费者的利益。

买卖双方根据上述品质管理的原则建立彼此认同的品质规范，并依据这项协定做日后的考核与评价。考核的重点依产品的不同而不同，但是大都以不良品率或不良品数作为计算品质绩效的基础。此外，处理品质问题的态度与解决的时效、品质提升计划的配合及执行成效也都是考核的重点。

每次进货的检验结果应该于月底编制"品质月报表"并提供品质异常报告，作为供应商奖惩的依据。

品质考核的目的在于通过对供应商的奖惩，期望品质能日益精良，对于绩效优的厂商给予荣誉奖牌，提前付款、订购量提高及当有新产品开发时，列入优先考虑的合作对象；对于绩效差的厂商则降低订购量，加强辅导、扣款、降低使用量，甚至淘汰。

复习思考题

1. 简述采购组织机构的设置原则。

2. 你认为企业的采购业务人员和管理人员应分别具备哪几项基本素质？

3. 采购后期不能及时交货的原因何在？应如何避免不及时交货的问题？

4. 采购管理绩效评价的指标有哪些？你认为应如何评价采购管理的水平？

5. 采购品质的内涵是什么？如何提高采购商品的品质？

6. 采购合同的必备条款有哪些？

7. 采购合同执行过程中的争议有哪几种情况？应如何区别责任？

第7章

仓储管理概论

本章是对仓储管理内容的概述，目的是使读者了解仓储管理及仓库的有关基础知识，掌握仓储管理和仓库的基本概念、功能和内容，理解仓储管理的意义和原则，熟悉各相关概念之间的联系和区别，为以后各章的学习打下基础。

7.1 仓储的意义与功能

7.1.1 仓储发展沿革

1. 仓储活动的产生

所谓仓储是指通过仓库对物资进行的储存和保管。它随着物资储存的产生而产生，又随着生产力的发展而发展。仓储是商品流通的重要环节之一，也是物流活动的重要支柱，在社会分工和专业化生产的条件下，为保持社会再生产过程的顺利进行，必须储存一定量的物资，以满足一定时间内社会生产和消费的需要。正如马克思所断言："没有商品储备，就没有商品流通"，"只是有了这种储备，流通过程及包含流通过程在内的再生产过程的不断进行，才得到保证"。中国仓储业有着悠久的历史，在中国经济发展过程中起着重要的作用。

人类社会自从有剩余产品以来，就产生了储存。原始社会末期，当某个人或者某个部落获得的食物自给有余时，就把多余的产品储藏起来，同时也就产生了专门储存产品的场所和条件，于是就出现了"窖穴"。在西安半坡村的仰韶遗址，已经发现了许多储存食物和用具的窖穴，它们多密集在居住区内，和房屋交错在一起，这可以说是我国最早的仓库的雏形。在古籍中常常看到有"仓廪"、"窦窖"这样的词语。所谓仓廪，"仓"是指专门藏谷的场所，"廪"是指专门藏米的场所；所谓窦窖，是指储藏物品的地下室，椭圆形的叫做"窦"，方形的叫做"窖"；古代也有把存放用品的地方叫做"库"的情况，后人接着把"仓"和"库"两个概念合用，逐渐合成一个概念，即把储存和保管物资的建筑物叫做"仓库"，所以也就出现了仓库一词。

2. 国外仓储业的发展

第二次世界大战以后，世界经济得到了迅速的恢复和发展，货物的物流量越来越大，物流中的矛盾也愈加突出。如何使物流更为畅通，如何使物流过程更为合理，已成为人们关注的问题。为此，国外出现了一些专门研究物流的机构，特别是美国和日本。随着商品经济的发展，商品流通费用在进入消费者手中之前所占总费用的比例呈上升趋势（目前，一些国家的商品流通费用已占商品总成本的 10%～30%），这就要求通过降低流通费用来提高经济效益。西方国家已在这方面做出了许多努力，例如，20 世纪 50 年代始于美国并于 20 世纪 70 年代在日本得到高速发展的自动化立体仓库就是这种努力的结果。目前，欧美国家又在发展大型中转仓库，面积可达上万平方米，单层高度达十多米，使货物流转更加畅通和迅速。

日本作为一个资源缺乏的发达国家，对仓库的建设特别重视，而且现代化程度较高。在日本，除企业物流外，许多物流中的仓储主要是由独立的企业承担，政府对仓储业的管理主要通过法律的约束，如日本制定了专门的《仓库法》。在仓储经营方面，越来越多的日本仓储企业在从事拆、分、拼装商品等多种经营业务，并出现众多的为生产企业和商业连锁点服务的配送中心，由此大大减少了各部门内自备仓库中的货物存储量，从而降低了资金的积压。

3. 中国仓储活动发展沿革

中国仓储业虽然具有悠久的历史，但是由于中国经济长期受封建主义的束缚，到近代再加上帝国主义的侵略，使旧中国的生产力水平极其低下，民族工业得不到正常发展，商品生产和交换的规模较小。因此，服务于商品交换又随商品生产的发展而发展的仓储业基本上处于一个低水平状态。

新中国成立以后，社会生产力得到了极大的发展，随着社会主义经济的不断深入发展，仓储业才得到了相应的发展。

纵观中国仓储活动的发展历史，大约经历了下列 4 个阶段。

1）中国古代仓储业

如前所述，中国古代商业仓库是随着社会分工和专业化生产的发展而逐渐形成和扩大的。《中国通史》上记载的"邸店"，可以说是商业仓库的最初形式，但由于受当时商品经济的局限，它既具有商品寄存的性质，又具有旅店的性质。随着社会分工的进一步发展和商品交换的不断扩大，专门储存商品的"塌房"从"邸店"中分离出来，成为带有企业性质的商业仓库。

2）中国近代仓储业

中国近代商业仓库，随着商品经济的发展和商业活动范围的扩大，得到了相应的发展。19 世纪的中国把商业仓库叫做"堆栈"，即指堆存和保管物品的场地和设备。堆栈业与交通运输业、工商业，以及与商品交换的深度和广度关系极为密切。由于中国工业偏集在东南沿海地区，因此堆栈业也是在东南沿海地区，如在上海、天津、广州等地区起源最早，也最发达。根据统计，1929 年上海码头仓库总计在 40 家以上，库房总容量达到 90 多万吨，货场总容量达到 70 多万吨。

堆栈业初期，只限于堆存货物，其主要业务是替商人保管货物，物品的所有权属于寄存人。随着堆栈业务的扩大，服务对象的增加，旧中国的堆栈业已经划分为码头堆栈、铁路堆栈、保管堆栈、厂号堆栈、金融堆栈和海关堆栈等。近代堆栈业的显著特点是建立起明确的业务种类、经营范围、责任业务、仓租、进出手续等。当时堆栈业大多是私人经营的，为了商业竞争和垄断的需要，往往组成同业会，订立同业堆栈租价价目表等。但是，由于整个社会处于半封建半殖民地的经济状态，民族工业不发达，堆栈业务往往是附属于旅馆业，而且随商业交易和交通运输业的盛衰而起落。

3）社会主义仓储业

新中国成立以后，接管并改造了旧中国留下来的仓库，当时采取对口接管改造的政策，即铁路、港口仓库由交通运输部门接管；物资部门的仓库由全国物资清理委员会接管；私营库由商业部门接管改造；银行仓库，除"中央"、"中国"、"交通"、"农业"等银行所属仓库作为敌伪财产随同银行实行军管外，其余大都归商业部门接管改造；外商仓库，按经营的性质，分别由港务、外贸、商业等有关部门接管收买。对于私营仓库的改造是通过公私合营的方式逐步实现的，人民政府通过工商联合会加强对私营仓库的领导，限制仓租标准，相继在各地成立国营商业仓库公司（后改为仓储公司），并加入到当地的仓库业同业工会，帮助整顿仓库制度。

随着工农业生产的发展，商品流通的扩大，商品储存量相应增加，但改建解放区原来仓库和接收旧中国的仓库，大多是企业的附属仓库，在数量上和经营管理上都不能满足社会主义经济发展的需要。为此，党和政府采取了一系列措施，改革仓库管理工作。

例如，1952年原中央贸易部颁发了《关于国营贸易仓库实行经济核算制的决定》，并指出：为解决仓容不足，消除仓库使用不合理现象，提高仓库使用率，必须有组织、有计划地实行经济核算制。还强调：除专用仓库和根据各经营单位经营商品的具体情况，保持一定数量的附属仓库外，其余仓库应全部集中组成仓储公司，推行仓库定额管理，以便统一调剂，供各单位使用。这些措施首先在北京、天津、上海、沈阳、武汉等城市试行，这也是社会主义商业集中管理仓库的开端。1953年召开的第一届全国仓储会议作出了《关于改革仓储工作的决定》，进一步明确国营商业仓库实行集中管理与分散管理相结合的仓库管理体制。根据这一决定，在全国10万人口以上的城市都丈量了仓库面积，查清当时仓容能力，在此基础上经过调整集中，成立了17个仓储公司。实践证明，集中与分散相结合的仓库管理体制是适合中国国情的，也是适应中国社会主义商品流通的客观要求的。集中管理的仓库一般由仓储公司（或储运公司）经营，它是专业化仓储企业，实行独立经营核算；分散管理的仓库隶属于某个企业，只为该企业储存保管物品，一般不独立核算。集中管理和分散管理各具优缺点，一般情况下，一、二级批发企业比较集中的城市，大中型工业品仓库（除了石油、煤炭、危险品、鲜活、冷藏等特种仓库外）适宜集中管理；三级批发仓库，特别是批发机构和仓库在同一地点的，则适宜分散管理，以便购销业务。

同时，根据社会主义计划经济的需要，国家对重要的工业品生产资料，逐步实行与生活资料不同的管理方法，即计划分配制度。1960年以后，在国民经济调整的过程中，国家对物资管理工作也做了整顿和改革，改革的基本原则是进一步加强对物资的计划分配和统一管理，国务院设立物资管理部，建立起全国统一的物资管理机构和经营服务系统。在仓储方面，把中央各部设立中转仓库保管物资的做法，改由物资部门统一设库保管。1962年成立了国家物资储运局（后改为物资储运总公司），归属于国家物资管理总局，负责全国物资仓库的统管工作。根据1984年统计，国家物资储运总公司在各地设有14个直属储运公司，下属万个仓库，拥有库房和料棚195万平方米，货场446万平方米，主要承担国家掌握的机动物资。国务院各部门中转物资及其他物资的储运任务，再加上各地物资局下属的储运公司及仓库，在全国初步形成了一个物资储运网。

从国营商业仓库系统来看，截止到 1981 年底，全国县以上通用商业仓库已经达到 700 多万平方米，初步形成按专业、按地区设立的仓库网。

在这一阶段，无论仓库建筑、装备，还是装卸搬运设施，都有很大发展，是旧中国商业仓库所无法比拟的。

4）仓储业现代化发展阶段

中国在一个较长时期里，仓库一直是属于劳动密集型企业，即仓库中大量的装卸、搬运、堆码、计量等作业都是由人工完成的，因此仓库不仅占用了大量的劳动力，而且劳动强度大，劳动条件差，特别在一些危险品仓库，还极易发生中毒等事故；从劳动效率来看，人工作业的劳动效率低下，库容利用率不高。为迅速改变这种落后状况，中国政府在这方面下了很大力气，首先重视旧式仓库的改造工作，按照现代仓储作业要求改建旧式仓库，增加设备的投入，配备各种装卸、搬运、堆码等设备，减轻工人的劳动强度，改善劳动条件，提高仓储作业的机械化水平；另一方面，新建了一批具有先进技术水平的现代化仓库，特别是 20 世纪 60 年代以来，随着世界经济发展和现代科学技术的突飞猛进，仓库的性质发生了根本性变化，从单纯地进行储存保管货物的静态储存一跃而进入了多功能的动态储存新领域，成为生产、流通的枢纽和服务中心。特别是大型自动化立体仓库的出现，使仓储技术上了一个新台阶。中国于 20 世纪 70 年代开始建造自动化仓库，并普遍采用电子计算机辅助仓库管理，使中国仓储业进入了自动化的新阶段。

4. 中国仓储活动的现状分析

前面论述了我国仓储业已经经历了上述 4 个发展阶段的发展，今天的仓储活动已经取得了巨大的飞跃，党和政府采取了一系列措施改革了仓库管理制度，新建、改建了一大批设备较好的仓库，为社会主义经济的发展起到了一定的后勤保障作用。我国仓储业的现状具有如下特点。

1）具有明显部门仓储业的特征

自从我国确立了生产资料社会主义公有制为主体的社会主义经济制度后，建立起集中统一的经济管理体制，在中央集中统一领导下，形成了以部门管理为主的管理体制。在高度计划经济体制下，我国的生产资料流通完全纳入了计划分配轨道，企业所需要的物资只能按照企业的隶属关系进行申请，经过综合平衡以后，再按各部门进行计划供应。而各部门为了储存保管好分配来的各种物资，就需要建立仓库。于是，层层设库、行行设库的现象层出不穷，逐渐形成了部门仓储管理系统。在当时来看，部门仓储业的建立为保证本部门的物资供应，完成本部门的生产建设任务起到了积极作用。但是，由于各部门都是从本部门利益出发，很少顾及其他部门或国家的利益，再加上相互间缺乏沟通，又没有一个统一管理部门来进行协调和统筹安排，因此出现了目前存在的重复设库问题，物资流通中转环节多，流通渠道不畅，库存居高不下，物资损失浪费大，等等。

2）仓库的拥有量大，但管理水平较低

由于我国是以行政部门为系统建立仓库的，所以不同部门、不同层次、不同领域为满足自身使用的方便都设立仓库，这就使我国的仓库拥有量居世界前列。但是，由于我国没有一个统一的仓储管理部门，也没有做过全国性的统计，所以我国仓库拥有量的底数并不十分清楚。

我国的仓库数目虽然很多，但是仓库管理水平却不高。究其主要原因，是我们有些领导在思想上对仓储管理不够重视引起的。常见这样的领导"手中有货，心中不慌"，他们把主要精力放在如何争取货源上，一旦货物到手，往仓库里一放，就认为是万事大吉了，至于如何管理好库存物资，就不太关心。再加上我国社会上普遍对仓库工作存在一种偏见，认为仓库不需要知识，也不需要技术，致使仓库人员的素质，尤其是文化素质不高。另一方面，仓储机械设备也较少，因而仓储管理水平较低。

3）仓储技术发展不平衡

20 世纪 80 年代以来，仓储技术得到较大发展，但是各地发展不均衡。自改革开放以来，国外先进的仓储技术传入我国，使我国仓储业发生了显著的变化，特别是自动化仓储技术传入我国以后，我国的仓储技术有了较大的提高。我国自 20 世纪 70 年代开始建造自动化仓库，例如北京汽车制造厂、南宁拖拉机厂等先后建造了自动化仓库。与此同时，人们对仓储工作的看法也起了变化，逐渐重视仓储管理工作，并注意引进先进的仓储技术和提高仓储工作人员的素质。但各地区发展不平衡，目前我国在仓储技术方面还处在先进与落后并存的状态。

根据上述我国仓储活动现状的主要特点，可以看到十一届三中全会以来，我国的仓储业虽然取得了较大的发展，但是与国民经济整体发展相比，还有不小的差距，主要表现在以下几个方面。

（1）仓库过多，且仓库布局不尽合理。历史的原因造成了我国形成各种部门仓储业的格局，各部门都有自己的仓库，自成体系，各自为政。仓库最初建设的目的多是为了满足本系统或本部门的物资供应的需要而建立起来的。但是，我国的仓库大部分是平房仓库，占地面积大，储存效率低。这些仓库大多分布在经济发达的地区和城市。仓库的重复建设不但加大了我国的基建投资，还占用了大量的土地。更因为我国是一种部门仓储业，因此出现同城同类仓库来回倒库的严重的问题，结果造成货物中转环节多，货物旅行等不合理物流现象，浪费了大量的人力、物力和财力；而一些边远或落后地区在发展经济急需建立仓库时，又由于资金不足或其他原因，不能及时到位修建。仓库布局的这种不平衡状况，直接影响了地区经济的发展，进而影响了城市或区域整体发展规划的实施。

（2）对于自动化仓库技术的引进缺乏必要的经济论证和可行性研究。在引进自动化仓库技术方面也缺乏必要的经济技术论证和可行性研究，特别是在 20 世纪 80 年代初我国刮起了一股自动化仓库热，许多企业和部门纷纷建立自动化仓库，投入了大量资金、物力和人力，但真正能充分发挥自动化仓库作用的却不多。

（3）仓库设备状况相差悬殊，各仓库作业效率不均衡。目前我国各仓库所拥有的设备状况不一样，有的现代化仓库拥有非常先进的仓储设备，如各种先进的装卸搬运设备、高层货架仓库、全部实行计算机管理等；而有的仓库却还处在以人工作业为主的原始管理状态，仓库作业大部分靠肩扛人抬，只有少量的机械设备，当出入库任务较集中时，不得不采用人海战术，仓库作业效率极低。还有一种情况是介于上述两者之间，具有一定的机械设备和铁路专用线，但利用率不高，有些设备已经老化，有些已经陈旧，但由于资金不足，无力更新，只得带病作业，隐藏着许多不安全因素。另外，有些仓库为了维持日常的经费开支，不得不出租库房、专用线等，使我国的仓储综合效益难以提高。

（4）大部分仓储业务人员素质较低，管理水平不能适应现代化的要求。由于历史的原因，我国仓储部门工作人员的文化程度普遍较低，如铁道部仓储工作人员大专以上文化程度的只占全路物资职工的 2.9%。中国物资储运总公司是我国物资储运系统内较大的单位，大约有 2 万名职工，而中等以上学历的只占 18.2%。学历层次不高，直接影响了管理水平的提高。

（5）仓储管理方面的法规、法制还不够健全。建立健全以责任制为核心的规章制度是仓储管理的一项基础工作，严格的责任制是现代化大生产的客观要求，也是规范每个岗位职责的依据。新中国成立以来，建立了不少仓储方面的规章制度，但随着生产的发展和科学水平的提高，至今有些规章制度已经不适合工作，需要进行修改和新建。在仓储管理法制方面，我国的起步较晚，至今我国还没有一部完整的《仓库法》。同时，我国仓储管理人员的法制观念不强，不会运用法律手段来维护企业的利益。

随着现代物流的发展，仓储活动与仓储管理被不断地赋予新的内容与任务。仓储活动应尽可能地满足客户的需要，采用 JIT 等新的管理方法。对于仓储货物的多品种、小批量的变化趋向和标准化趋势也应作出相应的反应。

7.1.2 仓储活动的意义

在社会生产与生活中，由于生产与消费节奏的不统一，总会存在"现在用不上"、"用不了"、"有必要留待以后用"的东西。如何在生产与消费或供给与需求的时间差距里，妥善地保持物质实体的有用性，是物流中仓储环节所要解决的问题。

仓储在物流体系中是惟一的静态环节，也有人称之为时速为零的运输。随着经济的发展，需求方式出现了个性化、多样化的改变，生产方式也变为多品种、小批量的柔性生产方式。物流的特征由少品种、大批量变为多品种、少批量或多批次、小批量；仓储的功能也从重视保管效率逐渐变为重视流通功能的实现。储存相当于物流体系的一个节点。在这里，物质实体在化解其供求之间在时间上的矛盾的同时，也创造了新的时间上的效益（如时令上的差值等）。因此，仓储是物流中的重要环节，储存功能相对于整个物流体系来说，既有缓冲与调节的作用，也有创值与增效的功能。

商品的仓储活动是由商品生产和商品消费之间的客观矛盾所决定的。商品在从生产领域向消费领域转移过程中，一般都要经过商品的仓储阶段，这主要是由于商品生产和商品消费在时间上、空间上及品种和数量等方面的不同步而引起的，也正是在这些不同步中发挥了仓储活动的重要意义。

1. 搞好仓储活动是实现社会再生产过程顺利进行的必要条件

商品由生产地向消费地转移，是依靠仓储活动来实现的。可见，仓储活动的意义正是由于生产与消费在空间、时间及品种、数量等方面存在着矛盾引起的。尤其是在现代化大生产的条件下，专业化程度不断提高，社会分工越来越细，随着生产的发展，这些矛盾又势必进一步地扩大。这就不能在仓储活动中采取简单地把商品生产和消费直接联系起来的办法，而需要对复杂的仓储活动进行精心组织，拓展各部门、各生产单位之间相互交换产品的深度和广度，在流通过程中不断进行商品品种上的组合，在商品数量上不断加以集散，在地域和时间上进行合理安排。通过搞活流通，搞好仓储活动，发挥仓储活动连接生产与消费的纽带和桥梁作用，借以克服众多的相互分离又相互联系的生产者之间、生产者与消费者之间在商品生产与消费地理上的分离，衔接商品生产与消费时间上的不一致，以及调节商品生产与消费在方式上的差异，使社会简单再生产和扩大再生产能建立在一定的商品资源的基础上，保证社会再生产的顺利进行。具体来讲，仓储活动主要从以下几个方面来保证社会再生产过程的顺利进行。

1）克服生产与消费地理上的分离

从空间方面来说，商品生产与消费的矛盾主要表现在生产与消费地理上的分离。在自给自足的自然经济里，生产者同时就是自身产品的消费者，其产品仅供本人和在家庭的范围内消费。随着商品生产的发展，商品的生产者逐渐与消费者分离，生产的产品不再是为了本人的消费，而且是为了满足其他人的消费需要。随着交换范围的扩大，生产与消费空间上的矛盾也逐渐地扩大。在社会化大生产的条件下，随着生产的发展，这种矛盾进一步扩大，这是由社会生产的客观规律决定的。举例来说，为了不断地提高生产率，工业生产的规模不断扩大，生产的集中化能以更低的成本生产出更多的产品。但是，与此同时，这将使一种产品的生产工厂的数量不断减少，以前由各地甚至是每个家庭生产的产品，现在往往是由少数的大工厂生产。这些工厂生产的产品，不再是仅仅为了满足本地区的需要，许多产品需要销往其他地区，或者在全国范围内销售，甚至销往国外。生产的规模越大、越集中，越需要寻求更大的市场，将商品运送到更远的地方。另外，生产的社会化，使不同产品的生产在地区间形成分工。为了更加充分地利用不同地区的自然经济条件和资源，一种商品的生产逐渐趋向于在生产该种商品最经济的地区进行。这样，就必须依靠运输把产品运送到其他市场上去。社会化生产的规律决定了生产与消费的矛盾不是逐渐缩小而是逐渐扩大。随着商品生产的发展，不但需要运输的商品品种、数量在增加，而且平均运输的距离也在不断增加。商品仓储活动的重要意义之一就是通过仓储活动平衡运输的负荷。

2）衔接生产与消费时间上的背离

商品的生产和消费之间，有一定的时间间隔。在绝大多数情况下，今天生产的商品不可能马上就全部卖掉，这就需要产生商品的仓储活动。有的商品是季节生产、常年消费；有的商品是常年生产、季节消费；也有的商品是季节生产、季节消费，或常年生产、常年消费。无论何种情况，在产品从生产过程进入到消费过程之间，都存在一定的时间间隔。在这段间隔时间内，形成了商品的暂时停滞。商品在流通领域中暂时的停滞过程，就形成了商品的仓储。同时，商品仓储又是商品流通的必要条件，为保证商品流通过程得以不断地继续进行，就必须有商品仓储活动。没有商品的仓储活动，就没有商品流通的顺利进行，因此有商品流通也就有商品仓储活动。为了使商品更加适合消费者的需要，许多商品在最终销售以前，要进行挑选、整理、分装、组配等工作，这样便有一定量的商品停留在这段时间内，也形成商品储存。此外，在商品运输过程中，在车、船等运输工具的衔接上，由于在时间上不可能完全一致，也产生了在途商品对车站、码头流转性仓库的储存要求。

3）调节生产与消费方式上的差别

生产与消费的矛盾还表现在品种与数量方面。专业化生产将生产的产品品种限制在比较窄的范围之内。专业化程度越高，一个工厂生产的产品品种就越少；但是相反，消费者却要求更广泛的品种和更多样化的商品。另一方面，生产越集中，生产的规模越大，生产出来的产品品种却较少。由于在生产方面，每个工厂生产出来的产品品种比较单一，但数量却很大；而在消费方面，每个消费者需要广泛的品种和较少的数量，因此就要求在流通过程中，不断在品种上加以组合，在数量上不断加以分散。

商品的仓储活动不是简单地把生产和消费直接联系起来，而是需要一个复杂的组织过程，在品种和数量上不断进行调整。只有经过一系列的调整之后，才能使遍及全国各地的零售商店能够向消费者提供品种、规格、花色齐全的商品。

总之，商品生产和消费在空间、时间、品种、数量等各方面都存在着矛盾。这些矛盾既不能够在生产领域里解决，也不可能在消费领域里得到解决，所以只能在流通领域，通过连接生产与消费的商品仓储活动加以解决。商品仓储活动在推动生产发展，满足市场供应方面具有重要意义。

2. 搞好仓储活动是保持物资原有使用价值和合理使用物资的重要手段

任何一种物资，当它生产出来以后至消费之前，由于其本身的性质、所处的条件，以及自然的、社会的、经济的、技术的因素，都可能使物资使用价值在数量上减少、质量上降低，如果不创造必要的条件，就不可避免地使物资造成损害。因此，必须进行科学管理，加强对物资的养护，搞好仓储活动，以保护好处于暂时停滞状态的物资的使用价值。同时，在物资仓储过程中，努力做到流向合理，加快物资流转速度，注意物资的合理分配，合理供料，不断提高工作效率，使有限的物资能及时发挥最大的效用。

3. 搞好仓储活动是加快资金周转，节约流通费用，降低物流成本，提高经济效益的有效途径

仓储活动是物质产品在社会再生产过程中必然会出现的一种形态，这对整个社会再生产，对国民经济各部门、各行业的生产经营活动的顺利进行，都有着巨大的作用。然而，在仓储活动中，为了保证物资的使用价值在时空上的顺利转移，必然要消耗一定的物化劳动和活劳动，尽管这些合理费用的支出是必要的，但由于它不能创造使用价值，因而在保证物资使用价值得到有效的保护及有利于社会再生产顺利进行的前提下，费用支出越少越好。那么，搞好物资的仓储活动，就可以减少物资在仓储过程中的物质耗损和劳动消耗，就可以加速物资的流通和资金的周转，从而节省费用支出，降低物流成本，开拓"第三利润源泉"，提高社会的、企业的经济效益。

4. 物资仓储活动是物资供销管理工作的重要组成部分

物资仓储活动在物资供销管理工作中有特殊的地位和重要的作用。从物资供销管理工作的全过程来看，它包括供需预测、计划分配、市场采购、订购衔接、货运组织、储存保管、维护保养、配送发料、用料管理、销售发运、货款结算、用户服务等主要环节。各主要环节之间相互依存、相互影响，关系极为密切，其中许多环节属于仓储活动，它们与属于商流活动的其他环节相比，所消耗和占用的人力、物力、财力多，受自然、社会的各种因素影响大，组织管理工作有很强的经济性，既涉及政治经济学、物理、化学、机械、建筑、气象等方面的知识，又涉及物资流通的专业知识和专业技能，它与物资经济管理专业的其他课程，如产品学、物资经济学、物资计划与供销管理、物资统计学、会计学等都有直接的密切联系。因此，仓储活动直接影响到物资管理工作的质量，也直接关系到物资从实物形态上一直到确定分配供销的经济关系的实现。

7.1.3 仓储活动的性质

这里所说的仓储活动的性质，是指生产性和非生产性而言的。总的来看，仓储活动是生产性的，这可以从以下几个方面看出。

1. 仓储活动是社会再生产过程中不可缺少的一环

任何产品的生产过程，只有当产品进入消费后才算终结，因为产品的使用价值只有在消费中才能实现。而产品从脱离生产到进入消费，一般情况下都要经过运输和储存，所以说商品的储存和运输一样，都是社会再生产过程的中间环节。

2. 商品仓储活动具有生产三要素

商品仓储活动同其他物质生产活动一样，具有生产三要素，即劳动力、劳动资料（劳动手段）和劳动对象，三者缺一不可。物质的生产过程，就是劳动力借助于劳动资料，作用于劳动对象的过程。商品仓储活动同样具有生产三要素：劳动力 —— 仓库作业人员，劳动资料 —— 各种仓库设施，劳动对象 —— 储存保管的物质。商品仓储活动是仓库作业人员借助于仓储设施，对商品进行收发保管的过程。

3. 商品仓储活动中的某些环节，实际上已经构成生产过程的一个组成部分

例如，卷板在储存中的碾平及切割、原木的加工、零部件的配套、机械设备的组装等，都是为投入使用而做的准备，其生产性更为明显。

商品仓储活动具有生产性质，但它与一般的物质生产活动相比，又是不同的，主要表现在以下几个方面。

① 商品仓储活动所消耗的物化劳动和活劳动，不改变劳动对象的功能、性质和使用价值，只是保持和延续其使用价值。

② 商品仓储活动的产品，无实物形态，却有实际内容，即仓储劳务。所谓劳务，是指劳动消耗，要追加到商品的价值中去，追加数量的多少，取决于仓储活动的社会必要劳动量。

③ 商品经过储存保管使用价值不变，但其价值增加。这是因为商品仓储活动的一切劳动消耗，都要追加到商品的价值中去。

④ 作为商品仓储活动的产品 —— 仓储劳务，其生产过程和消费过程是同时进行的，既不能储存也不能积累。

⑤ 在仓储活动中，还要消耗一定数量的原材料，有适当的机械设备相配合，这部分消耗和设备的磨损要转移到库存商品中去，构成其价值增量的一部分。

7.1.4 仓储的功能

从物流角度看，仓储的功能可以按照经济利益和服务利益加以分类。

1. 经济利益

仓储的基本经济利益有 4 个：堆存（Holding）、拼装（Consolidation）、分类和交叉

（Break Bulk and Cross Dock）、加工／延期（Processing/Postponement）。

1）堆存

仓储设施最明显的功能就是用于保护货物及整齐地堆放产品。其经济利益来源于通过堆存克服商品产销在时间上的隔离（如季节生产，但需全年消费的大米），克服商品生产在地点上的隔离（如甲地生产，乙地销售），克服商品产销量的不平衡（如供过于求）等来保证商品流通过程的连续性。

2）拼装

拼装是仓储的一项经济利益，通过这种安排，拼装仓库接收来自一系列制造工厂指定送往某一特定顾客的材料，然后把它们拼装成单一的一票装运，其好处是有可能实现最低的运输费率，并减少在某一顾客的收货站台处发生拥塞，该仓库可以把从制造商到仓库的内向转移和从仓库到顾客的外向转移都拼装成更大的装运。图 7-1 说明了仓库的拼装流程。

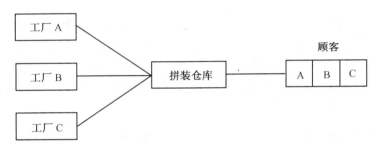

图 7-1　拼装作业

拼装的主要利益是，把几票小批量装运的物流流程结合起来联系到一个特定的市场地区。拼装仓库可以由单独一家厂商使用，也可以由几家厂商联合起来共同使用出租方式的拼装服务。通过这种拼装方案的利用，每一个单独的制造商或托运人都能够享受到物流总成本低于其各自分别直接装运的成本。

3）分类和交叉

分类的仓库作业与拼装仓库作业正相反。分类作业接收来自制造商的顾客组合订货，并把它们装运到个别的顾客处去。图 7-2 说明了这种分类流程。分类仓库或分类站把组合订货分类或分割成个别的订货，并安排当地的运输部门负责递送。由于长距离运输转移的是大批量装运，所以运输成本相对比较低，进行跟踪也不太困难。

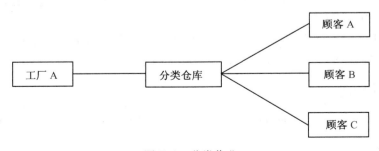

图 7-2　分类作业

除涉及多个制造商外，交叉站台设施具有类似的功能。零售连锁店广泛地采用交叉站台作业来补充快速转移的商店存货。图7-3说明的就是零售业对交叉站台的应用。在这种情况下，交叉站台先从多个制造商处运来整车的货物；收到产品后，如果有标签的，就按顾客进行分类，如果没有标签的，则按地点进行分配；然后，产品就像"交叉"一词的意思那样穿过"站台"装上指定去适当顾客处的拖车；一旦该拖车装满了来自多个制造商的组合产品后，它就被放行运往零售店去。于是，交叉站台的经济利益中包括从制造商到仓库的拖车的满载运输，以及从仓库到顾客的满载运输。由于产品不需要储存，降低了在交叉站台设施处的搬运成本。此外，由于所有的车辆都进行了充分装载，因而更有效地利用了站台设施，使站台装载利用率达到最大限度。

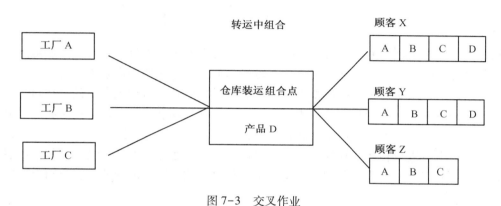

图7-3 交叉作业

4）加工/延期

仓库还可以通过承担加工或参与少量的制造活动，用来延期或延迟生产。具有包装能力或加标签能力的仓库可以把产品的最后一道生产一直推迟到知道该产品的需求时为止。如蔬菜可以在制造商处加工，制成罐头"上光"。上光是指还没有贴上标签的罐头产品，但它可以利用上光贴上私人标签，因此上光意味着该产品还没有被指定用于具体的顾客，或包装配置还在制造商的工厂里。一旦接到具体的顾客订单，仓库就能够给产品加上标签，完成最后一道加工，并最后敲定包装。

加工/延期提供了两个基本经济利益：第一，风险最小化，因为最后的包装要等到敲定具体的订购标签和收到包装材料时才完成；第二，通过对基本产品（如上光罐头）使用各种标签和包装配置，可以降低存货水平。于是，降低风险与降低存货水平相结合，往往能够降低物流系统的总成本，即使在仓库包装的成本要比在制造商的工厂处包装更贵。

2. 服务利益

在物流系统中通过仓储获得的服务利益应该从整个物流系统来分析。例如，在一个物流系统中安排一个仓库来服务于某个特定的市场可能会增加成本，但也有可能增加市场份额、收入和毛利。

通过仓库实现的5个基本服务利益分别是：现场储备（Spot Stock）、配送分类（Assortment）、组合（Mixing）、生产支持（Production Support）及市场形象（Market Presence）。

1）现场储备

在实物配送中经常使用现场储备，尤其是那些产品品种有限或产品具有高度季节性的制造商偏好这种服务。例如，农产品供应商常常向农民提供现场储备服务，以便在销售旺季把产品堆放到最接近关键顾客的市场中去；销售季节过后，剩余的存货就被撤退到中央仓库中去。

2）配送分类

提供配送分类服务的仓库为制造商、批发商或零售商所利用，按照对顾客订货的预期，对产品进行组合储备、配送分类仓库可以使顾客减少其必须打交道的供应商数目，并因此改善仓储服务。此外，配送分类仓库还可以对产品进行拼装以形成更大的装运批量，并因此降低运输成本。

3）组合

除了涉及几个不同的制造商的装运外，仓库组合类似于仓库分类过程。当制造工厂在地理上被分割开来时，通过长途运输组合，有可能降低整个运输费用和仓库需要量。在典型的组合运输条件下，从制造工厂装运整卡车的产品到批发商处，每次大批量的装运可以享受尽可能低的运输费率。一旦产品到达了组合仓库时，卸下从制造工厂装运来的货物后，就可以按照每一个顾客的要求或市场需求，选择每一种产品的运输组合。

通过运输组合进行转运，在经济上通常可以得到特别运输费率的支持，即给予各种转运优惠。组合之所以被分类为服务利益，是因为存货可以按照顾客的精确分类进行储备。

4）生产支持

生产支持仓库可以向装配工厂提供稳定的零部件和材料供给。由于较长的前置时间，或使用过程中的重大变化，所以对向外界采购的项目进行安全储备是完全必要的。对此，大多数总成本解决方案都建议经营一个生产支持仓库，以经济而又适时的方式，向装配厂供应或"喂给"加工材料、零部件和装配件。

5）市场形象

尽管市场形象的利益也许不像其他服务利益那样明显，但是它常常被营销经理看成是地方仓库的一个主要优点。市场形象因素基于这样的见解和观点，即地方仓库比起距离更远的仓库，对顾客的需求反应更敏感，提供的递送服务也更快，因此认为地方仓库将会提高市场份额，并有可能增加利润。

7.2　仓储管理的内容

7.2.1　仓储管理的定义

仓储管理是指对仓库和仓库中储存的货物进行的管理。仓储管理是一门经济管理科学，同时也涉及应用技术科学，故属于边缘性学科。仓储管理将仓储领域内生产力、生产关系及相应的上层建筑中的有关问题进行综合研究，以探索仓储管理的规律，不断促进仓储管理的科学化和现代化。

仓储管理的内涵是随着它在社会经济领域中作用的不断扩大而变化的。仓储管理已从单纯意义上的对货物存储的管理发展成为物流过程中的中心环节，它的功能已不是单纯的货物存储，而是兼有包装、分拣、整理、简单装配等多种辅助性功能。因此，广义的仓储管理应包括对这些工作的管理。

7.2.2　仓储管理的基本内容

仓储管理的对象是仓库及库存物资，具体包括如下几个方面。

（1）仓库的选址与建筑问题。例如，仓库的选址原则、仓库建筑面积的确定、库内运输道路与作业的布置等。

（2）仓库机械作业的选择与配置问题。例如，如何根据仓库作业特点和所储存物资的种类及其物理、化学特性，选择机械装备及应配备的数量，如何对这些机械进行管理等。

（3）仓库的业务管理问题。例如，如何组织物资出入库，如何对在库物资进行储存、保管与养护。

（4）仓库的库存管理问题。

此外，仓库业务的考核问题，新技术、新方法在仓库管理中的应用问题，仓库安全与消防问题等，都是仓储管理所涉及的内容。

7.2.3　仓储技术作业

1. 概述

仓储技术作业过程是指以保管活动为中心，从仓库接受商品入库开始，到按需要把商品全部完好地发送出去的全部过程。

仓储作业过程主要由入库、保管、出库 3 个阶段组成。按其作业顺序来看，还可以详细分为卸车、检验、整理入库、保养保管、拣出与集中、装车、发运 7 个作业环节；按其作业性质来看，可归纳为商品检验、保管保养、装卸与搬运、加工、包装和发运 6 个作业环节。仓储作业过程由一系列相互联系、又相对独立的作业活动构成。整个仓储作业过程各个部分的因果关系，以储存的商品这一对象为纽带统一起来，并由此形成一种既定的关系。如果把这个过程看成一个系统，那么系统的输入是需要储存的商品，输出则是经过保存的商品。在仓储作业系统中，商品在各个作业环节上运行，并被一系列作业活动所处理。

上述的仓储技术作业过程，包括仓储作业技术与作业流程两方面的内容。

1）仓储作业技术的分析

仓储作业技术是指储存商品的作业方法和操作技术，如商品的数量与质量检验方法和技术、商品的保管保养方法与技术、装卸操作方法与安全技术等。它涉及商品的储存质量和作业、安全等问题，在仓储作业技术方面大量应用有关科学技术的理论与方法。

2）仓储作业流程的分析

仓储作业流程是指商品在仓库储存过程中必须经过的、按一定顺序相互连接的作业环节。一般商品从入库到出库需要依次经过卸车、检验、整理、保管、拣出和集中、装车、发运等作业环节。各个作业环节之间并不是孤立的，它们既相互联系，又相互制约。某一环节作业的开始要依赖于前一环节上作业的完成；前一环节作业完成的效果也直接影响到后一环节的作业。由于仓储作业过程中，各个环节之间存在着内在的联系，并且需要耗费大量的人力、物力，因此必须对作业流程进行深入细致地分析和合理地组织。

对于具体的商品来说，作业流程包含的作业环节、各环节的作业内容和它们之间的联系、顺序可能都不尽相同，因而在组织作业时，应当对具体的作业流程进行具体分析。分析的目的是为了尽可能地减少作业环节，缩短商品的搬运距离和作业时间，以提高作业效率和降低作业费用。

2. 仓储技术作业的特点

由于仓储活动本身所具有的特殊性，所以仓储技术作业的过程与物质生产部门的生产工艺过程相比较，也具有自己的特点，主要表现在以下几个方面。

1）仓储技术作业过程的非连续性

仓储技术作业的整个技术作业过程，从物资入库到物资出库不是连续进行的，而是间断进行的。这是因为各个作业环节往往是不能密切衔接的，各个作业环节之间存在间歇。例如，整车接运的物资，卸车后往往不能马上验收，而是要有一段检验时间；入库保管的物资有一段保管时间；物资分拣包装完毕，需要一段待运时间等。这与一般工业企业的流水线作业是显然不同的。

2）作业量的不均衡性

仓储作业每天发生的作业量是有很大差别的，各月之间的作业量也有很大的不同。这种日、月作业量的不均衡，主要是由于仓库进料和发料时间上的不均衡和批量大小不等造成的。有时，整车装车和卸车数量很大，装卸车任务很重，作业量大；而有时整车装卸，任务就较轻。因此，仓储作业时紧时松，时忙时闲。

3）仓储作业对象的复杂性

一般生产企业产品生产的劳动对象较为单一，如生产制造机床的主要劳动对象是各种钢材；而物资仓储作业的对象是功能、性质和使用价值等各不相同的千万种物资，不同的物资要求不同的作业手段、方法和技术，情况比较复杂。

4）仓储作业范围的广泛性

仓储技术的各个作业环节，大部分是在仓库范围内进行的，但也有一部分作业是在库外进行的，如物资的装卸、运输等，其作业范围相当广泛。

仓储技术作业的上述特点，对仓储设施的规划、配备与运用，对生产作业人员定编、劳动组织与考核，对作业计划、作业方式的选择与方法等，均产生重要影响，对合理组织仓库作业带来很大的困难与不便。因此，在具体进行仓储设施的规划、配备与运用时，应综合各方面的相关因素慎重考虑。

7.2.4　仓储组织

仓储组织就是按照预定的目标，将仓库作业人员与仓库储存手段有效地结合起来，完成仓库作业过程各环节的职责，为商品流通提供良好的储存劳务。仓储组织的目标是按照仓储活动的客观要求和仓储管理上的需要，把与仓储有直接关系的部门、环节、人和物尽可能地合理组织搭配起来，使他们的工作协调、有效地进行，加速商品在仓库中的周转，合理地使用人力、物力，以取得最大的经济效益。用一句话来说明合理进行仓储组织的目标就是实现仓储活动的"快进、快出、多储存、保管好、费用省"。

快进 —— 物资运抵到港口、车站或企业仓库专用线时，要以最快的速度完成物资的接运、验收和入库作业活动。

快出 —— 物资出库时，要及时迅速和高效率地完成备料、复核、出库和交货、清理作业活动。

多储存 —— 在库容合理规划的基础上，最大限度地利用有效的储存面积和空间，提高单位面积的储存量和面积利用率。

保管好 —— 按照物资的性质和储存条件的要求，合理安排储存场所，采取科学的保管方法，使其在保管期间内质量完好、数量准确。

费用省 —— 物资输入和输出，即物资吞吐运行过程中各业务作业环节，都要努力节省人力、物力和财力消耗，以最低的仓储成本取得最好的经济效果。

争取做到当天到达的物资，当天能反映出信息。这些信息包括入库时间、数量、验收结果、储存位置、储存数量、实时动态等，为库存控制、供应链管理提供依据。

为了实现以上目标，在组织仓储作业过程时，就更应该在综合全面地考虑各方面因素的同时，注意以下 2 个原则。

1. 保证仓储作业过程的连续性

连续性是指储存物资在仓储作业过程的流动，在时间上是紧密衔接、连续的。储存物资在库期间经常处在不停的运动之中，从物资到库后的卸车、验收、库内搬运、堆码，到出库时的备料、复核、装车等，都是一环紧扣一环，互相衔接的。因此，在组织仓储作业过程时，要求储存物资在各个环节或工序间的流动，在时间上尽可能衔接起来，不发生或少发生各种不必要的停顿或等待时间。

保持作业过程的连续性，可以缩短物资在各个环节的停留时间，加快物资周转和提高劳动生产率。特别是在现代化大生产条件下，要求作业过程的连续性越来越高，因此要能够满足现代化大生产的客观要求，从技术上和组织上采取措施，保证仓储作业过程的连续性。同时，仓储作业是一个统一的过程，组织仓储作业时考虑到相互联系的各个环节的作业要求，应该从整个作业过程出发来评价和选择作业方案，进行作业安排。例如，商品出入库的堆放位置和堆码形式的确定，不仅要符合商品入库的堆放位置和堆码形式的确定，而且要考虑到商品出库的装卸作业和搬运路线。因此，在组织作业时应强调系统观点，从整个系统的作业效率来决定商品的堆放位置和堆码形式。

2. 实现仓储作业过程的比例性

比例性，是指仓储作业过程的各个阶段、各个工序之间在人力、物力的配备和时间的安排上必须保持适当的比例关系。例如，验收场地和保管场地之间、运输力量和搬运力量之间、验收人员和保管人员之间、验收时间和收发货时间之间等，都要有一个适当的比例。保持作业过程比例性，可以充分利用人力和设备，避免和减少物资在各个作业阶段和工序的停滞和等待，从而保证作业过程的连续性。

作业过程的比例性，在很大程度上取决于仓库总平面布置的正确性，特别是各作业环节之间各种设备能力的比例。因此，在进行仓库总平面布置时，就应注意这个问题。同时，在物资储存过程中，由于作业技术的改进，工人技术熟练程度的提高和储存物资品种、规格、数量发生变化，都会使作业过程的各环节间的比例发生不协调。因此，在组织作业过程中，应充分考虑仓储作业具有不均衡性的特点，要经常了解和掌握各个环节的作业情况，根据具体情况，事先做好各项准备和安排、采取措施，及时调整设备和作业人员，建立新的比例关系，避免某些环节由于缺少人力、设备，而延长作业时间；同时，在另外一些环节上由于作业的停顿和等待，造成人员、设备的空闲，充分利用人力和设备，从而保证仓储作业过程的正常进行。

仓储组织活动从整个仓储活动这个宏观角度来看，具体包括作业过程的空间组织和时间组织。

（1）空间组织。仓储作业过程的空间组织就是正确确定仓储作业的路线，保证商品在空间上的最短运动路线和仓库空间的有效利用。例如，在安排仓储作业路线时，应避免储存物资在作业过程中的迂回和往返运动。作业过程的空间组织主要是通过仓储作业场地的合理布置和作业班组的合理划分来实现，即在划分生产过程中，应根据物资仓储的特点，使储存物资在生产过程中径直前进，避免往返运转。为此，一方面要合理地划分作业班组；另一方面，要保证仓储设施的合理布局。作业班组的设置主要应该根据仓库的吞吐规模、储存商品类别和生产流程的特点等因素来建立，一般多按照专业化形式设置班组。例如，装卸搬运队专门负责商品的装卸、搬运、堆码；验收组专门负责商品的验收等。

（2）时间组织。仓储作业过程的时间组织就是通过各个环节作业时间的合理安排和衔接，保证作业的连续进行。前者要求时间的最大节省，后者要求作业的连续进行，尽可能消除或减少作业过程中的停顿或等待时间。商品仓储作业的时间，主要取决于供货合同的规定，但仓储活动的各环节是否合理，同样也影响着时间，特别是急需商品，各道工序的结合方式直接影响作业时间。有的仓库实现一次性作业，卸车、验收、搬运等可连续进行，一次性进入货位堆码。当然，在工序时间上的结合方式与机械化程度、设备能力、工人技术水平有关。作业过程的时间组织是一个比较复杂的问题。为此，仓储作业过程的时间组织应综合考虑各方面的条件和可能。

7.3 仓库的设立

7.3.1 仓库的设立时机

在企业的发展实践中，时时困扰业内人士的一个问题就是是否应该建立仓库。对于物流企业而言，这关系到究竟选择哪种运行方式，发展成哪种物流企业，以及企业规模的扩展问题；对制造企业而言，企业内部除非实现真正的零库存运作，不然必然要建仓库；对流通企业而言，关系到企业的运作模式，如对于比较典型的连锁企业，倘若没有仓库的话，那么连锁就流于形式，连而不锁，难以达到规模效应，有悖于连锁企业发展的初衷，倘若建仓库的话，则又受资金实力等因素的制约且由于配送业务量相对较少，势必带来一定的浪费。

要解决上述问题，首先应明确的一个问题是：仓库的建立与否是由企业的发展是否需要决定的，而不是要发展企业就要配套建立仓库。也就是说，企业一定要有仓库，但却不一定要自建仓库。因为企业毕竟不是以建立仓库为目的，而是为了适应企业发展的需要。但是，不一定自建仓库，却又必须有仓库，这就涉及下面一个问题。

除了自建仓库之外，还可以采取共建方式及利用社会化仓库等。对于企业来说，仓储业务可以通过多种途径来解决。例如，对于连锁企业，先采取共建及社会化仓库的方式，随着连锁店规模的扩大，再独立建立仓库无疑是一种较为明智的选择。从世界连锁业发展的实践来看，一个便利店连锁公司，在拥有 20 个店，总面积达到 4 000 平方米时，就可考虑建立仓库；一个超市连锁公司，在拥有 10 个店，总面积达到 5 000 平方米时，就有建立仓库的必要；一个特级市场连锁公司，在开店的同时，就应考虑与之配套的配送体系。

通过以上分析，就可以得出如下结论：那种强调仓库建设宜"一步到位"的观点，在理论上是欠妥的，在实践中也是行不通的。当然，上述理论只是一个总体概括，对于单个企业而言，何时是建立仓库的最佳时机，尚需根据各自的实际情况进行决策，不排除例外的规则。

7.3.2　仓库的类型选择

仓库的时机决策，实际上是解决什么时候建立仓库的问题；仓库的类型决策则是解决建立什么样的仓库的问题。由于企业特征、类型、环境等诸多因素的差异，往往需要不同类型的仓库与其相适应，企业经营者必须慎重选择。

了解仓库类型的目的是为了选择更好、更适合的仓库为企业服务，而仓库类型的选择除了要切实把握各类仓库的特征之外，还必须能使之与企业的本身特征相吻合。一般来说，仓库的类型选择包括以下步骤：首先，确定是何种功能的仓库；其次，确定配送何种商品；最后，决定辐射多大的范围与区域。下面以连锁企业为例进行说明。

1. 功能选择

连锁企业的仓库与一般的仓库不完全相同，它主要是为本公司服务，因此连锁企业的整体经营战略、店铺经营的商品结构和网点布局直接影响着仓库的类型选择。目前，我国许多连锁企业在选择仓库类型问题上存在着一些糊涂认识，制约了仓库作用的发挥。有人仅把仓库视为传统的仓储或一般的运输公司；相反，一些人把仓库视为高不可攀的全功能型物流中心，若不是全功能的，就不是仓库。显然，这两种观点都有失偏颇。实际上，仓库的功能就是为连锁组织服务，因此选择什么类型的仓库必须根据连锁发展的需要确定。

一般来说，连锁企业自建的仓库与专业型仓库不同，它不仅要有基本的配送功能，而且要有采购功能或者进货功能，仓库应成为连锁企业集中货物和分发货物的枢纽。目前，我国连锁企业的仓库大多由原有仓库改型而来，形成了一种"储存配送"模式，在组织货源方面有很大的局限性。许多连锁便利店、超级市场还没有水果、蔬菜、鲜肉等产品，除了生产者加工技术落后外，还有一个原因就是连锁企业的仓库缺乏加工功能。但是，这并不是说任何连锁企业的仓库都应具有加工功能。仓库是否具有加工功能，取决于成本核算。如果利用委托加工可以节省资金和费用，就可以采取委托加工的方式；如果投资于加工功能的资金无法很快地从经营中收回，则只有放弃，转而等待生产者加工体系的完善，超级市场也只好逐渐地实现"一次购足"的目标。从连锁店铺发展要求来看，仓库的功能当然越全越好，但从整体经济效益来看，却并非完全如此。例如，有些连锁企业着重于社会化仓库，租用他人仓库、雇用他人卡车，也实现了配送的高效益。当然，这种情况的出现需要社会化配送体系的健全和规范。

2. 商品选择

对于规模不大的连锁企业来说，常常配备综合型仓库，即负责配送连锁店铺经营的绝大多数商品，否则不易形成规模效益。从我国连锁企业的发展情况来看，不少仓库带有综合型特征，不仅负责食品配送，还负责日用工业品配送，只是储存在不同的仓库，运用不同的运输工具。这种综合型仓库具有小而全的特征，能满足各个小店铺的需要，但不适应大规模连锁企业的需要。一些国际上著名的连锁企业常常选择专业型仓库，即将仓库按商品标志分成若干个，诸如食品仓库、果菜仓库和日用品仓库等。当然，大规模的连锁企业，对于所属规模较大的店铺，难以实现百分之百的配送，因此不可能设立各种类型的专业型仓库，有时也利用他人所有的专业型仓库。例如，英国的香蕉流通主要由三大公司控制，它们拥有几十年的经验，能规范和有效地进行香蕉配送，因此英国连锁企业不需要建立香蕉的仓库。

3. 范围选择

仓库的辐射范围主要由两个因素决定：一是连锁企业或店铺的辐射范围，二是每个仓库要辐射的范围。从连锁企业角度来说，店铺布局决定着仓库辐射区域，仓库必须保证每一个店铺都能及时、准确地得到商品。店铺遍布的区域越大，仓库辐射的区域越大。仓库的辐射范围必须与连锁店铺分布相一致。同时，对于大的连锁企业来说，店铺数量大，分布相当分散，需要建立不止一家的仓库，那么就要确定每一个仓库承担的配送任务，从而为选择仓库的地点和规模奠定基础。

从我国目前情况看，仓库辐射范围选择异常简单。许多连锁企业仅在一个城市，甚至一个城市的某个区发展连锁分店，有一两个仓库就可以了。但是，随着连锁企业的规范化，辐射全国或某一个大区的大连锁集团将会出现，那时，仓库辐射范围决策就变得非常重要。

7.3.3 仓库的所有者决策

在确立了仓库的建立时机与类型之后，第三个要进行决策的问题是"自己建还是与人共建"。按照所有者的不同，仓库分为他有型仓库、共有型仓库、自有型仓库3种类型。因而，仓库所有者决策的实质便是企业对上述3种类型仓库的选择。

对于一个企业来说，是选择他有型仓库，还是选择自有型或共有型仓库，首先需要依据配送环境和自身条件进行选择，前者需要对现有仓库进行评估，后者需要对企业自身财力进行策划；然后进行效益比较分析，决定是否使用他有型仓库。

1. 自有型仓库

所谓自有型仓库，是指企业自己投资兴建的仓库。建立自有型仓库最大的优点是可以使企业获得很高的物流保障程度与方便性。

但是，自建仓库需要很多条件，最重要的是资金、规模和专业化程度。仓库本身不能保证使资金很快回收，制约企业的资金使用，从而难以实现理想规模。仓库与企业规模有一个相适应的比例关系，企业发展很难一下子就达到理想规模，盲目地建立仓库，很可能造成人、财、物等方面的浪费。另外，自建仓库难以达到很高的专业化程度。

例如，1989年北京市食品仓库从荷兰LANDE公司引进了浮出式TRUXRTER自动分拣系统，分拣能力为 3 000 件/小时，因自动分拣机设施较复杂，投资及营业成本相当高，并且实行分拣自动化还必须相应实现物流标志的条码化，自动分拣系统的输送机对分拣商品还有一定的宽度和载重量限制，而这些在我国目前还是一个尚未解决的问题。据日本内行说，如每天分拣量在 20 000 件以下的仓库就不宜采用这种设备，否则将增加物流成本，不利于竞争。

例如，对应于连锁经营的不同规模水平，自有型仓库的发展可以分为以下 3 个阶段。

（1）以城市为服务范围的中小型仓库阶段。这是在连锁经营发展的初级阶段，各分店往往仅限于一个商业发达城市及其郊区的小范围内，分店少、规模小，商圈半径为几公里至十几公里，只有加盟店的个数达到一定数量时，仓库的建立才有必要性。成立于 1902 年的美国 J. C. Penny 公司在其分店发展到 20 余家时，才于 1909 年设立了统一的采购部门，当然这可视为仓库的雏形。有理由讲，加盟店数目越多，供应商品的要求量越大，仓库趋于大型化的合理性越显著，经济性也就越明显。因此，在连锁规模很小的阶段，中小型的仓库足以支持连锁经营的正常运作。

（2）以地区为服务范围的大中型仓库阶段。随着连锁集团的扩张，其加盟店数目日益增多，空间市场范围突破一个城市而扩大到商圈半径为数百公里的范围内，集团的财力已比较雄厚，在数百公里的商圈半径上服务一百个以至数百或上千个加盟店，商品流转量已足够使仓库启用大型、专用分拣机械和科技含量高的运输工具，与之相关的信息处理系统已采用计算机网络和商用 POS 系统。如温迪公司 —— 美国南部"阳光地带"最大的食品零售商，1994 年 6 月它拥有店铺 1 159 个，设有 16 个仓库，平均每个仓库服务约 73 个加盟店，年销售额为 110 亿美元。

（3）全国性的大型仓库或仓库系统阶段。这个阶段，连锁经营已达到成熟阶段，它的商圈半径可能达到或超过 1 000 公里，由于跨地区、跨不同气候区的配送货作业，使得配备对气温、地貌、社会等因素有强适应性的专业运输、仓储设备成为必然，而且需要不同地区仓库之间相互协调，这时就要求集团经营决策层能适时协调各仓库的互助关系，信息的及时准确把握和快速传递便成为重中之重，建立在网络基础上的信息系统，加上国际通信卫星可满足这种要求。如全美最大的零售集团沃马特共有 2 000 余家商店，在全美设有 30 个仓库，它们由中央协调控制中心、区域中心、地区分中心构成一个多层次的仓库系统。

我国目前连锁经营水平还很低，连锁公司平均分店在 15 个左右，即使全国最大的连锁超市 —— 上海华联超市的分店也只有 50 多个，且几乎全部分布于上海市区。处于这一阶段的连锁公司财力弱、专业人才缺乏，且社会消费品供应尚未结束大店统治阶段，新的管理方式及专用设备受社会、技术、经济等因素制约而难以推广采用。所以，发达国家仓库以计算机技术为核心的大型物流管理系统目前不适于在我国推广，而采用几千平方米、几部车子、若干部电话、貌似简陋的分拣设备及仓库更具有经济性。当然，从中也可以得出我国连锁企业应慎建自有型仓库的结论。

2. 他有型仓库

所谓他有型仓库，是指企业不设自身所有的仓库，企业内的物流功能委托或承包给专门的物流公司，其实质是一种社会化仓库。在这种配送模式中，专事配送业务的企业，通过与上家（生产、加工企业）建立广泛的代理或买断关系，与下家（零售店铺）形成较稳定的契约关系，从而将生产、加工企业的商品或信息进行统一组合、处理后，按客户订单的要求，配送到各个用户。目前，这种配送方式在欧洲正以 5%～10% 的速度扩展。英国的一项调查表明，49% 的企业认为这种方式具有较高的成本收益率；21% 的企业认为这种方式可以更多地利用专业公司的经验及优势；17% 的企业认为这样可使自身更多地注重经营活动，不必为配送花费更多的人力、物力。从理论上讲，利用专业化的仓库，可以使企业享受高效的服务，节省大量的建设资金；可使企业集中于主业，更好地为顾客服务；可将积压与缺货的风险转移给专业化的仓库；可以享受专业化仓库提供的咨询服务及营销建议。

但是，高效的仓库是以现代化和专业化储运设施为基础的。企业在选择他有型仓库时要进行具体分析。譬如说利用专业化仓库对费用的影响情况、专业化仓库的服务能力及与自己的业务关系等。

在我国目前阶段，还没有较为理想的仓库供商家选用。一些非零售商业盲目开办连锁店铺，又无力建立仓库，只好依赖厂家或低水平物流企业进行配送，致使成本费用增大，商品价格没有竞争力，最终门庭冷落，甚至关门倒闭。从近几年连锁企业倒闭的情况来看，大多是没有自己的仓库的缘故，这应引起我们的注意与思考。借用或委托专业化仓库是较为理想的方式，但是当社会物流水平较低，物流公司经营体制不完善时，难以取得理想效果。如果公司无力建立仓库，又无法寻觅到专业化的仓库，前景就会令人担忧。随着我国物流水平的提高，专业化仓库的成熟与完善，会有更多的企业借助于他有型仓库，但这需要一个过程。

3. 共有型仓库

所谓共有型仓库，是指企业与其他企业共同投资、共享服务的仓库。共有型仓库的最大特征就是共同配货，通过一个共有的配送体系，将各个企业的配送需求组织化，在配送时间、数量、次数、路线等诸方面做出最佳选择，进行合理有效的配送。

按照日本工业标准的解释，共同配送是"为提高物流效率，向许多企业一起进行配送"。共同配送的高效率是较厂商送货与自我配送而言的，它不仅配送速度快，而且配送频次少，既保证了各店铺经营的商品稳定，又减少了因配送频次多而引起的交通阻塞，进而影响店面形象、客流量及店铺的经营业绩。共同配送的宏观与微观效果，从表 7-1 中可以得到反映。

表 7-1　共同配送优势分析表

	微观方面	宏观方面
送货方面	● 提高装载率，减少配送成本 ● 需要司机少 ● 配送业务简化 ● 减少储运设备投资 ● 降低配送频次 ● 配送业务独立化，有利于提高店铺或公司效益	● 降低物流成本 ● 减少交通总量 ● 改善环境
接货方面	● 缓和店铺接货时的拥挤现象 ● 验货时程序简化 ● 送货及时、准确，有利于商品保鲜和不积压	● 避免交通阻塞 ● 有利于构造理想的商业环境

共同配送的实现，除了部分地利用了他有型仓库外，主要利用共有型仓库。统一企业集团是台湾拥有超市最多的公司，它于 1990 年设立捷盟公司，并在中垍、台南陆续建立仓库，负责统一超市供货厂商商品的统一配送业务。由于仓库投资量大，需要交付租地、购置设备、建设仓房等多项费用，他们决定投资兴建仓库，各家投资比例为统一企业集团 50%、统一超市 15%、三菱公司 25%、菱食公司 10%。风险共担、效益共享，使配送效率大大提高，配送的 1 650 种商品源源不断地顺利到达各个店铺。

1996 年初，我国一些大城市中的连锁店铺面临倒闭的威胁，重要原因之一是它们没有形成可依赖的配送体系，自愿送货上门的厂家商品常常销路不畅，或是商品没有信誉，或是价格没有优势。新开办的连锁公司，由于实力或店牌感召力不足，很难与厂家进行讨价还价。实际上，这些连锁企业共同投资建立仓库，情况会大不一样，不仅可以取得畅销商品，而且还可以取得优惠价格。因此，共有型仓库在我国应有一定的发展空间。

7.3.4　仓库规模和数量的确定

仓库的规模包括三层含义：一是与企业规模相适应的总规模，即需要总量为多少平方米的仓库；二是建立几个仓库，即这些仓库的布局；三是每个仓库的规模。因此，仓库的规模决策也包含这三个层次的决策。

1. 仓库规模的决策

如前所述，仓库是企业的"后勤部队"，其主要功能是为企业提供物流服务，因而服务能力便成为衡量仓库总规模是否适当的一个指标。一般而言，仓库总规模与服务能力呈正相关关系，即仓库总规模越大，物流服务能力就越高，反之亦然，如图 7-4 所示。

但是，尽管仓库是服务性机构，应注意服务能力，但进行"成本-收益"分析也是必要的。一般来说，物流规模与单位物流成本之间的关系，在开始的某一时段内，随着物流规模的不断扩大，物流成本也随之不断降低，其原因在于规模经济性，当物流规模达到一定规模后再进一步扩大的话，物流成本则随配送规模的扩大而上升，因为此时规模的不经济性开始发生作用，这也可以从图 7-4 中反映出来。

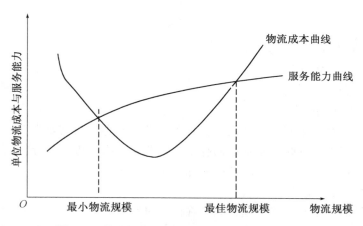

图 7-4　物流规模与服务能力、物流成本的关系

根据上述论述及图 7-4 所示，可以看出服务能力和单位物流成本下降阶段的交点仅是仓库的最小规模，此时进一步扩大规模有助于获得规模经济，理论上的最佳仓库规模应是在服务能力和单位物流成本上升阶段的交点上，此时若再进一步扩大规模则可能引起规模不经济。也就是说，过分强调物流服务能力而不注意单位物流成本，认为仓库规模越大越好的思想是不正确的；相反，过分偏重单位物流成本的降低，而忽视物流服务能力的思想也是不可取的。

在明确了仓库总规模的基本原则之后，进一步探讨确定仓库总规模的具体方法。确定仓库总规模的方法，可以参照运输及仓库规模的确定方法，因为储存和配送是仓库的两大基本功能。以连锁企业为例，具体步骤如下。

1）测定配送及储存商品总量

仓库的配送量和商品储存量直接受企业经营总量的影响，企业经营量越大，所需要的仓库规模就越大。而企业经营量又与店铺面积有着正相关关系，所以连锁店铺总面积与仓库总规模也呈正相关关系。例如，法国家乐福集团的一个 2 万平方米的仓库负责 20 家左右特级市场的商品配送任务，这 20 家特级市场的店铺总面积为 20 万平方米左右，即连锁店铺与仓库总店铺总面积的规模比为 1：10。应该着重指出的是，连锁店铺总面积与仓库规模的比例，因业态不同、流转速度不同而不同。因而，在借鉴已有经验数据的同时，也必须充分考虑自身企业的特性，以确保决策无误。此外，在测定商品配送及储存商品总量的同时，还需掌握配送储存的具体品种及相应的数量情况和包装等。

2）推算平均配送量

这个配送量既包括平均吨公里数，也包括平均储存量，前者决定运输规模，后者决定仓储规模。由于商品周转速度直接影响商品在仓库停留的时间，速度慢，意味着占据仓库空间的时间长，需要仓库的规模就大；反之，则需要相对小的仓库。同时，从厂商直达店铺的商品越多，要求仓库仓库面积越小。所以，在推算平均配送量时，应引入商品平均周转速度。计算公式为

$$\overline{Q} = \frac{Q}{T}$$

或

$$\overline{Q} = \frac{QD}{360}$$

式中： $\overline{Q}$ —— 平均商品储存量；

Q —— 商品总储存量；

T —— 平均周转次数；

D —— 平均商品储存天数。

值得注意的是，对于某些季节性商品，各个时期的储存量将有非常大的变动。在这种情况下，平均储存量将不能反映其正常的储存空间需要量，必须进一步分析商品储存量在全年各期的分布情况，特别是储存高峰时期商品储存空间的需要情况。

3）计算储存空间需要量

由于不同商品的容量及包装不同，因而在储存过程中所占仓库的空间也不同，这样就使储存的商品和其所占用的空间这二者之间有一个换算关系，这个换算关系用"仓容占用系数"来表示。有些商品的储存量按重量计算，有些商品的储存量按金额计算，仓容占用系

数是指单位重量或金额商品所占空间的大小。计算公式为

$$P = \overline{Q}q$$

式中： P —— 储存空间需要量；

q —— 平均仓容占用系数。

4）计算仓库的储存面积

在储存空间一定的条件下，所需储存面积的大小取决于仓库允许商品的堆码高度。影响仓库允许商品的堆码高度的因素有商品性能、包装、仓库建筑构造和设备的配备等。根据仓库存放商品的特点和仓库设计等方面的条件，应合理地确定堆码高度、仓库的储存面积。计算公式为

$$S_t = \frac{P}{H}$$

式中： S_t —— 仓库储存面积；

H —— 商品平均堆码高度。

5）计算仓库的实际面积

仓库的实际面积要大于理论计算的储存面积（ S_t ）。这是因为仓库不可能都用以储存商品，为了保证商品储存安全和适应库内作业的要求，需要留有一定的墙距、垛距、作业通道及作业区域等。仓库库房面积的利用率是储存面积与实际使用面积之比，这取决于商品保管要求、仓库建筑结构、仓储机械化水平、库房布置和仓库管理水平等多种因素。应根据新建仓库的具体条件，确定仓库面积利用系数，并根据其对仓库面积做最后的调整。计算公式为

$$S = \frac{S_t}{u}$$

式中： S —— 仓库的实际面积；

u —— 仓库面积利用系数。

6）确定仓库的面积

仓库的全部面积为仓库实际面积与辅助面积之和。根据仓库本身的性质及实际的需要确定辅助面积所占比重，进而确定仓库的全部面积。

2. 仓库数量的决策

仍以连锁企业为例。一般来说，仓库的数量取决于经营商品的类别和连锁店铺的分布状态。由此得出确定仓库数量的两种方法：商品功能法和适当比例法。

（1）商品功能法。这种方法是按照商品类别来设立仓库，有利于根据商品的自然属性来安排储存和运输。法国的安得玛谢超市集团即采用此法设置仓库，43 家仓库按商品分类设置；日本大荣公司也是如此，分别建立了衣料和杂货中心、电器和家具中心、食品中心等。

（2）适当比例法。这种方法是按连锁店铺分布状态或空间特征设立仓库，其优点是利于配送距离及效益达到理想状态。意大利的 G.S 超市连锁集团的超市状况是：北部 58 家、中部 23 家、南部 11 家。仓库分布与其相适应，在北部、中部、南部各设立一个仓库。日本的家庭市场连锁店物流半径为 30 公里，在半径为 30 公里的面积内设有 70 家店铺，由一个

仓库负责配货。一个中心拥有四五辆货车，按照总部送货单送货，一辆车一次送货 10～15 家店铺，先装距离最远店铺的货物，后装最近店铺的货物，送货时先送最近店铺的货物，后送最远店铺的货物。

事实上，许多连锁企业通常综合运用上述 2 种方法进行仓库的设置，即既按商品类别划分仓库，又按店铺分布来安排位置。目前有些大型百货商店四面开花式地建立分店，分散于各个区域，仓库的效果很难体现。因此，仓库要求连锁店铺分布有相对的集中性，一个仓库至少能满足几家店铺的需要。

3. 单个仓库的规模决策

在这个问题上，主要应消除一个认识上的误区：单个仓库的规模即仓库总规模的平均数。实际上，在企业发展过程中，常常是一个仓库一个仓库地建立，因此仓库总规模常常是全部单个仓库累积的结果，而不是先确立总规模然后向各个仓库进行分配。例如，上面提到的意大利 G. S 公司中部仓库负责 23 家超市的供应，设有面积为 2.3 万平方米的仓库，而北部、南部仓库则或大或小。也就是说，一个仓库规模的大小，是根据实际商品周转量而确定的。

7.3.5 仓库的投资决策

仓库的投资决策是通过可行性研究与分析，计算出投资多少、效益怎样，从而对仓库的建与不建提供科学依据的重要一环。

1. 仓库投资额的确定

仓库的投资额主要包括以下 4 项内容。

（1）预备性投资。由于仓库是占地较大的项目，且应处于与用户接近的最优位置，因此在基本建设主体投资之前，需有征地、拆迁、市政、交通等预备性投资，这是一笔相对较大的投资，尤其是在一些准黄金地段，这项投资甚至可超过总投资的 50%。

（2）直接投资。即用于仓库项目主体的投资，如仓库各主要建筑物的建设费用，仓库的货架、叉车、分拣设备的购置及安装费，信息系统的购置安装费，仓库自有车辆的购置费等。

（3）相关投资。不同地区与基本建设及未来经营活动有关的诸如燃料、水、电、环境保护等都需要有一定的投资，在有些地区，相关投资可能很大，因而如果只考虑直接投资而忽视相关投资，极容易导致投资估算失误。

（4）运营费用。包括配送过程中发生的人力、物力费用。由于仓库的投资效果不仅取决于事前的投资费用，而且还决定于事后的运营费用，特别是在有些情况下，事前的投资费用很低，但事后的运营费用却很高，如远离市区的仓库，配送效率显然不会高，因而企业对此必须有一个充分的估计。

2. 投资效果的分析

投资效果问题，归根结底是对投资收益的估算问题。由于仓库不像一般生产企业那样生产一定数量、一定质量、一定价格的有形产品，而是向各店铺提供配送服务，是一种无形产品，因而其收益计量具有一定的模糊性。同时，由于仓库的各个作业环节也不能像生产企业那样明确确定，从而进一步加大了对其投资效果进行分析的困难。较为合适的方法是比较有与没有仓库、自建与租赁仓库所产生的利益差，这个利益差是通过店铺效益反映出来的，诸如统一配送进货价格降低了多少，增加了多少销售额，取得了多少利润；或者说有多少利润是由于自建仓库取得的。

3. 投资与效益的比较

如果效益是理想的，可进行投资；否则，只有放弃。至于理想效益的界定则与企业的整体发展战略有关，诸如目标是取得什么样的效果，投资多少年能收回等。

由于效益是投资与效果的差额，在实际工作中，若仅仅使用上述 4 项确定的投资额是不完善的，因为那仅仅是投资仓库的会计成本，在效益衡量中应使用完全成本的概念，即"在会计成本上再加上因之发生的机会成本，也就是因自建仓库该笔资金不能他用而带来的最大损失"。只有这样，才能真正计量出效益的大小。

7.4　仓库的选址

仓库选址是指在一个具有若干供应点及若干需求点的经济区域内，选一个地址设置仓库的规划过程。较佳的仓库选址方案是使商品通过仓库的汇集、中转、分发，直至输送到需求点的全过程的效益最好。仓库拥有众多建筑物、构筑物及固定机械设备，一旦建成很难搬迁，如果选址不当，将付出长远代价。因而，仓库的选址是仓库规划中至关重要的一步。

随着国民经济的发展，社会物流量不断增长，这就要求有相应的仓库及其网点与之相适应。进行仓库的建设，必须有一个总体规划，它是从空间和时间上对仓库的新建、改建和扩建进行全面系统的规划。规划得合理与否，对仓库的设计、施工与应用，对其作业质量、安全、作业效率和保证供应，对节省投资和运用费用等，都会产生直接的和深远的影响。

7.4.1　仓库选址的原则

仓库的选址过程应同时遵守适应性原则、协调性原则、经济性原则和战略性原则。

（1）适应性原则。仓库的选址须与国家及省、市的经济发展方针、政策相适应，与我国物流资源分布和需求分布相适应，与国民经济和社会发展相适应。

（2）协调性原则。仓库的选址应将国家的物流网络作为一个大系统来考虑，使仓库的设施设备在地域分布、物流作业生产力、技术水平等方面互相协调。

（3）经济性原则。仓库发展过程中，有关选址的费用，主要包括建设费用及物流费用（经营费用）两部分。仓库的选址定在市区、近郊区或远郊区，其未来物流活动辅助设施的建设规模及建设费用，以及运费等物流费用是不同的，选址时应以总费用最低作为仓库选址的经济性原则。

（4）战略性原则。仓库的选址，应具有战略眼光，一是要考虑全局，二是要考虑长远。局部要服从全局，目前利益要服从长远利益，既要考虑目前的实际需要，又要考虑日后发展的可能。

7.4.2 仓库选址的影响因素

仓库的选址主要应考虑以下因素。

1. 自然环境因素

（1）气象条件。仓库选址过程中，主要考虑的气象条件有温度、风力、降水量、无霜期、冻土深度、年平均蒸发量等指标。如选址时要避开风口，因为在风口建设会加速露天堆放的商品的老化。

（2）地质条件。仓库是大量商品的集结地，某些容重很大的建筑材料堆码起来会对地面造成很大压力。如果仓库地面以下存在着淤泥层、流沙层、松土层等不良地质条件，会在受压地段造成沉陷、翻浆等严重后果。为此，土壤承载力要高。

（3）水文条件。仓库选址需远离容易泛滥的河川流域与上溢的地下水区域。要认真考察近几年的水文资料，地下水位不能过高，洪泛区、内涝区、故河道、干河滩等区域绝对禁止。

（4）地形条件。仓库应地势高亢、地形平坦，且应具有适当的面积与外形。若选在完全平坦的地形上是最理想的；其次，选择稍有坡度或起伏的地方。对于山区陡坡地区则应该完全避开，在外形上可选长方形，不宜选择狭长或不规则形状。

2. 经营环境因素

（1）经营环境。仓库所在地区的优惠物流产业政策对物流企业的经济效益将产生重要影响，数量充足和素质较高的劳动力条件也是仓库选址时应考虑的因素之一。

（2）商品特性。经营不同类型商品的仓库最好能分别布局在不同地域，如生产型仓库的选址应与产业结构、产品结构、工业布局紧密结合进行考虑。

（3）物流费用。物流费用是仓库选址的重要考虑因素之一。大多数仓库选择接近物流服务需求地，如接近大型工业、商业区，以便缩短运距，降低运费等物流费用。

（4）服务水平。服务水平是仓库选址的考虑因素。由于现代物流过程中能否实现准时运送是服务水平高低的重要指标，因此在仓库选址时，应保证客户无论在任何时候向仓库提出物流需求，都能获得快速满意的服务。

3. 基础设施状况

（1）交通条件。仓库必须具备方便的交通运输条件，最好靠近交通枢纽进行布局，如紧临港口、交通主干道枢纽、铁路编组站或机场，有两种以上运输方式相连接。

（2）公共设施状况。仓库的所在地，要求城市的道路、通信等公共设施齐备，有充足的供电、水、热、燃气的能力，且场区周围要有污水、固体废物处理能力。

4. 其他因素

（1）国土资源利用。仓库的规划应贯彻节约用地，充分利用国土资源的原则。仓库一般占地面积较大，周围还需留有足够的发展空间，为此地价的高低对布局规划有重要影响。此外，仓库的布局还要兼顾区域与城市规划用地的其他要素。

（2）环境保护要求。仓库的选址需要考虑保护自然环境与人文环境等因素，尽可能降低对城市生活的干扰。对于大型转运枢纽，应适当设置在远离市中心区的地方，使得大城市交通环境状况能够得到改善，城市的生态建设得以维持和增进。

（3）周边状况。由于仓库是火灾重点防护单位，不宜设在易散发火种的工业设施（如木材加工、冶金企业）附近，也不宜选择在居民住宅区附近。

7.4.3　仓库选址的一般描述

为了能够将数学规划算法应用于仓库选址问题，有必要对其进行数学的抽象，可以将通常情况下的仓库选址规划问题抽象为以下几个方面。

1. 规划区域表示

将具体的规划区域抽象为一个矩形，根据实际需要的规划精度将矩形区域分割成为 $M \times N$ 的矩形单元格，每一个矩形单元格代表一个实际中物流情况近似的地理区域。用 $S(i,j)$ 表示规划区域中的第 i 行、j 列的一个矩形单元格，仓库可以设置在任一个矩形单元格内。如可以将规划区内的一个农场，或者一个商业区划分为一个矩形单元格。其抽象的仓库区域如图 7-5 所示。

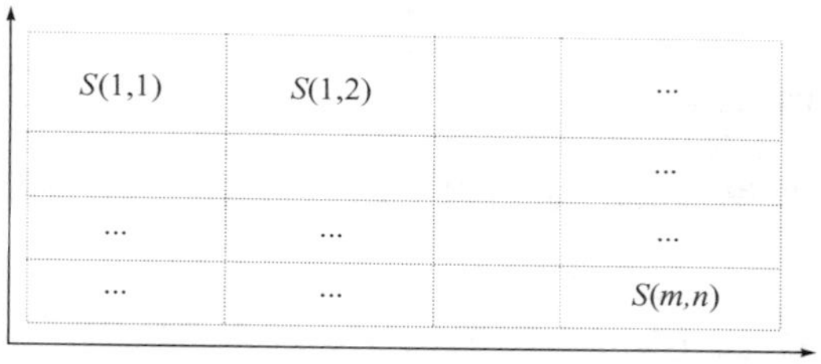

$S(1,1)$	$S(1,2)$		
...	...		...
...	...		...
...	...		$S(m,n)$

图 7-5　配送区域示意图

2. 物流需求经济效益

用 $B(i,j)$ 表示单元格 $S(i,j)$ 在满足其物流需求的基础上所产生的经济效益，它是指单元格对物流活动的结果进行生产消费和生活消费后产生的社会经济效益。它与人口密度有关，人口密度越大，其经济效益相对越高。为方便用户，节省流通费用，仓库应建在用户集中、用户需求数量大的中心位置。

3. 仓库的修建成本

修建仓库的成本与当地的地理情况和经济情况有很强的相关性，在不同的区域修建仓库代价是不相同的。在模型中用 $C(i,j)$ 表示在 $S(i,j)$ 区域修建一个标准仓库所需的费用。在以城市为中心的一定区域内建立仓库要占用大量土地，其建设成本不仅决定于建筑物的规模、标准，而且与征地费用、场地平整费用和修路、通电、通水、通气、通信等所需费用有关。在实际情况中，修建费用还可以包括占地费、物业管理费用、污染治理费用等，以及和修建点直接相关的费用。为降低投资，地址应尽量选择在征地费用少，易于通水、通电，交通便利，地质条件好，场地平整的地点。

4. 单元格物流需求量

在模型中，使用 $N(i,j)$ 表示一个单元格 $S(i,j)$ 的物流需求量，表示该区域在一定时期内对物流服务的需求量。单元格的物流需求量由该区域的人口密度、经济状况、产业结构等因素决定。

5. 单位物流成本

在模型中，用 $F\{S(i,j)，S(k,l)\}$ 表示从区域 $S(i,j)$ 到区域 $S(k,l)$ 的单位物流成本，并且在模型中，只定义相邻区域之间的运输成本，非相邻区域的单位物流成本通过多个相邻区域的单位物流成本的叠加计算得出，在规划仓库时应该使运输成本最小。

6. 仓库的配送范围

从经济角度和实际运输工具的运送范围来考虑，仓库的覆盖范围不可能无限大。在实际情况中，考虑到仓库之间的分工合作，每个仓库都会有一定的覆盖范围。用 $A(i,j)$ 表示设置在区域 $S(i,j)$ 的仓库的配送区域，其配送范围可以表示为：从点 $(i-k，j-k)$ 到 $(i+k，j+k)$ 的一个长方形区域，每个候选点的配送范围可以相同也可以不同，若 $i-k<0$ 或者 $j-k<0$，则说明其遇到了边界，无意义。（k 为自然数）

7. 仓库选址模型的规划目标

在规划区域内选取几个单元格作为仓库的设置点，使规划区域内的物流需求经济效益减去物流成本达到最大。

7.4.4 仓库选址的程序和步骤

在进行仓库选址时，可以按照图 7-6 中所示的程序进行。具体可分为以下几个步骤。

1. 选址约束条件分析

选址时，首先要明确建立仓库的必要性、目的和意义；然后根据物流系统的现状进行分析，制定物流系统的基本计划，确定所需要了解的基本条件，以便大大缩小选址的范围。

（1）需要条件。它包括仓库的服务对象 —— 顾客的现在分布情况及未来分布情况的预测、货物作业量的增长率及配送区域的范围。

（2）运输条件。应靠近铁路货运站、港口和公共客车终点站等运输据点；同时，也应靠近运输业者的办公地点。

（3）配送服务的条件。向顾客报告到货时间、发送频次，根据供货时间计算的从顾客到仓库的距离和服务范围。

（4）用地条件。是用现有的土地还是重新取得地皮？如果重新取得地皮，那么地价有多贵？地价允许范围内的用地分布情况如何？

（5）法规制度。根据指定用地区域等法律规定，有哪些地区不允许建立仓库。

（6）流通职能条件。商流职能是否要与物流职能分开？仓库是否也附有流通加工的职能？如果需要，从保证职工人数和通勤方便出发，要不要限定仓库的选址范围？

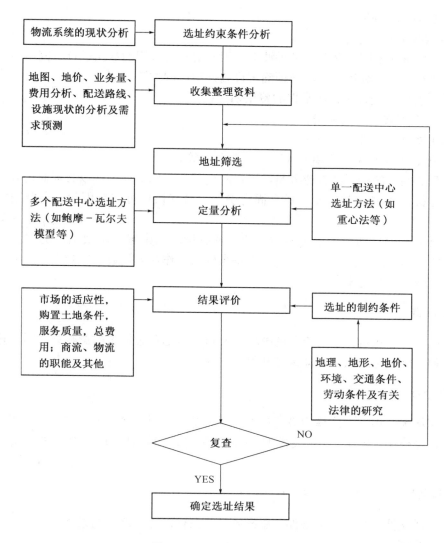

图 7-6　配送中心的选址程序

（7）其他。不同的物流类别有不同的特殊需要，如为了保持货物质量的冷冻、保温设施，防止公害设施或危险品保管等设施，对选址都有特殊要求，是否有满足这些条件的地区？

2. 搜集整理资料

选择地址的方法，一般是通过成本计算。也就是将运输费用、配送费用及物流设施费用模型化，采用约束条件及目标函数建立数学公式，从中寻求费用最小的方案。但是，采用这种选择方法，寻求最优的选址解时，必须对业务量和生产成本进行正确的分析和判断。

（1）掌握业务量。选址时，应掌握的业务量包括如下内容：

① 工厂到仓库之间的运输量；

② 向顾客配送的货物数量；

③ 仓库保管的数量；

④ 配送路线别的业务量。

由于这些数量在不同时期会有种种波动，因此要对所采用的数据进行研究。另外，除了对现状的各项数据进行分析外，还必须确定设施使用后的预测数值。

（2）掌握费用。选址时，应掌握的费用如下：

① 工厂至仓库之间的运输费；

② 仓库到顾客之间的配送费；

③ 与设施、土地有关的费用及人工费、业务费等。

由于①和②两项的费用随着业务量和运送距离的变化而变动，所以必须对每吨公里的费用进行成本分析；③ 项包括可变费用和固定费用，最好根据可变费用和固定费用之和进行成本分析。

（3）其他。用缩尺地图表示顾客的位置、现有设施的配置方位及工厂的位置，并整理各候选地址的配送路线及距离等资料。对必备车辆数、作业人员数、装卸方式、装卸机械费用等要与成本分析结合起来考虑。

3. 地址筛选

在对所取得的上述资料进行充分的整理和分析，考虑各种因素的影响并对需求进行预测后，就可以初步确定选址范围，即确定初始候选地点。

4. 定量分析

针对不同情况选用不同的模型进行计算，得出结果。如对多个仓库进行选址时，可采用奎汉·哈姆勃兹模型、鲍摩-瓦尔夫模型、CELP 法等；如果是对单一仓库进行选址，可采用重心法等。

5. 结果评价

结合市场适应性、购置土地条件、服务质量等条件对计算所得结果进行评价，看其是否具有现实意义及可行性。

6. 复查

分析其他影响因素对计算结果的相对影响程度，分别赋予它们一定的权重，采用加权法对计算结果进行复查。如果复查通过，则原计算结果即为最终结果；如果复查发现原计算结果不适用，则返回第 3 步继续计算，直至得到最终结果为止。

7. 确定选址结果

在用加权法复查通过后，则计算所得的结果即可作为最终的计算结果；但是，所得解不一定为最优解，可能只是符合条件的满意解。

7.4.5 仓库选址方案的经济论证

仓库的建设，尤其是大型仓库的建设需要较大规模的投资，在选址方案确定之后，还需要对方案进行经济论证。仓库选址的经济论证首先要确定投资额，这部分内容前已述及；其次要进行投资效果分析和确定。

仓库的选址必须在准确掌握投资额度之后，确认其投资效果，而且以投资效果来做最后决策。投资效果问题，归根结底是对投资效益的估算。仓库和一般生产企业的很大区别，是它没有一定数量、一定质量、一定价格的产品，因而收益的计量性模糊，灰色因素较大。此外，经营活动中人的因素等不确定因素很大。所以在计算效益时需要对用户、市场占有率等若干方面做不同层次的估计，分别组成不同方案进行比较。

7.4.6 仓库选址的注意事项

大中城市的仓库应采用集中与分散相结合的方式选址；在中小城镇中，因仓库的数目有限且不宜过于分散，故宜选择独立地段；在河道（江）较多的城镇，商品集散大多利用水运，仓库可选择沿河（江）地段。应当引起注意的是，城镇要防止将那些占地面积较大的综合性仓库放在城镇中心地带，导致带来交通不便等诸多影响。

下面，分别简要分析各类仓库在选址时的注意事项。

1. 不同类型仓库选址时的注意事项

根据一般分类方法，仓库可分为转运型、储备型、综合型三种。不同类型的仓库选址时应注意以下事项。

（1）转运型仓库。转运型仓库大多经营倒装、转载或短期储存的周转类商品，大都使用多式联运方式，因此一般应设置在城市边缘地区的交通便利的地段，以方便转运和减少短途运输。

（2）储备型仓库。储备型仓库主要经营国家或所在地区的中、长期储备物品，一般应设置在城镇边缘或城市郊区的独立地段，且具备直接而方便的水陆运输条件。

（3）综合型仓库。这类仓库经营的商品种类繁多，根据商品类别和物流量选择在不同的地段。如与居民生活关系密切的生活型仓库，若物流量不大又没有环境污染问题，可选择接近服务对象的地段，但应具备方便的交通运输条件。

2. 经营不同商品的仓库选址时的注意事项

经营不同商品的仓库对选址的要求不同，应分别加以注意，以下典型分析蔬菜、冷藏品、建筑材料、危险品等仓库的选址特殊要求。

（1）果蔬食品仓库。果蔬食品仓库应选择入城干道处，以免运输距离拉得过长，商品损耗过大。

（2）冷藏品仓库。冷藏品仓库往往选择在屠宰场、加工厂、毛皮处理厂等附近。有些冷藏品仓库会产生特殊气味、污水、污物，而且设备及运输噪声较大，可能对所在地环境造成一定影响，故多选择城郊。

（3）建筑材料仓库。通常，建筑材料仓库的物流量大、占地多，可能产生某些环境污染问题，有严格的防火等安全要求，应选择城市边缘，对外交通运输干线附近。

（4）燃料及易燃材料仓库。石油、煤炭及其他易燃物品仓库应满足防火要求，选择城郊的独立地段。在气候干燥、风速较大的城镇，还必须选择大风季节的下风位或侧风位，特别是油品仓库选址应远离居住区和其他重要设施，最好选在城镇外围的地形低洼处。

7.4.7　仓库选址的难度

选址固然重要，但选址又十分困难，其原因有以下 3 个方面。

（1）选址因素相互矛盾。选址关系到很多因素，而这些因素常常是相互矛盾的，如有利于配送的地方能较多的接受业务，但常常存在地价贵、租金高等缺点。

（2）不同因素的相对重要性很难确定和度量。

（3）判断的标准会随着时间变化而变化，现在认为是好的选址，过几年就不一定是好的选址了。

复习思考题

1. 什么是仓储？进行仓储活动的意义何在？
2. 从生产性与非生产性方面看，仓储活动的性质是什么？试简述之。
3. 从物流角度看，仓储活动有哪些功能？
4. 试述仓储管理的基本内容。
5. 设立仓库需要从哪些角度去考虑与决策？
6. 试述仓库选址的过程、影响因素与基本步骤。

第8章

商品储存规划

本章主要讲述在进行商品储存之前需要做商品储存规划，它包括商品保管场所的分配、商品保管场所的布置、商品堆垛的设计、商品保管秩序的建立。商品的储存活动需要在储存规划的指导下进行，然后才能开展具体的业务活动。

8.1　商品保管场所的分配

所谓商品保管场所的分配，是指在仓库内为每一种库存商品分配适当的储存保管地点。一般应包括保管区的划分，库房、料棚、料场的分配，确定存入同一库房的商品品种等。合理分配保管场所的目的在于做到物得其所，库尽其用，地尽其力。

8.1.1　商品保管区的划分

在规模比较大的综合材料厂或仓库，储存商品品种多、数量大。为了便于管理，可按照仓库建筑物的布局和储存商品的类别，划定若干储存保管区。划分储存保管区的方法如下所述。

1. 按商品的理化性质分区

它是将库存商品按其理化性质，分成若干大类，对每一类商品划定一个储存保管区，如金属材料、非金属材料、机电产品等。这种划分储存保管区的方法，有利于针对某类商品的特性，采取相应的保管措施，便于对这类商品进行集中统一管理。

2. 按商品的使用方向分区

它是按照商品的使用方向和用途，将商品分成若干大类，如铁路材料厂可为修车用料、建筑工程用料、通信信号用料等每类商品，划定一定的储存保管区。这种分区方法，便于对基层用料单位配送料，用料单位来材料厂领料时也比较方便。其缺点是：用于同一方向的商品品种繁多，性质各异，要求不同的保管条件，给保管带来一定的困难。

3. 混合分区

即将上述两种方法结合起来运用，有的按商品的性质，有的按商品的使用方向划分。

各种分区方法各有优缺点。通常情况下，多采用混合分区法。通用商品按理化性质分类划区（如金属材料、非金属材料），专用商品按使用方向分类划区（如机车车辆配件、通信信号器材等）。为了业务管理上的方便，对商品的分类划区应与商品目录的分类相一致。

8.1.2　库房、料棚、料场的分配

在仓库划定保管区后，就要对本保管区的仓储设施进行统一的规划和使用，对本保管区的库房、料棚、料场安排各自的用场，即把本类商品合理地分配到库房、料棚或料场。分配是否合理对提高保管质量、便利仓库作业、降低保管费用具有直接影响，可以说它是搞好商品保管的基础。

具体到某种商品应储存在什么地方，应综合考虑各方面的因素，如商品的理化性质、加工程度、本身的价值、用途和作用、批量大小、单位重量和体积等。其中，商品的理化性质是划分保管场所的主要依据。此外，商品在库保管时间的长短，仓库所在地的地理气候条件，储存商品的季节等，也是必须考虑的因素。

对于保管的商品大体上可做如下安排。

（1）凡因风吹日晒雨淋和温湿度变化，对其无显著影响的商品，均可存放在露天料场。如生铁锭块、毛坯、钢轨、大型钢材、铸铁管、中厚钢板、原木、大型粗制配件等。

（2）凡因风吹日晒雨淋易变质损坏，而温湿度的变化对其影响不大的商品，可存入料棚保管。如中型钢材、钢轨配件、优质木材、耐火砖、电缆等。

（3）凡因雨雪侵袭、风吹日晒及温湿度变化的影响，易造成损害的商品，应存入普通库房。如小型钢材、优质钢材、金属制品、有色金属材料、车辆配件、水泥、化工原料、机械设备等。

（4）凡因风吹日晒雨淋和温湿度变化的影响容易损坏的商品，特别是对温度变化比较敏感的商品，应存入保温库房。如精密仪器仪表、电子器件、高精度量具、轴承、锡及锡制品等。

（5）凡需特殊的保管条件，易燃易爆或具有毒害性放射性等商品，应存入专用库房。这主要指各种危险品，如汽油、炸药、压缩气体、毒性物品、腐蚀性物品、放射性物品等。

8.1.3　对楼库各层的使用分配

楼库多为3～5层。各层的保管条件和作业条件不同，应合理利用各层用途。

（1）楼库的最底层。地坪承载能力强，净空比较高，两侧和两端均可设库门和站台，收发作业方便；但地坪易反潮，易受库边道路灰尘的影响，因此应存放大批量、单位重量大、体积大、收发作业频繁、要求一般保管条件的商品，如金属材料、金属制品等。

（2）楼库的中间层。楼板承载能力比较差，净空比较低，增加了垂直方向的搬运，只能从竖井借助于升降机或电梯收发商品，作业不方便；但楼板比较干燥，采光通风良好，受外界温湿度的影响小，保管条件比较好，所以适合存放体积较小、重量较轻、要求保管条件比较高的商品，如电工器材、仪器仪表等。

（3）楼库的最顶层。除具有与中间层相同的条件外，还有对保管和作业不利的方面，这是因为屋面直接受日光照射，受温度的影响比较大，而且收发作业更加不方便，因此适合存放收发不太频繁、要求一般保管条件的轻体商品，如纤维制品、塑料制品等。

8.1.4 确定存入同一库房的商品品种

对存入同一库房的商品，应考虑彼此间的互容性。凡两种商品相互之间不发生或很少发生不良影响的，称两者之间具有互容性。如金属材料、金属制品、金属零配件、机械设备等，彼此之间不发生影响，允许存入同一库房。但也有些商品之间，因某种原因不宜混存，一般有以下几个方面的情况。

（1）相互之间发生影响的商品。如粉尘材料同精密仪器仪表；腐蚀性物品同各种易被腐蚀的商品；大部分化工危险品之间（如炸药与起爆器材，易燃品与自燃物，易燃气体与助燃气体等）。

（2）要求不同保管条件的商品。如怕潮湿与怕干燥的商品，怕高温（或低温）与一般商品，由于要求不同的保管条件，不可能在同一库房同时得到满足，所以不宜存入同一库房。

（3）要求不同作业手段的商品。如体积大小相差悬殊，单位重量相差很大，要求不同的装卸搬运手段，如存入同一库房会给收发作业带来困难，而且影响仓库的有效利用。对大型笨重商品最好存放在有起重设备的大型库房。

8.2 商品保管场所的布置

商品保管场所的布置，是指将各种商品合理地布置到库房、料棚或料场的平面和空间。

商品保管场所的布置，应满足下列要求：最大限度地提高保管场所的平面利用率和空间利用率；有利于提高商品保管质量；符合技术作业过程的要求，便于日常查点和收发；有利于机械化作业等。

商品保管场所的布置，分为平面布置和竖向布置。

8.2.1 保管场所的平面布置

保管场所的平面布置，是对库房、料棚、料场内的料垛、料架、通道、垛间距、收发料区等进行合理地划分，正确处理它们在平面上的相互位置关系。

1. 保管场所平面的利用

下面以库房为例，说明库房平面的利用。

库房内墙线所包围的面积（如有立柱应减去立柱所占的面积）称为可使用面积。库房内料架和料垛所占的面积为保管面积，其他则为非保管面积。应尽量扩大保管面积，缩小非保管面积。

非保管面积，包括通道、墙间距、收发料区、仓库管理人员的办公地点等。

1）通道

库房内的通道，分为运输通道（主通道）、作业通道（副通道）和检查通道。

运输通道供装卸搬运设备在库走行，其宽度主要取决于装卸搬运设备的外形尺寸和单元装载的大小。运输通道的宽度一般为 1.5m～3m。如果库内安装有桥式起重机，运输通道的宽度可为 1.5m，甚至更窄些；如果使用叉车作业，其通道宽度，可通过计算求得。当单元

装载的宽度不太大时，可利用下式计算

$$A = R + D + L + C$$

式中： A —— 通路宽度；

        D —— 货物表面至驱动轴中心线的间距；

        R —— 外侧转向半径；

        L —— 货物长度；

        C —— 转向轮滑行的操作余量。

    具体可参看图8-1。图中 W 为货物宽度，B 为叉车总宽度的一半加内侧转向半径。上式适用于 $W<2B$ 的场合。

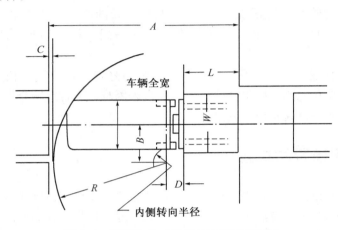

图8-1　叉车装卸一般货物通道宽度图解

    作业通道是供作业人员存、取、搬运货物的走行通道。其宽度取决于作业方式和货物的大小。当通道内只有1人作业时，其宽度可按下式计算

$$a = b + l + 2c$$

式中： a —— 作业通道的宽度；

        b —— 作业人员身体的厚度；

        l —— 货物的最大长度；

        c —— 作业人员活动余量。

    如果使用手推车进入作业通道作业，则通道宽度应视手推车的宽度而定。

    一般情况下，作业通道的宽度为1米左右。

    检查通道，是供仓库管理人员检查库存货物的数量及质量走行的通道。其宽度只要能使检查人员自由通过即可，一般为0.5米左右。

    2）墙间距

    为了减少库存货物受到库外温湿度的影响，料垛、料架都应与库墙保持一定的距离，不允许料垛、料架直接靠墙堆码和摆放。

    墙间距的作用一方面是使料垛和料架与库墙保持一定的距离，避免商品受潮，同时也可作为检查通道或作业通道。墙间距一般宽度为0.5米左右，当兼作作业通道时，其宽度需增加1倍。墙间距兼作作业通道是比较有利的，它可以使库内通道形成网络，作业方便。

3）收发料区

收发料区是用来供收料、发料时临时存放商品的，可划分为收料区和发料区，也可以划定一个收发料区——收料发料共用。

收发料区的位置应靠近库门和运输通道，可设在库房的两端或适中的位置，并要考虑到收料、发料互不干扰。对靠近专用线的仓库，收料区应设在专用线的一侧；发料区应设在靠近通道的一侧。如果专用线进入库房，收料区应设在专用线的两侧。

收发料区面积的大小，应根据下列情况而定。

（1）一次收发批量的大小。收发料区应能够容纳一次最大批量的商品，如专用线进入库内的金属库，其收料区应能存放 1～2 个车皮的钢材。

（2）商品规格品种的多少。为了避免收料、发料时发生混淆，不同规格品种的商品应分开摆放，所以规格品种愈多占用面积愈大。

（3）供货和用料单位的数量。对于不同单位的进料和不同用料单位的发料，都应单独存放，避免收发错误，因此供货和用料单位愈多，所占用的收发面积愈大。

（4）收发作业效率的高低。收发作业效率高，能加速货位的周转，可节省收发料区的面积。

（5）仓库的设备情况。包括保管、装卸、验收等设备的情况。在收发料区如果大量使用料架，可节省占地面积；库内如设有桥式起重机可节省装卸机械作业所占的面积；若采用自动电子秤配合桥式起重机作业，可边卸车边码垛或边下垛边装车，能大大节省收发料区的面积。

（6）收发料的均衡性。当收发料在时间上比较均衡时，收发料区的面积能得到充分地利用。

（7）发料制度。送料制和领料制对发料区的要求有很大的不同。当采取送料制时，送料前需将各个用料单位的货物备齐，要占用很多的面积；而采取领料制，发料区面积可大大减少。

4）仓库管理人员的办公地点

仓库管理人员需要一定的办公地点，可设在库内也可设在库外。总的来看，仓库管理人员的办公室设在库内特别是单独隔成房间是不合理的，既不经济又不安全。所以办公地点最好设在库外，另建办公室，使仓库的面积能存放更多的商品。

2. 保管场所平面布置的形式

保管场所的平面布置有多种形式，大致可作如图 8-2 分类。

图 8-2　保管场所的平面布置

垂直式布置，是指料架或料垛的排列与库墙和通道互相垂直。它又可分为 3 种情况。

① 横列式布置，是指料架或料垛的长度方向与库房的长度方向互相垂直（与库房的宽

度方向平行），如图 8-3 中 a 所示。这种布置方式的主要优点是：主通道长且宽、副通道短，整齐美观，对商品的查点存取方便，通风和自然采光良好，便于机械化作业；主要缺点是：主通道占用面积多，仓库面积利用率受到影响。

a 横列式布置示意图   b 纵列式布置示意图   c 纵横式布置示意图

图 8-3　平面布置类型

② 纵列式布置，是指料架或料垛的长度与库房的长度方向平行（与库房的宽度方向垂直），如图 8-3 中 b 所示。纵列式布置的优缺点与横列式正好相反，优点主要是仓库平面利用率比较高；缺点是存取商品不便，对通风、采光不利。

③ 纵横式布置，是指在同一保管场所里，横列式布置和纵列式布置兼而有之，是两种方式的结合，兼有两种方式的特点，如图 8-3 中 c 所示。

倾斜式布置是指料架或料垛与主通道之间不是互相垂直成 90°角，而是成 60°、45°或 30°的锐角。这种布置方式又分为料垛倾斜式布置和通道倾斜式布置两种形式。

① 料垛倾斜式布置，是指料垛的布置与库墙和通道之间成一锐角，如图 8-4 中 a 所示。这种布置方式的最大优点是叉车配合托盘进行作业，能缩小叉车的回转角度，提高装卸搬运效率；而最大的缺点是造成不少死角，仓库面积不能充分被利用。

② 通道倾斜式布置，是指料垛与库墙之间仍垂直布置，而通道与料垛和库墙之间成锐角，如图 8-4 中 b 所示。这种布置方式的优点是避免了死角，能充分利用仓库面积，而且同样便于货物搬运，提高作业效率。

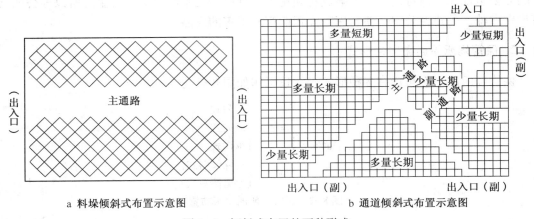

a 料垛倾斜式布置示意图   b 通道倾斜式布置示意图

图 8-4　倾斜式布置的两种形式

综上所述，倾斜式布置方式，只有在一定的条件下方可采用，有很大的局限性。它只适用于品种单一、批量大、用托盘单元装载、就地码垛、使用叉车搬运的货物，在一般的综合仓库中不宜采用。从铁路材料厂、库来看，主要采用垂直式布置，而且以横列式布置为主。究竟选用哪种布置方式最有利，要视具体情况而定。要根据库房面积的大小、库房的长宽比、料架的规格尺寸、商品的堆码方式、收发作业的方式和机械化程度等综合考虑，提出最佳布置方案。

8.2.2　保管场所的竖向布置

保管场所的竖向布置，是指库存商品在仓库立体空间上的布置，目的在于充分有效地利用仓库空间，便利收发和提高保管质量。竖向布置可采取下列方式。

（1）就地堆垛。借助于物品的外部轮廓或包装进行堆垛。

（2）使用料架。将物品直接或装入料箱、托盘后存入料架。

（3）托盘、集装箱堆码。将物品装入集装箱或放在托盘上，然后对集装箱或托盘进行堆码。

（4）空中悬挂。将某些物品悬挂在库墙或库房的上部结构上。

（5）采用架上平台。在料架上方铺设一层承载板，构成二层平台，可直接堆放物品或摆放料架。

保管场所的竖向布置潜力很大，在不增加库房面积的情况下，商品的存放向高度方向发展。向空间要货位，可扩大储存能力，节约建筑投资。

8.3　商品堆垛设计

8.3.1　对商品堆垛的基本要求

商品堆垛是一项技术性的工作，在堆垛设计中应满足以下基本要求。

（1）科学合理。应根据商品的性质、形状、大小、容重、数量、包装等不同情况，确定相应的堆码方式；要按照商品的不同品种、规格、型号、等级、生产厂、进货批次等分别堆垛；应贯彻先进先出的原则；做好下垫上苫，创造良好的保管条件。

（2）稳固安全。垛基要坚实牢固，能承受料垛的全部重量；单位面积的储存量应小于地坪最大承载能力；料垛高度要适宜，保证最下层的商品或包装不受损坏，降低料垛的重心，保持一定的垂直度；进行必要的加固，增强料垛的整体性和稳定性，防止料垛倒塌。

（3）简易方便。垛型应尽量简化，使其容易堆码，省力省工，便于物品的收发查点，有利于实现装卸搬运机械化。人工作业时料垛高度不宜过高，尽可能采取立柱式或框架式托盘堆码。

（4）整齐美观。料垛排列和料垛本身横竖成线，实行"五五化"堆码，过目成数，标记料签明显可见，但不宜要求过高过严，造成人力物力的浪费。

8.3.2　商品堆垛设计的内容

为了达到上述基本要求，必须根据保管场所的实际情况，商品本身的特点，装卸搬运条件和技术作业过程的要求，对商品堆垛进行总体设计。设计的内容应包括垛基、垛型、料垛参数、堆码方式、料垛苫盖、料垛加固等。

1. 垛基

垛基是料垛的基础，主要作用是承受整个料垛的重量，将商品的垂直压力传递给地坪；将商品与地面隔离，起防水、防潮和通风的作用；垛基空间为搬运作业提供方便条件。因此，对垛基提出以下要求。

（1）将整垛商品的重量均匀地传递给地坪，垛基本身要有足够的抗压强度和刚度。为了防止地坪被压陷，应扩大垛基同地坪的接触面积，下垫水泥墩和枕木要有足够的密度。

（2）保证良好的防潮和通风。垛基应为敞开式，有利于空气流通。可适当增加垛基的高度，特别是露天料场的垛基，其高度应在 300mm～500mm 左右，必要时可增设防潮层。露天料场的钢材垛基应保持一定的坡度，以利排水。

（3）保证垛基上存放的物品不发生变形。露天场地应平整夯实，下垫物应放平摆正，所有下垫物要同时受力，而且受力均匀。大型设备的重心部位应增加下垫物。

垛基分为固定式和移动式两种，移动式又可分为整体式和组合式，组合式垛基机动灵活，可根据需要进行拼装。

2. 垛型

垛型是指料垛的外部轮廓形状。按垛底的平面形状，可分为矩形、方形、三角形、圆形、环形等；按料垛立面的形状，可分为矩形、方形、三角形、梯形、半圆形。另外，还可组成矩形-三角形、矩形-梯形等复合形状，如图 8-5 所示。

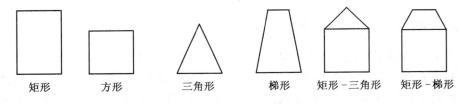

矩形　　　方形　　　三角形　　　梯形　　矩形-三角形　　矩形-梯形

图 8-5　料垛立面示意图

各种不同立面的料垛各有优缺点。矩形、方形料垛，堆码容易，计数方便、库容整齐，能充分利用仓库空间，但稳定性较差；梯形、三角形、半圆形料垛，稳定性较好，易苫盖，排水性能好，但不容易堆码，不便于计数，不能充分利用仓库空间；矩形-三角形、矩形-梯形等复合形料垛，是上述两者的结合，兼有两者的特点，多用于露天存料的堆垛。

3. 料垛参数

料垛参数是指料垛的长、宽、高，即料垛的外廓尺寸。一般应首先确定料垛的长度。各种钢材的定尺长度作为料垛的长度，包装成件物品的垛长应为包装长度或宽度的整数倍。具体长度还应根据仓库的平面布置和商品的多少而定。料垛的宽度，应根据商品的性质、要求的保管条件、搬运方式、数量多寡及收发制度等确定，一般多以 2 个或 5 个单位包装为料垛宽度。料垛高度，主要应根据库房高度、地坪承载能力，商品本身及包装的耐压能力，装卸搬运设备的类型及技术性能，商品的理化性质等来确定。在条件允许的情况下，应尽量增加料垛的高度，以提高仓库的空间利用率。

料垛的长、宽、高，互相联系，互相制约，三者必须综合加以考虑。三个参数决定了料垛的大小，每个料垛不宜过大，以利于先进先出和加速料位的周转。

4. 堆码方式

商品的堆码方式主要取决于商品本身的性质、形状、体积、包装等。一般情况下多采取平放（卧放），使重心最低，最大接触面朝下，易于堆码，稳定牢固。但也有些商品不宜平放堆码，必须竖直立放，如下面所举例子。

（1）片状易碎品。如玻璃、片状砂轮、成卷石棉纸及云母带等，它们的机械强度比较低，抗冲击性能差，当平放时受到垂直压力或撞击易破碎。

（2）某些橡胶、塑料及沥青制品。如橡胶管、成卷橡胶板、人造革、地板布、油毛毡、油纸等，受热后变软发粘，若平放堆垛，受压后易粘结变形，影响质量。

（3）某些桶装、罐装、坛装商品。如油脂、涂料、酸类、压缩气体及液化气体等，由于其封口均在上端，所以应立放，以防渗漏外溢，并便于对其密封性进行检查。

（4）缠绕在辊筒上的物品。如钢丝绳、钢绞线、电缆、纸张等，必须使辊筒两端板直立存放，否则易松动，维护保养困难，搬运不便。

（5）其他具有标志要求立放的商品。

经常采用的堆码方法有正码、骑缝压码、纵横交错压码、反扣码、衬垫码、栽柱堆码、串联式堆码、鱼鳞形堆码、凸凹镶入式堆码等。

5. 料垛苫盖

料垛苫盖主要是指露天堆垛的物品，为了防雨雪、防风吹日晒、防尘、防散失等，使用苫盖物进行苫盖。一般多使用篷布、油毡、苇席、塑料薄膜或铁皮制活动苫棚。苫盖中应注意排水良好；苫盖物要与被苫盖物隔离，以免渗水浸湿商品。近几年来活动料棚得到普遍采用，这是一种代替苫盖的有效措施，应大力提倡。

6. 料垛加固

为了防止料垛倒塌，对某些稳定性较差的料垛应进行必要的加固，加固是为了增加料垛的整体性。常用的方法有两侧立挡柱、层间加垫板、使用 U 型架、两侧加楔形木、使用钢丝拉连等。可通过静力学的计算确定加固材料的规格尺寸和数量。

8.4　商品保管秩序的建立

一个仓库中，储存保管着成千上万种商品，如何使这些商品的存放秩序井井有条，以便利收发和查点，这也是商品储存规划的主要内容之一。

8.4.1　料位编号

为了建立良好的保管秩序，应对料位进行统一编号。我国商品仓库多采用"四号定位"，即由库房号、料架（垛）号、料架（垛）层号和料位顺序号 4 个号数来表示一个货位。只要知道了这个编号，就知道某种商品存放在几号库房、多少号料架、料架的第几层及在该层的哪一个货位，查寻料位非常方便。

料位编号的表示方法，有数码表示法、字母表示法和数码字母混合表示法。数码表示法是利用 0，1，2，3，4，5，6，7，8，9 共 10 个数码表示；字母表示法是用汉语拼音字母或拉丁字母 A，B，C，D … 表示；数码字母混合表示法是同时用数字和字母表示。3 种表示方法以后者为宜。因为全部用数字或全部用字母表示，不明显不直观，不能一目了然，而数码字母混合表示法能克服这一缺点。例如：要表示 1 号库房、2 号料架、4 层、12 号料位，完全用数字表示为 12412，完全用字母表示为 ABDL，显然都不够明确。另外，当数字很大时，完全用字母表示是不可能的。如果用数码字母混合表示，可表示为 A2D12 或 1B4L，比较直观。在实际运用中多采用数码字母混合法表示，并加文字说明。

"四号定位"，严格说来还不够完善，尚有些不足。如库房、料棚、料场不能区分，容易混淆；没有把料区表示出来，在仓库比较大的情况下，料架（垛）的位置仍不便查找。对"四号定位"还可加以补充：一是补充区分库房、料棚和料场的符号，可用拼音字母表示，如用"K"表示库房，用"P"表示料棚，用"C"表示料场，冠于编号之首；二是补充料区编号，可用字母表示，如图 8-6 所示。

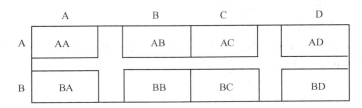

图 8-6　仓库分区编号示意图

将料区号插入库房号之后，就构成了"六号定位"，其优点是对料位的表示更加明确了，更便于查找。其表示方法如表 8-1 所示。

表 8-1　料位编号一览表

顺序号	1	2	3	4	5	6
表示内容	库、棚、场别	库、棚、场号	料区号	料架（垛）号	料架（垛）层号	货位号
符号	K，P，C	数字	大写字母	数字	小写字母	数字

如"K5AB10d15"表示 5 号库房，AB 料区，第 10 号料架，4 层，15 号货位。

从表 8-1 可以看出，这种表示方法更加复杂，书写也不方便。料位编号应该是简单明确，但真正做到这一点是比较困难的，这还要在实践中摸索，寻求更简单明确的料位编号方法。

8.4.2　料位存料方式

料位存料方式是指各个料位如何存放商品。料位存料方式有两种基本形式：一是固定料位，二是自由料位。

1. 固定料位

所谓固定料位，就是规定好每一个料位存放商品的规格品种，每一种商品都有自己固定的料位，即使料位空着也不能存放其他商品，常称"对号入座"。

固定料位的主要优点是：各种商品存放的位置固定不变，管库人员容易熟悉料位，并记住料位，收发料时很容易查找。如果绘制成料位分布图，非本库人员也能按图比较容易地找到料位。其缺点是：不能充分利用每个料位，因为各种商品的最高储备量不是同时达到，各种商品时多时少，甚至出现无料的现象，但采取固定料位，料位之间不能调整，更不能互相占用，这样就使一部分料位空闲不用，而需要入库的商品又不能入库，这显然是不合理的。特别是在库房比较紧张的情况下，出现这种情况更是不允许的。

2. 自由料位

自由料位又称为随机料位。它与固定料位相反，每个料位可以存放任何一种商品，只要料位空闲，入库的各种商品都可存入，常称"见缝插针"。

自由料位的主要优点是：能充分利用每一个料位，提高仓库的储存能力。其缺点是：每个料位的存料经常变动，每种商品没有固定的位置，收发查点时寻找料位比较困难，影响工作效率。

在实际运用中，固定料位和自由料位都有一定的局限性，都存在着一些难以解决的问题，所以一般是将两种方式结合起来运用。

例如，铁路物资仓库多以固定料位存料，通常按商品目录的分类编号顺序，指定料位，依次存放。遇有比较特殊的情况时，采用自由料位方式，作为固定料位的例外，如下所述。

① 成套设备，集中存放一处，便于管理和发货；

② 大型笨重、移动困难的物料，存放在库门附近，便于装卸搬运；

③ 收发频繁的大路货，靠近库门存放，以便缩短收发料时的走行距离，提高工作效率；

④ 批量大、就地堆码的物料，料位不宜固定，以充分利用空闲料位；

⑤ 体积大小悬殊，不宜按目录顺序存入料架的物料，可在其他位置就地堆码；

⑥ 存入料架的物料，过重的应存放在下层，体轻的存放在上层，提高料架的稳定性。

从发展趋势来看，将来主要应采取自由料位，特别是随着电子计算机的广泛使用，用电子计算机进行料位管理是非常方便和有效的。

现在，发展了各种各样的料位编码与管理方式，可参考相关资料作进一步了解。

复习思考题

1. 商品储存规划主要包含哪些方面的内容？

2. 如何进行商品保管场所的分配？

3. 对商品保管场所进行平面布置的形式有哪些种类？试述各种类的优缺点与适用情况。

4. 可以采取哪些方式进行保管场所的竖向布置？

5. 试述对商品堆垛设计的基本内容与基本要求。

6. 解释两种料位存料方式的基本做法与优缺点。

第 9 章

商品储存业务管理

商品储存业务管理是仓储管理的基本核心内容。在做好商品储存规划之后，需要对储存业务进行科学的管理。本章重点介绍了是商品储存业务管理的流程，要求掌握商品的出入库管理及在库盘点、呆废物资的处理等主要内容。

9.1 仓库管理概述

9.1.1 仓库管理的意义

仓库管理是以保管商品为基础的准确及时地为生产和销售提供商品供给的储存活动。仓库管理是商品管理的重要环节，做好仓库管理其意义在于：

① 有利于准确及时地为生产和销售提供商品供给，确保生产和销售的正常进行；

② 有利于保证商品质量，减少损耗，降低产品成本；

③ 有利于合理储备，加速资金周转，提高企业经济效益；

④ 有利于确保商品储存安全，确保企业生产经营成果。

9.1.2 仓库管理的主要内容

仓库管理的主要内容有：

① 验收入库；

② 商品保管；

③ 商品发放；

④ 商品盘点；

⑤ 呆废商品处理；

⑥ 退货处理；

⑦ 账务处理；

⑧ 安全维护；

⑨ 资料保管。

9.1.3 仓库的业务流程

仓库的业务流程如图 9-1 所示。

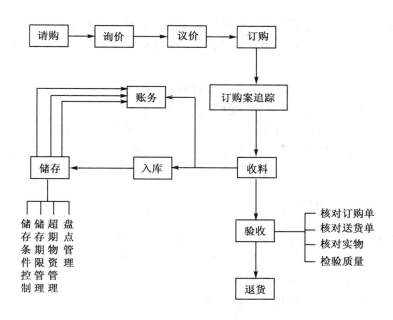

图 9-1　仓库管理作业流程

9.1.4　一般仓库存在的主要问题

一般仓库存在的问题主要有以下几个方面：

① 物品堆放不整齐，通道被阻塞；

② 无区位标记，查找物品较困难；

③ 物品或包装箱上无物品名称、编码标记；

④ 堆放物品无安全意识，存在隐患；

⑤ 呆废物品未即时处理；

⑥ 需退回供方的不合格品未即时返回；

⑦ 发料未按先进先出的原则发放；

⑧ 账实不符；

⑨ 记账方法不正确；

⑩ 仓库无采购订单，未按订单要求收货；

⑪ 物料编码不正确或无编码；

⑫ 未按时盘点；

⑬ 仓库资料保留不善。

9.1.5　仓库管理的一般原则

仓库管理的一般原则如下：

① 仓管人员应按物料的特性、体积、重量、数量，分库、分类、分区存放；

② 仓库人员应绘制仓库平面图，标明各类商品存放位置，并贴于明显处；

③ 各类商品应堆放整齐，标记清楚；

④ 已验收商品、待验收商品和不合格商品应分区存放，并标记清楚；

⑤ 每月应核对物料账，遇有账实不符，应即时追查原因，经公司负责人核准后方可调整；

⑥ 仓库应设置相应的消防设备及消防器材和报警装置；

⑦ 仓库内应随时保持清洁、干燥和通风状态良好；

⑧ 易燃易爆商品应与其他商品隔离保管，并于明显处标示严禁烟火；

⑨ 建立健全岗位责任制，加强火源、电源管理，做好防火、防汛、防盗、防虫、防潮等工作。

9.1.6　仓库管理的一般要求

仓库管理要求做到"三化"、"三保"、"三清"、"两齐"、"三一致"、"五防"。

① "三化"，即仓库规范化、存放系列化、养护经常化。

② "三保"，即保质、保量、保安全。

③ "三清"，即材料清、规格清、数量清。

④ "两齐"，即库区整齐、工位整齐。

⑤ "三一致"，即账、物、卡一致。

⑥ "五防"，即防火、防潮、防盗、防虫、防变形。

9.1.7　商品分类保管的基本原则

1. 危险商品的保管

① 危险商品应存放于危险商品专用库场内，标示明显，并配备相应的安全设施和应急器材。

② 危险商品库场管理人员，应经过专门训练，了解和掌握各类危险商品保管知识，并经考试合格后方可上岗。

③ 危险商品保管现场，库场管理人员应认真核对品名、数量、标记和规格，按单发货，防止错发。

④ 危险商品进入库场时，库场管理人员应严格把关，性质不明或包装不符合规定的，库场管理人员有权拒收。

⑤ 危险商品应堆放牢固，标记朝外或朝上。

⑥ 危险商品库场应建立健全防火责任制，确保各项安全措施的落实。

⑦ 对于各种易燃液体应储存在阴凉通风的地方，应注意密封，防止渗漏，并标记清楚，防止混用。

2. 金属商品的保管

① 选择适宜的保管场所。金属商品存放的场所，不论库内库外均应清洁干燥，防止受潮，避免与酸、碱、盐等化学商品接触。

② 妥善堆码和密封，防止金属材料受潮、受损。

③ 保护金属材料的防护层和包装，防止因防护层受损而生锈。

④ 加强检查制度，发现问题及时解决。

3. 其他商品的保管

其他商品的保管应根据商品的特性和形状，按有效的保管方法进行保管。

9.1.8　5S 管理

1. 定义

所谓 5S 是指按步骤进行整理、整顿、清扫、清洁和素养的 5 项活动。

① 整理是指做出要与不要的决定。

② 整顿是指将要的东西留下来，不要的东西处理掉。

③ 清扫是指将环境清理干净。

④ 清洁是指随时保持整洁。

⑤ 素养是指不断追求完美。

2. 5S 内容

（1）整理。明确区分要与不要，将要的留下来，不要的清除掉。实施整理的目的是节省空间，防止误发误用，防止积压变质，只管理需要的商品，以提高管理质量和管理效率。

（2）整顿。第一，把需要的商品以合理的方式分类摆放，并明确标记，以利于准确、快速地查找取用，减少混料、错发的现象。要做到：凡物必分类，有类必有区，有区必有标记。第二，把不要的商品处理掉。实施整顿的目的是便于查找。

（3）清扫。在整理、整顿后，要进行彻底打扫干净，杜绝污染源。实施清扫的目的是因为干净明亮的工作环境有利于提高产品质量。

（4）清洁。清洁是一种状态，是维持整理、整顿、清扫的结果。实施清洁的目的是因为清洁的环境，能使人心情愉快，积极乐观。

（5）素养。所谓素养，是指养成遵守既定事项的好习惯，不论是在家庭或是在其他地方，4S（即前 4 个方面）是身边谁都能做得到的事，做得到也应该做得好，素养就是这 4S 的继续和升华。实施素养的目的是培养遵纪守法、品德高尚、具有责任感的员工，营造团队精神。

3. 5S 效能

实施 5S 管理的效果为：

① 减少浪费；

② 提高效率；

③ 保证质量；

④ 树立企业形象。

9.1.9 仓库管理制度案例

1. 仓库管理办法

×××公司仓库管理办法

第一章 总 则

第一条 目的：为加强仓库管理，提高仓库管理质量，特制定本办法。

第二条 本公司仓库的管理依据本办法执行。

第二章 规 则

第三条 仓库应视其实际情况划分为合格品保管区、待检品存放区、不合格品存放区及搬运工具存放区，并制定明显标记，进行目视管理。

第四条 对搬运工具实施定置管理。

第五条 仓库管理人员应将仓库储存区域与物料架分布情况绘制平面图置于仓库明显的地方。

第六条 储存区域编号原则。（如图9-2所示）

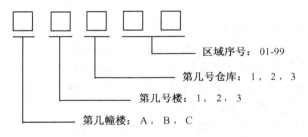

图9-2 储存区域编号

第七条 料架编号原则。（如图9-3所示）

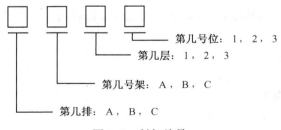

图9-3 料架编号

第八条 电脑记账人员应将储位号登录电脑，并列印出物料成品的储位资料，以便于直接查找物料或成品的存放位置。

第九条 经核点后的物料，仓管人员应视其情况存放，并办理相关手续。

对于检验合格品，应分类存放于合格品存放区；

对于检验不合格品，应存放于不合格品存放区内进行隔离和标记，防止不合格品误发误用，并即时处理；

对未检验的物品，应存放于待检区；

对易燃易爆物品，应存放于危险品仓库内。

第十条　领用物资时应由领用人填写领料单，经本部门主管批准后，方可到仓库领料。成品发货时，必须凭审核无误的发货单发货。

第十一条　物资入库或发放后，仓管人员应及时登记物卡，电脑输单员应及时登录电脑。

第十二条　登记物卡时，要做到字迹清晰，内容完整，并坚持日清月结，凭单记账，不跨月记账。

第十三条　电脑输单员每周应列印物资收发结存表，并与仓管人员所记的物卡核对。

第十四条　仓管人员应随时掌握仓库的储备情况，有无储备不足或超储积压的现象发生，并及时报告。

第十五条　仓管人员应随时搞好仓库的清洁卫生，并注意通风状况，检查物资的堆放情况和库内外的安全情况，发现隐患或异常现象应立即报告。

第十六条　要按时上报各类呆废物资，并按规定处理。

第十七条　要及时将需退供方的不合格品返回。

第十八条　仓管人员要定期盘点，并编制盘点报表。

第十九条　上下班时要做好门、窗、电、水的开关工作。

第二十条　要按时上交各类报表，并保存好各类凭证和相关资料。

第二十一条　仓库主管月末应对各仓库工作进行考评，不断发现问题和解决问题。

第三章　附　则

第二十二条　本办法自核准后实施，修订时亦同。

2. 仓库材料及半成品复检程序

×××公司仓库材料及半成品复检程序

第一条　因部分库存材料及半成品物料会由于存放时间过长出现变质或被污染现象，为不致影响产品质量和生产进度，故需要对易出现不良情况的物料定期进行必要的复检。

第二条　适用范围。

本公司材料及半成品仓库的所有需要进行定期复检的物料。

第三条　程序。

（1）材料及半成品仓库管理员，根据物料的入库或装箱单记录，对照规定的复检期限表。将未被领用的到复检期限的物料抄报质量管理部门。

（2）质量管理部门在接到材料及半成品仓库的待检报告后，应立即派质检员在仓库管理人员的配合协助下进行复检。

（3）仓库材料及半成品复检期限表。

第四条 质量检查报告。

质量管理部门对复检的材料及半成品应及时填制检查报告，并注明处理建议，并向上级主管报送。

第五条 处理。

上级主管或公司负责人接获质量部门报送的复检报告，应即时做出处理意见。核准后，仓库依核准的意见及时处理。

附：仓库材料及半成品复检期限表（表9-1）、仓库材料及半成品复检申请表（表9-2）、仓库材料及半成品复检质量记录（表9-3）。

表9-1 仓库材料及半成品复检期限表

类别	处理方法或物料材质	存放期限/月	备注
五金类	表面镀白锌	3（1）	螺钉螺母传动轴垫圈等
	表面镀彩虹	6（1）	双头螺牙六角轴等
	表面镀镍	4（2）	螺钉螺母垫圈等
	表面钝化	6（3）	铜套铜片等
	表面着色	6（3）	加强片等
	表面发黑（蓝）	4（2）	六角轴等
印刷品	不干标	8（4）	
	包装箱	4（2）	
	面盒、卡板	10（5）	
注塑件	HDPE制品	6（3）	内轮等
	POM制品	12（4）	齿轮等
	ABS制品	6（3）	车面车底等
	TPR制品	4（2）	外轮等
	橡胶制品	6（3）	橡胶圈等
	塑料袋	6（3）	
	注塑机配件	6（3）	
	注塑模配件	6（3）	

表9-2 仓库材料及半成品复检申请表

序号	货品名称	规格	供应商	存放期限/月	数量	单位	备注

仓管员： 仓库主管：

表 9-3 仓库材料及半成品复检质量记录

序号	货品名称	规格	供应商	存放期限/月	单位	抽样		质量不合格原因
						数量	次品	

质检员：　　　　　　　　　　　　　　　质量主管：

9.2　商品验收与入库

9.2.1　商品接运

1. 商品接运概述

商品接运可在车站、码头、仓库或专用线进行。商品到达仓库之后，仓库人员首先应进行验单，检查随商品同时到达的货单。按照货单开列的收货单位、货物名称、规格、数量及交货日期等内容，与商品的各项标志逐项进行核对。在验单过程中应注意，如果发现错送，应当拒收退回。对于一时无法退回的商品，必须在清点后另行存放，并且要及时做出记录待以后处理。如果核对无误，可进行卸载。

卸载可以分为人工和机械两种情况，在大型仓库里一般使用装卸机械进行，如叉车、吊车、输送带等。在装卸的过程中，必须注意轻搬轻放，保证商品的安全无损。在条件允许的情况下，应尽可能在卸载的同时，按照商品的保管要求，将不同收货单位或不同品种的商品分别堆放，为商品入库做准备。

商品入库，是指接到商品入库通知单后，经过接运提货、装卸搬运、检查验收、办理入库手续等一系列作业环节构成的工作过程。

2. 商品接运管理

由于商品到达仓库的形式不同，除了一小部分由供货单位直接运到仓库交货外，大部分要经过铁路、公路、航运、空运和短途运输等运输工具转运。凡经过交通运输部门转运的商品，均需经过仓库接运后，才能进行入库验收。因此，商品的接运是商品入库业务流程的第一道作业环节，也是商品仓库直接与外部发生的经济联系。它的主要任务是及时而准确地向交通运输部门提取入库商品，要求手续清楚，责任分明，为仓库验收工作创造有利条件。因为接运工作是仓库业务活动的开始，是商品入库和保管的前提，所以接运工作好坏直接影响商品的验收和入库后的保管保养。因此，在接运由交通运输部门（包括铁路）转运的商品时，必须认真检查，分清责任，取得必要的证件，避免将一些在运输过程中或运输前就已经损坏的商品带入仓库，造成验收中责任难分和在保管工作中的困难或损失。

由于接运工作直接与交通运输部门接触，所以做好接运工作还需要熟悉交通运输部门的要求和制度。例如，发货人与运输部门的交接关系和责任的划分，铁路或航运、海运等运输部门在运输中应负的责任，收货人的责任，铁路或其他运输部门编制普通记录和商务记录的范围，向交通运输部门索赔的手续和必要的证件等。

做好商品接运业务管理的主要意义在于：防止把在运输过程中或运输之前已经发生的商品损害和各种差错带入仓库，减少或避免经济损失，为验收和保管保养创造良好的条件。接运方式大致上有4种，现将各种接运方式的注意事项分别叙述如下。

1）车站、码头接货

（1）提货人员对所提取的商品应了解其品名、型号、特性和一般保管知识、装卸搬运注意事项等。在提货前应做好接运货物的准备工作，如装卸运输工具，腾出存放商品的场地等。提货人员在到货前，应主动了解到货时间和交货情况，根据到货多少，组织装卸人员、机具和车辆，按时前往提货。

（2）提货时应根据运单及有关资料详细核对品名、规格、数量，并要注意商品外观，查看包装、封印是否完好，有无玷污、受潮、水浸、油渍等异状。若有疑点或不符，应当场要求运输部门检查。对短缺损坏情况，凡属铁路方面责任的，应做出商务记录；属于其他方面责任需要铁路部门证明的应做出普通记录，由铁路货运员签字。注意记录内容与实际情况要相符合。

（3）在短途运输中，要做到不混不乱，避免碰坏损失。危险品应按照危险品搬运规定办理。

（4）商品到库后，提货员应与保管员密切配合，尽量做到提货、运输、验收、入库、堆码成一条龙作业，从而缩短入库验收时间，并办理内部交接手续。

2）专用线接车

（1）接到专用线到货通知后，应立即确定卸货货位，力求缩短场内搬运距离；组织好卸车所需要的机械、人员及有关资料，做好卸车准备。

（2）车皮到达后，引导对位，进行检查。看车皮封闭情况是否良好（即卡车、车窗、铅封、苫布等有无异状），根据运单和有关资料核对到货品名、规格、标志和清点件数；检查包装是否有损坏或有无散包；检查是否有进水、受潮或其他损坏现象。在检查中发现异常情况，应请铁路部门派员复查，做出普通或商务记录，记录内容应与实际情况相符，以便交涉。

（3）卸车时要注意为商品验收和入库保管提供便利条件，分清车号、品名、规格，不混不乱；保证包装完好，不碰坏，不压伤，更不得自行打开包装。应根据商品的性质合理堆放，以免混淆。卸车后在商品上应标明车号和卸车日期。

（4）编制卸车记录，记明卸车货位规格、数量，连同有关证件和资料，尽快向保管人员交代清楚，办好内部交接手续。

3）仓库自行接货

（1）仓库接受货主委托直接到供货单位提货时，应将这种接货与出验工作结合起来同时进行。

（2）仓库应根据提货通知，了解所提取货物的性能、规格、数量，准备好提货所需要的机械、工具、人员，配备保管人员在供方当场检验质量、清点数量，并做好验收记录，接货与验收合并一次完成。

4）库内接货

存货单位或供货单位将商品直接接运送到仓库储存时，应由保管人员或验收人员直接与送货人员办理交接手续，当面验收并做好记录。若有差错，应填写记录，由送货人员签字证明，据此向有关部门提出索赔。

9.2.2　商品检验与验收

商品验收是按照验收业务作业流程，核对凭证等规定的程序和手续，对入库商品进行数量和质量检验的经济技术活动的总称。凡商品进入仓库储存，必须经过检查验收，只有验收后的商品，方可入库保管。商品验收涉及多项作业技术。

1. 商品验收的作用

所有到库商品，必须在入库前进行验收，只有在验收合格后方算正式入库。这种必要性体现在：一方面，各种到库商品来源复杂，渠道繁多，从结束其生产过程到进入仓库前，经过一系列储运环节，受到储运质量和其他各种外界因素的影响，质量和数量可能发生某种程度的变化；另一方面，各类商品虽然在出厂前都经过了检验，但有时也会出现失误，造成错检或漏检，使一些不合格商品按合格商品交货。

商品验收的作用，主要表现在以下方面。

1）验收是做好商品保管保养的基础

商品的验收工作是做好商品保管保养和使用的基础。商品经过长途运输、装卸搬运后，包装标志容易损坏、散失，没有包装的商品更容易发生变化。这些情况都将影响到商品的保管。所以，只有在商品入库时，将商品实际状况搞清楚，判明商品的品种、规格、质量等是否符合国家标准或供货合同规定的技术条件，数量上是否与供货单位附来的凭证相符，才能分类分区按品种、规格分别进行堆码存放，才能针对商品的实际情况，采取相应的措施对商品进行保管保养。

2）验收记录是仓库提出退货、换货和索赔的依据

商品验收过程中，若发现商品数量不足，或发现规格不符，或质量不合格时，仓库检验人员做出详细的验收记录，据此由业务主管部门向供货单位提出退货、换货或向承运责任方提出索赔等要求。倘若商品入库时未进行严格的验收，或没有做出严格的验收记录，而在保管过程中，甚至在发货时才发现问题，就会使责任不分，丧失理赔权，带来不必要的经济损失。所以，商品只有经过严格的检验，在分清商品入库前供货单位及各个流转运输环节的责任后，才能将符合合同规定、符合企业生产需要的商品入库。

3）验收是避免商品积压，减少经济损失的重要手段

保管不合格品，是一种无效的劳动。对于一批不合格商品，如果不经过检查验收，就按合格商品入库，必然造成商品积压；对于计重商品，如果不进行检斤验数，就按有关单据的供货数量付款，当实际数量不足时，就会造成经济损失。

4）验收有利于维护国家利益

改革开放，使我国经济与世界经济的联系日益紧密，进口商品的数量和品种不断增加。

对于进口商品，国别、产地和厂家等情况更为复杂，必须依据进口商品验收工作的程序与制度，严格认真地做好验收工作；否则，数量与质量方面的问题就不能得到及时发现，若超过索赔期，即使发现问题，也难以交涉，这就会给国家经济造成重大损失。

可见，把好商品验收关是十分重要的，任何疏忽大意都会造成保管工作的混乱，给国家、企业带来经济损失。

2. 验收工作的要求

商品验收工作是一项技术要求高，组织严密的工作，关系到整个仓储业务能否顺利进行，所以必须做到及时、准确、严格、经济。

（1）及时。到库商品必须在规定的期限内完成验收工作。这是因为，商品虽然到库，但是未经过验收的商品不算入库入账，不能供应给用料单位。只有及时验收，尽快提出检验报告，才能保证商品尽快入库，满足用料单位需要，加快商品和资金周转。同时，商品的托收承付和索赔都有一定的期限，如果验收时发现商品不合规定要求，要提出退货、换货或赔偿等要求，均应在规定的期限内提出；否则，供方或责任方不再承担责任，银行也将办理拒付手续。

（2）准确。验收的各项数据或检验报告必须准确无误。验收的目的是要弄清商品数量和质量方面的实际情况，验收不准确，就失去了验收的意义。而且，不准确的验收还会给人以假象，造成错误的判断，引起保管工作的混乱，严重者还可以危及营运安全。

（3）严格。仓库有关各方都要严肃认真地对待商品验收工作。验收工作的好坏直接关系到国家和企业利益，也关系到以后各项仓储业务的顺利开展，因此仓库领导应高度重视验收工作，直接参与人员更要以高度负责的精神来对待这项工作。

（4）经济。多数情况下，商品在验收时不但需要检验设备和验收人员，而且需要装卸搬运机具和设备及相应工种工人的配合。这就要求各工种密切协作，合理组织调配人员与设备，以节省作业费用。此外，验收工作中，尽可能保护原包装，减少或避免破坏性试验，也是提高作业经济性的有效手段。

3. 验收作业流程及其内容

商品验收包括验收准备、核对凭证和实物检验 3 个作业环节。

1）验收准备

仓库接到到货通知后，应根据商品的性质和批量提前做好验收前的准备工作，大致包括以下内容。

（1）人员准备。安排好负责质量验收的技术人员或用料单位的专业技术人员，以及配合数量验收的装卸搬运人员。

（2）资料准备。收集并熟悉待验商品的有关文件，如技术标准、订货合同等。

（3）器具准备。准备好验收用的检验工具，如衡器、量具等，并校验准确。

（4）货位准备。确定验收入库时存放货位，计算和准备堆码苫垫材料。

（5）设备准备。大批量商品的数量验收，必须要有装卸搬运机械的配合，应做好设备的申请调用。

此外，对于有些特殊商品的验收，如毒害品、腐蚀品、放射品等，还要准备相应的防护用品。

2）核对凭证

入库商品必须具备下列凭证。

① 入库通知单和订货合同副本，这是仓库接受商品的凭证。

② 供货单位提供的材质证明书、装箱单、磅码单、发货明细表等。

③ 商品承运单位提供的运单，若商品在入库前发现残损情况，还要有承运部门提供的货运记录或普通记录，作为向责任方交涉的依据。

核对凭证，也就是将上述凭证加以整理全面核对。入库通知单、订货合同要与供货单位提供的所有凭证逐一核对，相符后才可进行下一步的实物检验。

3）实物检验

所谓实物检验，就是根据入库单和有关技术资料对实物进行数量和质量检验。

（1）数量检验。数量检验是保证物资数量准确不可缺少的重要步骤，一般在质量验收之前，由仓库保管职能机构组织进行。按商品性质和包装情况，数量检验分为 3 种形式，即计件、检斤、检尺求积。

① 计件是按件数供货或以件数为计量单位的商品，做数量验收时的清点件数。一般情况下，计件商品应全部逐一点清，固定包装物的小件商品，如果包装完好，打开包装对保管不利。国内货物只检查外包装，不拆包检查；进口商品按合同或惯例办理。

② 检斤是按重量供货或以重量为计量单位的商品，做数量验收时的称重。金属材料、某些化工产品多半是检斤验收。按理论换算重量供应的商品，先要通过检斤，如金属材料中的板材、型材等，然后按规定的换算方法换算成重量验收。对于进口商品，原则上应全部检斤，但如果订货合同规定按理论换算重量交货，则应该按合同规定办理。所有检斤的商品，都应填写磅码单。

③ 检尺求积是对以体积为计量单位的商品，如木材、竹材、砂石等，先检尺后求体积所做的数量验收。凡是经过检尺求积检验的商品，都应该填写磅码单。

在做数量验收之前，还应根据商品来源、包装好坏或有关部门规定，确定对到库商品是采取抽验还是全验方式。

在一般情况下数量检验应全验，即按件数全部进行点数，按重量供货的全部检斤，按理论换算重量供货的全部先检尺，后换算为重量，以实际检验结果的数量为实收数。

有关全验和抽验，如果商品管理机构有统一规定时，则可按规定办理。

（2）质量检验。质量检验包括外观检验、尺寸精度检验、机械物理性能检验和化学成分检验 4 种形式。仓库一般只做外观检验和尺寸精度检验，后两种检验如果有必要，则由仓库技术管理职能机构取样，委托专门检验机构检验。

① 在仓库中，质量验收主要指商品外观检验，由仓库保管职能机构组织进行。外观检验是指通过人的感觉器官，检验商品的包装外形或装饰有无缺陷；检查商品包装的牢固程度；检查商品有无损伤，如撞击、变形、破碎等；检查商品是否被雨、雪、油污等污染，有无潮湿、霉腐、生虫等。外观有缺陷的商品，有时可能影响其质量，所以对外观有严重缺陷的商品，要单独存放，防止混杂，等待处理。凡经过外观检验的商品，都应该填写"检验记录单"。商品的外观检验只通过直接观察商品包装或商品外观来判别质量情况，大大简化了仓库的质量验收工作，避免了各个部门反复进行复杂的质量检验，从而节省大量的人力、

物力和时间。

② 商品的尺寸精度检验由仓库的技术管理职能机构组织进行。进行尺寸精度检验的商品，主要是金属材料中的型材、部分机电产品和少数建筑材料。不同型材的尺寸检验各有特点，如椭圆材主要检验直径和圆度，管材主要检验壁厚和内径，板材主要检验厚度及其均匀度等。对部分机电产品的检验，一般请用料单位派员进行。尺寸精度检验是一项技术性强，很费时间的工作，全部检验的工作量大，并且有些产品质量的特征只有通过破坏性的检验才能测到。所以，一般采用抽验的方式进行。

③ 理化检验是对商品内在质量和物理化学性质所进行的检验，一般主要是对进口商品进行理化检验。对商品内在质量的检验要求一定的技术知识和检验手段，目前仓库多不具备这些条件，所以一般由专门的技术检验部门进行。

以上质量检验是商品交货时或入库前的验收。在某些特殊情况下，尚有完工时期的验收和制造时期的验收，这就是指在供货单位完工和正在制造过程中，由需方派员到供货单位进行的检验。应当指出，即使在供货单位检验过的商品，或者因为运输条件不良，或者因为质量不稳定，也会在进库时发生质量问题，所以交货时入库前的检验，在任何情况下都是必要的。

4. 商品验收方式

商品验收方式分为全验和抽验。

在进行数量和外观验收时一般要求全验。在质量验收时，当批量小，规格复杂，包装不整齐或要求严格验收时可以采用全验。全验需要大量的人力、物力和时间，但是可以保证验收的质量。

当批量大，规格和包装整齐，存货单位的信誉较高，或验收条件有限的情况下，通常采用抽验的方式。商品质量和储运管理水平的提高及数理统计方法的发展，为抽验方式提供了物质条件和理论依据。

商品验收方式和有关程序应该由存货方和保留方共同协商，并通过协议在合同中加以明确规定。

5. 验收中发现问题的处理

商品验收中，可能会发现诸如证件不齐、数量短缺，质量不符合要求等问题，应区别不同情况，及时处理。

① 凡验收中发现问题等待处理的商品，应该单独存放，妥善保管，防止混杂、丢失、损坏。

② 数量短缺规定在磅差范围内的，可按原数入账，凡超过规定磅差范围的，应查对核实，做成验收记录和磅码单交主管部门会同货主向供货单位办理交涉。凡实际数量多于原发料量的，可由主管部门向供货单位退回多发数，或补发货款。在商品入库验收过程中发生的数量不符情况，其原因可能是因为发货方面在发货过程中出现了差错，误发了商品，或者是在运输过程中漏装或丢失了商品等。在商品验收过程中，如果对数量不进行严格的检验，或由于工作粗心，放过了商品数量的短缺，就会给仓库造成经济损失。

③ 凡质量不符合规定时，应及时向供货单位办理退货、换货交涉，或征得供货单位同

意代为修理，或在不影响使用前提下降价处理。商品规格不符或错发时，应先将规格对的予以入库，规格不对的做成验收记录交给主管部门办理换货。

④ 证件未到或不齐时，应及时向供货单位索取，到库商品应作为待检验商品堆放在待验区，待证件到齐后再进行验收；证件未到之前，不能验收，不能入库，更不能发料。

⑤ 凡属承运部门造成的商品数量短少或外观包装严重残损等，应凭接运提货时索取的"货运记录"向承运部门索赔。

⑥ 凡价格不符，供方多收部分应该拒付，少收部分经过检查核对后，应主动联系，及时更正。

⑦ 凡"入库通知单"或其他证件已到，在规定的时间未见商品到库时，应及时向主管部门反映，以便查询处理。

在商品验收过程中，如果发现商品数量或质量的问题，应该严格按照有关制度进行处理。验收过程中发现的数量和质量问题可能发生在各个流通环节，如可能是由于供货方或交通运输部门或收货方本身的工作造成的。按照有关规章制度对问题进行处理，有利于分清各方的责任，并促使有关责任部门吸取教训，改进今后的工作。所以，在对验收过程发现的问题进行处理时应该注意以下几个方面。

① 在商品入库凭证未到齐之前不得正式验收。如果入库凭证不齐或不符，仓库有权拒收或暂时存放，待凭证到齐后再验收入库。

② 发现商品数量或质量不符合规定时，要会同有关人员当场做出详细记录，交接双方应在记录上签字。如果是交货方的问题，仓库应该拒绝接收；如果是运输部门的问题，就应该提出索赔。

③ 在数量验收中，计件商品应及时验收，发现问题要按规定的手续，在规定的期限内向有关部门提出索赔要求；否则，超过索赔期限，责任部门对形成的损失将不予负责。

6. 商品的检查

需要说明的是，商品即使检验、验收合格入库之后，为保证在库储存保管的商品质量完好、数量齐全，还必须进行经常地和定期地检查数量、检查质量、检查保管条件、检查计量工具、检查安全等全面的检查工作。

1）检查的内容

检查在库商品质量有无变化，包括受潮、玷污、锈蚀、发霉、干裂、虫蛀、鼠咬，甚至变质等情况；检查有无超过保管期限和长期积压现象；检查技术证件是否齐全，是否证物相符，必要时还要进行技术检验。

（1）检查数量。检查商品的数量是否准确；检查账卡的记载是否准确，核对账卡、物是否一致。

（2）检查保管条件。检查堆码是否合理稳固；库房是否漏水；场地是否积水；门窗通风是否良好；库内温湿度是否符合要求；库房内外是否清洁卫生；保管条件是否与各种商品的保管要求相符合等。

（3）检查计量器具。检查计量器具和工具，如钢卷尺、磅秤等是否准确；使用和养护是否合理。检查时要用标准件核验。

（4）检查安全。检查各种安全措施和消防设备、器材是否符合安全要求；检查建筑物是否损坏而影响商品储存等。

2）检查方法

检查的方法分为以下 3 种。

（1）日常性检查。是指保管人员每日上下班时，对所管理商品的安全情况、保管状况、计量工具的准确性、库房和货场的清洁整齐程度等进行的检查。这是保管人员每日必须进行的一项工作。

（2）定期检查。是指根据季节变化和工作的需要，由仓库领导者组织有关方面的专业人员，对在库商品进行定期检查。即雷雨季节到来前后，组织质量和保养情况的检查；暑热季节到来前，对怕热商品的防热措施的检查和冬季前对冬防措施的检查；节假日前，组织安全措施的检查等。

（3）临时性检查。是指风雨季节前后，有灾害性气象预报时所组织的临时性检查，或者根据工作中发现的问题而决定进行的临时性检查。例如，在暴风雨、台风到来前，要检查建筑物是否承受得住风雨袭击，下水道是否畅通，露天货场苫盖是否严密牢固；风雨中及风雨过后再检查有无损失等。

3）检查中发现问题的处理

① 商品有变质迹象或发生变质时，应按维护保养要求处理，查明原因，提出改进措施，通知存货单位。

② 对于超过保管期，或没有超过保管但质量要求不能继续存放的，应通知货主及时处理。

③ 对于商品包装已经出现破损的，应查明原因，协商处理。

④ 商品数量有出入的，应弄清情况，查明原因，分清责任。造成短少、溢余的原因主要有磅差、计量方法不对、自然损耗、责任损益等。

⑤ 对于各项检查结果和问题应该详细记录。

9.2.3 进口商品的检验

进口商品的检验（Commodity Inspection），就是对卖方交付商品的质量和数量进行鉴定，以确定交货的品质、数量和包装是否与合同的规定相一致。进口商品检验是国际贸易中的重要环节。

1. 进口商品检验的作用

进口商品检验是进口商品检验机构为了鉴定商品的品质、数量和包装是否符合合同规定的要求，对卖方是否已经按照合同履行了交货义务进行检查，并在发现卖方所交货物与合同不符时，买方有权拒绝接受货物或提出索赔。因此，商品检验对买方的利益是十分重要的。在进口工作中，订好检验条款，做好进口商品的检验工作，对于维护国家和人民的正当权益具有重要意义。我国商品检验机构关于进口商品的主要任务是对重要进口商品进行法定检验，对一般进口商品实施监督管理和鉴定。

2. 实施进口商品检验的范围

我国对外贸易中的商品检验，主要是对进口商品的品质、规格、数量及包装等实施检验。对某些商品进行检验以确定其是否符合安全、卫生的要求；对动植物及其产品实施病虫害检验检疫。而进口商品的残损状况和装运某些商品的运输工具等亦需要进行检验。

我国进口商品检验的范围主要有以下几个方面。

① 现行《商检机构实施检验的进出口商品种类表》（以下简称《种类表》）所规定的商品。《种类表》是由国家商品检验局根据对外贸易发展的需要和进口商品的实际情况制定的，不定期地加以调整和公布。

②《中华人民共和国食品卫生法（试行）》和《进出境动植物检疫法》所规定的商品。

③ 船舶和集装箱。

④ 海运出口危险品的包装。

⑤ 对外贸易合同规定由商检局实施检验的进口商品。

我国进口商品实施检验的范围除了以上所列之外，根据《商检法》规定，还包括其他法律、行政法规规定需要经过商检机构和由其他检验机构实施检验的进口商品或检验项目。

3. 商品检验的时间和地点

在对外贸易合同中，有关检验的时间、地点有几种不同的规定。

（1）以离岸品质、重量为准。即出口国装运港的商品检验机构在货物装运前对货物品质、数量及包装进行检验，并出具检验合格证书为交货的最后依据。换句话说，货物到目的港后，买方无权检验，也无权向卖方提出异议。这种规定显然对卖方单方面有利。

（2）以到岸品质、重量为准。即货物的数量、品质及包装在货物到达目的港后，由目的港的商品检验机构进行检验，并出具检验证书为货物的交接依据。这种规定对买方十分有利。

（3）两次检验、两个证明、两份依据。即以装运港的检验证书作为交付货款的依据；在货物到达目的港之后，允许买方公证机构对货物进行复检并出具检验证书作为货物交接的最后依据。这种做法兼顾了买卖双方的利益，在国际上采用较多。

检验的时间与地点不仅与贸易规定、商品及包装性质、检验手段的具备与否有关，而且还与国家的立法、规章制度等有密切关系。为使检验顺利进行，预防产生争议，买卖双方应将检验的时间与地点在合同的检验条款中，具体订明。

4. 检验机构

国际贸易中的商品检验工作，一般是由专业性的检验部门或检验企业来办理，他们的名称很多。其中，有的称公证鉴定人（Authentic Surveyor）、有的称宣誓衡量人（Sworn Measurer）或实验室等，统称为商检机构或公证行；有时由买卖双方自己检验商品。国际贸易中从事商品检验的机构大致有以下几类。

① 官方机构，由国家设立的检验机构。

② 非官方机构，由私人和同行业工会协会等开设的检验机构，如公证人、公证行。

③ 工厂企业、用货单位设立的化验室、检验室。

在实际交易中选用哪类检验机构检验商品，取决于各国的规章制度、商品性质及交易条件等。

检验机构的选择一般是与检验的时间和地点联系在一起的。在出口国工厂或装运港实验室，一般由出口国的检验机构检验；在目的港或买方营业处、所检验时，一般由进口国的检验机构检验。

在我国，根据《商检法》的规定，从事进口商品检验的机构是国家设立的商检部门和设在全国各地的商检局。中国进出口商品检验总公司及其设在各地的分公司根据商检局的制度，也以第三者地位办理进口商品的检验和鉴定工作。

5. 检验证书

进口商品经过商检机构检验后，都要由检验机构发给一定的证明书，以证明商品品质和数量是否符合合同的规定，这种证件成为商检证书。目前，在国际贸易中常见的商检证书主要有以下几种：

① 检验证明书（Inspection Certificate）；

② 品质证明书（Quality Certificate）；

③ 重量证明书（Weight Certificate）；

④ 卫生证明书（Sanitary Certificate）；

⑤ 兽医证明书（Veterinary Certificate）；

⑥ 植物检疫证明书（Plant Quarantine Certificate）；

⑦ 价值证明书（Value Certificate）；

⑧ 产地证明书（Origin Certificate）。

除了上述各种检验证书之外，还有证明其他检验、鉴定工作的"检验证书"，如验舱证书、货载衡量等证书。

在国际商品买卖业务中，卖方究竟提供何种证书，要根据成交商品的种类、性质、有关法律和贸易习惯及政府的涉外经济政策而定。

6. 检验方法和检验标准

检验方法和检验标准涉及检验工作中许多复杂的技术问题。同一商品，如果用不同的检验方法和检验标准进行，其结果也会有所不同。因此，在对外签订合同中，应注意确定适当的检验标准和检验方法。

7. 对国外进口商品验收中发现问题的处理

进口商品的验收依据是订货合同，合同规定该批商品的品种、规格、数量、质量（理化特性和主要性能指标），外观和一些特殊要求，以及一些商务方面的规定。对国家《商检机构实施检验的进出口商品种类表》内规定的商品，先由商检局实施法定检验，仓库再做入库前的验收；对未列入该表的商品，则由仓库技术职能机构实施检验。

对进口商品数量、质量、外观等方面进行检验，其方法与国内供货的商品基本相同，只是更严格一些。计件、检斤的商品，原则上应全验，对于不便于全验的商品，抽验的比率较国内产品高，一般为 10%～20%。进口商品大多用海船运输，运输距离越远，受潮和因配载不恰当受风浪影响产生撞击的机会越多。因此，外观检验要特别严格，尺寸精度、理化特性、产品性能等方面的检验，如果本库力量不足，可取样委托科研机构代行检验。

检验中如果发现问题，应分清责任，按不同的途径办理索赔事宜。

① 凡属于运输管理不善而造成的商品损失，如整件短缺、短少、残损、被窃、海蚀、发霉、生虫等，办理相应的手续取得"签证"或"货运记录"，分别向船方、港口、铁路等运输部门索赔。

② 凡因遇到自然灾害（如火灾、雷电、台风、地震、暴风雨等）和社会因素（如战争、政府禁运等），造成商品短少、残损，若商品运输的保险由买方投保或采用离岸价及离岸价加运费的价格结算方式，可向保险公司索赔。

③ 凡属于国外厂商原因造成的商品品质、规格性能不符合规定的标准和数量短少、残损的，可按索赔程序向国外售方索赔。

办理国外索赔的程序为向国家商检局报验，商检局复验、出证，进口部门向国外售方提出索赔。

报验是仓库在验收进口商品之后，判明造成残损、短少、错发、品质与性能与合同规定不符等属于国外发货人责任，向就近商检局提出复验申请。商检局接受复验申请之后，即组织力量进行复验，并根据复验结果出具索赔证明。仓库在索赔期前 15 天将商检复验证书和有关附件寄送到外贸订货公司，由外贸订货公司向国外售方办理索赔。

向外商提出索赔，应注意以下几个问题。

① 必须按国家的有关规定方针政策办事，既要坚持原则，维护国家利益、企业利益，又要讲究策略，做到"重合同，守信用"，"有理、有利、有节"。

② 必须掌握确凿和充分的事实根据，要有齐全准确的检验记录、试验、化验资料，必要时还应附以照片和实物。

③ 必须分清责任，明确索赔对象，对确属国外发货人（售方）责任的，才能向其提出索赔。

④ 应符合一定的索赔范围。索赔范围有的是买卖双方在合同上明确写明的，有的是国际贸易中的惯例或我国有关部门制定的统一规定。应熟悉不同产品的索赔范围，并认真遵守。

8. EDI 技术在进口商品检验中的应用

在国际物流领域内，电子数据交换（EDI）的应用是十分广泛的。EDI 以电子化传播的报文取代纸面单证，被人们认为是自集装箱发明以来最具有意义的便利贸易和物流的技术，它使得为社会提供高质量的物流服务成为可能。

由于电子数据交换技术是一项比较新的技术，人们对它有不同的理解。从国际物流的角度看，EDI 是将与贸易有关的运输、保险、银行和海关等行业的信息，用一种国际公认的标准格式进行编制，并通过计算机通信网络，实现各有关部门或公司与企业之间的数据传输与处理，并完成以贸易为中心的全部业务过程。

EDI 经常被简单地看做用电子数据取代纸张单据的方法，看做用电子传输的方式取代传统的传输方式，如邮寄、电话或人工投递等。然而，EDI 更是一种用电子数据输入取代人工数据输入的方法，更是一种用电脑处理数据取代人工处理数据的方法。EDI 的目的不是消除纸张，更主要的是消除处理延误及数据的重复输入。

关于 EDI 的严格定义，其中国际数据交换协会（IDEA）给出的定义，它基本上概括了其全部的主要特征：通过电子方式，采用约定的报文标准，从一台计算机向另一台计算机进行结构化数据的传输可以称为电子数据交换。

该定义基本上涉及了 EDI 概念的主要因素。它提到了"结构化数据",实际上指出了用于交换的数据是处于一种可以运用电子计算机进行处理的格式,而非处于一种非结构化的、自由文本的格式。所谓"结构"就是必须具有一定的框架,根据一定的标准进行组合,以达到利用某种方式可以对其进行操作的目的。

9.2.4 EDI 应用系统案例分析

1. 广东商检局产地证签证 EDI 系统

广东商检局产地证签证 EDI 系统于 1996 年 1 月正式投入运行。目前,该系统 EDI 联网用户已经达到 40 家,已经累计处理签证 3 万多份次。该系统由 EDI 报文翻译收发和产地证审签两个子系统组成。系统的报文采用 UN/EDIFACT 标准,包括了一般原产地证和商检审、签回执 3 个报文。该系统除了支持 EDIFACT 标准外,还能处理"约定格式"报文。

该系统大大提高了产地证签证工作效率,改善了工作质量,方便了进口企业,受到了广泛的好评,产生了很好的社会效益。该系统通过 DDN 专线分别与广东省 EDI 中心和广州市 EDI 中心联网运行。

2. 山东商检局进口商品 EDI 报验申请系统

山东商检局较早应用了进口商品检验业务流程计算机管理系统(EDP),在受理进口企业报验申请方面,山东商检局提供了多种模式。

3. 其他 EDI 应用系统

浙江商检局在 EDI 试点建设过程中,结合 EDI 发展的实际情况,开发了电子报文翻译系统,可与内部计算机管理系统相衔接。EDI 试点工作以产地证签证申请应用为主,同时开展 EDI 报验、出口放行单的 EDI 传递、检验信息语音查询服务等方面的研究和试点工作。天津、上海、辽宁和江苏等许多商检局也都在不同程度上开展了 EDI 试点应用工作。

4. "九五"商检系统的 EDI 应用

1996 年 2 月,商检系统的 EDI 应用列入了"现代商贸信息化关键技术研究与开发"这一课题。该课题旨在组织力量研制开发适合我国国情的商贸自动化系列产品和不同类型模块化的商贸自动化系统,开展大中型商场、连锁店、超级市场等不同类型的商贸自动化示范。"商检 EDI 应用系统的开发与建立"是这一课题的一个组成部分,该部分含有 7 个专题:
① 商检广域网络系统;
② 商检 EDP 和 EDI 标准化体系的建设;
③ 商检检验业务计算机管理系统;
④ EDI 产地证明管理系统的开发与应用;
⑤ EDI 商检证书管理系统的开发与应用;
⑥ 进口商品安全卫生质量许可证管理系统的开发与应用;
⑦ EDI 进口商品流向跟踪与出口商品放行管理系统的开发与应用。

9.3　商品出库与发运

商品出库与发运是商品储存阶段的终止，也是仓库作业的最后一个环节，它使仓库工作与运输部门、商品使用单位直接发生联系。商品出库直接影响运输部门和使用单位。因此，做好出库工作对改善仓库经营管理，降低作业费用，提高服务质量有一定的作用。做好出库工作必须遵循"先进先出"的原则，对有保管期限的商品要在限期内发放完毕；对可以回收复用的商品在保证质量的前提下，按先旧后新的原则发放；对零星用料要做到"分斤破两"；对专用材料要做到保证重点，照顾一般。商品出库要及时准确，出库工作尽量一次完成，防止差错。出库商品的包装要符合交通运输部门的要求。另外，仓库必须建立严格的商品出库和发运程序，把商品的出库和发运工作搞好。

9.3.1　商品出库

商品出库业务，是仓库根据业务部门或存货单位开出的商品出库凭证（提货单、调拨），按其所列商品编号、名称、规格、型号、数量等项目，组织商品出库一系列工作的总称。出库发放的主要任务是：所发放的商品必须准确、及时、保质保量地发给收货单位，包装必须完整、牢固、标记正确清楚，核对必须仔细。

1. 商品出库的依据

商品出库必须依据货主开出的"商品调拨通知单"进行。不论在任何情况下，仓库都不得擅自动用、变相动用或者外借货主的库存商品。

"商品调拨通知单"的格式不尽相同，不论采用何种形式，都必须是符合财务制度要求的有法律效力的凭证，要坚决杜绝凭信誉或无正式手续的发货。

2. 商品出库的要求

商品出库要求做到"三不三核五检查"。"三不"，即未接单据不翻账，未经审单不备货，未经复核不出库；"三核"，即在发货时，要核实凭证、核对账卡、核对实物；"五检查"，即对单据和实物要进行品名检查、规格检查、包装检查、件数检查、重量检查。具体地说，商品出库要求严格执行各项规章制度，提高服务质量，使用户满意。它包括对品种规格要求，积极与货主联系，为用户提货创造各种方便条件，杜绝差错事故。

3. 商品出库的形式

1）送货

仓库根据货主单位预先送来的"商品调拨通知单"，通过发货作业，把应发商品交由运输部门送达收货单位，这种发货形式就是通常所说的送货制。

仓库实行送货，要划清交接责任。仓储部门与运输部门的交接手续，是在仓库现场办理完毕的；运输部门与收货单位的交接手续，是根据货主单位与收货单位签订的协议，一般在收货单位指定的到货地办理。

送货具有"预先付货、接车排货、发货等车"的特点。仓库实行送货具有多方面的好处：仓库可预先安排作业，缩短发货时间；收货单位可避免因人力、车辆等不便而发生的取货困难；在运输上，可合理使用运输工具，减少运费。

仓储部门实行送货业务，应考虑到货主单位不同的经营方式和供应地区的远近，既可向外地送货，也可向本地送货。

2）自提

由收货人或其代理持"商品调拨通知单"直接到库提取，仓库凭单发货，这种发货形式就是仓库通常所说的提货制。它具有"提单到库，随到随发，自提自运"的特点。为划清交接责任，仓库发货人与提货人在仓库现场，对出库商品当面交接清楚并办理签收手续。

3）过户

过户，是一种就地划拨的形式，商品虽未出库，但是所有权已从原存货户转移到新存货户。仓库必须根据原存货单位开出的正式过户凭证，才予办理过户手续。

4）取样

货主单位出于对商品质量检验、样品陈列等需要，到仓库提取货样。仓库也必须根据正式取样凭证才予发给样品，并做好账务记载。

5）转仓

货主单位为了业务方便或改变储存条件，需要将某批库存商品自甲库转移到乙库，这就是转仓的发货形式。仓库也必须根据货主单位开出的正式转仓单，才予办理转仓手续。

4. 商品出库作业的程序

不同仓库在商品出库的操作程序上会有所不同，操作人员的分工也有粗有细，但就整个发货作业的过程而言，一般都是跟随着商品在库内的流向，或出库单的流转而构成各工种的衔接。出库程序包括核单备料→复核→包装→点交→登账→现场和档案的清理过程。

出库采用何种方式，主要决定于收货人。

1）核单备料

发放商品必须有正式的出库凭证，严禁无单或白条发料。保管员接到出库凭证后，应仔细核对，这就是出库业务的核单（验单）工作。首先，要审核出库凭证的合法性和真实性；其次，核对商品品名、型号、规格、单价、数量、收货单位、到站、银行账号；最后，审核出库凭证的有效期等。如属自提商品，还须检查有无财务部门准许发货的签章。

在对"商品调拨通知单"所列项目进行核查之后，才能开始备料工作。出库商品应附有质量证明书或抄件、磅码单、装箱单等。机电设备等配件产品，其说明书及合格证应随货同到。备料时应本着"先进先出、易霉易坏先出、接近失效期先出"的原则，根据领料数量下堆备料或整堆发料。备料的计量实行"以收代发"，即利用入库检验时的一次清点数，不再重新过磅。备料后要及时变动料卡余额数量，填写实发数量和日期等。

2）复核

为防止差错，备料后应立即进行复核。出库的复核形式主要有专职复核、交叉复核和环环复核3种。除此之外，在发货作业的各道环节上，都贯串着复核工作。例如，理货员核对单货，守护员（门卫）凭票放行，账务员（保管会计）核对账单（票）等。这些分散的复核形式，起到分头把关的作用，都有助于提高仓库发货业务的工作质量。复核的主要内容包括品种数量是否准确，商品质量是否完好，配套是否齐全，技术证件是否齐备，外观质量和包装是否完好，等等。复核后保管员和复核员应在"商品调拨通知单"上签名。

3）包装

出库的货物如果没有符合运输方式所要求的包装，应进行包装。根据商品外形特点，选用适宜包装材料，其重量和尺寸，应便于装卸和搬运。出库商品包装，要求干燥、牢固。如有破损、潮湿、捆扎松散等不能保障商品在运输途中安全的，应负责加固整理，做到破包破箱不出库。此外，各类包装容器，若外包装上有水湿、油迹、污损，均不许出库。另外，在包装中严禁互相影响或性能互相抵触的商品混合包装；包装后，要写明收货单位、到站、发货号、本批总件数、发货单位等。

4）点交

商品经复核后，如果是本单位内部领料，则将商品和单据当面点交给提货人，办清交接手续；如系送料或将商品调出本单位办理托运的，则与送料人员或运输部门办理交接手续，当面将商品交点清楚。交清后，提货人员应在出库凭证上签章。

5）登账

点交后，保管员应在出库单上填写实发数、发货日期等内容，并签名。然后将出库单连同有关证件资料，及时交给货主，以使货主办理货款结算。保管员把留存的一联出库凭证交给实物明细账登记人员登记做账。

6）现场和档案的清理

现场清理包括清理库存商品、库房、场地、设备和工具等；档案清理是指对收发、保养、盈亏数量和垛位安排等情况进行分析。

在整个出库业务程序过程中，复核和点交是两个最为关键的环节。复核是防止差错的重要和必不可少的措施，而点交则是划清仓库和提货方两者责任的必要手段。

5. 出库单证的流转和账务处理

出库单证主要是指提货单，它是向仓库提取商品的正式凭证。在不同单位中，会采用自提货和送货这两种不同的出库方式，而不同单位在不同出库方式条件下，单证流转与账务处理的程序都会有所不同，这里只是就一般情况做一些介绍。

1）自提货方式下的提货单

自提是提货人持提货单来仓库提货的出库形式。商品明细账账务人员在收到提货单后，经审核无误，向提货人开出商品出门证，出门证上应列明每张提货单的编号。出门证中的一联交给提货人，账务人员将根据出门证的另一联和提货单在商品明细账出库记录栏内登账，并在提货单上签名，批注出仓吨数和结存吨数，并将提货单递给保管员发货。提货人凭出门证向发货员领取所提商品，待货付讫，保管员应盖付讫章和签名，并将提货单返回给账务人员。提货人凭出门证提货出门，并将出门证交给守护员（门卫）。守护员在每天下班前应将出门证交回账务人员，账务人员凭此与已经回笼的提货单号码和所编代号逐一核对。如果发现提货单或出门证短少，应该立即追查，不得拖延。

以上介绍的是仓库"先记账后发货"的处理方式，另外仓库也可以采用"先发货后记账"的出库形式，这里不做介绍。自提的提货单流转和出库账务处理程序如图 9-4 所示。

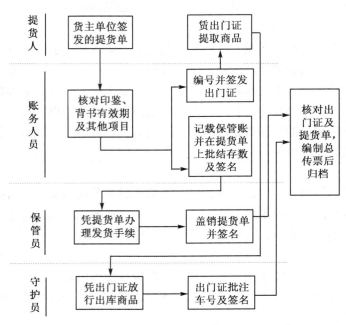

图 9-4   自提提货单流转和出库账务处理程序

2）送货方式下的提货单

在送货方式下，一般是采用"先发货后记账"的形式。提货单随同送货通知单经内部流转送达仓库后，一般是直接送给理货员，而不先经过账务人员。理货员接单后，经过理单、编写地区代号，分送给保管员发货，待货发讫后再交给账务人员记账。

对于其他的几种出库方式，其单证的流转与账务的处理过程也基本相同。取样和移库对于货主单位而言并不是商品的销售和调拨，但对仓库来说却也是一笔出库业务。货主单位签发的取样单和移库单也是仓库发货的正式凭证，它们的流转和账务处理程序与提货单基本相同。商品的过户，对仓库来说商品并不移动，只是所有权在货主单位之间转移。所以，过户单可代替入库通知单，开给过户单位储存凭证，并另建新账务，即做入库处理；对过户单位来说，等于所有商品出库。过户单位与提货单位一样，凭此进行出库账务处理。

3）企业内部物料出库供应作业流程实例

（1）企业内部物料出库供应的方式。企业内部的物料出库供应是企业生产过程的一个重要环节。同样，企业内部物料供应也有领料和发料两种。领料是指由制造部门人员在某项产品制造之前填写领料单向仓库单位领取物料的方法；而发料是指由物料管理部门或仓储单位根据生产计划，将仓库储存的物料，直接向制造部门生产现场发放的方法。发料工作的优点主要有以下几个方面。

① 仓库部门能够积极、主动、直接地掌握物料。仓库部门根据生产计划部门开出的制造命令单备料发料，只要计划部门的计划稳定，则仓库发料自然顺利，因而仓库部门对于发料也就能直接掌握了。

② 仓储管理较为顺利。仓库部门根据生产计划或制造命令单备料并一次性发料，如此仓储人员工作较顺利，因此较有余力去进行仓储整理及各种仓储管理的改善措施。

③ 加强制造部门用料、损耗及不良的控制，降低生产成本。由于采取仓库部门对制造

部门直接根据制造命令单一次性发料，制造部门不得不加强用料、损耗的控制。若制造现场由于某项因素造成损耗高于规定标准，那么制造部门势必前往仓库要求补料，否则制造部门的生产任务就无法完成。而损耗的增高引起补料往往需要上级核准或在厂务会议上检讨，因此制造部门不得不加强用料和损耗的控制，从而起到降低生产成本的功效。

④ 有利于成本会计记账。既然物料的资料易于掌握，则成本会计也就容易记账了。

⑤ 有利于生产计划部门制造日程的安排。既然物料、用料、损耗易于控制，计划部门制造日程的安排也就愈发顺利了。

根据实际情况的不同，发料与领料的适用范围也有所不同，并非所有物料的需求方式都可由仓库部门发料。对于直接需求的物料，采取物料发放的形式；对于间接需求的物料，则采用物料需求部门到货仓领料的方式较好。

（2）物料出仓控制程序实例。下面以某企业物料出库供应的内部控制为例来说明物料出库的控制程序。

① 目的：对本公司物料出库的数量进行控制，确保发料的数量满足生产的需要。

② 适用范围：适用于本公司所有原材料、生产辅料。

③ 各部门职责：

货仓部 —— 负责商品发放工作。

　生产部 —— 负责商品的接收清点工作。

计划物控（PMC）部计划（PC）组 —— 负责生产命令的下达。

计划物控（PMC）部物控（MC）组 —— 负责物料的发放指令。

④ 工作程序：

第一步，下达生产命令。

A. 计划部门根据"周生产计划"和物控部提供的物料齐备资料，签发"制造命令单"给物控部。

B. 物控部门根据"制造命令单"开列"发料单"，并分别派发至生产部门和货仓部门。

第二步，物料发放。

A. 货仓管理员接收到"发料单"后，首先与 BOM 核对，有误时应及时通知物控部开单人员，直至确认无误后将"发料单"交给货仓物料员发料。

B. 物料员点装好物料后，及时在物料卡上做好相应记录，同时检查一次物料卡的记录正确与否，并在物料卡签上自己的名字。

第三步，物料交接。

物料员将物料送往生产备料区与备料员办理交接手续，无误后在"发料单"签上各自名字，并各取回相应联单。

第四步，账目记录。货仓管理员按"发料单"的实际发出数量入好账目。

第五步，表单的保存与分发。货仓管理员将当天有关的单据分类整理好存档或集中分送到相关部门。

⑤ 流程图（如图 9-5 所示）。

⑥ 相关文件：生产计划控制程序。

⑦ 相关表单：制造命令单、发料单和物料卡。

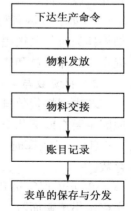

图 9-5　企业物料出库
控制流程图

⑧ 领料单作业流程图（如图9-6所示）。

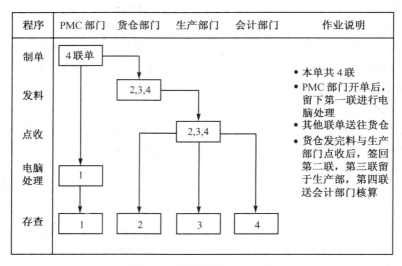

图9-6　领料单作业流程图

6. 商品出库过程中发生问题的处理

商品出库过程中出现的问题是多方面的，应分别对待处理。

1）出库凭证"提货单"上的问题

① 凡出库凭证超过提货期限，用户前来提货的，必须先办理手续，按规定缴足逾期仓储保管费，然后方可发货。任何白条子，都不能作为发货凭证。提货时，用户发现规格开错，保管员不得自行调换规格发货，必须通过制票员重新开票方可发货。

② 凡发现出库凭证有疑点，或者情况不清楚，以及出库凭证发现有假冒、复制、涂改等情况时，应及时与仓库保卫部门及出具出库单的单位或部门联系，妥善处理。

③ 商品进库未验收，或者期货未进库的出库凭证，一般暂缓发货，并通知货主，待货到并验收后再发货，提货期顺延，保管员不得代验。

④ 如客户因各种原因将出库凭证遗失，客户应及时与仓库发货员和账务员联系挂失。如果挂失时货已被提走，保管员不承担责任，但要协助货主单位找回商品；如果货还没有被提走，经保管员和账务员查实后，做好挂失登记，将原凭证作废，缓期发货。

2）提货数与实存数不符

若出现提货数量与商品实存数不符的情况，一般是实存数小于提货数，造成这种问题的原因主要有以下几个方面。

① 商品入库时，由于验收问题，增大了实收商品的签收数量，从而造成账面数大于实存数。

② 仓库保管员和发货人员在以前的发货过程中，因错发、串发等差错而形成实际商品库存量小于账面数。

③ 货主单位没有及时核减开出的提货数，造成库存账面数大于实际储存数，从而开出的提货单提货数量过大。

④ 仓储过程中造成的货物的毁损。

当遇到提货数量大于实际商品库存数量时，无论是何种原因造成的，都需要和仓库主管部门及货主单位及时取得联系后再做处理。如属于入库时错账，则可以采用报出报入方法进行调整，即先按库存账面数开具商品出库单销账，然后再按实际库存数重新入库登账，并在入库单上签明情况；如果属于仓库保管员串发、错发引起的问题，应由仓库方面负责解决库存数与提单数的差数；属于货主单位漏记账而多开出库数的，应由货主单位出具新的提货单，重新组织提货和发货；如果是仓储过程中的损耗，需考虑该损耗数量是否在合理的范围之内，并与货主单位协商解决。合理范围内的损耗，应由货主单位承担；而超过合理范围之外的损耗，则应由仓储部门负责赔偿。

3）串发和错发货

所谓串发和错发货，主要是指在发货人员对商品种类规格不很熟悉的情况下，或者由于工作中的疏漏，把错误规格、数量的商品发出仓库的情况。如提货单开具甲规格的某种商品出库，而在发货时错把乙规格的该种商品发出，造成甲规格账面数小于实存数，乙规格账面数大于实存数。在这种情况下，如果商品尚未离库，应立即组织人力重新发货；如果商品已经被提出仓库，保管员要根据实际库存情况，如实向本库主管部门和货主单位讲明串发和错发货的品名、规格、数量、提货单位等情况，会同货主单位和运输单位共同协商解决。一般在无直接经济损失的情况下由货主单位重新按实际发货数冲单（票）解决；如果形成直接经济损失，应按赔偿损失单据冲转调整保管账。

4）包装破漏

包装破漏是指在发货过程中，因商品外包装破散、砂眼等现象引起的商品渗漏、裸露等问题。这些问题主要是在储存过程中因堆垛挤压，发货装卸操作不慎等情况引起的，发货时都应经过整理或更换包装，方可出库；否则造成的损失应由仓储部门承担。

5）漏记和错记账

漏记账是指在商品出库作业中，由于没有及时核销商品明细账而造成账面数量大于或少于实存数的现象；错记账是指在商品出库后核销明细账时没有按实际发货出库的商品名称、数量等登记，从而造成账实不相符的情况。无论是漏记账还是错记账，一经发现，除及时向有关领导如实汇报情况外，同时还应根据原出库凭证查明原因调整保管账，使之与实际库存保持一致。如果由于漏记和错记账给货主单位、运输单位和仓储部门造成了损失，应给予赔偿，同时应追究相关人员的责任。

9.3.2　货物发运

1. 发货方式

仓储中的发货方式一般有以下几种。

（1）托运。由仓库货物会计根据货主事先送来的发货凭证转开商品出库单或备货单，交仓库保管员做好货物的配货、包装、集中、理货、待运等准备作业。没有理货员的仓库应由保管员负责进行集中、理货和待运工作，保管员与理货员之间要办理货物交接手续。然后由仓库保管员（或直接由理货员）与运输人员办理点验交接手续，以便明确责任。最后由运输人员负责将货物运往车站、码头。

（2）提货。由提货人凭货主填制的发货凭证，用自己的运输工具到仓库提货。仓库会计根据发货凭证转开货物出库单。仓库保管员接证单配货，经专人逐项复核后，将货物当面点交给提货人员，并办理交钱手续，开出门单，由提货人员提走货物。

（3）取样。货物所有者为介绍商品或检验货物而向仓储部门提取货样。在办理取样业务时，要根据货主填制的正式样品出库单转开货物出库单，在核实货物的名称、规格、牌号、等级和数量等项后备货，并经复核，将货物交提货人。

（4）移仓。因业务或保管需要而将储存的货物从某一仓位转移到另一仓位的发货方式，移仓分内部移仓和外部移仓。内部移仓填制仓储企业内部的移仓单，并据此发货；外部移仓则根据货主填制的货物移仓单结算和发货。

（5）过户。在不转移仓储货物的情况下，通过转账变更货物所有者的一种发货方式。货物过户时，仍由原货主填制正式的发货凭证，仓库据此做过户转账处理。

2. 发货要求

无论何种发货方式，均应按以下要求进行。

（1）准确。发货准确与否关系到仓储服务的质量。在短促的发货时间里做到准确无误，这要求在发货工作中做好复核工作，要认真核对提货单，从配货、包装直到交提货人或运输人的过程中，要注意环环复核。

（2）及时。无辜拖延发货是违约行为，这将造成经济上的损失。为掌握发货的主动，平时应注意与货主保持联系，了解市场需求的变动规律；同时，加强与运输部门的联系，预约承运时间。在发货的整个过程中，各岗位的责任人员应密切配合，认真负责，这样便能保证发货的及时性。

（3）安全。在货物出库作业中，要注意安全操作，防止作业过程中损坏包装，或震坏、压坏、摔坏货物；同时，应保证货物的质量。在同种货物中，应做到先进先出。对于已发生变质的货物应禁止发货。

3. 发货准备

发货前的准备工作包括以下内容。

（1）原件货物的包装整理。货物经多次装卸、堆码、翻仓和拆检，会使部分包装受损，不适宜运输要求。因此，仓库必须视情况进行加固包装和整理工作。

（2）零星货物的组配、分装。有些货物需要拆零后出库，仓库应为此事先做好准备，备足零散货物，以免因临时拆零而延误发货时间；有些货物则需要进行拼箱。为此，应做好挑选、分类、整理和配套等准备工作。

（3）包装材料、工具、用品的准备。对从事装、拼箱或改装业务的仓库，在发货前应根据性质和运输部门的要求，准备各种包装材料及相应的衬垫物，并准备好钉箱、打包等工具。

（4）待运货物的仓容及装卸机具的安排调配。对于待出库的商品，应留出必要的理货场地，并准备必要的装卸搬运设备，以便运输人员的提货发运。

（5）发货作业的合理组织。发货作业是一项涉及人员较多，处理时间较紧，工作量较大的工作，进行合理的人员组织是完成发货的必要保证。

4. 发货的一般程序

（1）验单。审核货物出库凭证，应注意审核货物提货单或调配单内容，特别注意是否有被涂改过的痕迹。

（2）登账。对于审核无误的出库货物，仓库货物会计即可凭证所列项目进行登记，核销存储量，并在发货凭证上标注发货货物存放的货区、库房、货位编号及发货后的结余数等；同时，转开货物出库单，连同货主开制的商品提货单一并交仓库保管员查对配货。

（3）配货。保管员对出库凭证进行复核，在确认无误后，按所列项目和标注进行配货。配货时应按"先进先出"、"易坏先出"、"已坏不出"的原则进行。

（4）包装。在货物出库时，往往需要对货物进行拼装、加固或换装等工作，这均涉及货物的包装。对货物包装的要求是：封顶紧密，捆扎牢固，衬垫适当，标记正确。办理这项工作在大型仓库中由专职人员负责。

（5）待运。包装完毕，经复核员复核后的库货物均需集中到理货场所，与理货员办理交接手续，理货员复核后，在出库单上签字或盖章；然后填制货物运单，并通知运输部门提货发运。

（6）复核。复核货物出库凭证的抬头、印鉴、日期是否符合要求，经复核不符合要求的货物应停止发货。对货物储存的结余数进行复核，查看是否与保管账目、货物保管卡上的结余数相符。对于不符的情况应及时查明原因。

（7）交付。仓库发货人员在备齐商品，并经复核无误后，必须当面向提货人或运输人按单列货物逐件点交，明确责任，办理交接手续。在货物装车时，发货人员应在现场进行监装，直到货物装运出库。发货结束后，应在出库凭证的发货联上加盖"发讫"印戳，并留据存查。

（8）销账。上述发货作业完成后，需核销保管账、卡上的存量，以保证账、卡、货一致。

5. 发货复核

在货物运出仓库时，有以下3种发货复核方式。

（1）托运复核。仓库保管员根据发货凭证负责配货，由理货员或其他保管员对货单逐行逐项核对，即核对货物的名称、规格、货号、花色、数量和细数等，检查货物发往地与运输路线是否有误，复核货物的合同号、件号、体积、重量等运输标记是否清楚。经复核正确后，理货员或保管员应在出库凭证上签字盖章。

（2）提货复核。仓库保管员根据货主填制的提货单和仓库转开的货物出库单所列货物名称、规格、牌号、等级、计量单位、数量等进行配货，由复核员逐项进行复核。复核正确，则由复核人员签字后，保管员将货物当面交给提货人；未经复核或复核不符的商品不准出库。

（3）取样复核。货物保管员按货主填制的正式样品出库单和仓库转开的货物出库单回货，核实无误，经复核员复核、签字后，将货物样品当面交给提货人，并办理各种交接、出库手续。

9.4 商品在库盘点

9.4.1 商品盘点的必要性

1. 物资账实不符的原因

在实际工作中物资账实不符的原因主要有以下几个方面。

① 物资在运输、保管、收发过程中发生自然变化或损耗。

② 由于计量、检验方面的问题造成的数量或质量上的差错。

③ 由于保管不善或工作人员失职造成的物资的损坏、霉烂、变质或短缺等。

④ 因气候影响发生腐蚀、硬化、结块、变色、锈烂、生霉、变形及受虫鼠的啃食等，致使物资发生数量减少或无法再使用。

⑤ 由于自然灾害造成的非常损失和非常事故发生的毁损。

⑥ 在物资收发过程中，由于手续不齐或计算、登记上发生错误或漏记，或收发凭证遗失造成的账实不符。

⑦ 由于贪污、盗窃、徇私舞弊等造成的物资损失。

⑧ 由于未达账项引起的账实不符。

⑨ 由于供方装箱装桶时，每箱每桶数量有多有少，而在验收时无法进行每箱每桶核对而造成的短缺或盈余。

⑩ 由于使用的度量衡器具有欠准确，或使用方法错误而造成数量有差异。

⑪ 由于用做样品而又未开单造成数量短缺。

⑫ 由于整进零发所发生的磅差。

2. 物资盘点的作用

（1）确保物资资料的真实性。通过盘点，可以使各项物资的实存数量、种类、规格得以真实反映，以便核查物资账实差异及其发生原因，明确责任，保证物资资料的准确性。

（2）确保各项物资的安全与完整。通过盘点可以掌握各项物资的保管情况，查明有无损失浪费、霉烂变质、贪污盗窃等情况，以便针对问题，对症下药，堵塞漏洞，改进工作，建立健全各项责任制，切实保证物资的安全与完整。

（3）挖掘物资潜力，提高物资使用效率。通过盘点，可以查明各项物资的储备和利用情况，明确哪些物资积压，哪些物资不足，以便采取措施，提高物资使用率。

（4）有利于了解有关物资的各项制度的执行情况。通过盘点可以了解验收、保管、发放、调拨、报废等各项工作是否按规定办理，这样有利于督促各项制度的贯彻执行，提高管理质量。

9.4.2 仓库物资盘点的主要内容和检查项目

① 检查物资的账面数量与实存数量是否相符。

② 检查物资的收发情况，以及有无按"先进先出"的原则发放物资。

③ 检查物资的堆放及维护情况。

④ 检查各种物资有无超储积压、损坏变质。

⑤ 检查对不合格品及呆废物资的处理情况。

⑥ 检查安全设施及安全情况。

9.4.3 仓库物资盘点的范围

（1）存货盘点：是指对原材料、辅助材料、燃料、低值易耗品、包装物、在制品、半成品、产成品的清查核点。

（2）财产盘点：是指对生产性财产和非生产性财产的清查核点。

9.4.4 仓库物资盘点的种类

1. 按盘点的范围分类

（1）全面盘点。是对所有财产物资进行全面盘点。由于全面盘点内容庞杂、范围广泛、工作量大，所以一般只在年终和年中进行，但当企业物资种类较少时也可以在其他期末时间进行。

（2）局部盘点。是对部分财产物资的清点核对。一般是对使用较频繁的材料、产成品等根据实际情况在年内进行轮流盘点或重点抽查。

2. 按时间分类

（1）定期盘点。是指对各项物资在固定的时间内进行盘点。如每月一次、每季度一次、每半年一次、每年一次等。

（2）不定期盘点。是指没有固定时间，而是根据实际需要对各项物资进行盘点。

9.4.5 盘点的方法

对物资的盘点一般采用实地盘点法。盘点时应注意：

① 物资保管人员必须在场，协助盘点人员盘点；

② 按盘点计划有步骤地进行，防止重复盘点或漏盘；

③ 盘点过程一般采用点数、过秤、量尺、技术推算等方法来确定盘点数量。

9.4.6 盘点程序

盘点程序如图 9-7 所示。

图 9-7 盘点程序示意图

1. 盘点前的准备

盘点前的准备工作主要包括确定盘点时间、盘点范围、盘点方式、盘点人员、盘点表单。

对于盘点时的物资进出有如下要求：

① 需盘点的物资应分类堆放整齐，并设置盘点单；

② 盘点时应办理完盘点之前的收发业务；

③ 盘点期间所来物资应单独存放，并于盘点后入库；

④ 盘点前车间应领取完盘点期间所需要的物资。

2. 初盘

在正式盘点之前，仓管人员应先进行盘点并填写盘点单和盘点表，便于正式盘点工作的顺利进行。

3. 复盘

按预定时间和人员对需盘点的物资进行盘点。主要是根据盘点表核对盘点单和实物，并检查物资的堆放情况及其他情况。

4. 盘点报告

盘点报告主要包括如下 3 方面：

① 根据盘点数量和账存数量编制盘点报告；

② 确定盘盈、盘亏量；

③ 追查盘盈、盘亏的原因。

5. 盘点结果处理

盘点结果处理是指：

① 查明差异，分析原因；

② 认真总结，加强管理；

③ 上报批准，调整差异。

9.4.7 盘点所需表单

1. 盘点单

表 9-4 盘点单样本一

编号：			日期：
料号：		名称：	
初盘数：		件数：	
复盘数：		备注：	

初盘人：　　　　　　　　　　　　　　　　　　　　　　　　　　　复盘人：

注：本单一式两联：第一联 —— 仓库；第二联 —— 会计。

表 9-5　盘点单样本二

编号：　　　　　　　　　　　　　　　　　　　　　　　　　　　　日期：

物料编码：

物料名称：

存放位置：

包装状况：

数量及单位：

初盘人：　　　　　　　　　　　　　　　复盘人：

核查人：

备注：

注：本单一式两联：第一联 —— 仓库；第二联 —— 会计。

2. 盘点表

表 9-6　盘点表样本

仓库：　　　　　　　　　　　　　年　　月　　日　　　　　　　　　　第　　页

编号	物料名称	单位	账存数量	初盘数量	复盘数量	盈亏数量	备注

核准：　　　　　　审核：　　　　　　会点人：　　　　　　复盘人：　　　　　　初盘人：

注：本单一式两联：第一联 —— 仓库；第二联 —— 会计。

3. 盘点报表

表 9-7　盘点报表样本

仓库：　　　　　　　　　　　　　年　　月　　日　　　　　　　　　　第　　页

编码	物料名称	单位	账存数量	实存数量	盈亏数量	盈亏原因分析

核准：　　　　　　审核：　　　　　　会点人：　　　　　　复盘人：　　　　　　初盘人：

注：本单一式两联：第一联 —— 仓库；第二联 —— 会计。

4. 调整单

表 9-8 调整单样本

仓库：　　　　　　　　　　　年　月　日　　　　　　　　　第　页

编码	物料名称	单位	调整前数量	调整数量	调整后数量	备注

申请人：　　　　　　　　　审核人：　　　　　　　　　　　　批准人：

核准：　　　　　　审核：　　　　　会点人：　　　复盘人：　　　初盘人：

注：本单一式两联：第一联 —— 仓库；第二联 —— 会计。

9.5　呆废物资管理

9.5.1　呆废物资的概念

（1）呆料：是指库存时间过长，而使用极少或有可能根本不用的物料。

（2）废料：是指因某些原因而丧失其使用价值，同时也无法改作他用的物料。

（3）残料：是指在使用加工过程中所产生的已无法再利用的边角或零头。

9.5.2　呆废物资处理的目的

（1）物尽其用。呆废物资闲置在仓库内而不加以利用，时间太长，会使物料生锈、受潮、变质等，使其丧失使用功能。因此，应及时利用。

（2）减少资金占用。呆废物资闲置在仓库中而不及时处理和利用，会占用一部分资金。

（3）节省储存费用。呆废物资若能及时处理，可以省去因管理这些呆废物资而发生的各项管理费用。

（4）节省储存空间。

（5）呆废物资及时处理，可以减少仓储空间上的占用。

9.5.3　呆废物资形成的原因

① 因滞销而引起生产变更，致使物料积压。

② 因设计变更或失误，造成呆废物资的发生。

③ 因验收疏忽或经检验合格的物料中仍含有少量的不合格品。

④ 因保管不当或保存过久而变质。

⑤ 加工后所剩下的边角料或碎屑等。

⑥ 因请购和采购不当而造成呆废物资。

⑦ 用料预算大于实际使用。

⑧ 代客加工余料。

9.5.4　呆废物资的处理

（1）转用：转用于其他产品的生产。

（2）修正再用：在规格等方面稍加修正后加以利用。

（3）拆零利用：使有用的零件回收利用。

（4）调换：与加工商或供应商协调进行等价调换其他物资。

（5）转赠：转送其他单位使用。

（6）降价出售：将呆废物资降价出售，回收部分资金。

（7）报废：呆废物资无法进行上述处理时，只能进行销毁，以免占用仓库空间。

9.5.5　呆废物资的防止

① 加强市场调查，做出恰当的销售计划，避免因滞销而物料积压。

② 加强物资的请购、采购作业，避免误请、误购物资发生，减少呆废物资。

③ 加强验收功能，避免不合格物资混入。

④ 变更产品设计时，应尽量将原有物料用完，除非不得已，否则不要中途改用新物料。

⑤ 实施物料品种、规格简单化、功能多用化，以减少呆废物资的发生。

⑥ 依物资的分类，采用不同的存量控制法，防止物资库存多变及变质。

⑦ 加强各子、母公司及各部门之间的沟通，减少呆废物资的发生。

⑧ 加强设计部门的成本观念，应力求设计完整，先经试验后再加以量试，减少呆废物资的发生。

⑨ 加强生产现场和物资搬运管理，减少呆废物资的发生。

⑩ 加强物资储运管理，防止物质损坏变质。

9.5.6　呆废物资管理所需表单

1. 报废单

表 9-9　×××公司报废单

编号：　　　　　　　　　　　　　　　　　　　　　　　　　　　　　日期：

序号	料号	品名	单位	数量	批号	备注

申请人：　　　　　　　　　　　　　　　　　　　　　　　　　　　　批准人：

注：本单一式两联：第一联 —— 仓库；第二联 —— 会计。

表 9-10　×××实业有限公司报废处理申请单

申请日期：　　　　　　　　　　　　　　　　　　　　　　　　　　　希望处理日期：

申请单位	部门 原因				
	品名	单位	数量	备注	
	主管：		经办：		
会签单位	主管：			主办：	
检验单位	主管：			主办：	
核准	负责人：				

本单流程：申请单位 → 会签单位 → 检验单位 → 核准

2. 标售处理单

表 9-11　×××实业有限公司标售处理单

日期：

品名	数量	单位	采购标售记录					
			报价	议价	报价	议价	报价	议价

说明事项：
① 若以重量计价的，概以本公司地磅净重量计算
② 提货运输、装车等事宜，由得标商自行负责
③ 得标商应先预付押金：人民币　　　元整，清理完场地后方退回
④ 现金提货，限于　　年　　月　　日前提清
⑤ 提货完成后，应负责清理场地
⑥ 未尽事宜悉照本公司规定办理

董事长		总经理		经理		采购	

复习思考题

1. 试述仓库管理应遵循的基本原则与应遵守的一般要求。
2. 试述如何进行商品入库业务。
3. 试述如何进行商品出库业务。
4. 应如何进行仓库物资的盘点？
5. 对于仓库中的呆废物资应如何进行处理？

第 *10* 章

仓储管理技术

本章重点介绍进行仓储管理工作所需要的一些现代化的技术，包括库存管理技术、客户化的仓储管理技术、仓储管理系统（WMS）技术等，这些技术是提升仓储管理工作水平的重要手段。

10.1 库存管理技术

10.1.1 概述

1. 库存管理的概念

库存管理通常被认为是对库存物资的数量管理，甚至往往认为它的主要内容就是保持一定的库存数量。但是，就库存所包括的内容来说，数量管理仅仅是其中的重要一项，并不是库存管理的全部内容。

当今社会信息网十分发达，只有及时、准确地掌握信息，才能使企业不被激烈竞争的潮流所吞没，始终立于不败之地。库存物资应是良品，假如是过时的、陈旧的物品，这一信息便会传到有关单位，势必会降低企业的信誉。因此，必须实行有效的库存管理。

另外，即使库存物资是良品，但如果存放数量过多，势必积压资金，影响资金周转，还要花费更多的人力、财力去保管；反之，若库存物资数量过少，外界又会怀疑企业实力不够雄厚，也会影响企业的发展。

因此，在准备实行库存管理时，预先要明确规定经营方针。例如，库存物品在何时入库为宜；库存数量应为多少适宜；存放的迄止日期应在何时为宜。应先针对上述具体问题确定方针，然后再开始进行库存管理工作。

开始接触库存管理工作时，往往觉得难以入手，但是如果能遵循一定的程序进行管理，做起来并不困难。库存管理工作应该力争做到供需双方相互协调满意，企业之间或管理人员之间应该彼此融洽，相互信任。这是因为库存管理工作的使命就是：保证库存物资的质量；尽力满足用户的需求；采取适当措施，节约管理费用，以便降低成本。

2. 库存管理的意义

进行库存管理的意义在于它能确保物畅其流，促使企业经营活动繁荣兴旺。不论什么企业，都要储备一些物资。以生产为主的企业，不储备一定的物资，不能维持其连续生产；服务性行业，也要备置某些需用的设备和服务用具。就连一般的事业单位，也要备有某些办公用品等。因此，各行各业都存在不同程度的库存管理业务。

实行库存管理有如下优点。

（1）有利于资金周转。因为在某些特殊情况下，可以做到将库存需要的投资额规定为零。为此可使经营活动更为灵活，把用于建立原材料、制成品、商品等常备库存所需占用的资金转为经营其他项目，这就有可能使经营活动向更新、更高的阶段发展。促使生产管理更为合理。这是因为库存管理工作的目标之一就是必需的物资在需要时，能够按需要量供应。目前生产管理较为混乱的主要原因在于一些急需的物资不能及时供应。要从根本上杜绝此类现象，就要认真搞好库存管理。

（2）有利于顺利地进行运输管理，也有助于有效地开展仓库管理工作。通过库存管理，可将原来零零散散放置的物料整理得井然有序，可使企业的生产环境整洁一新，实现文明生产。废旧物料堆放整齐、报废的设备及时运走，工厂的空地整洁干净，这样的环境，自然令人感到心情舒畅。

此外，还可以把经常动用的物料及危险性物料分片保管，以保证工厂的安全生产。

库存管理工作的好坏，对改善企业生产环境将起着举足轻重的作用。

3. 库存管理的功能

一般情况下，生产与消费之间均有时间差，库存管理的主要功能，就是在供应和需求之间进行时间调整。

此外，生产或收获的产品，产出多少就销售多少，不进行库存管理，价格必然暴跌，为了防止这种情况的发生，也需要把产品先保管在仓库里。可见，库存管理在提高时间功效的同时还有调整价格的功能。因此，可以说库存管理具有以调整供需为目的的调整时间和调整价格的双重功能。

以前，人们把保管看成是一种储存，最近对于库存的认识已发生了变化。过去把仓库叫做"储存仓库"，也就是把夏天生产出来的产品存放到冬天，或者把秋天收获的农产品存放到下一个收获季节，并进行质量的管理。

世界经济的发展，曾经历过经济高度增长的大批量生产、大批量销售的时代，进入稳定增长时期之后，由于需求方式出现了个性化、多样化、特色化的改变，生产方式也变为多品种、小批量的柔性生产方式。物流也由少品种、大批量进入多品种、少批量或多批次、小批量时代，库存管理功能从重视保管效率逐渐变为重视如何才能更顺利地进行发货和配送作业。

4. 库存管理的目标

由于企业类型和特点不同，库存管理的目标也不一样。然而，下述两个目标，对于所有企业基本是适宜的。

（1）应保证库存管理人员的安全。考虑人身安全，也就是体现重视"以人为本"的问题。

近年来，在库存管理中发生事故的主要原因是某些库存物品在保管方法、存放地点、库存数量等方面都存在着严重问题，有些物品的存放时间也不适当。由于这些都属于库存管理业务范围，所发生的事故也往往是由于库存管理人员失职所造成的。因此，为了确保安全生产，应该把防止发生事故作为库存管理的首要目标。

（2）促使企业获得更多的利润。企业经营的最终目的是要获得利润，如果不实现利润，企业的经营活动就算失败。

实行库存管理有助于促进企业提高生产经营效果，降低产品成本。这是因为库存管理工作可以保证按质、按量、按期及时地供应生产所需要的物资，积极配合生产管理，为企业获取更多利润。如果库存物资过多，占用资金也多，需支付的利息也增多，这就会影响资金周转。因此，要防止库存物资过多，长期不用的物料应及时清理，及早处理，腾出位置，以便有效利用生产面积，增加产量。

关于企业盈利与库存管理的关系可以从以下几个方面进行深入分析。

（1）预测。不准确的预测必定造成库存过多，且导致库存品的报废，导致产品的高成本与低利润。如果产销预测越精确，就越不需要过多地维持一定程度的库存量；预测越离谱，就会增加或减少库存。而提高库存，就要多付出储存、保险与其他相关方面的搬运成本，这些成本就是某些主要的"隐性"成本，成为减少盈利的一个原因。

（2）生产。在制造方面，单一产品的提前生产通常比即时生产更有效率。但提前生产同时也造成了库存占用时间的增加。理论上讲，此种库存代表着经营弹性的降低。应该注意的是，"倘若你无法卖出产品，就别生产"，不论提前生产的利益有多么地吸引人，也一定要坚持此原则。

（3）冲突。用来提供客户服务或提高采购或生产效率等对库存的需要与降低库存投资的要求和管理必定会相互冲突。因为，长期的生产总倾向于增加库存，尤其是业务人员希望有不同种类的大量库存，以随时满足不同的需求。但是，毋庸置疑，大量的库存不但占去工厂与配送中心过多的空间，同时也会造成仓储的额外花费与保险费等，解决这个冲突正是库存管理艺术的妙处之一。

10.1.2 库存模式

优秀的库存模式既能保证供给，满足市场要求，又能减少采购次数及管理费用，并扩大盈余，这无疑是企业管理者共同期盼的目标。

1. 定期观测库存控制模式

定期观测库存控制模式，又称为定期控制或订货间隔期法，其模式如图10-1所示。它是一种以固定检查和订货间隔期为基础的库存控制法。在这个控制模式中，以固定的订货间隔期 T 提出订货。定期控制模式不存在固定的订货点，但有固定的订货间隔期 T。每次订货的数量不固定，需要根据某种规则补充到库存目标量 S 中。目标库存 S 与订货间隔期 T 是事先确定的主要参数，其中 S 的确定主要考虑为库存设定一个控制限额。订货量由以下规则确定。

设订货的实际库存为 I，则当 I 大于 S 时，不订货；当 I 小于 S 时，需要订货。可按下述公式确定订购量：

$$订购量 = 平均每日需用量 \times (订购时间 + 订货间隔期) +$$

保险储备定额-实际库存量-订货余额

式中，订货余额是上场已订货但尚未出仓的数量。定期观测库存控制模式库存量动态如图 10-1 所示，图中 B 用以反映保险储备定额；L 为订购时间。

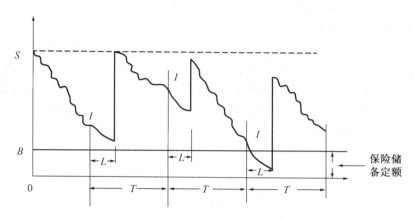

图 10-1　定期观测库存控制模式库存量动态图示

例如，某种物资的订货间隔期为 30 天，即一个月订购一次。订购时间为 10 天，每日需用量为 20 吨，保险储备定额为 200 吨，订购日当天实际库存量为 450 吨，订货余额为 0，则

$$订购量 = 20 \times (10+30) + 200 - 450 - 0 = 550（吨）$$

由上例可见，当订货间隔期为 30 天，在通常情况下，一次订购量应为 600（$= 20 \times 30$）吨，而按现在计算则为 550 吨，这是由于实际库存已经超储，因而在订购时应对批量做调整。

这种控制方式可以省去许多库存检查工作，在规定订货的时候检查库存，简化了工作；其缺点是如果某时期需求量突然增大，有时会发生缺货，所以这种方式主要用于重要性较低的物资。

2. ABC 重点控制模式

ABC 重点控制模式是把物资按品种和占用资金大小进行分类，再按各类重要程度的不同进行分别控制，抓住重点和主要矛盾，进行重点控制。ABC 重点控制模式的基本原理是从错综复杂、品种繁多的物资中，抓住重点，照顾一般。ABC 重点控制模式的具体做法，是先把物资分类，再针对重要程度不同的各类物资分别控制。库存物资按企业的物资品种及占用资金多少进行分类，可分为 A、B、C 三大类。

A 类物资，品种约占 15% 左右，占用资金 75% 左右；B 类物资，品种约占 30% 左右，占用资金 20% 左右；C 类物资，品种约占 55% 左右，占用资金 5% 左右。这三类物资重要程度不同：A 类物资最重要，是主要矛盾；B 类物资次之；C 类物资再次之。这就为物资库存控制工作：抓住重点，照顾一般，提供了数量上的依据。针对各类物资分别进行控制，对 A 类物资要重点、严格控制。A 类物资的采购订货，必须尽量缩短供应间隔时间，选择最优的订购批量，在库存控制中采取重点措施加强控制。对 B 类物资也应引起重视，适当控制。在采购中，其订货数量可适当照顾到供应企业确定合理的生产批量及选择合理的运输方式。对 C 类物资要放宽控制或一般控制。由于品种繁多复杂，资金占用又小，如果订货次数过于频繁，不仅工作量大，而且从经济效果上也没有必要。一般来说，根据供应条件，规定该物资的最大储备量和最小储备量，当储备量降到最小时，一次订货到最大储备量，以后订购量照此办理，不必重新计算，这样就有利于采购部门和仓库部门集中精力抓好 A 类和 B 类物资的采购和控制。但这并不是绝对的，若对 C 类物资绝对不管，有时也会造成严重损失。

例如，上海电表厂是个多品种、小批量的生产单位，生产计划变动很大，外购物资繁多，他们加强了采购计划，对物资采取了 ABC 重点控制，结果获得了部级年度物资管理先进单位。具体做法是：把上级核定的储备资金 827.5 万元，归 6 个采购计划员分管，对 6 个计划员分别管理的资金进行 ABC 分析，其中 1 个采购计划员（1 号采购员）是"大头"，共274 万元，占总数的 33%，如图 10-2 所示。

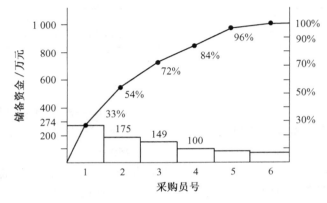

图 10-2　ABC 重点控制模式图示

经过分析，领导重点抓这个采购计划员，控制储备资金的耗用。1 号采购员对自己掌握的物资再进行 ABC 分析，从而确定自己的重点控制对象（物资）。晶体管的品种在 1 号采购员所负责管理的品种中只占 15%，而资金却占 76%。于是他抓住了晶体管，也就抓住了关键。上海电表厂由于采用 ABC 重点控制模式，实施前后对比，产值占用储备资金数量的比例显著下降，总产值增加了，储备资产下降了。

实行 ABC 重点控制模式的好处是对物资控制做到重点与一般相结合，有利于建立正常的物资秩序；有利于降低库存，节约仓库管理费用，节约资金；加速资金周转，提高经济效益；方法简便运用，易于推广；有利于简化控制工作。

3. 库存的最优控制模式

最优的库存控制应该是既能满足生产需要，保证生产的正常进行，又最经济。因此，研究库存最优控制模式的中心问题，是要计算确定在各种条件下的最优订购批量，即经济订购批量。这个经济订购批量是指订购费用与保管费用总和最低的一次订购批量。在允许缺货的条件下，经济订购批量的总费用包括订购费用、保管费用和缺货损失费用。订购费用、保管费用前已叙及，缺货损失费用是指因停工待料而采取应急措施所花费的费用，它包括停工损失费、加班加点费或因对客户延期交货而支出的违约罚金，以及因采取临时性补救措施而发生的额外采购支出等。生产比较稳定的企业应尽量避免这类费用，对于生产不稳定的企业，允许一定程度的缺货是一项很重要的存贮策略。通常来说，在生产不稳定的情况下，要想完全避免缺货，必然要大大提高存贮量和提高存贮费用，而当存贮费用超过缺货损失费用时，显然是不划算的。

库存的最优控制模式可以分为简单条件下的最优控制模式和复杂条件下的最优控制模式。

所谓简单条件是指假定在控制过程中所涉及的物资品种单一，不允许出现缺货现象，采购条件中不规定价格折扣条款，每批订货均能一次到货，在这种条件下建立的经济订购批量控制模式为基本模式。此时控制的存储总费用只包括订购费用和保管费用两项，这两类费用与物资的订购次数和订购数量有密切的关系。在物资总需要量为一定的条件下，由于订购次数越多，每次订购批量就越小，订购费用就越大，而保管费用则越小；反之，每次订购数量越大，订购费用就越小，而保管费用则越大。因此，订购费用和保管费用两者是相互矛盾的，确定简单条件下的经济订购批量，就是要选择一个最适当的订购批量，使有关的订购费用和保管费用两者的总和为最低。

经济订购批量（EOQ）的基本模式可以表示为

$$Q = \sqrt{\frac{2RS}{CK}}$$

式中：　Q —— 经济订购批量；

　　　　R —— 年物资需要量；

　　　　S —— 一次订购费用；

　　　　C —— 物资单价；

　　　　K —— 保管费用率。

经济订购批量的基本模式，在实际应用中往往会碰到各种各样的问题，必须对基本模式进行调整。最常见的情况有 3 种，即价格折扣、允许缺货、分批连续进货，必须针对这 3 种情况分别对基本模式进行调整，具体计算公式参见有关书籍。

4. 其他模式

（1）定量订货模式。它包括边生产边使用的定量订货模式，建立安全库存、既定服务水平下的定量订货模式。

（2）定期订货模式。在定期订货系统中，库存只在特定的时间进行盘点，如每周一次或每月一次。

上述定量订购模式和定期订购模式的假设条件虽然有很大不同，但以下两点是共同的：一是单价为常数，与订购量无关；二是再订购过程是连续的，即所订购与存储的物资有连续的需求。

（3）批量折扣模式。它表明单价随订购批量变化时对订量的影响，适用于产品售价随批量大小变化的情况。

（4）单周期存储模式。在这种情况下，每次订购和存储都要对成本进行权衡斟酌，这类模式适合于用边际分析来求解的情况。

10.1.3 库存周转率

库存周转率对于企业的库存管理来说具有非常重要的意义。

1. 库存周转是企业利益的测定值

一家公司，如果是制造商的话，它的利益便是由资金 → 原材料 → 制成品 → 销售 → 资金的循环活动而产生。但是这一连串的活动过程，却需要以原材料及制成品的库存为前提才能够成立。

换句话说，公司的利益受库存所左右。当这种循环很快，也就是周转快时，在同额资金下的利益率也随之较高，因此周转的速度便代表着企业利益的测定值，称之为"库存周转率"。

现在，以更简明的方式来阐释库存周转率，库存周转率是指在一定的期间内，制成品或商品经过了若干次周转的比率。一般来说，库存周转率大多用来作为库存的指标，但也有如"本公司的适当库存为 5 万元"、"适当存货额为 4 万元"或"制成品的库存到 500 吨似乎太多了些"等用库存金额或库存数量来作为管理、斟酌库存的尺度。

库存量的过剩或不足，与使用量有相对的关系。假定一家公司的首月销售额为 3 万元，而手头上拥有 6 万元的库存制成品；再设第二个月销售额降为 2 万元时，虽然库存金额仍旧维持 6 万元没有改变，但实际上，库存却增加了 50%。由上述可知，虽然库存量没有改变，但当使用量变化时，库存会随之变化。所以，从库存管理的目的来看，应以库存周转率作为衡量库存是否合理的标准才对。这样比仅就库存金额或库存数量作为标准要更加科学，而且周转率也不像库存金额那样易受物价变动的影响，而且不但能立刻反映需要的变化，而且周转率的计算又非常简单明了，因此广受采用。

库存周转率受库存额和消费（或出货）额双方面的影响。有时出货减少而库存增加，这被视为库存周转率的急剧恶化。可见，库存周转率就是如此敏感地反映出库存状态的。库存周转率还可以制定库存预算，比如说第二个月的销售预算一旦确定后，就可以利用库存周转率来求出第二月的制成品库存预算。

$$第二月的制成品库存预算 = \frac{第二月的销售预算}{库存的标准周转率}$$

同样，也可以根据生产计划来制定材料预算。

2. 计算库存周转率的基本公式

库存周转率可以用如下公式表示

$$库存周转率 = \frac{使用（销售）数量}{库存数量}$$

在这里，应该注意的是"使用数量"并不一定相当于"出库数量"，因为往往出库较多，而真正使用的数量却不一定达到出库数量。换句话说，就是出库时包括一部分备用材料量。因此，有时必须采用如下公式

$$库存周转率 = \frac{出库数量}{库存数量}$$

求库存周转率的以上两个公式中，究竟哪个公式更合理呢？通常认为用使用数量（或销售数量）作分子较好。在经营的基本观念中，库存周转率通常用使用数量为对象。

除此之外，也有以金额表示库存多少来计算库存周转率的方法。这时，根据前面所述，基于"使用"与"出库"两种观点，自然采取下列算式

$$库存周转率 = \frac{使用（销售）金额}{库存金额}$$

$$库存周转率 = \frac{出库金额}{库存金额}$$

可是这里有一个问题，就是金额是指何时的金额，因此要规定某个期限来研究此金额，需要用下列算式

$$库存周转率 = \frac{该期间的出库总金额}{该期间的平均库存金额}$$

$$= \frac{2 \times（该期间的出库总金额）}{期初存货金额 + 期末存货金额}$$

通常所说的库存周转率，多指 1 个年度（12 个月）期间的比率，所以上式中"该期间"是 1 年；有时虽以半年为单位来计算，但还是要将它加倍后，再以年度周转率表示出来。

计算周转率的方法，有周单位、旬单位、月单位、半年单位及年单位等，一般企业所采取的是月单位或年单位，大多数以年单位来计算，只有零售业常使用月单位、周单位。以 1 年为 1 期的公司，称半年的周转率为半期单位；将 1 年分成 2 期的公司称半年的周转率为 1 期单位。通常，库存周转率表示如下。

假定库存数量是 1 000 个单位，月使用数量是 5 000 个单位时，依照前述算式可求得周转率如下

$$库存周转率 = \frac{5\ 000}{1\ 000} = 5$$

在这种情况下，称为 5 周转，因为使用数量多达库存数量的 5 倍，所以库存量在 1 个月之内就周转了 5 次；相反，今假定库存数量为 5 000 个单位，月使用数量为 1 000 个单位时，库存周转率就是

$$库存周转率 = \frac{1\ 000}{5\ 000} = \frac{1}{5} = 0.2$$

这可以说是 0.2 周转，也叫 1/5 周转。这种情形是库存过多而使用数量太少，也就相当于库存品没有有效地实现周转。用 0.2 周转或 1/5 周转来表示库存时，很明显便知库存数字很低。有的企业将其改为百分比（％），因而将 0.2 改用 20％表示，也就是称为 20％周转，不过这种表示法并不科学，因为用百分比时就会缺乏真实感。另外，以上是通过数量来计算的，当然，通过金额来推算也是一样。

3. 商品周转率的不同表示法

商品周转率是用一定期间的平均库存额去除该期间的销售额而得，表示商品的周转情形。可以用它来区分"销路奇佳的商品"和"销路不佳的商品"，使之能提供适宜而正确的

库存管理所需要的基本资料。

由于使用周转率的目的各不相同，可按照下列各种方法，来斟酌变更分子的销售额和分母的平均库存额。

（1）用售价来计算。这种方法便于采用售价盘存法的单位。

（2）用成本来计算。这种方法便于观察销售库存额及销售成本的比率。

（3）用销售量来计算。这种方法用于订立有关商品的变动。

（4）用销售金额来计算。这种方法便于周转资金的安排。

（5）用利益和成本来计算。这种方法以总销售额为分子；用手头平均库存额为分母，且用成本（原价）计算。使用此方法，商品周转率较大，这是由于销售额里面多包含了应得利润部分金额的缘故。

上述（1）～（5）各项如表 10-1 所示，可以根据企业的使用目的去选择恰当的算式。

表 10-1　商品周转率的算式

求商品周转率的方法	算　式
● 求售价方法	$商品周转率 = \dfrac{销售额}{平均库存额（按成本）}$
● 求成本方法	$商品周转率 = \dfrac{销货成本（销售原价）}{平均库存额（按成本）}$
● 求销售量方法	$商品周转率 = \dfrac{销售数量}{平均库存数量}$
● 求销售金额方法	$商品周转率 = \dfrac{销售金额}{平均库存金额}$
● 求包括利益与成本方法	$商品周转率 = \dfrac{总销售额}{手头平均库存额（按成本）}$

注：算式中各式的分母平均库存额，并非某月、某日的库存数额，而是代表着通常平均库存额。

主管人员或负责具体工作人员可以根据这 5 个公式来计算不同种类、不同尺寸、不同色彩（颜色）、不同厂商或批发商的商品周转率，调查"销路较好"和"销路欠佳"的商品，以此来改善商品管理并增加利润。

4. 周转期间与周转率的关系

有时也可用周转期间来代替周转率。周转率所表示的是一定期间（如年间、月间、周间等）的库存周转比率。周转期间则是假定 1 年为期间单位时，在这期间单位中每一周转所需的时间，其列式为

$$周转期间（月数） = \frac{12}{年间周转率}$$

假定商品周转率是 1 年之间 4 周转或 8 周转，其"周转期间"分别为

$$12 \div 4 = 3（月）$$

$$12 \div 8 = 1.5（月）$$

事实上，无法毫无遗漏地计算一切库容品的周转率，通常只能是按照几十到几百种类类似品别，分别计算其不同种类、小分类的周转率。因此，库存量及提货量等都不以数量而是用金额来表示。

一般制造业所使用的数字多为成本，而销售业的商品库存则取销售价格为基准。

所谓"商（制）品周转日数"则是以 1 年为单位，每一周转所需要的期间，即周转期间。换句话说，就是手头上持有的足以供几天用的库存的意思。

"商品周转率"和"商品周转期间"以 1 年 365 天为期间单位，假定 1 年期间的周转率为 10 周转，则其周转期间为

$$12 \div 10 = 1.2（月）$$
$$365 \div 10 = 36.5（日）$$

编列下面一栏表（表 10-2）时，周转期间便能一目了然，使用起来非常方便。

表 10-2　周转期间换算一览表

年间周转率	年间手头库存量月数/月	年间周转率	年间手头库存量月数/月
1	12	16	0.75
2	6	17	0.71
3	4	18	0.67
4	3	19	0.63
5	2.4	20	0.6
6	2	21	0.57
7	1.71	22	0.55
8	1.5	23	0.52
9	1.33	24	0.5
10	1.2	25	0.48
11	10.9	26	0.46
12	1	27	0.44
13	0.92	28	0.43
14	0.86	29	0.41
15	0.8	30	0.4

5. 月平均库存的求法

计算月平均库存额，有 3 种方式，如图 10-3 所示。

第一种方法如图 10-3 中 a 所示，以曲线的大约中间部分的库存额（图 10-3 中 a 的虚线部分）作为平均库存值，此法通称为"概略法"。估出每天的库存品有多少时，产生若干差距、变动，概略地观察并估算月中平均，因而画出一条平均趋势线。这种方式仅可用于不需要很高精确度的情形。

第二种方法，是将月初和月末的库存额相加，再除以 2，即可得到平均库存额。图 10-3 中 b 所示即是此法，这种方法也只可用于不需要高度精确的情况。

远比前两者精确的一条平均趋势线的做法，便是图 10-3 中 c 所示的"两分平均法"。

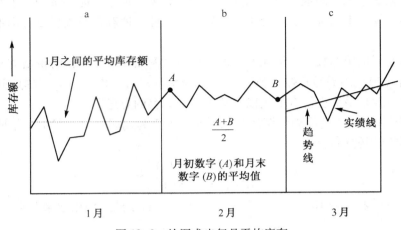

图 10-3 绘图求出每月平均库存

用此方法导出的趋势线，还可作为将来销售预测的参考。

至于该选择其中哪一种方法，则因业种、规模的不同而定。不过一个公司机构必须事先决定采用哪一种方法来作为准绳。

6. 平均周转率的局限

如前所述，平均库存的求法及周转率可通过算式而求得。但是必须特别注意，倘若仅以平均周转率来判断整体库存时，往往会产生错觉或做出错误的决策。因为，虽然推算出来的平均周转率是非常适当而正确的，但应考虑到其中难免混杂着经常引起缺货情形的商品和周转迟缓的过剩库存品等两种极端性的商品，这时，两者的平均也就毫无意义可言了。因此，有必要进一步考虑库存商品的内容。

举例来说，在多种电子领域的制造业中，如大规模集成电路或一些微电脑的机械零件，通常需要较多，而储存量一般很少，因而时常缺货。但在同样属于电子制造业中，如硅树脂、半导体等类型，有很多是周转较慢的。另外，比如时装、布料等季节性极强，极易流行和过时的商品的变动当然就较快些。

如上所述，一旦求出较低的平均库存周转率时，绝对不可将其平均值囫囵吞枣地接受，而必须与每一分类的平均库存周转率标准做一下客观比较，调查该分类中的每一种商品，以此发现究竟哪一种商品在起作用，而把该分类整体的周转率拉低下来。

但是，为此而做太过琐碎的分类时，总要花费较多手续（人事）费、经费等，因此必须先考虑好成本问题，再来认定分类的程度。所谓"适当周转率"并非确定值，而是随着消费（销售）速度的增减而同方向的增加或减少。

7. 图表观察法

为使周转率及周转期间的情况一目了然。可将其图表化，用统计图表来表示。这样，数字准确且视觉效果好，因而周转率及周转期间的优劣都能一览无余。

譬如图 10-4 中 a，此图表示某年 1 月份到第 2 年 7 月份的每月周转率。因为曲线的凹凸变化波动很大，一看便知道每日的消费额变动极大据此可知库存管理有不恰当之处。

再看图 10-4 中 b，此图也和图 10-3 中 b 一样表示该期间内的每月库存周转率。我们可算一算库存周转率对于标准偏差 100 的一定标准有差距。

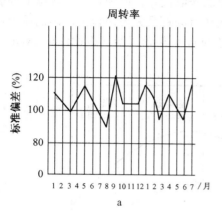

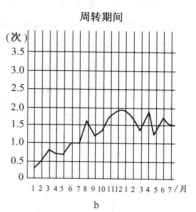

图 10-4　周转率及周转期间

首先，将第 1 年 1 月份起到第 2 年 7 月份期间的每月偏差值合计下来，然后用第 1 年 1 月份至第 2 年 7 月份共 19 月来除此合计值。

（110+105+100+110+115+110+100+90+120+105+105+105+115+110+95+110+100+95+115）/19 = 2 015/19 = 106.1

所得结果是 106.1，将这个平均值四舍五入为 106，则对于标准偏差 100 的偏差还有 6 个百分点。

另外，若求其期间的周转率平均值，则必须分别求出每个月的偏差值后，看对标准偏差 100 有多少差异，然后将分别的差距合计起来，再计算其合计针对 100 的比率。

100/（10+5+0+10+15+10+0-10+20+5+5+5+15+10-5+10+0-5+15）= 100/115 = 0.87

所得结果是 0.87，可将这个平均值四舍五入为 1。

由这个数值，可知库存率若以这种商品来考察，还算相当低。

这样将标准偏差一般化后，用比例来表示变动平均值时，较难了解详细内容，可把数值作为表现变化大小的概略数字。所谓的"标准偏差"本是统计学上的初步术语，是指一连串的数字距离标准有多大。

10.1.4　配合商品寿命的季节性的库存管理

随着商品经济的飞速发展和高新科技的突飞猛进，商品之间的竞争日趋激烈和白热化。产品的更新换代日盛一日。企业处在瞬息万变的潮流中，只有针对商品的特性，配合商品的成长周期和季节性对库存结构进行及时调整，才能牢牢把握商机，创造商机，在竞争中脱颖而出。

1. 配合寿命周期决定适当库存量

1）掌握商品的寿命

如同人类有寿命一样，商品也有其寿命，而且商品的寿命也和人类一样，从幼年期（导入期）、青年期（成长期）、壮年期（成熟期），一直到老年期（饱和期）、衰退期（枯竭期），因而有必要查一查，自己公司里哪些商品曾经红极一时，而今业已临终，成为滞销商品，倘若没有发觉这种情形而恋恋不舍于那项商品，从经营销售战略的观点来看，绝非正确的决策。

某种商品其寿命渐趋老化时，应该开发新的商品来取代它，或采购销路较好的商品，制定积极的销售对策。拉尔夫·琼斯称新产品自出现在市场直至失去销售价值因而从市场上消失为止的期间为"生命周期"，其全名为"新产品的基本寿命周期（the Basic Cycle of New Products）"，详见图 10-5 所示。

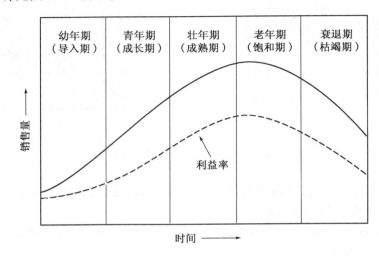

图 10-5　拉尔夫·琼斯的寿命周期曲线

商品的寿命周期可分为下列 5 个阶段：

第一阶段 —— 幼年期（导入期）；

第二阶段 —— 青年期（成长期）；

第三阶段 —— 壮年期（成熟期）；

第四阶段 —— 老年期（饱和期）；

第五阶段 —— 衰退期（枯竭期）。

现在，详细地讨论寿命周期（制成品及商品的寿命）的各个阶段。

（1）幼年期（导入期），开发并推出新产品的阶段。这时生产量少，价格也较昂贵，是以高收入层及特殊顾客层为销售对象。需要量较少，和景气的变动情形没有直接关系，同业之间的竞争也很少。正如德拉卡教授所说的"充满着幻想的仙杜拉商品"，意即像仙履奇缘故事中的灰姑娘仙杜拉般的处境，未来仍是一个未知数；也可说是期待开发出来大量需求的商品。

（2）青年期（成长期），是销售量渐渐增长的时间。随着需求的增加，价格慢慢下降，普通人都有出手购买的可能，因此到了这个时期，同业之间的竞争性商品也逐渐增多，但是购买量仍然有限，可谓处于"担负明日产品和商品"的阶段。这时应认识此为满足今后需求的基于产品与商品的性质，订立积极的销售政策去开拓市场需要。

（3）壮年期（成熟期），这一阶段是销售的旺盛期。竞争愈来愈激烈，价格愈来愈趋于下降，顾客量也越来越广泛，逐渐带有流行品的色彩。同业间竞争激烈，产生供给过剩的现象。如果是属于耐用消费品，新客户可能宁愿花较多的代价添置或换置高品质的商品。这一时期可谓是最重要的巅峰阶段。

（4）老年期（饱和期），这时销售量已达饱和。价格竞争更加激烈，销售竞争白热化，需求量逐渐减低。确认本时期为"担负今日的产品和商品"的阶段，因而制定最积极的政策，以促进销售。

（5）衰退期（枯竭期），这是销售量显著减退的时期。至此，同业之间已不再竞争，进入一种安定的状态，有人称之为"过去的光荣商品"，如果决策者仍恋恋不舍地拿这"明日黄花"商品为营销中心，那么这家企业非衰败不可。在本时期，务必致力于新产品的开发，或采购销路较好的商品。

衰退期以后这时商品已全然失去了销售价值，也就是气息奄奄，即将寿终正寝了。这种商品只能堵塞橱柜空间，已成过时商品，应该赶快着手处理掉，不再营销才好。

2）德拉卡所说的寿命周期

德拉卡教授在其著作《有创造性的经营者》一书第 4 章"暂定性的诊断"曾谈论说，为整理产品种类并促进销售，为改善企业体制起见，必须制定一种基准，并且认为应该将此种基准分为 11 种类型，较为适合。

其中前 5 种类型是：

① 今日的摇钱树；

② 明日的摇钱树；

③ 生产性的特殊品；

④ 开发产品；

⑤ 属于灰姑娘或睡狮型的商品。

构成第 2 部分的 6 种类型，则隐藏着问题点，这 6 种类型是：

⑥ 昨日的摇钱树；

⑦ 要加以修正的工作；

⑧ 不需要的特殊品；

⑨ 无缘无故的特殊品；

⑩ 经营者自以为是的投资；

⑪ 失败。

3）用 Z 统计图探索寿命周期

有些企业的销售额变动剧烈，尤其是经营销售季节性敏感的商品更是如此。如果在这种情形下，仅以线图来表示每月销售额的话，只观察此图则无法判断业绩是逐渐改善，还是逐渐走下坡。这时只要运用移动合计图来表示前一年的销售实绩，便能明细地了解公司业绩变化。所以，当将这种企业的销售动态绘制成图时，就是将月份销售额、各月累积销售额及某时期内的移动合计销售额三者画在图上，这个图形绘成为英文字母的 Z 字，因而学者们称之为"Z 统计图"，如图 10-6 所示。

因为此统计图是将月份销售额、各月累积销售额，以及 12 个月份的移动合计销售额三要素集于同一坐标图上，所以观察此图便知最近 1 年来的销售实绩，以及今后 1 年之内的销售动向，便于控制库存额。

这 12 个月份的移动合计销售额，是通过表 10-3 资料的数据计算而得出的，表示最近 12 个月份内每一阶段的销售合计额。

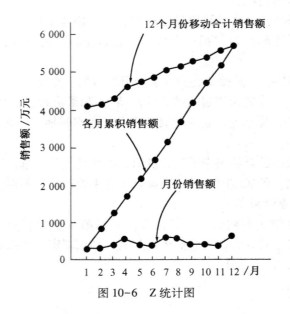

图 10-6　Z 统计图

表 10-3　12 个月份移动合计销售额计算

单位：万元

月	前一年度		本年度		
	月份销售额	移动合计销售额	月份销售额	12 个月份移动合计销售额	各月累积销售额
1	236	—	386	4 111	386
2	278	—	408	4 241	794
3	320	—	451	4 372	1 245
4	297	—	510	4 585	1 755
5	301	—	482	4 766	2 237
6	350	—	454	4 870	2 691
7	298	—	524	5 096	3 215
8	372	—	508	5 232	3 723
9	378	—	460	5 314	4 183
10	346	—	468	5 436	4 651
11	305	—	459	5 590	5 110
12	480	3 961	536	5 646	5 646

举例来说，表 10-3 中本年度 1 月份的 12 个月份移动合计销售额，表示前一年度 2 月份起到本年度 1 月止的销售合计额。

计算这项数字时下列的计算方法较为实用简单。

① 本年度 1 月份的 12 个月份移动合计销售额＝前一年度总销售额+1 月份销售额比前年同期增减额（本年度 1 月份销售额-前一年度 1 月份销售额）

② 本年度 2 月份的 12 个月份移动合计销售额 = 本年度 1 月份移动合计销售额 + 2 月份销售额的增加部分（本年度 2 月份销售额 - 前一年度 2 月份销售额）

接着，将求得的移动销售额图示出来，分析其倾向，看其成为何种形状。

倘若一个企业的销售进展顺利。一年之中每个月销售额始终一贯地显示出上升倾向时，（如图 10-7 中 b 这家企业就算已步入轨道，不需绘制 Z 统计图，只要用普通线图即已够运用。只要画简明的曲线图来比较月份销售额、累计销售额及预算数即可。

反之，如果线图显示为下降倾向时（如图 10-7 中 a）表示销售额逐渐减退，很不理想，必须赶紧采取适当对策。

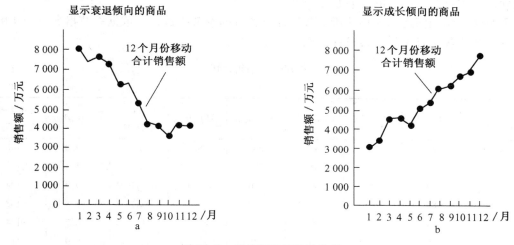

图 10-7　销售额的趋势线分析

2. 如何制定季节性商品的库存对策

1）判断商品季节性变动的诀窍

各种商品的性质不一，一些商品有些月份很畅销，有些月份则门可罗雀。由于行业与商品品种的不同，不同公司的销售额可能随季节变动。

譬如有些东西每年的 2 月份和 8 月份的销路特别差；啤酒和冰淇淋等商品的销量有季节性变动，但是变动的幅度愈来愈小，夏季和冬季的差距不如以前那么明显了；又如冷暖气机普及了，一般大众生活水准都有了很大的提高，因此季节性变异的结构发生了很大的变化。过去西服的销售旺季多在春节前夕，但最近几年，平常也很畅销，这是非常明显的变化。

一般来说，各种商品的平稳化倾向愈来愈大，无论何种商品 1 年中每月的需求量愈来愈趋于平均。但是，就个别商品而言，可以说仍受到季节变动左右。

有些商品，消费者随季节而改变态度，因而商品销路受到季节变化的影响。

现以体育用品为例来说明。体育用品中有 1 年之中销售量大致平均的产品，如高尔夫球用品、健身器材等；也有因季节而有激烈变动，甚至有时根本卖不出的用品，如滑雪用品等冬季活动的用品，均只能在冬季销售；而像登山用品或游泳衣等夏季运动用多在夏季销售，春秋两季需要较多的用品为篮球、排球及足球等。

应该了解商品的特性和季节性的销售动向，再来调整库存，这也是库存管理业务的重要内容。

2）利用月份平均法求季节变动指数的方法

当营销的商品为季节性用品时，必须就此商品的特性和流行性而研讨如何在短期内销售。为此，人们研究出一种方法便是使用"季节变动指数"，下面来探讨季节指数的用法。

年度目标销售额，可以在研究季节性变动后，按月份摊派。这时利用过去的月份销售实绩资料，求算季节指数，再来以目标销售额的季节指数，借以制定月份销售计划，计划制定后，再研讨已有的库存额的调整事宜。

季节指数的计算方法，有百分率法、月份平均法、12 个月移动平均法及连环比率法等。这里介绍其中计算最简易的"月份平均法"。

现举例说明如何运用 3 年的历史数据计算各月的季节指数，并依据季节指数将全年的销售计划分解成各个月份的销售目标（参见表 10-4）。

表 10-4　销售计划

万元

期别 \ 月别	1 年/万元	2 年/万元	3 年/万元	合计/万元	平均/万元	季节指数/%	构成比例/%	第 4 年销售目标/万元
1	80	90	95	265	88.3	83.7	7.0	140
2	70	60	65	195	65	61.7	5.1	102
3	100	120	150	370	123.3	117.0	9.7	194
4	85	95	80	260	86.7	82.2	6.8	138
5	80	85	90	255	85	80.6	6.7	134
6	75	70	80	225	75	71.2	5.9	118
7	120	110	100	330	110	104.4	8.7	174
8	80	90	95	265	88.3	83.8	6.9	138
9	75	80	70	225	75	71.2	5.9	118
10	125	130	135	390	130	123.3	10.3	206
11	135	140	145	420	140	132.8	11.1	222
12	170	200	230	600	200	189.8	15.8	316
合计	1 195	1 270	1 335	3 800	105.4	1 201.5	100（%）	2 000

计算步骤如下所述。

（1）以 1 年 12 个月为一期，计算过去 3 年的各年销售额合计数，以及这 3 年的销售总额。

（2）计算这 3 年中同个月份销售额合计数的平均值，即过去 3 年来每个月份平均销售额。例如

1 月份　　　　　　$\dfrac{80+90+95}{3}=88.3（万元）$

2 月份　　　　　　$\dfrac{70+60+65}{3}=65（万元）$

3 月份　　　　　　$\dfrac{100+120+150}{3}=123.3（万元）$

以此类推，求出各个月份的平均销售额。

（3）求出 3 年（3 期）来的平均销售额的合计数，再除以 12，求出 3 期的总平均销售额。在本例中，1～12 月的平均销售额合计为 1 265 元，所以总平均值为 105.4（1 265÷12≈105.4）万元。

（4）用这个总平均值除以各个月份的平均值，得出"季节指数"。

1 月
$$\frac{88.3}{105.4} \times 100\% = 83.7\%$$

2 月
$$\frac{65}{105.4} \times 100\% = 61.7\%$$

3 月
$$\frac{123.3}{105.4} \times 100\% = 117.0\%$$

（5）上述季节指数不能直接用于各个月份销售额的分摊，还应求出各月季节指数构成比例。

$$某月构成比例 = \frac{本月季节指数}{各个月份季节指数之和}$$

如 1 月份构成比例为

$$\frac{83.7}{1\ 201.5} = 7\%$$

其余各月类推。

（6）假设下一期的年度销售目标为 2 000 万元，以各月份的构成比例乘以总销售目标，即为该月份的销售目标。

如 1 月销售目标为

$$2\ 000 \times 7\% = 140（万元）$$

利用上述计算方法，分配月份销售计划主要依据刚性季节指数及各月构成比例。

实际生产中，还要对特别畅销、利润较高的商品，已经失去商品寿命逐渐衰微的商品，容易受到景气变动影响的商品等，都要做更为具体的分析，进而制定营销战略。

这种方法，先制定一个大致的销售目标概略计划，然后制定采购计划，备齐货品，研讨备货所需的时间，以便做库存调整。

3. 配合季节变动，准备安全库存

因为有超过生产或供应能力的时期性变异（如有季节性变动时）的现象，所以必须在较空闲的时期内预先估计将来的需求量，多做一些产品以备不时之需。

现以例子来了解如何针对季节变动制定生产计划。

某工厂有月产 800 单位的生产能力，最多还能增加 300 单位，要靠启用临时工在上班时间内增加生产。但是当总需要超过 1 100 单位以上时，就必须靠加班弥补不足之数，加班的能力也是 300 单位，即无论如何不可能在一个月内生产 1 400 单位以上。由此所增加的费用为：临时工资 100 元/每单位，加班费用 140 元/每单位，库存费用 25 元/每月每个单位。

若想使 1 月末及 12 月末的库存均为零，何种计划才最为合适呢？假定不考虑预测误差和缺货情况，这个问题的答案便如表 10-5 所示。

表 10-5　使库存为零的计划

单位：万元

月	需求量	计 划				余额
		定时	临时	加班	合计	
1	920	800	120	—	920	0
2	350	800	—	—	800	450
3	950	800	—	—	800	300
4	1 050	800	200	—	1 000	350
5	1 500	800	300	50	1 150	0
6	1 200	800	300	100	1 200	0
7	850	800	—	—	—	50
8	300	800	—	—	800	450
9	880	800	—	—	800	530
10	1 050	800	300	—	1 100	580
11	1 250	800	300	140	1 240	590
12	1 690	800	300	—	—	0

4. 利用折线图管理库存

使用折线图表示采购金额、销货成本及库存额等动态状况时，就会形成流动数曲线图。

观察图 10-8，可知销售成本累计与采购金额累计的差额，便是当天的库存额；其间的距离较宽时，表示库存的增多。因此利用折线图很容易获知当前库存状况，通过比较计划与实际之间的差距，制定改善措施，提出改进工作的对策。

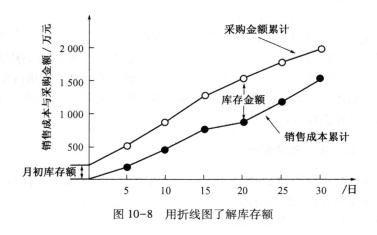

图 10-8　用折线图了解库存额

10.1.5　值得参考的库存管理法

实施降低库存成本战略，提高资本增值效益，是企业经营管理的永恒主题。

1. 零库存方式

最理想的库存状态，当然是适量。因为库存过多，资金就被占用，必然多付利息，还得增加保管空间，占用更多的人手，进而直接影响材料、产品、商品的流转，因而引发变质及损耗等事故，给商品本身带来损失。

反之，库存过少，一样令人头痛。当缺货情形发生时，必定影响生产和销售，并且可能错失良好的销售机会；加上必须临时雇用较多的人手从事采购工作，采购次数增多，采购费用也就自然上升。

但是保持适量库存不是一件容易事，谁都希望选择一种最经济的采购成本，却又往往受到各种因素限制而无法得以实现。

倘若能保持零库存而不影响生产和销售的话，确实世界上没有比这更难的事了。因而，便有人呕心沥血研究，实现零库存的梦想。

其中较具有代表性的是"同期化方式"（Just in Time）。这个方法谋求生产和材料准备（材料及零部件的购入）同期化，配合作业流程的按部就班运作，通知供应厂商如期送交材料和零部件等购入物品。倘若能够顺利进行，就可达到名副其实的"零库存"。

当然，在采用这一方法之前，务必先确保"上游"工厂已建立品质保证体制，即已具备无须再经过严格验收的条件（品质担保），并且交货时间同样可以得到充分保证。

由此可知，零库存方法适合于"上下游"均畅通且质量有保障的大型生产形态的企业，如大规模汽车工厂、家庭电器工厂、通讯器材制造工厂及标准马达工厂等。

2. 寄售方式（超级市场方法）

承制厂商将材料、产品（或已完成的零部件）等寄售在采购公司的仓库中，每隔一段时间统计其使用数量，确定应收账款。库存品的管理事宜由采购公司全权负责，保管费用也是由采购公司负担，这时承制厂商所承担的，只是寄售货品货款所产生的利息部分，对于他们来说，不仅节省了仓库费用，还可确保销路。

3. 自来水仓库方式

所谓自来水式仓库方式是指由供应厂负责，在一个固定地点保管固定的货物，使用者按照需要的数量随时办理采购手续的方式，这好比是需要水时，将水龙头一扭立刻就能获得。

此法由日本新力公司于 1959 年启用，并命名为"自来水式仓库"。

自来水式仓库的基本观念，在于由供应厂商负担库存管理的全部费用，而自己的库存管理费用几乎为零。新力公司在自来水式仓库上采购的对象品种是电线、小螺丝、启辉器及电阻器等标准件，与特定的供应商订立契约，将供应商所属的仓库空间无偿借出，让供应商派人常驻。

现在，已经有不少公司采用这种方式，并且扩大运用。松下电器的自来水方式也就是这一方法的运用。

4. 供应商专柜方式（需要品名店街方式）

日本精工藤泽工厂首先采用这种办法，将该厂各个工具室分散管理的材料或零件统一集中到仓库中，设立了 NSK（日本精工的缩写）名店街，使它成为材料供应中心，并使库存为零。这种方式的优点如下。

① 将供应商的材料及零部件预先寄存在本公司内，用多少物品就付多少钱，让供应商

负担管理费用。

② 因为所有的工具室均取消，所以机械厂不再有仓库业务，使操作空间扩增，有益于生产厂商提高固定资产投资利润率。

③ 由于每月一次按量付款，库存记账、验收及库存记录等事务，都减少了许多繁杂的工作。

④ 由于是订立3个月或6个月一次的意向交易协议，从而简化了购买手续。

日本精工藤泽工厂所设立的名店街其对象品种有辅助材料、油脂类、研磨纸布、燃料、药品、针织品、消耗工具（皮袋、皮管）、塑料管、金属管、研制砥石、切削工具、钻石用具、杂项工具、捆包材料及电器用品等共约6 000种左右。

5. 自动销售机方式

这里所介绍的自动销售机，里面装的不是糖果或香烟，而是生产中需要使用的材料和零部件。

有一汽车公司由于十几年前就采用这个方式而效益显著。该公司采用货票制，分配特殊硬币给使用部门，将此硬币投入自动销售机即可随时取货。投币后，机器自动释放所需要的耗材、工具，不必再有相关的管理、研究工作及事务性工作。实际使用的自动销售机如图10-9所示。

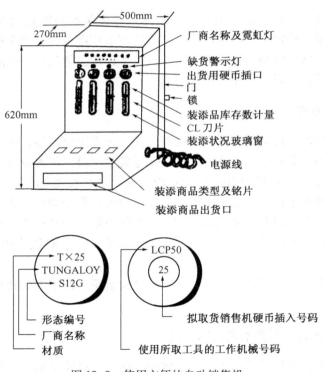

图10-9　使用方便的自动销售机

但是采用这种方式之前，必须先确定下列事项。

① 库存商品的选择，仅限于其体积为销售机器所能容纳的货物。

② 库存数量要适合销售机的容量。增多机器台数，则可达到准备较多库存量的目的。

③ 事前对商品质量有充分的了解，才能保证销货质量。

④ 价格方面，应以单价标准来订立协议，并且采取概算协议的方法。

确定了上述 4 项之后，便可开始施行本方法。这种方法的优点是：不会发生缺货，不占压资金，不必担心供应商不能如期交货；虽说必须提供免费供料场所，但不需要本公司派员专力于管理，有益于劳力的节省。

自动销售机还可应用于油类、煤炭、药品、包装材料及轴承等对象品种。由于科技的日新月异，展望未来令人乐观，对于许多各式各样资材及购入品，也能适用。

6. 巡回访问销售方式

这种方式是适应流通革命而产生的，如铁路使用的货柜方式便是一例。现在无论火车、货车或卡车都改用货柜方式，按照"从门口到门口"的原则联运。因为运输途中不需停滞也不需换装，所以极富效率。另外，正如今日都市中人们处理垃圾一般，各户将家庭的垃圾放在塑胶制的圆形容器或塑胶袋中，垃圾车经过各站时一路处理，比以前的垃圾箱方式处理简便，且符合卫生要求。

将这一观念引入到库存管理时，便建立了巡回访问各公司的制度。

采用这种方式，应预先做好下列事项。

① 巡回访问应采用定时制。

② 必须考虑到天气变化及交通阻塞的干扰，订立协议时留有一定伸缩性。

③ 事先决定运输量和访问次数，以及无人方式还是会同方式。

④ 必须设法同时接受几家供应厂商的莅临访问。

⑤ 是每次分别订立协议、价格，还是将一次通盘磋商协议内容、规定适用于往后一段期间的价格？在两者中选择比较有利的方式。

7. 丰田生产方式

丰田汽车工业公司想出了一种独特的丰田生产方式，成为改善企业体制的重要支柱，不仅在材料、零部件的流动方面成果丰硕，而且因通过人和机械的高效率配合，排除了作业、库存、机器、设备、人事等各领域的浪费而获得惊人的效果。

现仅就"库存浪费"部分，做重点说明。

工程中的在制品或其他库存商品，是为了保证工程的稳定，防止发生变异，也可说是适量在制品、其他库存中充当工程中的弹簧角色。

可是分析各企业的现状时，人们发现由于物品流动、搬运方法及人员配置等流程管理拙劣，产生的库存非常多。

丰田公司工程中出现这种现象时，上司就会追问发生库存（有东西用不出去）的原因，所以工程单位都采取严密的对策来减少库存。

一般上司会询问"是形成的库存还是造成的库存"，当下属回答"是形成的库存"时，上司就会追究"为什么会形成？赶快查出原因来，减少库存浪费"；相反，如果下属回答"是造成的库存"，上司就会责问"为什么要做那么多货品"。

丰田公司有一个观念 ——"库存是万恶根源"，而时时刻刻力争彻底消除无意义的库存，极力排除"制造过多"及"批购过多"等库存浪费。

8. 先驱方式

通常一般营业部门对严厉的管理体制都会有所抵触，一旦要压缩库存时，担心机会损失的呼声此起彼落："说不定有客户找上门订购我们的制品时，咱们却不能如期交货！"公司主管希望尽早收回应收账款，营业部门也会抗议道："如此一来，说不定许多顾客被同业挖走。"若不能消解上述不赞成意见，目标就无法达到。

说得极端些，先驱方式为了压缩库存，打出了"不做没有销售保证的生产"之战，但是实际上却不可以偏概全，如音响设备同大众商品一样，绝非等接到订单才制造生产，那么问题就在于如何理解"有销售保证"的意思。应将其定义为"从每月销售状况的数字计算出本月一定能销售的数量"。

过剩库存的责任须由制造部门和营业部门共同负担。为了尽可能维持适量库存水准，这两个部门就得保持紧密的联系，所以某生产部门的负责人介绍说："每月召集双方约 15 个负责人，开会研讨到一月为止的销售实绩与库存状况，分析 1 000 多种的每一种，拟订往后4 个月的月生产计划。"

采用这种方式，对各月的生产计划最少施以 4 次研讨。但研讨的前提是各个数据必须根据确实无误；否则，拟订多么周密的策划都是枉然。

为了获得正确情报，采取先驱方式时，必须废除代理店经销制度，成立直接用料体制，同时扩大客户量及销售面，并将客户类别、店面及仓库库存的检查作为营业的重要任务。

某公司为使这一管理理念渗透到全公司，连经营方针也做出改变。据说他们"再也不实施库存多量，经由贸易商出口及 OEM（为他人商标生产商品）"收款的方法，这家公司为了有效率的经营方式的实现，连既得利益都牺牲了，来了一次"挥泪斩马谡"，放弃了所有可能成为漏洞的东西。

10.2 客户化仓储管理（选学内容）

10.2.1 通过客户化加强仓储的功能

根据后置理论（Theory of Postponement），各种活动都应该可能地后置以增加它们满足实际需求的可能性，客户化的仓储正是后置理论在需求链上满足顾客需求的应用，它包括了推延生产的最后环节，以使产品能按顾客的需求生产。

注意使用"需求链"术语而非"供应链"是非常重要的。从这种意义上讲，一个"供应链"表明了一个"推"的配送流，即产品是按生产商希望满足顾客需求的预测来生产的；而一个"需求链"表明了一个"拉"的配送流，即产品是按照满足顾客实际需求来生产的。客户化仓储的本质在于储存普通商品直到收到顾客订单，在这点上，仓库完成了按顾客需求将普通商品客户化的增值服务。客户化仓储可以包括很大范围的内容，这取决于这种基本的商品是否真的很"基本"，顾客在特定化他们需求时有很大的可变性，仓库可以完成什么样的增值服务。

仓储的增值服务的范围中包括了托盘化、包装、标签、产品配套、油漆、组配或（甚至）是生产，客户化仓储的范围变得越来越重要。客户化仓储可以从事简单作业，如将成品转移到一个独立的托盘，也可以复杂，如我们传统上认为的生产这一重要部分。客户化仓储的范围与以下几个因素有关：增值服务的成本，库存的成本，客户化产品所需要的前置时间与满足顾客需求的前置时间之间的比较。

随着批量生产的经济性变得越来越重要，客户化仓储的范围将变小；随着客户化功效越来越大，客户化仓储的范围将变大；随着仓储成本的降低，客户化仓储的范围将变小，反之亦然。最后，随着客户化前置时间的增长，客户化仓储的范围将缩小，反之亦然。因此，今天增强仓储作用的关键在于定义一个适当的客户化仓储的范围，以便能最经济地满足今天的需求，揭示客户化仓储的重要性要求能理解仓储所面临的挑战、生产与销售冲突的状况及可以从客户化仓储中得到的盈利。仓储所面临的挑战来自于动态的仓储环境、增长的顾客需求及对更佳仓储表现的要求。

动态的仓储环境来自于在提供更好的顾客服务的同时，产生的库存单位显著增加，对更高产量的需求，减少的库存面积，降低的库存水平，顾客的期望正在不断升高。因为他们已经习惯于得到越来越多的选择权，而同时伴随而来的更激烈的市场竞争，导致诸如下列事例的产生。

① 戴尔为你提供根据你特定需求客户化的个人电脑，并承诺第 2 天便能送货到家。
② LEVI 为顾客量身订做牛仔服装，并在几天内直接送达顾客手中。
③ 从 1991 年开始食品批发商以每年 10% 的速度增加库存单元数。

这种环境给仓储管理带来的挑战是"我们应该如何反应"？以下有 3 种可选方案：第一类，静止不变的一致性；第二类，动态的不一致性；第三类，动态的一致性。

第 1 类的方案是一种垂死的组织文化，第 1 类组织要么不清楚变化正在发生，要么抵制着变化的发生，他们为自己能保持现状而引以为豪，却很少意识到极有改进的机会。

第 2 类的方案也是一种垂死的组织文化，但是这种垂死与更大的压力有关，这些组织意识到他们并不成功，因此他们不断地引进新项目。他们要么试图对变化做出反应，要么对控制有一种错觉以至于他们试图去"管理变化"。第 2 类是很繁忙的组织形式，每个人都有一两个任务，但没有人有工作的机会，因为他们整天要么在开会，要么在救急，他们有各自的奋斗方向，但这些方向没有共同的地方，虽然个人可能会有成功，但对于组织整体而言无法得到改进。

第 3 类的方案是一种利用变化的能量以适应今天动态的仓储环境的组织，这些组织真正理解了"动态的一致性"这一术语的含义，他们被一种动力所驱动，"前进，前进，再前进"的共识基于一种清晰的、共同的、一致的对组织目标的认同，第 3 类的组织理解"变化，变化，再变化"与"前进，前进，再前进"之间的差别，他们认同亚伯拉罕·林肯的名言："不要错把变化当做进步。"这种挑战性的动态环境的核心是仓储主管应该如何做出反应。

到目前为止，典型的情况是仓储主管对顾客的需求做出被动的反应。随着顾客新需求的提出，仓储主管试图找到一种方法以满足这些需要，随着新需求出现的速度远远超过了反应的速度，这种方法已经越来越不奏效。现在需要的是主动而非被动的反应，这种提供给顾客的主动的反应必须以不增加成本及提供无限的选择权为条件，它可以通过以下手段提供：增加库存运送成本，修建更大的仓库及继续进行过去已达到的目标；或者，可以通过储存按顾客要求客户化的基本产品，以实现无限多样化的客户需求以减少库存运送成本，很明显，这种主动追求客户化仓储的仓库必将是今天乃至将来的成功者。

10.2.2　生产与销售的冲突

进行批量生产是降低成本、改进质量及反应敏捷度的最成功的方法。

当今，生产已经从亨利·福特的任何车都是黑色的，发展到了可变的制造系统，有组织的生产及能生产各类产品的批量订做。但是，由于市场反应时间的需要，生产别无选择地按照预测进行生产；同时，销售也由市场决定并且也有了要求更宽广的产品种类的需求，因此销售致力于和产品一起提供出更多不同的产品。考虑到新产品上市的速率和由此导致的更短的产品寿命，销售者已逐渐发现要建立一个精确的预测更加困难，并且在许多情况下，这种库存预测已完全停止。

因此，为什么在生产与销售间会有冲突呢？这是因为生产必须要有一个更精确的预测，而销售却无法提供，接下来发生的便是为了改进预测的精确性，持续地发展更高水平的预测和更少的库存预测；另一方面，生产将一些历史库存的冲突应用于高水平的预测中，以对抗销售所期望的新库存，试图能始终站在市场的前沿，结果造成了库存的商品都是市场上不愿消费的商品，不适销的产品的生产导致了库存过剩、低下的顾客服务水平、低盈利，以及生产与销售之间的不良联系，生产总说："我不过需要一个较好的库存预测以减少实际库存，以便杰出地完成我的工作。"而同时销售却说："我们必须在顾客需要时满足他们的需要。同时，大家应当了解我们无法提供精确的库存预测，因为在今天的市场环境中，过去的经验已经无法代表将来。"当生产与销售互相攻击，都试图强调自身价值的时候，令人吃惊的是仓储管理却悠闲地站在一边，在这场冲突中仓储管理并未被邀请加入，然而他们却期望能为这种困境找到解决问题的答案。然而，解决生产与销售冲突的答案不是减少不确定性，而是应学会如何去应付；生产与销售冲突的解决方案是为销售提供系列产品预测以便生产能提供基本物品，以便按顾客的要求进行订做，因此解决生产与销售冲突的方案是客户化仓储。

10.2.3　客户化仓储的优点

15 年前，仓储还被认为是商业中不得不从事，但又不能增值的一项日常开支。今天，大多数的管理者都将仓储看成一项能够提高时间和空间效用及产品可得性的增值活动，正如其功能所描述的那样，在恰当的时间提供恰当的产品。仓储的作用正在日益增加，现在它可以在恰当的时间和恰当的地点提供恰当的产品（即按顾客需求提供客户化的产品），客户化仓储提供了下列优点：

① 减少了所需要的库存空间；

② 减少了库存对仓库的压力；

③ 提高了顾客服务水平（减少退回订单，增加反应能力，增强客户化能力）；

④ 减少了顾客退货及退货费用；

⑤ 减少了储存单元的重组；

⑥ 降低了陈旧和周转缓慢的库存水平；

⑦ 增加了对特殊和快速订单的应付可变性；

⑧ 生产可以计划、安排、统一，平衡产品以使之在最经济的批量下生产，而不是以库存为基础；

⑨ 生产可以降低转产的效率和组件的次数；

⑩ 增加库存周转次数。

10.2.4　客户化仓储的发展

为了能更完全地理解客户化仓储在未来所要扮演的角色，回顾仓储是如何介入到这点上很有价值。仓储方式向客户化的重大转变发生在 1980 年，向客户化仓储迈出第一步是从了解仓储的重要性开始的。配送网络分析指出，可以通过增加产量、统一配送及降低运输成本提高效率，大型的中心设备便成为趋势所在，仓库在通过交通设备运送商品中做得越来越好，因此增加了它们的周转次数。80 年代的仓储情况如图 10-10 所示。

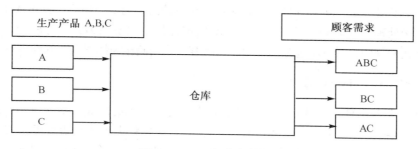

图 10-10　80 年代仓储情况

对仓储重要性的清楚认识导致了高质量的订单选拣设备和仓储管理系统的引入，以便在仓储中提供优良的表现。向客户化仓库迈进第二步发生在 1990 年，仓储有效地利用了信息的力量，电脑使得仓储工作变得更容易，仓储管理系统（WMS）通过实时的信息做出更明智的选择。结果，如今越库作业等已变成了现实，使管理者可以按照出库商品来调节进库商品，以减少步骤，系统直接允许有效的任务交错，仓储管理系统技术促进了仓储的发展，但是它仅仅允许仓储容纳产品增加到一定的程度。顾客需要客户化的产品和包装，而仓储的效率正在降低，虽然库存正在逐渐地满足顾客的需求，但是顾客需求的增长速度远远超过了现在仓储的反应能力。随着库存的增加和总体产量需求保持不变，仓储的流通和储存条件需要进行重新设计，已有的仓储建筑需要进行扩充，并且需要更多的劳动，虽然系统和设备都很恰当但配送的成本仍在升高，这种情况造成了客户化仓储的来临。一个典型的转变必须发生，仓库的功能必须扩展过去的储存成品至顾客需求它们为止的观念，仓储不再是被动的模式，它必须采取一种主动的方法并能为生产与销售冲突提供解决方法，于是产生了客户化仓储 —— 仓储进步的第三步。基本产品被引入仓储并按顾客订单的需求订做产品，订做可以包括产品包装、商标、配件、外形或单位重量设计。库存大大减少了，仓储的效率大大提高，并获得了很好的顾客服务，因此仓储被看成战略武器。

客户化仓储使生产和销售的责任界线变得模糊，工厂完成的一些任务将转由仓储完成，并将导致 4 个区域的重大转变。

（1）设施。由于生产的是基本产品，因此生产变得简单，减少了存储成品的空间；同时，仓储需要为客户化提供更多空间，包括商标、包装纸、包装箱的储存空间，摆放货架、托盘、组装、油漆、定价、包装、贴标签、装配或生产的工作空间及进行进一步客户化仓储的可变空间。

（2）设备。随着储存需求的改变及一些生产功能的进入，客户化仓储需要更多新的及不同的设备，如果需要仓储提供客户化，则必须具有相当灵活合适的设备。

（3）技术。为了能处理客户化需求，仓库必须拥有一个实时的、以条码为基础，以及需要射频技术的仓储管理系统，除了典型的仓储管理系统的功能外，客户化仓储管理系统还需要有以下功能：装配客户化所需要的材料，按照材料加工单安排生产任务，追踪工作过程。

（4）劳力。在特定的客户化仓储设计中，需要更多的劳动力，或者仓库中不允许存在剩余劳动力；同时，它将要求劳动力有更高的技术水平和可变性，可能一些生产工人将从生产线上转移到仓库中去完成由生产转至仓储的任务。

10.2.5　客户化仓储的成功案例

下面有关客户化仓储的案例，描述了各种可以获得的由难到易的功能。首先选择的是两个应用客户化仓储来处理不同体积产品的公司；其次所选择的公司是因为其库存较多，并涉及有效性，利用率和精确问题；最后所选择的公司一贯将客户化仓储作为经营商业的惟一不变方法。

案例 1：FRUIT　TREE 公司

此公司生产各类果汁及一些水果，随着零售点数目和类型的增加，果汁市场迅速地成长起来。FRUIT　TREE 公司所关注的最主要的一个销售方面是果汁生产时的鲜度，而这一点，通过对产品的消费将影响健康，有些产品要么是通过冰冻制造，要么通过浓缩制造，因此，虽然大部分的生产计划是由水果的生长期和水果在收获后的 24 小时必须被加工为果汁的要求来决定的，但是公司仍有一些原材料可以灵活安排。同时，还有一点最重要的是，收获并不可能总与需求保持一致，对于 FRUIT TREE 公司的大部分生产来讲，气候在决定公司能否生产出某一产品中起着一个很重要的作用。10 年前，FRUIT TREE 公司的产品线是瓶装果汁和罐装水果的独立包装，所有的标签都是相同的，并且有两种标准容器：瓶和罐。如果你需要苹果汁，梨罐头等，FRUIT TREE 公司将会给你提供独立的产品。然而，在过去 10 年中发生了许多变化：

① 世界各地的顾客需要不同的品牌；

② 顾客不再完全为英语语种的消费者，因此需要有新的品牌；

③ 顾客的消费习惯要求容器大小能有一个可变的空间；

④ 顾客的包装需要从独立的包装变为 24 罐的不同包装；

⑤ 顾客对个性化品牌包装需求呈上升趋势；

⑥ 大量商品不再接受标准化的托盘式装卸，而要求被重新托盘化。

为了在保持原有运作的同时满足这些需求，公司试图做出更好的预测，对产品种类的需求被集中预测加入一些百分点，然而对于库存预测存在着一些问题。有些库存单元中库存过多，而同类产品的其他产品却缺货，因此需要另一种方法来解决问题。传统的生产、装箱、包装、打包、集合及运输入库的方法并不有效，管理认为问题的解决方式是重新设计生产对仓库的责任，这一战略将生产工作变为生产产品并将之放于未包装的罐或瓶上，这种产品指的是"裸装产品"，它将与同一层的分选机一起放入同一托盘，并随着进来的瓶和罐一起送入仓库，仓库成为了一个为托盘化"裸装"瓶与罐的在制品储存地。

顾客向 FRUIT TREE 公司提交每月的购买意向，但直到货物装车前天，公司才会向其确认，未事先准备好的订单被安排在 4 个客户化仓储包装线上的一条，为了保证生产线的利用率，当收到不足额订单时，将生产高需求的产品并将其入库以备后用。将仓库改建为客户化的仓库的总投资刚好超过了 7 000 000 美元，增强的材料处理系统导致需求 6 名附加的操作员来充实包装线及安排已完工的托盘，但是库存的减少和运输成本的减少导致了 26% 的税后利润率。然而，最重要的还是顾客服务的改进和对市场需求反应能力的提高，曾认为无法实现的要求现在已能顺利完成。

需要补充说明的是，虽然在分析中计划要增加另 6 名材料操作员，但此 6 人并未实际增加。实际上，在非客户化运作的情况下，用于重新处理、重新包装、重新托盘化、重新集装的劳动力远多于需要增加的劳动力，而现在实现了客户化管理，因此对完成这些任务的劳动力的削减远多于所需增加的劳动力。自动化机械的投资和实际订单进行客户化使 FRUIT TREE 公司进行快速反应，增加盈利和赢得市场份额的能力。

案例 2：TECH　PLASTUS 联合公司

这个在财富杂志上排名 500 强的生产商在多种库存中生产塑料容器以盛装食品，这种产品有 2 个组件：1 个盖和 1 个底。原先，一般将盖和底以一对一的形式装在容器中，并且以对数储存。对于大多数生产出来的产品，传统的操作过程要求一个广泛的工作过程，这个过程需要生产 1 个盖或 1 个底，再把它们储存在工作过程中，然后在将盖和底相配并将二者在线上包装完毕后再将其送回生产。在未来 5 年内，库存的数目预计将从 80 增长至 500，这是由于产品瓶和盖的增加，于是它们的结合可以是一个底可与几个盖均能匹配，反之亦然。组合的矩阵及组合库存的增长超过了可接受的水平。因此缺货经常发生，操作员经常需要从现有库存中拿走产品，因此他们需要定位所需要的库存，打开容器，拿出产品，以使产品满足已有订单的需要。由于缺少对盖的分拨的交流，库存的精确性受到了影响，操作员移走库存后忘记做标记，因为这些为图方便而造成的不完整的包装使仓库保管成为一团糟。

解决方法是在生产线末端重新设计包装过程，将盖和底进行独立的包装而不是像以前那样把盖和底放入一个存储容器里，盖的容器被单元化并被存储在前面所说的工作过程存储区；底的操作同盖，订单的选拣过程从主机上下载的订单上开始，操作员拣选出所需要的少量盖和底的容器，并将他们放入包装线，二者被压缩包装在一起并按顾客的要求打上标签，然后成品被放上拖车，需求较多的盖和底的容器被放入包装区域，压缩包装，再储存在仓库准备装运，于是 10 天的供应可以备妥，可以处理大批量的库存的打标签和装运等工作。

这项用于包装线的投资少于 20 000 美元，要求小于 2 100 平方英尺的面积，材料运作的效率大为提高，空间利用率也大为提高，同时库存的精确也达到一个更能接受的水平，客户化仓库的解决方法很简单，但是它在减少运作成本的同时，提供给了顾客他们所期望的服务。

案例 3：SURELOCK 联合公司

这个小型的电器生产商正以每年 15% 的稳定增长率发展，不幸的是下面几个方面给运作带来了压力。

（1）库存增加：原有的 17 种设计已迅速增至 75 种，而且每种设计又有许多类型，这些类型也在呈指数级增长，现在已有超过 700 种库存。

（2）生产安排、生产、容量：为容纳 20 种而设计的生产流程远超过了容量；除此之外，产品线还是为生产大批量的单一产品而设计的，少量而有高度可变性是新的要求，从而将导致许多短缺和改变。

（3）库存：库存量多和混存已经造成了高库存水平和低库存循环率，公司面临的是一个装满混乱产品的仓库。

（4）产品的重新包装、损坏、垫板的移动：为了满足顾客的需要，仓储经常从现有库存中进行拣选，打开包装盒，把包装撕开，重新生产装备。然而，重新打包再将产品搬运，这种做法非常浪费时间并且要求产品被多次处理，因此易造成产品的损坏。

（5）顾客配送：15%的顾客订单都不能满载运输，因此导致了配送成本的增加。

认识到在目前模式下继续经营的成本是不可能减少的，因此客户化仓储就被认为是一个好的方法，几条产品线可以作为基本生产的候选，两类产品被确认：一种是 B 类，客户化局限于促销滞销品，而外部的纸箱包装保持不变；另一类是 A 类，需要大量可交替的装置与处理。

A 类产品要求许多附加生产，一旦基本生产线组装完成，将被运到仓库，产品将被存储在可折叠的托盘箱中直到要求装运为止；B 类产品被组装好并存放于基本纸箱中，再被托盘化，储存直到收到订单为止。最后的组装步骤完成后，产品将被装运，因为目前订单的前置时间为 5 天，SURELLCK 的所有库存均为基本产品，以等待按顾客的需求进行最后组装。

对于 SURELOCK 来说，客户化仓储对所有的商业成本来说产生了很大的积极影响，也产生了如下利益：第一，对于大量高可变性的物品来说，它打破了过程和检查中的瓶颈；第二，它将库存持续增长和混乱仓储的压力减到最小；第三，它减少了从顾客处回收的费用，也减少了损伤、维修、返工的数量及废弃库存的数量。

案例 4：BUILDING 加固物公司

BUILDING（以下简称 BFI），一个预制加固物的生产商，它的成功来源于它比其竞争对手提供更好的顾客服务水平，从而导致 3 年内销售额增加 50%。加固物的耐用性和能够密封外墙板或房顶是最主要的因素，而 BFI 最擅长的就是提供市场所需要的耐用性，并且在一个非常短的前置时间里，满足不同的顾客需求。

BFI 由 7 大产品类型扩展到了超过 400 种不同的库存单元，还不包括油漆变化，产品要么是购买的，要么是生产的，并以基本产品的形式储存在仓库中。

随着顾客需求的潜在改变，BFI 试图去建立预测，他们一直都使用客户化仓储，配送网络包括邻近生产中心的一个主仓库及 8 个战略性的分支仓库以在运输成本上平衡顾客服务。在每一个分支仓库上，客户化仓储过程从基本库存中选拣开始，然后产品被放上搁物架进行上漆，一旦油漆干了，加固物从搁物架上被卸下，粘上橡皮垫圈，打上包装，顾客在下订单后的 2 天之内将收到货物。

BFI 在持续地改进它的操作流程，包括实行一个可以提供实时训存信息的商业系统，这种做法减小了库存错放的可能性，客户化仓储为这种强大的供应商提供了一种竞争优势。

在这些实施客户化仓储的公司之间有许多相似之处，每个公司都在一个极短的时间里面临着生产产品数量的快速增长。在所有的案例中，依靠对未来需求做出预测进行独立库存将导致非常昂贵的运作成本，每一例中均有库存中存储了错误的产品而无法给顾客提供他们想要产品的情况。

每一个公司都通过客户化仓储来解决它们的问题；同时，不同的公司需求不同的方法来对付各自的不同问题。他们的第一步是要确定各自供应产品中的不同点，然后公司决定在过程中的哪一点可以建立基本产品库存，他们审视客户化过程，决定循环时间并将之与目前的订单前置时间相比，于是就可做出决定：基本产品和制成品应以何种比例存储。

每种运作的主要方法是对可信赖的实时信息的需求，每个公司要么是恰好能正确应用这种需求，要么是进一步改进以满足新的需求。除此之外，每个公司还需要为增值功能提供更多空间，但是这种空间的增加由正确信息所带来的效益所抵消。

每种应用都需要新的特定化的设备，即有价值的投资，通过对生产过程的积极影响及更低的整个空间需求，所花的费用是有所值的。在一些例子中，劳动力也得到减少，从而进一步降低了成本，因此这些公司的仓库已成功地证明了自己是一个可变的有价值的资源，它能协助公司成为一个能在竞争中提供同样多种产品，但以同样或更低单位成本的竞争商。

10.2.6　追求客户化仓储

成功的客户化仓储的应用应以客户化仓储战略计划为基础，企业进行客户化计划的步骤如下所述。

（1）理解客户化和客户化仓储目前的地位，作为战略计划过程的底线。以下问题应该被完全弄懂：

① 目前所提供的库存的宽度？

② 你的顾客所要求的库存应该还需多宽？

③ 市场所需求或认为的库存应有多宽？

④ 未来的库存应如何看待？

⑤ 目前仓库中的客户化情况如何？

（2）建立目标、优先权和价值评价标准。与公司领导层协商以建立短期、中期和长期的客户化仓储的目标，理解如下几个方面的组织优势：顾客服务、竞争威胁、弱点、力量与机遇、库存减少、容量限制及会影响到客户化仓储战略方向的其他因素，同时理解用于可选水平质量分析中的价值评价标准和客户化仓储的方法。

（3）建立数据库，获得以下操作信息：

① 对所有业务的市场预测和库存增长；

② 12 个月的生产计划；

③ 12 个月的订单以确定订单的大致情况及成本分析；

④ 确认产品特征（如装卸单元的定义）；

⑤ 目前的设备和平面布置、场所计划及限制；

⑥ 目前的运作成本；

⑦ 经济的价值评估标准和因素；

⑧ 目前的储存、选拣和包装过程；

⑨ 对 1 年产品库存水平的每月回顾；

⑩ 仓库中计算机利用水平。

（4）确认和记载可选择的客户化仓储战略。分析收集的数据以决定大多产品的共同点，然后分析生产过程以确定在哪一点上，建立客户化仓储将会是最有益而最不易引起混乱的方法。考察可选的客户化方法，包括设备、资料、劳力、系统和需求的发展，在每种可选方案中，审视客户化过程以决定循环时间，并将其与目前的订单前置时间相比较，在此基础上，确定基本产品与成品库存的正确比例。一旦此比例确定下来，就可以计划出合适的库存水平，在这些计划的基础上再建立合适的库存结构，定义每种选择的空间、设备及人员计划。

（5）评估可选控制系统战略。评估能满足客户化仓储的所有功能的可得仓储管理系统战略，确保仓储管理系统或其他包装能组合一个产品安排功能，建立材料单是非常重要的，确定已有库存管理系统包装成本或购买包装的成本。

（6）评估可选客户化仓储战略计划。确定每个计划的投资、安装和操作成本，完成税后经济分析和质量分析，在全部经济和质量分析的情况下选择最佳的客户化仓储战略计划。

（7）制定一个行动计划。应该将已选定的客户化仓储战略计划变成公司行动计划，行动计划必须是分阶段的，并且清楚描述了材料处理系统、存储系统、生产和包装系统及材料控制系统。

客户化仓储的优势在于：客户化仓库为组织提供了巨大的机会以增强其竞争地位，具体表现在：

① 以较短的前置时间提供给顾客各类产品而不增加成本，在某些情况下还能降低成本；

② 模糊了生产与仓储的界线，并且商品能够以有效成本通过需求链进行流动；

③ 通过减少不现实的库存需求预测降低了生产与销售的冲突；

④ 将仓储定位于延展其核心能力，从提供时间和空间的有效性到在适当的时间、地点提供适当的产品（按顾客需求客户化的）。

10.3　WMS（仓储管理系统）

在过去，仓库被看成是一个无附加价值的成本中心，而现在仓库不仅被看成是形成附加价值过程中的一部分，而且被看成是企业成功经营中的一个关键因素。仓库是连接供应方和需求方的桥梁。从供应方的角度来看，作为流通中心的仓库从事有效率的流通加工、库存管理、运输和配送等活动；从需求方的角度来看，作为流通中心的仓库必须以最大的灵活性和及时性满足各类顾客的需要。仓库管理系统（Warehouse Management System，WMS）作为一套应用型的操作软件，其所包含的方法和技术为作为流通中心的仓库完成流通功能提供了强大的支持和保证。

10.3.1　WMS 的基本情况与构成

1. WMS 的基本情况

WMS 软件由许多功能软件子系统组合构成，基本软件情况及构成如表 10-6 所示。

表 10-6　仓库管理系统及其组成

WMS	入库管理子系统		● 入库单数据处理（录入） ● 条码打印及管理 ● 货物装盘及托盘数据登录注记（录入） ● 货位分配及入库指令发出 ● 占用货位的重新分配 ● 入库成功确认 ● 入库单据打印
	出库管理子系统		● 出库单数据处理（录入） ● 出库品项内容生成及出库指令发出 ● 错误货物或倒空的货位重新分配 ● 出库成功确认 ● 出库单据打印
	数据管理子系统	库存管理	● 货位管理查询 ● 货物编码查询库存 ● 入库时间查询库存 ● 盘点作业
		数据管理	● 货物编码管理 ● 安全库存量管理 ● 供应商数据管理 ● 使用部门数据管理 ● 未被确认操作的查询和处理 ● 数据库与实际不符记录的查询和处理
	系统管理子系统		● 使用者及其权限设置 ● 数据库备份操作 ● 系统通信开始和结束 ● 系统的登入和退出

现就表 10-6 中各项构成内容简要说明如下。

2. 入库管理子系统

（1）入库单数据处理（录入）。入库单可包含多份入库分单，每份入库分单又可包含多份托盘数据，如图 10-11 所示。

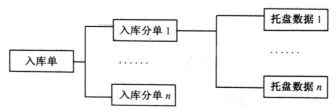

图 10-11　入库单基本结构

入库单的基本结构是每个托盘上放一种货物，因为这样会使仓储的效率更高，流程更清晰。

（2）条码打印及管理。条码打印及管理的目的仅是为了避免条码的重复，以使仓库内的每一个托盘货物的条码都是惟一的标志。

（3）货物装盘及托盘数据登录注记（录入）。入库单的库存管理系统可支持大批量的一次性到货。这个管理系统的运作过程大体是：批量到货后，首先要分别装盘，然后进行托盘数据的登录注记。所谓托盘数据是指对每个托盘货物分别给予一个条码标记，登录注记时将每个托盘上装载的货物种类、数量、入库单号、供应商、使用部门等信息与该惟一的条码标记联系起来。注记完成后，条码标记即成为一个在库管理的关键，可以通过扫描该条码得到该盘货物的相关库存信息及动作状态信息。

（4）货位分配及入库指令的发出。托盘资料注记完成后，该托盘即进入待入库状态，系统将自动根据存储规则（如货架使用区域的划分）为每一个托盘分配一个适合的空货位，并向手持终端发出入库操作的要求。

（5）占用货位的重新分配。当所分配的货位实际已有货物时，系统会指出新的可用货位，通过手持终端指挥操作的完成。

（6）入库成功确认。从注记完成至手续终端返回入库成功的确认信息前，该托盘的货物始终处于入库状态。直至收到确认信息，系统才会把该盘货物状态改为正常库存，并相应更改数据库的相关记录。

（7）入库单据打印。打印实际收货入库单。

3. 出库管理子系统

（1）出库单数据处理（录入）。是指制作出库单的操作。每份出库单可包括多种、多数量货物，出库单分为出库单和出库分单，均由手工输入生成。

（2）出库品项内容生成及出库指令发出。系统可根据出库内容以一定规律（如先入先出、就近等），生成出库内容，并发出出库指令。

（3）错误货物或倒空的货位重新分配。当操作者通过取货位置扫描图确认货物时，如果发现货物错误或货位实际上无货，只要将信息反馈给系统，系统就会自动生成下一个取货位置，指挥完成操作。

（4）出库成功确认。手持终端确认货物无误后，发出确认信息，该托盘货物即进入出库运行中的状态。在出库区现场终端确认出库成功完成后，即可取出数据库的托盘条码，并修改相应数据库的记录。

（5）出库单据打印。是指打印与托盘相对应的出库单据。

4. 数据管理子系统

1）存库管理

（1）货位管理查询。查询货位使用情况（空、占用、故障等）。

（2）货物编码查询库存。查询某种货物的库存情况。

（3）入库时间查询库存。查询以日为单位的在库库存。

（4）盘点作业。进入盘点状态，实现全库盘点。

2）数据管理

（1）货物编码管理。提供与货物编码相关信息的输入界面，包括编码、名称、所属部门、单位等的输入。

（2）安全库存量管理。提供具体到某种货物的最大库存、最小库存参数设置，从而实现库存量的监控预警。

（3）供应商数据管理。录入供应商编号、名称、联系方法，供出入库单使用。

（4）使用部门数据管理。录入使用部门、编号、名称等，供出入库单使用。

（5）未被确认操作的查询和处理。提供未被确认操作的查询和逐条核对处理功能。

（6）数据库与实际不符记录的查询和处理。逐条提供选择决定是否更改为实际记录或手工输入记录。

5. 系统管理子系统

（1）使用者及其权限设定。使用者名称、代码、密码、可使用程序模块的选择。

（2）数据库备份操作。提供存储过程每日定时备份数据库或日志。

（3）系统通信开始和结束。因系统有无线通信部分，因此提供对通信的开始和关闭操作功能。

（4）系统的登入和退出。提供系统登入和退出界面相关信息。

10.3.2　WMS 的功能及作用

仓库管理系统有计划和执行两个功能。计划功能包括订货管理、运送计划、员工管理和仓库面积管理等。执行功能包括进货接收、分拣配货、发货运送等。在供应链管理中仓库管理系统技术的作用表现为配货、发货运送等。在供应链管理中仓库管理系统技术的作用表现在以下两个方面：一是减少库存水平方面的作用，二是与供应链互动所产生的作用。

1. WMS 的计划功能

订货管理是顾客订货和顾客询问的登录点。通过使用 WMS 技术可以登录和维护顾客订货。当收到订货或询问时，订货管理就存取所需要的信息，编辑适当的计算结果，然后对保留的可接受的订货进行处理。订货管理还能提供有关存货可行性的信息和交付日期，以获悉和确认顾客的期望。订货管理，连同顾客服务代表一起，形成了顾客和企业物流信息系统之间最基本的界面。

运送作业结合 WMS 技术来指导配送中心的实际活动，其中包括物料搬运、储存和订货选择等。

在批量作业环境下，通过 WMS 技术开出一份指示清单或任务清单，来指导仓库内的每一位物料搬运人员。在实时作业的环境下，诸如条形码、无线电射频通信，以及自动搬运设备等信息导向技术交互作业，以减少决策和行动之间的时间。

当综合物流变成现实时，继续在单一的作业组织结构中集中功能的压力就减小了，随着信息网络的出现，正式分组已变得越来越不重要。人员组织被信息技术逐步分化，形成一种扁平结构时，信息技术就达到了指导组织结构调整的目的。同样，WMS 技术，对规划仓库库容管理方面和搬运装卸的组织计划等，都有十分重要的指导意义。

2. WMS 的执行功能

对于厂商或批发商来讲，尽管以前物流中心都分散建立在营业支店等经营场所附近，随着近年来制造业和流通业物流活动的广泛开展及高度化物流服务的出现，物流中心越来越具有集约化、综合化的倾向。在这类中心里，伴随着订发货业务的开展，物资检验作业也在集约化的中心内进行。条形码的广泛普及及便携式终端性能的不断提高，使得物流作业效率得到大幅度提高。即在客户订货信息的基础上，在进货物资上要求贴付条形码，物资进入中心时用扫描仪读取条形码检验物资；或在企业发货信息的基础上，在检验发货物资时同时加贴条形码，这样企业的仓库保管及发货业务都在条形码管理的基础上进行。

随着零售企业的不断崛起，不少大型零售企业都建立了自己的配送中心，由自己的配送中心将物资直接运送到本企业的各支店或店铺。采用这种配送形态的企业，一般都在物资上贴付含有配送对象店铺名称的条形码，从而在保证物资检验作业合理化的同时，实现企业配送作业的效率化。

利用 WMS 技术事先做好销售账单、发货票等单据的制作和发送工作，即使批发商自己进行物资分拣再按订货要求配送，也都采取这种办法；与此同时，将备货清单传送到用户指定的店铺。备货作业按照不同的配送用户在物资上贴付条形码，分拣作业时只要用扫描装置读取条形码，便能自动按不同的配送场所进行分拣。

3. WMS 在库存管理中的作用

WMS 技术能精确地反映当前状况和定期活动，这样可以衡量存货水平。平稳的物流作业要求实际的存货与物流信息系统报告中的存货相吻合的精确性最好在 99% 以上。当实际存货和信息系统中的存货之间存在较低的一致性时，就有必要采取缓冲存货或安全存货的方式来适应这种不确定性，增加信息的精确性，也就减少了不确定性，并减少了存货需要量。

WMS 技术能及时提供快速的管理反馈。不及时是指活动发生时与该活动在信息系统内可见时间的耽搁。例如，在某些情况下，系统要花费几个小时或几天才能将一个新订货看成为实际需求，因为该订货并不始终会直接进入到现行需求量数据库。结果，在认识实际需求量时就出现了耽搁，这种耽搁会使计划制定的有效性减少，而使存货量增加。

另一个有关及时性的例子涉及当产品从"在制品"进入"制成品"状态时存货量的更新。尽管实际存在着连续的产品流，但是，信息系统中的存货状况也许是按每小时、每工班，或按每天进行更新的。显然，实际更新或立即更新更具及时性，但是它们也会导致增加记账工作量。编制条形码、扫描和 EDI 有助于及时而有效地记录。

及时的管理控制是在还有时间采取正确的行动或使损失减少到最低程度的时候能够提供信息的。概括地说，及时的信息减少了不确定性，并识别了种种问题，于是减少了存货需求量，增加了决策的精确性。

WMS 技术必须以异常情况为基础，突出问题和机会。物流作业通常要满足大量的顾客、产品、供应商和服务公司的不同需求。例如，必须定期检查每一个产品—选址组合的存货状况，以便制定补充订货计划。另一个重复性活动是对于非常突出的补货订货状况的检查。通常，这种检查过程需要问两个问题。第一个问题涉及是否应该对产品或补充订货采取任何行动，如果这个问题的答案是肯定的，那么，第二个问题就涉及应该采取哪一种行动。许多物流信息系统要求手工完成检查，尽管这类检查正愈来愈趋向自动化。仍然使用手工处理的依据是有许多决策在结构上是松散的，并且是需要经过用户的参与才可做出判断的。

物流信息系统结合了决策规划，去识别这些要求管理部门注意并做出决策的"异常"情况。于是，计划人员或经理人员就能够把他们的精力集中在最需要引起注意的情况或者能提供的最佳机会来改善服务或降低成本的情况。表 10-7 说明了以异常情况为基础的存货管理报告。该列表列举了存货水平、行动时间、提醒日期及未来的行动方式。这类异常情况报告可以使计划人员利用其时间来提炼建议，而不是浪费时间去识别那些需要做出决策的产品。

表 10-7　以异常情况为基础的存货管理报告

产品	时间	水平	行动	订货	日期
A	立即	没有现货	—	不公开 PO	—
B	立即	没有现货	发货	实盘 PO100	过期
C	有限期内	没有现货	发货	计划 MO100	6 月 29 日～7 月 1 日到期
D	立即	使用安全存货	发货	实盘 MO200	过期
E	有限期内	—	释放	系统订货 200	6 月 8 日
F	超出有限期	没有现货	发货	实盘 PO100	6 月 29 日～7 月 5 日到期
G	有限期内	存货过剩	取消	计划 PO150	10 月 1 日
H	有限期内	存货过剩	推迟	实盘 MO100	10 月 1 日～12 月 1 日到期

WMS 技术往往包含有一个配送中心存货状态显示屏，显示屏列出一个产品和配送中心。这种形式要求一个顾客服务代表在试图给存货定位以满足某个特定顾客的订货时，检查每一个配送中心的存货状况。换句话说，如果有 5 个配送中心，就需要检查和比较这 5 个计算机显示屏。适当的形式会提供单独 1 个显示屏，包含所有这 5 个配送中心的存货状况。这种组合显示屏使得一个顾客代表更加容易识别产品的最佳来源。

又一个适当形式的例子是，显示屏或报告还有效地向决策者提供所有相关的信息。显示屏将过去信息和未来信息结合起来，信息中包含现有库存、最低库存、需求预测，以及在一个配送中心单独一个品目的计划入库数。这种结合了存货流量和存货水平的图形界面显示，当计划的现有库存有可能下跌到最低库存水平时，有助于计划人员把注意力集中在按每周制定存货计划和订货计划上。例如，一个计划人员通过检查图 10-12 中的显示屏，就能轻易地看到当前的（0 周）现有库存恰好处在最低水平，如果不采取行动的话，在第 7 周的期间内将会没有库存。

4. WMS 与供应链互动的作用

WMS 技术与供应链互动能进行跨企业的库存管理、商品管理和运输管理等活动。

物流作业的起源无疑是从订货开始，日本学研社的物流作业系统中，订货处理是由各代理店或批发商进行，这些代理店或批发商建有与学研社主机相连的终端，他们直接将订单输入到终端中，订货每天晚上 8 点钟截止，之后学研社立即进行第 1 次物流信息处理。

第 1 次物流信息处理的内容包括：

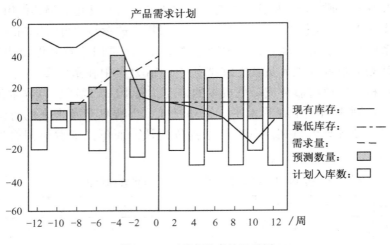

图 10-12　适当形式的显示屏

① 进行流通中心的指令；

② 库存的情况与更新；

③ 运输方式的指定；

④ 包装组合的计算等。

　　学研社的物流系统是根据不同的物资分别划分为不同的流通中心，但是，尽管如此，仍然存在同一物资群使用多个流通中心的现象。为此，第 1 次物流信息处理的内容 ① 就是通过计算机系统来指定订货应当从哪个流通中心出入，以获得最佳的经济效益；内容 ② 主要是核查所订购货物是否有库存，如果出现断货，则立即将断货物资的名称输入到管理系统中，实行及时补货；内容 ③ 主要是对订购物资如何有效地配送到代理店或批发商向学研社位于日本全国的 450 个地方配送中心发出指令。但是，具体的安排和决定仍是由各配送中心独自做出。从总体上看，学研社的主要配送方式有大型货车、日本国铁集装箱、海上集装箱，以及邮寄、铁路各小件货物运输等。内容 ④ 是按照一个包装 20 公斤标准，来计算物资应该如何组合、配置，即通过计算机计算出物资需要几个包装，据此进行物流作业。

　　在学研社总部主机处理的信息除了以上内容以外，还包括另外一些不被传输给流通事业总部的信息，这些信息包括：① 出入库计算、更新；② 输送、移库管理；③ 断货订购管理；④ 公司库存管理。其中，出入库计算、更新是根据各流通中心报上来的文字材料统计入库量和出库量，对物资库存实行管理；输送、移库管理是对向地方配送中心运输途中的物资实行管理；断货订货管理不仅仅是进行订货管理，而是针对物资的断货现象进行相应的订货管理，并在此基础上，制定该物资的出货指令；公司库存管理就是制定物资库存水准信息，通过该信息的确立，为订货决策提供依据。

　　学研社总部的主机对物流信息进行第 1 次处理后，即进行物流信息的第 2 次处理，以对具体的物流活动实行控制。

　　物流信息第 2 次处理的内容包括：

① 在学研社主机对运输方式进行指定的基础上，按不同运输手段将订货进行划分；

② 在以上统计的基础上，再按不同的作业区间进行划分；

③ 在按作业区间进行完订货集中统计后，接着是从不同物资流通中心设置的打印机中打印出不同作业区间的运输标签和出货单，并做好出货准备；

④ 第 2 天早上，根据前 1 天打印出的运输标签进行配货，并按预先指定的时间报出货，开始配送作业。

10.3.3 WMS 的操作流程

仓库管理系统最重要的操作流程应该是入库和出库操作流程。

1. 入库操作流程

入库操作流程框如图 10-13 所示。

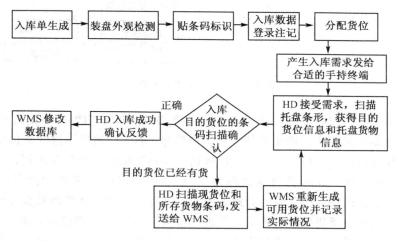

图 10-13 某仓库入库流程图

如图 10-13 的入库流程图所示，入库后首先生成入库单，每份入库单可包含多种货物，按货物不同，又将入库单分成入库分单。等装盘完毕，在经人工检验认为外观尺寸等合格的托盘上贴以条码标记，通过扫描托盘条码标记（或人工键入），确认货物种类和数量的输入后，即完成托盘条码与所载货物信息的注识，亦即入库数据登录注记。此时该托盘货物即进入"待入库状态"，注记完成的货物托盘所处的状态会一直被管理系统跟踪和监控，直至出库成功取消该注记为止。

注记完成的货物托盘由管理系统分配一个目的储存货位，同时该操作需求被发送到HD，HD 接受需求，扫描托盘条码，即可得到该托盘的目的操作货位和货物信息。然后根据 HD 指示，由操作人员驾驶堆垛机行驶至目的货位。如果一切正常，操作人员将用 HD 扫描确认目的货位，操作成功后做确认反馈，管理系统收到操作成功确认后，即修改数据库相关记录，最终完成一次入库操作。

如果目的货位已有货物，HD 将扫描现有货物条码，并发送给管理系统。管理系统将该异常情况记入数据库，并生成一新的推荐目的货位，指挥重新开始操作，直至成功完成本次操作。

2. 出库操作流程

出库操作流程框如图 10-14 所示。

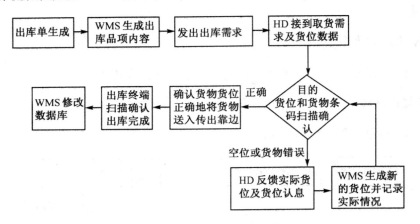

图 10-14 某仓库出库流程图

　　出库流程始于出库单的生成，接着管理系统将根据出库单内容以一定规律（如先入先出等）生成出库品项和内容，即出库货位和货位信息。HD 接到操作目的货位信息后，还须由操作人员驾驶堆垛机驶至目的货位，扫描确认货位货物信息。经确认无误，操作人员即取出货物并送至待出库区。此时货物的状态为"位于待出库区"，最终由出货终端扫描确认后，发出操作完成确认信息给系统。管理系统收到此确认信息后才修改数据库的相关记录。

　　如果堆垛机驶至取货货位，扫描确认发现异常（空货位或货物错误）时，HD 即将此信息发送给管理系统，管理系统将该异常情况记录入数据库并生成一新的推荐货位，指挥重新开始操作，直至成功完成此操作。

复习思考题

　　1. 指出定期观测库存控制模式、ABC 重点控制模式、库存的最优控制模式基本库存模式的要点。

　　2. 试述如何配合商品的寿命周期进行库存管理。

　　3. 谈一谈 WMS 的基本构成模块的功能。

　　4. 试述如何对 WMS 进行操作。

　　5. 在物流与供应链管理中，WMS 信息技术的作用何在？

第11章

仓储保税制度

本章介绍国际物流中仓储管理部分的内容，即仓储保税制度。仓库的保税功能在企业进行国际业务时表现出十分重要的地位。本章要求了解保税制度的基本概念、我国保税制度的发展、保税区的设立等基本内容，同时可以结合国际贸易的知识加深对本章内容的理解。

11.1 概述

11.1.1 货物保税制度的出现

货物保税制度诞生于英国。自中世纪以来，英国及一些欧洲的沿海地区和港口已从特别关税的便利中获取到很大的好处。1547 年意大利在西北部的热那亚湾建立了被认为是世界上第一个具有保税性质的自由港 —— 雷格亨（Leghoyh）自由港。1719 年在意大利的里亚斯特已建立起保税仓库，德国汉堡港于 1881 年建立了自由港的模式。在 19 世纪以前，这些保税区域一般集中在欧洲的地中海地区，如意大利的热那亚湾、那不勒斯、威尼斯，法国的敦刻尔克，丹麦的哥本哈根，葡萄牙的波尔多等。进入 19 世纪以后，随着航海技术的进步和国际贸易的发展，保税制度逐步扩展到印度洋、东南亚等地区，如直布罗陀、亚丁、新加坡、中国香港、中国澳门等。20 世纪以后，自由贸易区又在美洲大陆兴起，1936 年在美国纽约市的布鲁克林建立了美国第一个具有保税性质的外贸区。在过去，无论免税区的名称是自由港、自由贸易区、保税区还是保税仓库，主要都是为促进国际间的贸易而在一国的土地上提供一块保税的空间。

在国际贸易中采用货物保税的方法是为了将国际贸易方向吸引到本土的某一特定地区，而无需交纳关税。在这一特定的地区内，将提供保证存储需要的基本设施和必要的运输工具。

在欧洲，货物保税制度经历了 3 个时代。在欧洲工业化革命之前，属于第一代自由贸易区时期。在第一代保税制度的基础上，之后增加了第二代的属于工业改造的保税区。其目的是尽可能多地将外国企业吸引到特定的地区。根据这一目的，欧洲许多地方建立起自由贸易区。如 1947 年爱尔兰的香农、西班牙的加的斯、比戈和巴塞罗那等。在这些保税区内，企业享受众多的税收优惠政策。欧洲共同体的发展推进了欧洲各国的工业化进程，这促使海关手续不断简化，这些简化了的手续可以同时给予保税区内外的企业，这就不允许将过多的关税优惠只留给建立在保税区内的企业，而损害区外企业的利益。在这种情况下，便产生了第三代保税制度。目前欧共体已经有这种保税区，这种保税区属于欧共体关税区的一部分，并经 1969 年制定的共同体法规进行了调整。1992 年以后，这些法规又被两个章程所代替，即一个基础章程和一个由共同体机构通过的实施细则。

11.1.2　实行保税制度的几种形式

目前，在世界上建立的具有保税、贸易功能的经济区域，因其政策和目的有所不同，形式、规模各有差异，故名称上并不统一，如有称自由港、自由贸易区、免税贸易区、对外贸易区、自由区、出口加工区、保税区、保税仓库、保税工厂等。然而，就其基本功能来说，却均有相似之处，即在划定的特殊区域内实行一定的优惠政策，以吸引国际投资，发展国际贸易，促进仓储和运输。其中，几种主要的形式特点如下所述。

1. 自由港

自由港是指在一国土地上划定的一块置于海关监管的特别区域。该区域凭借优越的位置，优良的港口条件和先进的技术，以豁免货物进出口关税和其他优惠政策，来吸引外国商船、扩大转口贸易、开展货物储存及允许的加工，以达到促进当地经济发展的目的。

2. 自由贸易区

自由贸易区是通过减免关税等优惠政策来促进国际间贸易的发展。它利用其良好的条件吸引外商投资设厂，发展出口加工、金融、信息等产业，因此自由贸易区是一块以贸易为主，兼有工商的多功能区域。它与免税贸易区、保税区等无明显差异，但开放自由度比自由港相对低些。

3. 出口加工区

出口加工区是设在一国交通便利的划有一定范围，并提供相应设施的区域。在该区域内提供减免税等一系列优惠政策，以吸引外商投资，主要发展面向国际市场的出口加工业。

4. 保税仓库

保税仓库是为适应国际贸易中的时间和空间差异的需要而设置的特殊库区。货物进出该库区可免交关税。此外，保税仓库还提供其他的优惠政策和便利的仓储、运输条件，以吸引外商的货物储存和从事包装等业务。保税仓库的功能比较单一，主要是货物的保税储存，一般不进行加工制造和其他贸易服务。

在我国，主要的保税形式是保税区，下面侧重于对保税区政策和经营管理的论述。我国的保税区涵盖了保税仓库的功能。

11.1.3　保税仓库的意义和作用

1. 保税仓库的定义

用于国际贸易储运中的保税仓库制度是指允许那些需纳关税和其他税赋，以及按限制进口规定或其他经济、税收和海关规定办理的货物，如存放在海关监管下的特定区域内，可免交税赋。无论这些货物是直接来自于国外进口，或转口运输到某个内地海关，或从海关结关场所取出的货物，或作为暂时进口核销的货物等都可以存入储运保税仓库。

除了另有规定外，货物存入保税仓库，在法律上意味着在全部储存期间暂缓执行该货物投入国内市场时应遵循的法律规定，即这些货物仍被认为处于境外，只是当货物从保税仓库提出时，才被当成直接进口货物对待。

货物存入一国的保税仓库，应受该国的一般法律的约束和管理，特别是有关公共秩序或公共卫生等方面的法律规定。此外，保税仓库与保税区或自由港制度稍有区别，货物一旦存入保税仓库，将由海关登记入册，而国外的保税区或自由港制度下的货物进出无需办理任何海关手续。

保税仓库的保税范围各国规定有所不同，在法国，根据《海关法典》的规定，保税仅限于关税、相当于关税的其他税赋及农产品差价税，即仅限于欧洲共同体一级的海关税收。

2. 保税仓库的作用

在对外贸易中，建立海关监管下的保税仓库具有多方面的优越性，主要有以下几个方面。

1）有利于促进对外贸易

在国际贸易中，从向国外贸易伙伴询价、签订合同，到货物运输需要一个较长的贸易周期，为了缩短贸易周期，降低国际市场价格波动的影响，采用保税仓库方式，先将货物运抵本国口岸，预先存入保税仓库，可以使货物尽快投入使用。在国际贸易中，还可以利用国际市场上货物价格的波动因素，将货物存入保税仓库，待时机成熟后推入市场。

2）有利于提高进口原材料的使用效益

建立保税仓库后，可以使需要进口的原材料统一进口，相互调剂，这样可以避免过去那种各家企业各自进口原材料所造成的积压和浪费，以提高原材料的利用率。采用这种方法，可以在原材料国际市场价格较低的情况下购入保税仓库，以降低进口价格，提高经济效益。

3）有利于开展多种贸易方式，发展外向型经济

参与国际贸易的企业可以利用保税仓库的暂缓交纳关税等优惠条件，发展多种贸易方式，如可以在保税仓库内进行来料加工、来件装配，然后复出。这种方式有利于外向型经济的发展，扩大出口货源，增加外汇收入，还可以利用国际市场上的价格变化和各国价格的差异，借助于保税仓库开展转口贸易。

4）有利于加强海关的监管

随着灵活的贸易方式的发展，海关的关税征收工作也做出了相应的变化。例如，对于来料加工并复出的货物，若采用进口原材料时海关征收关税、复出时海关再退税的方法，这不仅会增加许多烦琐的手续，延误贸易时间，甚至有可能失去贸易机会，这显然不利于贸易的发展。建立保税仓库后，可以借助仓库管理人员的力量协同海关人员管理。而海关对于保税仓库的监管主要是制定各种管理制度，对保税货物出入保税仓库实行核销监督管理，对加工业实行重点抽查与核销，以防擅自内销的行为发生。这既严密了海关监管，又简化了手续。

5）开发保税仓储业，有利于促进一国经济的发展

从事外贸的企业利用保税仓库，可以充分发挥仓库的效能，开展一系列的相关业务，如

报告、装卸、运输，允许的加工、整理、修补、包装、中转、保险、商品养护等，使外贸仓储逐渐发展成为综合性、多功能的商品流通中心。与此同时，随着保税仓储业务的开展，便利了国家对外贸易的发展，促使一国经济进入国际经济的大循环之中，这有利于国家经济的良性发展。

11.2 保税仓库的类型

保税仓库的形式在不断地发展，各国情况也不尽相同。欧洲共同体曾给出了可供参考的保税仓库的类型。当然，这种分类并不具体，只是规定了海关保税仓库的监管规则。按欧共体对保税仓库的分类，可以分成公共保税仓库、自有公共保税仓库、专用保税仓库、保税工厂、海关监管仓库等形式，以下分别进行介绍。

11.2.1 公共保税仓库

公共保税仓库是一种最普遍的保税仓储方式。在欧洲，它的开设需要由国家财政部审批。公共保税仓库的选址、建筑形式及经营管理都必须经过海关批准，以确保满足海关的监管条件。这类仓库面向公众，任何想利用保税仓库存储海关监管货物的人均有权使用。

对于一个保税仓库的具体运作，应按国家财政主管部门规定的经营方式制定相应的规则，理顺保税仓库的经营者与客户之间的关系。按规定，每个保税仓库均有一个主管海关机构进行监督管理，存入仓库的货物都必须到主管海关办理有关海关手续。保税仓库应在海关不间断的监督之下，保税仓库的所有出口原则上均应加双道锁，其中一把由海关人员掌握，另一把由仓库经营者掌握。

11.2.2 自有公共保税仓库

如果在一些贸易比较集中的地方，因贸易往来又纯属地方性而不宜设公共保税仓库，或者公共保税仓库不能满足需要，或公共保税仓库远离货物运输的目的地时，可以开设自有公共保税仓库。这类仓库只需海关以决定的方式批准，主办者除可以是公共保税仓库的经营者外，也可以是从事公共仓储经营业务的任何组织和法人，甚至是自然人。自有公共保税仓库的管理条件与公共保税仓库基本相似，但海关原则上对其不实行不间断监管。

11.2.3 专用保税仓库

专用保税仓库是由那些从事国际贸易的企业，经海关批准后，自己建立的自营自用性质的保税仓库。保税仓库内仅储存本企业经营的保税货物，并多设在其所属的区域内，除海关有监管权外，该类保税仓库是根据生产和贸易的需要而开设的，它不受地点限制。保税仓库的审批只需由海关以决定的方式批准，并规定仓库内存储的货物所应具备的条件即可。

专用保税仓库的申报由指定的海关管辖，并向其办理所有的海关手续。然而，由于储存地就是收货人的所在地，这类保税仓库可以享受较宽松的监管方式。海关手续可按简化的方式和就地结关程序办理。

11.2.4 保税工厂

保税工厂是将整个工厂或部分专用车间置于海关的监管之下，专门从事来料加工，来件装配、复出等业务。对于这类生产性的保税工厂，海关审批较为严格，对其加工项目的规定也做了严格的限制。

11.2.5 海关监管仓库

海关监管仓库是一种主要存放已经进境而无人提取的货物，或者因无证到货、单证不齐、手续不全及违反海关有关规定等，海关不予放行，而需要暂存在海关监管下的仓库里等候处理的货物。海关监管仓库还可以储存已对外成交和结汇，但经海关批准暂不出境的货物。

这类保税仓库原先主要由海关自己管理，随着贸易量的不断增加，海关作为行政管理机构的行为逐渐规范，使这类保税仓库多交由仓储企业经营管理，海关则行使行政监管权。

11.3 储运货物保税制度的实施

11.3.1 货物存入保税仓库的程序

（1）填写保税报关单。申请货物保税者应填写保税报关单，该报关单上应写明申报者有关履行法律、法规规定的义务和承诺。报关单上除有一般报关单所需要的所有内容外，还应有从保税仓库提取货物时计税需要的一些详细情况。除公共保税仓库外，存入保税仓库的申报均应提供担保。对于存入自有公共保税仓库的申报，担保可由保税仓库经营人提供。

（2）报关单签字。存入保税仓库货物的报关人应是货主本人或经授权的代理人，他们应在报关单上签字。在海关的规定中，允许报关代理人对价值不超过某一限额的货物以本人的名义向海关申报。在这种情况下，报关代理人就有义务监督自己承诺的履行情况，并承担相应的法律责任。

（3）检验。在报关手续完成后，应对货物履行检验手续。必要时，还应采取某些保证海关监管权利的措施，如取样、加封等，以保证在脱离海关监管后仍能对其辨认。

（4）海关登记。存入保税仓库的货物应由主管海关进行登记，并按加工业务的不同进行分类。货物的登记将在货物存放保税仓库期间继续记录有关情况。

11.3.2 货物在保税仓库内的存放

货物在保税仓库中允许进行一些规定的搬动活动，但货物的搬动不能使其数量和质量发生变化。

1. 货物在保税仓库中所允许的搬动

在多数情况下，从国外市场上进口的货物存入保税仓库时为散装，故在重新投入市场前需要进一步包装或提高商品的商业质量。这样，货物将需要进行一些保税仓库制度所允许的处理。欧共体理事会曾列出了允许在海关保税仓库中对货物进行处理的方法清单及相应的文件规定。文件规定，这种处理只能在成员国法律规定的范围内进行，成员国有权在理由充分的情况下规定某些处理只能在规定的仓库内进行。在对货物处理前，应提出申请，除公共保税仓库外，一切申请均需担保，并且原则上这种处理应在海关的监管之下。

存入保税仓库的货物可以由存货人将所有权转让给第三方，这是一项保税仓库的基本经济功能，其作用在于允许货物在关境外出售，以促进仓储货物的商品化。在进行货物转让时要填写专门的报关单，以保证将出让人的义务转移到受让人身上。应该注意的是，这类报关单均应实行担保。

存入保税仓库的货物可以进行转仓保管，甚至可以转移到不同类型的保税仓库中，但需办理另一类保税仓库要求的手续。

2. 货物在保税仓库中的失灭

货物在保税仓库的存储期间，海关有权对货物进行各种必要的监管和清点。当海关提出要求时，应将货物交海关检验，如货物数量和质量与原货不符，存货人应承担补税义务，甚至承担相应的法律责任。当涉及禁止或限制进口的货物，则存货人需支付与货物等值的资金，而关税和其他税赋的税率则按缺少之日的税率计征；若无法确认短缺日期，则按货物入库至发现短缺之日期间最高税率计征。

但是，对于存入保税仓库后未按期复运出口的货物，海关总署署长有权决定予以销毁。这一规定可以避免人为的拖延时间，而试图将可能损坏的货物转为进口，以尽可能减少纳税。然而，如果出现属于人力不可抗拒的货物灭失，保税仓库经营者和货主将有权享受免交这部分关税，以及与关税有关的税赋。在具体执行时，对人力不可抗拒的范围有严格的规定，并由存货人举证。有些国家对于因盗窃引起短缺的货物仍需缴纳关税。

3. 货物在保税仓库中存放的期限

欧共体规定，存放保税仓库的货物，其存储期限为 5 年，但各成员国有权改变这一期限。一般对于公共保税仓库的货物存储期限为 3 年，而自有公共保税仓库的货物存储期限为 2 年，专用保税仓库存储期限为 1 年。

如在存储限期内，货物需要转移到不同类型的保税仓库时，其总期限不得超过其中最长一类的规定时间。

11.3.3　货物提出保税仓库

无论是哪一类保税仓库，货物应当在存储期限期满之前从保税仓库中提取，并申报按另一项海关监管制度的要求办理；否则将按保税仓库的有关规定处理。

1. 按另一项海关制度办理的方法

除特殊情况外，货物从保税仓库提出可看成从国外直接进口，但从保税仓库中提出货物后复出口或正式进口将涉及一些特殊情况。

在欧洲，向第三国复出口和向共同体国家复出口是有所区别的。对于前者，保税仓库制度中一切关税及国内税赋义务将解除；对于后者，复出口只免除保税仓库制度中的国内税赋部分。

对于从保税仓库提出，并投入国内市场的货物应按出库日的货物名称和重量征税。其税率按货物正式进口报关单登记之日实施的税率征税。

对于存储于保税仓库的货物，经过加工，并加入部分国内采购材料的情况下，如申报转为内销时，其完税价格和完税重量应为货物从保税仓库提出时货物价格和重量。

2. 货物不从保税仓库提出的情况

当存货人已将存入保税仓库的货物在规定的期限内提出，并改按新的海关监管制度办理后，便可办理核销手续。

但是，对于公共保税仓库，如果货物未能按期以允许的用途办理，则应由保税仓库的经营人负责履行这项义务；否则，从存仓期限到期之日起，接口支付未出库货物价值的1%逾期费。过期超过1月时，可公开拍卖所存货物，并在所得款中扣除应交税款，剩余部分存入专门的保管机构。

11.4　我国的进出口货物保税政策

11.4.1　我国仓储保税制度的发展

货物保税制度在我国并不是一件新鲜事物。事实上，鸦片战争以后，我国沦为半封建半殖民地，我国的海关大权落入外国列强手中，它们为了便于向我国倾销商品和资本，以及掠夺我国的资源，在我国口岸建立了保税仓库。

新中国成立以后，保税仓库也就作为帝国主义侵略的产物而予以废止，从此以后保税仓库在我国便销声匿迹。

我国改革开放以来，在扩大对外贸易中，我们逐步认识到重建保税仓库是必要的。为此，我国的海关总署于1981年制定了《中华人民共和国海关对保税仓库及所存货物的管理办法》，但由于受当时改革开放之初种种条件限制，此文件中许多规定还较保守，如规定只有具备外贸进出口权的专业公司才能申请保税仓库的业务，并只能存放公司自己经营的进出口商品。在此后的发展中，一些限制逐步放宽。如经海关批准建立一些存放寄售、维修设备和零部件的保税仓库，以及供应国际航行船舶燃料供应的保税仓库。到1988年，为更好的适应我国沿海地区外向型经济的发展，我国修订了《中华人民共和国海关对保税仓库及所存货物的管理办法》，扩大了保税仓库的业务范围，规定凡属加工贸易复出口的进口货物，国际转运货物及经海关批准可以缓税的货物，均可存入保税仓库。当然，我国的保税仓库制度还在发展之中，一些规定与国外的保税制度相比尚有差距，因此有待在实践中进一步完善。

自1990年以来，在我国沿海口岸相继建立了一批保税区。1990年，我国第一个保税区——上海外高桥保税区批准建立，1991年又获准建立天津港保税区、深圳福田保税区、沙头角保税区，此后又相继在宁波、福州、厦门、大连、张家港、海口、广州、青岛和汕头等13个口岸建立了保税区。目前，各保税区的运作状态良好。

我国的保税区具有以下特点。

① 为保证取得最佳经济效益，保税区均由政府机构承办，其建立和运转须经国务院及有关主管部门批准和控制。

② 根据我国实际情况，保税区按照国际惯例和国际通行做法运作。

③ 可集中开展对外贸易和对外加工行业的经营活动，海关和政府将提供方便。

④ 有利于商品的二次集散。

11.4.2　我国开展货物保税制度的益处

1. 开发转口贸易业务

保税仓库（或保税区）的建立使开展国际间的转口贸易成为可能。我国海岸线较长，土地价格比较便宜，劳动力资源丰富。因此，在我国沿海地区划定一些在海关监管下的保税区域，提供一定的税收和其他方面的优惠政策，开展转口贸易，进行一些简单、许可的加工，这对于从事国际贸易的国内外企业而言，是非常具有吸引力的。例如，在我国的厦门保税区从 1988 年至 1994 年间，转口贸易额达 3.6 亿多美元。

2. 发展备料保税业务

备料保税业务指由外贸企业统一批量从国外进口或由国外原料供应商委托外贸企业进口的生产原料，存放在保税仓库内，并根据来料加工、进料加工或三资企业的需要，向海关办理进口手续后，从保税仓库提取，经加工成品后复出口的保税业务。备料保税使一些小批量的进口料件得以集中进口，避免造成用料企业的资金积压，并因集中后的批量增加而能在国际市场上获取较低的价格，同时也减少了分批进货所增加的风险。更重要的是，从保税仓库进口原料，缩短了到货时间，提高了经济效益，进而增强了加工企业参与国际市场竞争的能力。厦门保税区在 1992 年 8 月—1994 年 4 月期间，保税市场的各成员公司共进口保税货物达 63 万吨，价值达 25 亿元人民币。

3. 发展供船保税业务

为了促进一个口岸的航运事业的发展，并由此带动国际贸易的增长，改善港口条件，提高对到港船舶的服务能力，满足船舶物品的供应是非常必要的。由于船舶物品并不进入一国境内，符合保税要求。因此，吸引船舶物品的保税业务是保税仓库的主要功能之一。

4. 发挥保税仓库的优势

利用国家给予保税区的各项优惠政策，吸引更多的国内外企业进入保税区，以带动整个地区经济的快速发展。

11.4.3　我国的保税区管理和税收优惠

我国各保税区在管理和税收政策上基本相同。因此，这里以上海外高桥保税区为例，来介绍我国保税区的管理和税收政策。

1. 保税区的管理

上海外高桥保税区是一个由上海市人民政府批准的，由保税区管理委员会来实施统一的管理。该委员会的主要职责是：

① 制定和修改保税区发展规划，经市政府批准后组织实施；

② 制定和发布保税区的各项管理细则；

③ 按照规定的权限审批保税区内的投资项目；

④ 按照规定的权限，负责保税区内有关环保、土地、工商行政及公共设施和公益事业等方面的管理工作。上海外高桥保税区的管理体制见图 11-1 所示。

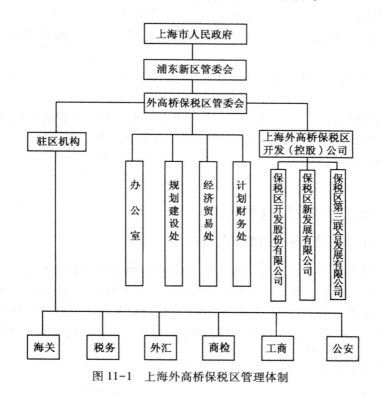

图 11-1　上海外高桥保税区管理体制

2. 对保税区投资和经营的管理

根据我国海关的有关规定，在保税区内出口加工的产品应当全部出口外销，而转口贸易的货物可在保税区内存放不超过 1 年。如有特殊情况，经海关批准，可适当延长存放时间，但最多延长不超过 1 年。

按照海关的规定，对于进入保税区的保税货物应建立相应的海关认可的专门账册。

3. 保税区的政策优惠

① 保税区允许区内生产性企业从事本企业生产用的原材料、零配件、设备的进口和产品的出口；允许这些企业直接对外承接与生产相关的加工业务。

② 在保税区内，允许中外企业开设外汇账户，实行现汇管理。企业经营所得的外汇扣除应纳的税金，剩余部分在企业成立 5 年内全部归企业所有。

③ 在保税区内进行与国外之间的货物进出口，可免除进出口许可证。

④ 区内企业可从事国际间的转口贸易和代理国际贸易业务。

⑤ 区内各保税仓库和工厂内的货物可以买卖，也可通过保税生产资料市场与区外企业进行交易。

4. 保税区的税收优惠

在我国的保税区内，除享有经济特区的一些优惠政策外，还能享受保税区的特殊政策。在上海，投资保税区的中外企业具体可享受以下的优惠政策。

① 从境外进入保税区的货物，可免征关税和工商统一税（也称工商税，如营业税等）、增值税。

② 从非保税区进入保税区的货物，凡符合出口条件的，免征生产环节的工商统一税，或退还已征的产品税。

③ 对于保税区内的企业生产的产品，当运往境外时，免征关税和生产环节的工商统一税、增值税；产品在区内销售时，免征生产环节的工商统一税、增值税。

④ 允许与我国有贸易往来的外国商船在保税区内指定的泊位上停靠，装卸货物或进行中途补给等。

11.4.4　我国保税仓储货物的海关监管

1. 我国海关对保税仓库及所存物资的管理

随着我国对外经济贸易的发展，为参与国际经济大循环的生产、仓储、运输企业的经营提供便利，促进我国现代化建设的发展，我国海关总署于 1981 年和 1988 年两次制定了有关货物保税和保税仓库管理的规定，特别是 1988 年结合海关法的出台，以及沿海经济的快速发展，对于保税仓库及所存货物监管的有关规定进行了较大幅度的调整，使保税仓库的设置和管理更接近于国际上通用的做法。

1）保税仓库所存货物的规定

按照我国的规定，保税仓库存放的货物仅限于以下几种情况。

① 存放来料加工、进料装配，然后复出口的货物。来料指同一企业间的物料转移，进料指一个企业进口原材料。

② 暂时存放，然后复出口的货物。

③ 经海关批准缓办纳税手续进境的货物。

2）设立保税仓库的条件

在我国，设立保税仓库应具备以下条件。

① 保税仓库应设置与非保税区域之间的安全隔离设施，并且配备保证货物存储和保管安全的设施。

② 必须健全符合海关要求的仓储管理制度，建立详细的仓库账册。

③ 保税仓库的专职人员必须经过海关的培训。

④ 保税仓库的经营者有能力向海关缴纳有关税款。

从事保税仓库经营的企业和个人申请保税仓库经营一般应经过以下步骤：

① 办理工商行政管理部门颁发的营业执照；

② 填写保税仓库申请书；

③ 交验经贸主管部门批准经营有关业务的批件；

④ 向海关提出申请；

⑤ 经海关审核及海关派员做实地调查；

⑥ 海关颁发保税仓库登记证书。

3）对保税仓库经营者的管理

按规定，对保税仓库内所存货物应有专人负责，在每月的 1—5 日期间向海关报送上月份的转存货物的进库、出库及结存情况，由海关查核。

在保税仓库中不能对所存货物进行加工，如需要改变包装和加刷、唛码等，则必须在海关的监管之下进行。

只要海关人员认为必要，可以会同保税仓库的经营者共同加锁，海关也可以随时派员进入仓库检查货物的储存情况和账册，甚至可以派员进驻仓库进行监管。为此，保税仓库的经营者必须按规定交纳监管费用。

对于来料加工、进料装配货物，仓库经营者凭海关签印的保税仓库领料核准单交付有关货物，然后凭此向海关办理核销手续。

货物在保税仓库存储期间发生灭失，除因不可抗力所致外，其灭失部分应由保税仓库经营者承担交纳税款的责任，并由海关按规定处理。

4）对保税货物的货主或代理人的规定

保税货物入境时货主或代理人应填写进口货物三联报关单，加盖保税仓库货主印章，注明所存保税仓库的名称，向海关申报。经海关验收放行后，报关单的一联交海关，另二联随货交保税仓库。在货物入库后，保税仓库经营人应在报关单上签收，一联留存，另一联交回海关。

如果保税货物需要转为进入国内市场销售时，需经海关核准，并由货主或代理人向海关递交进口货物许可证、进口货物报关单和海关需要的其他证件，在交纳关税和增值税、工商统一税后，由海关签发放行，同时将原进口货物报关单注销。

对于来料加工、进料加工的备料从保税仓库提取时，货主应事先持批准文件、合同等有关证件向海关办理备案登记手续，并填写来料加工、进料装配专用报关单和保税仓库领料核准单。

保税货物复出口时，货主或代理人应填写出口货物报关单，并交验进口时由海关签印的报关单，向当地海关办理复出口手续。经海关核查与实际货物相符合后签印，出境地海关凭此放行。

保税仓库所存货物的存储期为 1 年，如确属需要，可向海关提出申请延期，延期时间不得超过 1 年。如果保税仓库的保税货物期满而未出库的，将由海关将货物变卖，所得款按《海关法》规定处置。

5）保税货物的风险分析

目前，我国海关对保税货物的管理可以分为以下 3 种：

① 全额保税，内销补税；

② 按比例征税，多退少补；

③ 全额征税，出口退税。

其中，第三种方式的海关风险最小，且有利于与国际通行的现代保税制度衔接，但这种办法对保税货物的拥有者来说，则负担太重，故目前较少采用；而前两种虽受货主的欢迎，但海关监管风险太大。为此，在管理上应有相应的措施，即坚持"支持真正的保税，限制利用保税形式享受缓税缓征的优惠，打击骗取保税"的原则加以区别对待。

2. 我国海关对外商投资企业进口物资的保税管理

我国海关根据外商在我国投资日益增多的趋势，为鼓励外商的投资及改善外商投资的物料供应，于1991年颁布了《中华人民共和国海关对外商投资企业物资公司进口物资保税管理办法》（以下简称《管理办法》）。

根据《管理办法》的规定，建立外商投资企业物资公司时，必须持有国家主管部门的批件和工商管理部门核发的营业执照向所在地海关办理登记备案手续。物资公司需将主管部门批准的年度进口计划和分配给进口公司的份额及进口商品清单分送给进口地的海关。

物资公司所属的作为保税保管的、供外商投资企业所需的且为国内紧缺的进口原材料、零部件、元器件、配套件、辅料和燃料等货物，应由海关施行监管。这些保税货物进口时，应持进口合同和进口货物报关单等有关单证，向海关申报缓办纳税手续。保税物资应存放在经海关批准的公共保税仓库或物资公司自办的保税仓库内，海关根据有关规定对其实施监管。物资公司的保税货物在保税仓库内存放期限为1年，如属特殊需要，经向海关申请，可最多再延长保税存储时间1年。对于超过保税期限，或供应外商多余的物资，应退运出境，逾期未退出境的货物应根据《海关法》做变卖处理。

外商投资企业向物资公司购买保税仓库内的进口保税商品时，应按从境外进口货物的规定办理报关手续。如果保税货物已由物资公司向海关交验过进口许可证，则外商投资企业在购买这些保税货物时可免交进口许可证；如果外商投资企业从境外进口货物享有减免税优惠的，从物资公司购买同类货物也应享受减免税优惠。

11.4.5 我国申请设立保税仓库的一般程序

在我国申请设立保税仓库除按照上述海关的有关规定外，在具体经办手续上各地会略有差异，但基本程序是相似的。这里仍以上海外高桥保税区申请建立保税仓库的一般程序为例，对建立保税仓库的申请做一介绍。

图11-2给出了投资建立保税仓库的整个经办过程，其中主要环节有项目立项，工商注册，申请建设用地许可证、土地使用证和建设工程规划许可证，海关登记，商检注册，税务登记，外汇登记，银行开户等。

1. 项目立项

（1）申报保税仓储项目建议书时应备齐以下材料。

① 带文号的申报项目函。

② 对于国内投资企业，投资企业工商营业执照、投资企业章程和开户银行的资信证明；对于境外投资企业，所在国家或地区的开业营业执照、开户银行的资信证明和企业法人代表的身份证明。

③ 如果是联合投资性质的保税仓储企业，则应提供中外合资、中外合作、中中合资或合作企业的合作意向书。

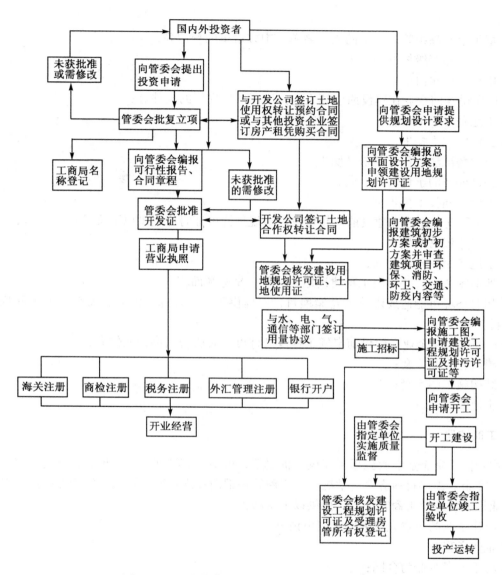

图 11-2 上海外高桥保税区投资建设保税仓库的程序

④ 外商独资企业委托涉外咨询代理机构的委托代理书。

⑤ 外商独资企业法人委托国内代理人的经公证的委托代理书。

⑥ 内资、中外合资企业报审投资立项申请表 2 套，外商投资企业报审投资立项申请表 1 套。

（2）保税仓库申请企业在报审合同、章程、可行性报告，并且申领批准证书时需提供以下材料：

① 带文号的申报函；

② 可行性研究报告；

③ 对于联合投资性质的企业应提供中外投资者双方签署的合同和章程，独资企业为企

业章程；

④ 董事会和高级管理人员的人选名单，中方董事的登记表；

⑤ 工商名称等级核准通知书；

⑥ 用地、用房协议。

（3）保税仓储企业在建设前申领土地使用证所需提供的文件有：

① 土地登记申请书；

② 土地登记委托书；

③ 土地登记法人代表身份证明书；

④ 经过公证的土地转让合同；

⑤ 土地合同技术报告书。

（4）保税仓储企业在建设前申领建设用地规划许可证时应提供以下文件：

① 项目建议书及批文；

② 土地使用权转让合同；

③ 地形图 2 份，并标明工程建设地块位置、坐标和面积；

④ 如对环境可能造成影响的仓储项目，应提供工艺、环保、消防、安全、卫生防疫等方面的材料。

（5）保税仓储企业在建设前申领工程规划许可证时所需提供的文件有：

① 建筑施工图 2 套；

② 结构施工图 5 套；

③ 土地使用证。

2. 工商注册

保税仓储投资企业在收到项目建议书批复后，可到工商管理部门办理名称登记，申请开业登记，在企业提供材料齐全的情况下，工商管理部门在规定的期限内核发营业执照。对于投资企业来说，应向工商管理部门提供以下材料：

① 组建企业的负责人签署的登记申请书；

② 企业章程；

③ 对于合资企业为合同；

④ 对于外商企业为项目建议书、可行性研究报告；

⑤ 审批部门的批准文件；

⑥ 投资者合法开业证明；

⑦ 企业负责人的任职文件和身份证明；

⑧ 资金信用证明或验资报告；

⑨ 住所和经营场所使用证明；

⑩ 对于外商投资企业为企业名称核准通知书。

3. 海关登记

保税仓库投资企业持上述有关部门的批文和工商行政管理部门颁发的营业执照，向当地海关办理登记注册和报关登记备案手续。此时，应向海关提交以下材料：

① 企业立项报告、项目建议书及有关部门的批复；

② 企业可行性研究报告、合同、章程和有关部门的批复；

③ 工商营业执照；

④ 税务登记；

⑤ 购房或租房协议，土地管理部门的拨地证明和营建计划；

⑥ 开户银行出具的证明和第一笔资金汇入银行日期的证明。

4. 商检注册

如果保税仓储企业存储的货物属于《商检机构实施检验的进口商品种类表》内所列范围，或其他法律、法规规定须经商检部门检验的进口商品，应向商检部门注册登记，登记时需提供以下文件：

① 有关部门批准成立的文件；

② 企业章程；

③ 工商营业执照。

5. 税务登记

经工商行政管理部门批准开业的投资企业，应在领取营业执照后的限期内向税务机构申报办理税务登记。税务机构审核有关文件后予以登记，并在限期内核发税务登记证。税务机构需审核的文件包括：

① 书面申请报告；

② 有关部门的批准文件；

③ 工商营业执照；

④ 可行性研究报告、合同和章程；

⑤ 银行账号证明；

⑥ 法人代表的有效身份证件。

6. 外汇登记

保税仓储企业在领取工商营业执照之日起的一定限期内，应向当地国家外汇管理部门办理外汇等级手续。在办理外汇等级手续时，需提交以下材料：

① 有关部门的批准文件；

② 工商营业执照；

③ 企业章程；

④ 对于外资企业为合同、可行性报告。

7. 银行开户

投资企业持以下文件到银行办理开户手续，设立人民币和外汇账户：

① 外汇管理部门登记证明；

② 有关部门的批准文件；

③ 工商营业执照。

复习思考题

1. 实行保税制度有哪些基本形式？
2. 什么是保税仓库？设立保税仓库的意义何在？
3. 试述货物存入保税仓库的程序。
4. 货物在保税仓库中进行储存应注意哪些问题？
5. 货物提出保税仓库时应遵守什么要求？
6. 我国的保税区有哪些特点？在我国的保税仓库中，对于所储存的货物有哪些规定？

第12章

仓储经济管理

本章介绍如何对仓储管理的效果进行评价，以及企业提高仓储管理工作效率的两项重要工具：物资定额制度与储备制度；了解仓储管理效果的评价方法及提高仓储管理效率的途径等。

12.1 仓储管理指标体系与分析

仓储活动担负着生产经营所需各种货物的收发、储存、保管保养、控制、监督和保证生产需要等多项业务职能，而这些活动都与生产经营及其经济效益密切联系。仓储活动的各项考核指标，是仓储管理成果的集中反映，是衡量仓储管理水平高低的尺度，也是考核评估仓库各方面工作和各作业环节工作成绩的重要手段。因而，利用指标考核管理手段，对加强仓储管理工作，提高管理的业务和技术水平是十分必要的。

为了提高储运企业或部门的经济效益和业务、技术、操作水平，要进行认真的经济核算工作。进行经济核算，就必须有明确的经济技术指标体系。这里把仓储部门经济技术指标分为储存数量、储存质量、储存效率、经济性和安全性指标5大类。

12.1.1 货物储存数量指标

这是反映仓库容量、能力及货物储存数量的指标。核算这一类指标的作用在于从总量上掌握经济成果，衡量仓库的能力，促进保管人员挖掘潜力，采用先进的机具和先进技术，提高仓库使用效能。这类指标是仓储部门最基本的经济指标，其包括的具体指标及公式如下所述。

（1）计划期货物吞吐量。吞吐量是反映仓库工作的数量指标，是仓储工作考核中的主要指标，也是计算其他指标的基础和依据。其计算公式为

$$计划期货物吞吐量 = 计划期货物总进库量 + 计划期货物总出库量$$
$$+ 计划期货物直拨量$$

货物吞吐量也叫货物周转量，它是指计划期内进出库货物的总量，一般以吨表示。计划期货物吞吐量指标常以年吞吐量计算。

总进库量指验收后入库的货物数量；出库量指按调拨计划、销售计划发出的货物数量；直拨量指从港口、车站直接拨给用户或货到专用线未经卸车直拨给用户的货物数量。

（2）库房使用面积＝库房墙内面积−墙、柱、楼（电）梯等固定建筑物面积

（3）货场使用面积＝货场总面积−排水明沟、灯塔、水塔等固定建筑面积

（4）单位面积储存量＝$\dfrac{日平均储存量}{库房或货场使用面积}$（吨/平方米）

（5）职工人数。该指标一般计算年或月的平均职工人数。其计算公式为

$$月平均人数＝\frac{月内每日实际人数之和}{该月天数}$$

或

$$＝\frac{月初人数＋月末人数}{2}$$

$$年平均人数＝\frac{年内各月平均人数之和}{12}$$

（6）设备数量指标。设备数量指标是反映在仓储工作中所用各种设备的数量，通常以统计在籍的设备台数和处于良好状态的设备台数来表示。

12.1.2　货物储存质量指标

这是一类反映货物储存工作质量的指标。通过这类指标的核算，可以全面反映储存工作质量，体现对储存工作"多快好省"的要求，减少损耗，降低费用，提高经济效益。这类指标包括以下几个方面。

1. 账货相符率

账货相符率是指在货物盘点时，仓库货物保管账面上的货物储存数量与相应库存实有数量的相互符合程度。一般在对仓储货物进行盘点时，要求逐笔与保管账面数字相核对。账货相符率的计算公式为

$$账货相符率＝\frac{账货相符笔数}{储存货物总笔数}×100\%$$

或

$$账货相符率＝\frac{账货相符件数（重量）}{期内储存总件数（重量）}×100\%$$

通过此项指标的核算，可以衡量仓库账面货物的真实程度，反映保管工作的管理水平。

2. 收发货差错率

收发货差错率是以收发货所发生差错的累计笔数占收发货累计总笔数的百分比来计算的，此项指标反映收发货的准确程度。收发货差错率的计算公式为

$$收发货差错率＝\frac{收发货差错累计笔数}{收发货累计总笔数}×100\%$$

或

$$收发货差错率＝\frac{账货差错件数（重量）}{期内储存总件数（重量）}×100\%$$

这是仓储管理的重要质量指标，可用于衡量收发货的准确性，以保证仓储的服务质量。仓库的收发货差错率应控制在 0.005% 以下。

3. 货物的损耗率

货物的损耗率是指保管期中货物自然减量的数量占原来入库数量的比率，该指标主要可用于反映货物保管与养护的实际状况。货物损耗率的计算公式为

$$货物损耗率 = \frac{货物损耗额}{货物保管总额} \times 100\%$$

或

$$货物损耗率 = \frac{货物损耗量}{期内货物库存总量} \times 100\%$$

货物损耗率指标主要可用于对那些易挥发、失重或破碎的货物，制定一个相应的损耗限度，通过损耗率与货物损耗限度相比较，凡是超过限度的意味着无谓损失；反之，反映仓库管理更有成效，从而力争使货物的自然损耗率降到最低点。

4. 平均保管损失

平均保管损失是按货物储存量中平均每吨货物的保管损失金额来计算的。平均保管损失的计算公式为

$$平均保管损失 = \frac{保管损失金额}{平均储存量}（元/吨）$$

货物保管损失是仓库的一项直接损失。保管损失的计算范围包括因保管养护不善造成的霉变残损，丢失短少，超定额损耗及不按规定验收、错收、错付而发生的损失等。有保管期的货物，经仓库预先催办调拨，但存货部门未及时调拨出库而导致的损失，不算作仓库的保管损失。

通过核算保管损失，可以进一步追查损失的事故原因，核实经济责任，使损失减少到最低。

5. 平均收发货时间

该指标是指仓库收发每笔货物（即每张出入货单据上的货物）平均所用的时间。它既是一项反映仓储服务质量的指标，同时也能反映仓库的劳动效率。平均收发时间的计算公式为

$$平均收发时间 = \frac{收发货时间总和}{收发货总笔数}（小时/笔）$$

收发货时间的一般界定为：收货时间指自单证和货物到齐后开始计算，经验收入库后，到把入库单送交保管会计登账为止；发货时间自仓库接到发货单（调拨单）开始，经备货、包装、填单等，到办妥出库手续为止。一般不把在库待运时间列为发货时间计算。

制定和考核平均收发货时间指标的目的，是为了缩短仓库收发货时间，提高仓容利用率，加速货物与资金的周转，促进货物购销，扩大经济效益。一般来说，仓库的收发货时间应控制在一个工作日之内，而对于大批量的、难以验收的收发货业务可适当延长时间。

6. 货物及时验收率

货物及时验收率表明仓库按照规定的时限执行验收货物的情况，计算公式为

$$货物及时验收率 = \frac{期内及时验收笔数}{期内收货总笔数} \times 100\%$$

7. 设备完好率

设备完好率是指处于良好状态并能随时投入使用的设备占全部设备的百分比。设备完好率的计算公式为

$$设备完好率 = \frac{完好设备台日数}{设备总台日数} \times 100\%$$

完好设备台日数是指设备处于良好状态的累计台日数，其中不包括正在修理或待修理设备的台日数。处于良好状态设备的标准是：① 设备的各项性能良好；② 设备运转正常，零部件齐全，磨损腐蚀程度不超过技术规定的标准，计量仪器仪表和润滑系统正常；③ 原料、燃料和油料消耗正常。

12.1.3 货物储存效率指标

1. 仓库利用率

仓库利用率是衡量和考核仓库利用程度的指标，可以用仓库面积利用率和库房的容积利用率来表示。仓库利用率的计算公式为

$$仓库面积利用率 = \frac{仓库的有效堆放面积}{仓库总面积} \times 100\%$$

仓库的面积利用率越大，表明仓库面积的有效使用情况越好。

$$库房容积利用率 = \frac{报告期平均库存量}{库房的总容量} \times 100\%$$

库房的容积利用率值越大，表明仓库的利用效率越高。

仓库利用率是反映仓库管理工作水平的主要经济指标之一。考核这项指标，可以反映货物储存面积与仓库实际面积的对比关系及仓库面积的利用是否合理，也可以为挖潜多储、提高仓库面积的有效利用率提供依据。

2. 设备利用率

设备利用率包括设备能力利用率和设备时间利用率两个方面，可以分别用计算公式表示。两者的计算公式分别为

$$设备能力利用率 = \frac{报告期设备实际载荷量}{报告期设备额定载荷量} \times 100\%$$

$$设备时间利用率 = \frac{报告期设备实际作业时数}{报告期设备额定作业时数} \times 100\%$$

报告期设备额定载荷量和额定作业时数可以由设备的性能情况和报告期时间长短计算得出。例如，报告期设备额定作业时数可以用报告期天数减去节假日停工天数后，再乘以每天的工作时间而定。

对于仓库来说，设备利用率主要是考核起重运输和搬运设备的利用效率。对于多台设备而言，设备利用率可以用加权平均数来计算。

3. 劳动生产率

仓库的劳动生产率可以用平均每人每天完成的出入库货物量来表示，出入库量是指吞吐量减去直拨量。全员劳动生产率的计算公式可表示为

$$全员劳动生产率 = \frac{全年货物出入库总量}{仓库全员年工日总数}（吨/工日）$$

当然，考核仓库劳动生产率也可以用仓库员工平均每日收发货物的笔数、员工平均保管货物的吨数等指标来评价。

4. 资金使用效率

这类指标主要用于考核仓库资金的使用情况，反映资金的利用水平，资金的周转及资金使用的经济效果。这类指标包括单位货物固定资产平均占用量、单位货物流动资金平均占用量、流动资金周转次数和流动资金周转天数等，它们的计算公式分别为

$$单位货物固定资产平均占用量 = \frac{报告期固定资产平均占用量}{报告期平均货物储存量}（元/吨）$$

$$单位货物流动资金平均占用量 = \frac{报告期流动资金平均占用量}{报告期平均货物储存量}（元/吨）$$

报告期固定资产和流动资金平均占用量可以用期初数和期末数的平均数计算得出。

$$流动资金周转次数 = \frac{年仓储业务总收入}{全年流动资金平均占用额}（次/年）$$

$$流动资金周转天数 = \frac{360}{流动资金周转次数}（天/次）$$

或

$$流动资金周转天数 = \frac{全年流动资金平均占用量 \times 360}{年仓储业务总收入}（天/次）$$

当然，这里的流动资金周转天数和周转次数指标主要是针对进行独立核算的仓储企业或要求进行独立核算收入和支出的企业仓储部门。若不能单独核算仓库的业务收入，则无法计算这两项指标。

5. 货物周转速度指标

库存货物的周转速度是反映仓储工作水平的重要效率指标。在货物的总需求量一定的情况下，如果能降低仓库的货物储备量，则其周转的速度就加快。从降低流动资金占用和提高仓储利用效率的要求出发，就应当减少仓库的货物储备量。但是，若一味地减少库存，就有可能影响到货物的供应。因此，仓库的货物储备量应建立在一个合理的基础上，即要在保证供应需求的前提下，尽量地降低库存量，从而加快货物的周转速度，提高资金和仓储的效率。

货物的周转速度可以用周转次数和周转天数两个指标来反映，两者的计算公式分别为

$$货物年周转次数 = \frac{全年货物消耗总量}{全年货物平均储存量}（次/年）$$

$$货物周转天数 = \frac{360}{货物年周转次数}（天/次）$$

或
$$货物周转天数 = \frac{全年货物平均储存量 \times 360}{全年货物消耗总量}（天/次）$$

或
$$货物周转次数 = \frac{全年货物平均储存量}{货物平均日消耗量}（次/年）$$

其中，全年货物消耗总量是根据报告年度仓库中发出货物的总量；全年货物平均储存量常采用每月月初货物储存量的平均数。货物周转次数越少，则周转天数越多，表明货物的周转越慢，周转的效率就越低；反之，则越好。

12.1.4　储存的经济性指标

储存的经济性指标主要是指有关储存的成本和效益指标，它可以综合反映仓库经济效益水平。具体来说，它包括以下一些指标。

1. 平均储存费用

平均储存费用是指保管每吨货物 1 个月平均所需要的费用开支。货物保管过程中消耗的一定数量的活劳动和物化劳动的货币形式即为各项仓储费用，这些费用包括在货物出入库、验收、存储和搬运过程中消耗的材料、燃料、人工工资和福利费、固定资产折旧、修理费、照明费、租赁费及应分摊的管理费等。这些费用的总和构成仓库总的费用。平均储存费用的计算公式为

$$平均储存费用 = \frac{每月储存费用总额}{月平均储存量}（元/吨）$$

平均储存费用是仓库经济核算的主要经济指标之一。它可以综合地反映仓库的经济成果、劳动生产率、技术设备利用率、材料和燃料节约情况和管理水平等。

2. 利润总额

利润是企业追求的目标，仓储企业也不例外。利润总额是利润核算的主要指标，它表明利润的实现情况，是企业经济效益的综合指标。

$$利润总额 = 报告期仓库总收入额 - 同期仓库总支出额$$

或　　利润总额 = 仓库营业收入 - 储存成本和费用 - 税金 + 其他业务利润 ± 营业外收支净额

3. 资金利润率

资金利润率是指仓库所得利润与全部资金占用之比，它可以用来反映仓库的资金利用效果。资金利润率的计算公式为

$$资金利润率 = \frac{利润总额}{固定资产平均占用 + 流动资金平均占用} \times 100\%$$

4. 收入利润率

该指标是指仓库实现利润总额与实现的仓库营业收入之比，它的计算公式为

$$收入利润率 = \frac{利润总额}{仓库营业收入} \times 100\%$$

5. 人均实现利润

该指标是指报告年度实现的利润总额与仓库中的平均全员人数之比，它的计算公式为

$$人均实现利润 = \frac{报告期利润总额}{报告期平均全员人数}（元／人）$$

6. 每吨保管货物利润

该指标是指报告年度实现的利润总额与报告期内货物储存总量（吨）之比，它的计算公式为

$$每吨保管货物利润 = \frac{报告期利润总额}{报告期货物储存总量}（元／吨）$$

这里的报告期货物储存总量一般可以用报告期间出库的货物总量来衡量。

12.1.5　储存的安全性指标

仓库的安全性指标，是用来反映仓库作业的安全程度，它主要可以用发生的各种事故的大小和次数来表示，主要有人身伤亡事故，仓库失火、爆炸、被盗事故，机械损坏事故 5 大类。这类指标一般不需计算，只是根据损失的大小来划分为不同等级，以便于考核。

以上五大类指标构成了仓储管理的比较完整的指标体系，从多个方面反映了仓储部门经营管理、工作质量及经济效益的水平。

12.1.6　仓储管理指标分析

货物仓储工作的各项考核指标是从不同角度反映某一方面的情况，如果仅凭某一项指标很难反映事物的总体情况，也不容易发现问题，更难找到产生问题的原因。因此，要全面、准确、深刻地认识仓储工作的现状和规律，把握其发展的趋势，必须对各个指标进行系统而周密的分析，以便发现问题，并透过现象认识内在的规律，采取相应的措施使仓库各项工作水平得到提高，从而提高企业的经济效益。

1. 指标分析的意义

① 了解货物仓储各项任务的完成情况和取得的成绩，及时总结经验。
② 发现货物仓储工作中存在的问题及薄弱环节，以便查明原因并加以解决。
③ 弄清货物仓储设施的利用程度和潜力，进一步提高仓储作业能力。
④ 考核仓库作业基本原则的执行情况，对作业的质量、效率、安全、经济等做出全面评价。
⑤ 找出规律，为货物仓库的发展规划提供依据。

2. 指标分析的方法

1）采用价值分析法进行成本分析

要提高仓储的经营效益，无非是采用开源和节流的方法。降低成本是为了节流，在降低成本开支的分析方法中，价值分析（Value Analysis，VA）是一种较有效的方法。VA 方法就

是追求采用一种成本更低的方法来达到与原先相同的功能、目的和任务。该方法由美国的
GE 公司的罗伦斯·D·麦尔斯发明。采用 VA 方法分析有以下 3 条基本原则：

① 消除浪费，排除无用的环节和工作；

② 尽可能采用标准化和规范化方法；

③ 经常分析有无更好的方法可以替代现在使用的方法。

在这 3 条基本原则下，还应对以下 5 个问题进行考察：

① 现在采用的方法是什么？

② 其作用（或功能）是什么？

③ 采用这种方法的成本是多少？

④ 是否存在其他可以完成同样工作的方法？

⑤ 如果存在，其成本开支是多少？

2）对比分析法

对比分析法是将两个或两个以上有内在联系的、可比的指标（或数量）进行对比，从
对比中找矛盾、寻差距、查原因，从而认识仓储工作的现状及其规律性。对比分析法是指标
分析法中使用最普遍、最简单和最有效的方法。

运用对比分析法对指标进行对比分析时，一般都应该选定对比标志。根据分析问题的需
要，主要有以下几种对比方法：

（1）计划完成情况的对比分析。计划完成情况的对比分析，是将同类指标的实际完成
数（或预计完成数）与计划数进行对比分析，从而反映计划完成的绝对数和程度，分析计
划完成或未完成的具体原因，肯定成绩，总结经验，找出差距，提出措施。

（2）纵向动态对比分析。纵向动态对比分析是将仓储的同类有关指标在不同时间做对
比，如本期与基期（或上期）对比、与历史平均水平对比、与历史最高水平对比等。这种
对比，反映事物发展的方向和速度，说明增长或降低的原因，并提出建议。

（3）横向类比分析。横向类比分析是将仓储的有关指标在同一时期相同类型的不同空
间条件下的对比分析。类比单位的选择一般是同类企业中的先进企业，它可以是国内的，也
可以是国外的。横向类比分析，往往能起到"清醒剂"的作用，更能够找出差距，采取措
施，赶超先进。

（4）结构对比分析。结构对比分析是将总体分为不同性质的各部分，以部分数值与总
体数值之比来反映事物内部构成的情况，一般用百分数表示。例如，在货物保管损失中，可
以计算分析因保管养护不善造成的霉变残损，丢失短少，不按规定验收、错收错付而发生的
损失等所各占的比重。通过指标的结构对比，可以研究各组成部分的比重及变化情况，从而
加深认识仓储工作中各个部分存在的问题及其对总体的影响。

应用对比分析法进行对比分析时，首先要注意所对比的指标或现象之间的可比性。
对比分析是两个或两个以上有联系的指标或现象间的比较，这就要求根据现象的性质并
结合分析研究的目的来考虑。在进行纵向动态对比时，主要是要考虑指标所包括的范围、
内容、计算方法、计量单位、所属时间等相互适应，彼此协调；在进行横向类比对比时，
要考虑对比的单位之间必须是经济职能或经济活动性质、经营规模基本相同，否则就缺
乏可比性。

其次，要结合使用各种对比分析方法。每个对比指标只能从一个侧面来反映情况，只做

单项指标的对比，会出现片面，有时甚至会得出误导性的分析结果。把有联系的对比指标结合运用，有利于全面、深入地研究分析问题。

另外，还需要正确选择对比的基数。对比基数的选择，应根据不同的分析和目的进行，一般应选择具有代表性的作为基数。如在进行指标的纵向动态对比分析时，应选择企业发展比较稳定的年份作为基数，这样的对比分析才更具有现实意义；否则，与过高或过低的年份所做的比较，就达不到预期的目的和效果。

3）因素分析法

因素分析法是用来分析影响指标变化的各个因素及它们对指标各自的影响程度。因素分析法的基本做法是，假定影响指标变化的诸因素之中，在分析某一因素变动对总指标变动的影响时，假定只有这一个因素在变动，而其余因素都必须是同度量因素（固定因素），然后逐个进行替代某一项因素单独变化，从而得到每项因素对该指标的影响程度。

在采用因素分析法时，应注意各因素按合理的顺序排列，并注意前后因素按合乎逻辑的衔接原则处理。如果顺序改变，各因素变动影响程度之积（或之和）虽仍等于总指标的变动数，但各因素的影响值就会发生变化，因而得出不同的答案。

在进行两因素分析时，一般是数量因素在前，质量因素在后。在分析数量指标时，另一质量指标的同度量因素固定在基期（或计划）指标；在分析质量指标时，另一数量指标的同度量因素固定在报告期（或实际）指标。在进行多因素分析时，同度量因素的选择，要按顺序依次进行。即当分析第一个因素时，其他因素均以基期（或计划）指标作为同度量因素，而在分析第二个因素时，则是在第一个因素已经改变的基础上进行，即第一个因素以报告期（或实际）指标作为同度量因素，其他类推。

3. 提高仓储效率和效益的途径

1）加速库存周转，提高资金使用效率

在现代化仓储管理中，首先应核定先进、合理的储备定额和储备资金定额，加强进货管理，做好货物进货验收和清仓查库，积极处理超储积压货物，加速货物流转，从而提高仓储的经济效益。

2）节约成本开支，降低仓储费用

仓储成本费用支出项目众多，影响费用支出增减的客观因素十分复杂。在现代化仓储管理中，应不断提高仓储设施的利用效率，提高劳动效率，节约各种费用开支，努力减少库存损耗，最大限度地节约开支，减低费用。

3）加强基础工作，提高经营管理水平

仓储管理基础工作是仓储管理工作的基石，为适应仓储管理功能的变化，应相应加强各项基础工作，如足额管理工作、标准化工作、计量工作和经济核算制等，要以提高仓储经济效益为目标，从不断完善经济责任制入手，建立全面、系统的仓储管理基础工作，为提高仓储经营管理水平创造良好条件。

4）扩大仓储经营范围和内容，增加仓储增值服务项目

随着全球电子商务的不断扩张，物流业也得到了快速的发展。仓储企业应充分利用其联系面广、仓储手段先进等有利条件，向多功能的物流服务中心方向发展，开展加工、配送、

包装、贴标签等多项增值业务，从而提高仓库在市场经济中的竞争能力，增加仓储的利润来源，提高自身的经济效益。

12.2 仓储管理经济分析

12.2.1 仓储成本构成

货物仓储的成本开支主要是用于货物保管的各种支出，其中一部分用于仓储的设备投资和维护及货物本身的自然损耗，另一部分则用于仓储作业所消耗的物化劳动和活劳动。这些在货物存储过程中的劳动消耗是商品生产在流通领域中的继续，它使商品价值得到增长。根据货物在仓储过程中的支出，可以将仓储费用分成以下几类。

（1）保管费。为存储货物所开支的货物养护、保管等费用，它包括用于商品保管的货架、货柜的费用摊派，仓库场地的房地产税等。

（2）工资与福利费。工资部分应包括各类人员的固定工资、奖金和各种生活补贴；福利费可按标准提取，这包括住房基金、医疗基金（保险）、退休基金等。

（3）折旧费。对仓库固定资产按折旧期分年提取，这包括库房、堆场等基础设施的折旧和机械设备的折旧等，不同的设施（设备）的年折旧率是不同的，基础设施的折旧率较低，一般以30年为期；而设备的折旧率较高，折旧年限根据设备的技术性能可取5～20年。进入市场经济后，为使仓库技术水平具有竞争力，往往采用加速折旧的方法，以尽快回收投资，用于设施（设备）的更新与改造。

（4）修理费。对仓库设施、设备和运输工具可按一定的修理费率每年提取，主要用于设施、设备和运输工具的定期大修理。每年的大修理基金可以按设施、设备和运输工具投资额的3%～5%的比率提取。

（5）电力和燃润料费。作为动力用的电力和燃料开支按装卸、搬运货物的吨数（有时也可按件数）分摊；照明用电则根据照明面积和规定的仓库照明亮度确定；用于设备润滑的材料可按设备不同的要求计算。

（6）铁路线、码头租用费。如果仓储企业所使用的铁路线和码头不属于自己，则应按协议规定来支付这些设施的租用费用。

（7）货物仓储保险费。为应付仓储企业在其责任期限内因发生货物灭失所造成的经济损失。对存储的货物按其价值和存储期限进行投保是必要的。这笔开支已成为仓储成本的重要组成部分。

（8）其他业务开支。除上述（1）～（7）开支外，仓储成本中还应包括管理费（用于办公、业务处理、管理人员工资、人员培训等），营销费（如企业宣传、广告及其他促销手段所需要的支出），水、煤、电话等开支。

12.2.2 仓储业务收入

要确定仓储业务的收入，首先应明确收入的组成部分，然后据此计算出各种收费的费率。

1. 仓储收入的构成

根据劳动的支出，仓储收入可以分为货物进出库的装卸收入，货物存储于库场的存储收入及对货物进行挑选、整理、包装等加工的收入。

① 货物进出库装卸费应根据装卸货物的吨数（有时按件数）、所使用的装卸机械设备使用费及考虑货物的装卸难易程度确定，一般可从有关费率表中查得。

② 货物存储费则根据货物的存储数量（吨数或件数）、时间、货物的价值及保质的要求等确定，具体费率也可查看货物存储费率表。

③ 对货物进行挑选、整理、包装等加工费用应根据不同的规格要求确定其收费。仓储企业一般可从事的加工有货物的挑选、整理、修补、包装、成组、熏蒸、代验、计量、刷标、更换包装、代收发货、代办保险、代办运输、货物的简单装配等。

集装箱辅助作业费，包括拆装箱费、存箱费、洗箱费及集装箱修理费等。如果仓储企业拥有集装箱可供用户租用，则还可收取租箱费。

拥有铁路专用线或码头的仓储企业还可收取这些设施的使用费。

仓储企业也常将富余的仓库设施，甚至整个库房或库区按面积和技术条件租赁给用户，并收取租金。

因此，仓储企业的收入主要由上述几项构成。

2. 货物仓储费率

货物仓储费率由存储费率、进出库场的装卸搬运费率和其他劳务费率构成。

① 存储费率可根据货物保管的难易程度、货物价值、进出库场的作业方式等制定。库房、货场的货物储存费率以每吨天计算，其基础是吨天保管成本。对于存储中使用苫垫材料的，需按使用的苫垫材料的数量另加苫垫费。仓库性质的不同，其存储费率的计算方法也不同，对用于长期存储的仓库，每天存储费率一般不变；而对于中转性质的仓库，则往往采取按时间费率递增的计算方法，其目的是为了加快有限库场的周转。

② 进出库场的装卸搬运费率包括设备使用费率和劳动力费率。计费项目有进出货物的装卸、上下楼、过磅、点数、堆码、拆垛、拼垛，设备使用的动力燃料和电力、设备的折旧、修理等。

③ 因货物保管及货主要求所进行的对仓储货物的加工。其费率可根据加工项目、数量及难易程度确定费率，对有些特殊的加工如果在费率表上无法查到，则可采取协议方法确定其费率。

3. 结算

仓库的及时结算及收取各种费用是一项加速资金周转，提高资金使用率的重要工作。

存储费的收计天数从货物进仓之日起至货物出库之日前一天止。仓库业务部门每天根据存货单位当天的货物出入库凭证，分别计算出各存货单位的货物进仓吨数、出仓吨数及结余吨数，填写货物进出结日结单。在每月末结算出各存货单位的结存累计吨数和进出仓累计吨数后，交仓库财务部门计算应收的各项费用，然后向存货单位收取存货款。

12.2.3 仓储企业经济核算指标

1. 经济核算的意义

1）有利于提高仓储经营管理水平和经济效益

经济核算适用于各种类型的企业，它有利于提高企业的经济效益，降低仓储生产经营中的各种浪费。通过经济核算，可将企业的经济利益与职工的经济利益紧密地联系起来，以改善企业经营管理的自觉性。

2）有利于加速仓储企业的现代化建设

经济核算能优化企业的劳动组织，改进企业的技术装备和作业方法，提高劳动效率，降低消耗。在劳动组织中不进行经济核算，将会使仓储企业出现人浮于事、机构臃肿的现象；而在引进新型设备时不进行经济核算，则可能因仓储成本的上升而导致存储费用的增加，以使货主难以承受。通过经济核算，有利于推动仓储技术的革新，充分挖掘仓库的潜力。经济核算应该是一项定期性的工作，通过经济核算可以不断发现仓储工作中存在的薄弱环节，并加以解决。

2. 经济核算的内容

仓储活动的经济核算是对仓储经营活动的物化劳动消耗与经营成果进行核算。通过核算和对比分析，力求以较少的经营开支，取得较大的经济效益。核算的内容包括如下几个方面。

1）仓储经营成果的核算

仓库的基本职能是保管货物。在同等条件下，如果保管的货物越多，保管质量越好，劳动消耗与财产耗费就越少，经营成果也就越大。

2）仓储劳动消耗的核算

仓储劳动消耗包括活劳动消耗和物化劳动消耗。活劳动消耗是核算工资、奖金等支出的依据，活劳动消耗的考核目标是提高劳动生产率；物化劳动消耗是核算仓储经营中物质资料的消耗，这包括固定资产的折旧，货物在保管、养护、包装和进出库装卸等过程中所使用的材料、能源及工具、管理费用等的消耗。仓储劳动消耗是以仓储成本来核算的，因此仓储成本核算是仓储活动经济核算的一项重要的内容。仓储成本在核算时，一般以吨保管成本为核算单位，为此，必须按照财务制度的规定正确处理生产费用的分摊和折旧的计算及成本的划分范围。

3）资金的核算

为了使仓储业务正常运转，企业需要备有一定的流动资金，用于支付日常的易耗材料的添置，例如仓库需要有一定数量的货物苫垫、养护、包装、劳保等材料。除此之外，设施和设备使用的折旧期较长，在折旧费全部返回之前，投入的资金也被占用。因此，企业在经营过程中，始终存在被占用的资金。资金核算就是要在完成同样的业务量，并保证仓储质量的情况下，使企业被占用的资金最少。

进行资金核算，首先应确定当前固定资产的价值和与生产经营相适应的流动资金的需要量。为了提高固定资产投资资金利用率，对于基建投资应按规定及时组织验收并尽快投入使用；对于设备应根据需要进行购置，购进的设备应尽快调试，并投入运行。在国外，为了提高固定资产投资资金的利用率，往往采用加速折旧的方法。对于企业流动资金的核定，应根据仓储业务量最低需要的日常流动资金额确定。当然，最低需要的数额与仓储企业的管理水平有密切的关系，随着管理水平的提高，企业能逐步找到最佳的日常使用材料的储备数量，这一数量同时也保证资金占用较低。

4）盈利核算

企业的生存是靠盈利，因此企业经营所追求的目标是获取最大利润，用来进行扩大再生产，并提高职工的待遇，国家也将从盈利中增加税收。在非垄断的市场经济中，企业获利并不能靠提高仓储价格来实现，这样会失去自己的市场，而应该主要靠改进自己的仓储服务，提高仓储质量，并通过可以信赖的宣传媒体，使用户了解企业。当然，根据市场的需求情况，制定出合理的仓储价格也是非常重要的。为了了解企业的盈利情况，必须对一些盈利指标进行考核是必要的，例如考核企业的成本盈利率、资金盈利率和仓储收入盈利率等。

3. 经济核算指标

仓储活动经济核算指标应该包括价值方面的指标、质量方面的指标、费用方面的指标及效益方面的指标等。在国内，一般所使用的经济核算指标有仓库单位面积货为储存量、账货相符率、收发货差错率、货物平均保管损失、货为自然损耗率、平均收发货时间、货为保管成本、人均劳动生产率。其中，账货相符率、收发货差错率、货为平均保管损失、平均收发货时间这4项指标与前面货物储存质量的同名指标是相同的，可以参考，这里只介绍其余的几项指标。

1）仓库单位面积货物储存量

$$单位面积货物储存量 = \frac{核定货物存储量}{仓库有效面积}$$

仓库有效面积的核定是指仓库建筑面积扣除办公、通道等不能用于储存货物的面积后的仓库存货面积。

核定货物存储量可以通过面积（或容积）利用率的测定，并在考核货物的性能、包装、业务性质、机具设备、技术水平等因素后确定，计算公式为

$$核定货物存储量 = \frac{仓库建筑面积 \times 面积利用率}{1\,000} \times 单位有效面积堆存定额 \times 载重利用率$$

单位有效面积堆存定额（吨/平方米）可以按表12-1查得；载重利用率反映货物实际堆存量与堆存定额之间的差异，实际堆存量可以通过实测统计确定。

表 12-1　单位有效面积货物堆存量表

货物名称	包装	单位有效面积货物堆存定额（吨/平方米）	
		仓库	堆场
糖	袋	1.5～2.0	1.5～2.0
盐	袋	1.8～2.5	1.8～2.5
化肥	袋	1.8～2.5	1.8～2.5
水泥	袋	1.5～2.0	1.5～2.0

续表

货物名称	包 装	单位有效面积货物堆存定额（吨/平方米）	
		仓 库	堆 场
大米	袋	1.5～2.0	1.5～2.0
面粉	袋	1.3～1.8	1.3～1.8
棉花	捆	1.5～2.0	1.5～2.0
纸		1.5～2.0	1.5～2.0
小五金	箱	1.2～1.5	1.2～1.5
橡胶	块	0.5～0.8	0.5～0.8
日用百货	箱	0.3～0.5	0.3～0.5
杂货	箱	0.7～1.0	0.7～1.0
生铁	块	2.5～4.0	2.5～4.0
铝、铜、锌	块	2.0～2.5	2.0～2.5
粗钢、钢板	件	4.0～6.0	4.0～6.0
钢制品		3.0～5.0	3.0～5.0

2）货物自然损耗率

货物自然损耗率主要指那些易挥发、失重或破碎的货物，对其制定一个损耗限度，并力争自然损耗率降到最低。损耗率的计算公式为

$$货物自然损耗率 = \frac{货物损耗量}{货物保管量} \times 1\,000‰$$

3）货物保管成本

货物保管成本指标是一项经济指标，它反映劳动生产率的高低，技术设备的利用效率，材料、燃润料的消耗及仓储管理水平的高低等。为有效地控制成本开支，必须明确保管费用的开支项目和范围，对于那些日常性的消耗品开支费用可以采用包干使用的方法。仓储的保管费用应包括生产性费用（如装卸、搬运和堆码的劳务费，库场建筑、设备的折旧和修理费，小型机具、苫垫材料等低值消耗品分摊费，燃润料、电力等能耗费），管理性费用（如经营管理人员的劳务费用、安全管理费用、办公费用等），以及一些代理业务的必要开支。保管成本的计算方法为

$$货物保管成本 = \frac{当月保管费用}{当月平均货物储存量}（元/吨）$$

4）人均劳动生产率

即职工平均劳动工作量，它反映货物仓储及进出库数量与劳动力消耗的比值，具体可分为保管员劳动生产率、装卸工人劳动生产率及全员劳动生产率。人均劳动生产率的计算方法为

$$人均劳动生产率 = \frac{保管（装卸）货物数量（或保管费用）}{保管（装卸）人员（或全员）数}（吨/人）或（元/人）$$

12.3　物资消耗定额

物资定额管理包括物资消耗定额管理与储备定额管理。物资定额管理的目的在于降低库存，减少资金占用，实现无短缺概率。

12.3.1　物资消耗定额的定义与作用

1. 物资消耗的定义

物资消耗定额，是指在一定的生产技术和组织条件下，生产单位产品或完成单位工作量所必需消耗的物资数量标准，主要包括原材料消耗定额、辅助材料消耗定额、燃料消耗定额、动力消耗定额等。

物资消耗定额，是综合反映企业生产技术和管理水平的重要标志，每一个企业都必须制定出先进合理的物资消耗定额，以便准确地编制物资需求计划、供应计划，科学地组织物资采购和发放工作，有效地使用和节约物资，取得尽可能高的经济效益，因此企业管理人员必须高度重视物资消耗定额的制定、执行和管理工作。

2. 物资消耗定额的作用

物资消耗定额是企业计算物资需要量和编制物资供应计划的重要依据。

企业有了先进合理的物资消耗定额，才能正确地计算物资需用量、储备量、采购量，才能编制出准确、科学、合理的物资供应计划。

物资消耗定额是企业科学组织物资发放管理的重要依据，是成本核算和经济核算的基础。

实行定额用料，可以促进物资合理使用；按定额检查，督促使用，避免损失浪费；按定额开展物资核销工作，分析物资节约和浪费情况；按定额确定合理的库存储备，防止超储积压或储备不足的情况发生，有利于保证企业生产正常有序地进行。

物资消耗定额是监督和促进企业合理使用和节约物资的重要工具。

物资消耗定额是企业经济核算和反映企业经济效益的一项重要经济指标。有了物资消耗定额，就有了一个衡量物资节约或浪费的标准，就能促进车间、班组或其他部门千方百计地合理使用物资、节约物资、降低物资消耗，防止大手大脚，减少和杜绝浪费，使企业在不增加物资消耗的情况下增产增收，提高经济效益。

物资消耗定额是推动企业提高生产技术水平、经营管理水平和工人操作技术水平的重要手段。

物资消耗定额是反映企业生产、技术和管理水平的一项经济技术指标，加强物资消耗管理，有利于推动企业不断改进产品设计和生产工艺，不断提高人工操作技术，不断改进生产组织和劳动组织等，从而进一步提高技术水平和管理水平，并采取措施努力降低物资消耗，降低产品成本。

12.3.2　物资消耗的构成

物资消耗，是指生产企业在生产过程中为了制成产成品而耗费各种物资。企业的生产过程，同时也是物资的消耗过程。

加强物资管理，降低物资消耗，正确制定物资消耗定额，首先必须认真分析物资消耗的构成及其规律性。

物资消耗的构成一般包括以下 3 个部分。

（1）产品有效消耗。也就是构成产品净重的消耗，是指构成产品（零部件）净重的原料消耗。它是物资消耗中最主要的部分，这部分消耗反映了产品设计的技术水平，产品一旦设计定型，这部分物资消耗定额就无法改变，因此设计人员必须树立节约物资的观念，开展价值工程分析，在保证产品质量的前提下，努力设计出质量高、重量轻、消耗低、结构合理的产品，尽量减少产品净重的物资消耗。如果产品设计不合理，即使管理再好，其浪费也是无法避免的。

（2）工艺性消耗。它是指在生产工艺过程中改变物资原有形状和性能而产生的一些不可避免的物资损耗，如烧蚀、切削、锯口、边角料等。如果在工艺加工过程中产生的废料、废气、废液越多，其工艺性消耗就越大。因此，要求企业不断提高工艺技术水平，尽量把工艺性物资消耗降低到最低限度。

（3）非工艺性消耗。它是指产品净重和工艺性消耗以外的物资损耗，也称无效损耗。它是因生产过程中不可避免产生废品，以及运输、保管过程中的合理损耗和其他非工艺技术等原因而引起的损耗，具体包括生产过程中产生的非工艺性消耗和流通过程中的非工艺性消耗。这部分消耗主要是材料供应不合理或管理不善造成的，因此每个企业都要最大限度地避免或减少这部分消耗。

12.3.3　物资消耗与物资消耗定额的关系

物资消耗与物资消耗定额的关系可用如图 12-1 表示。

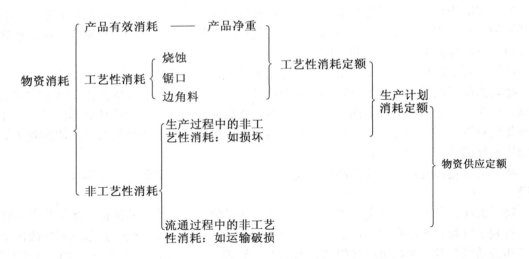

图 12-1　物资消耗与物资消耗定额关系

由于物资消耗构成不同，工业企业物资消耗定额，一般有工艺性消耗定额和物资供应定额两种。

工艺性消耗定额是指在一定条件下，生产单位产品或完成单位工作量所用物资的耗用量，即产品净重消耗和合理的工艺性消耗两部分构成。它是发放物资和考核物资消耗情况的主要依据。

物资供应定额是由工艺性消耗定额和合理的非工艺性消耗构成的，一般是在工艺性消耗定额的基础上按一定比例加上非工艺性消耗确定的，它是核算物资需求量和制定物资供应计划的依据。

（1）工艺性消耗定额，也称工艺定额，是由有效消耗和工艺性消耗两部分构成的。用公式表示为

$$单位产品(零部件)工艺性消耗定额=单位产品(零部件)净重+各种工艺性消耗的重量总和$$
$$=单位产品(零部件)净重×[1+各种工艺性消耗占产品$$
$$(零部件)净重的百分比]$$

（2）生产计划消耗定额，是由工艺性消耗定额加上在生产过程中产生的不可避免的非工艺性消耗构成的。用公式表示为

$$生产计划消耗定额=工艺性消耗定额×(1+非工艺性消耗系数)$$

（3）物资供应定额，是由生产计划定额加上流通过程中产生的非工艺性消耗构成的。在实际工作中，一般都是在生产计划定额的基础上加一个物资供应系数，构成物资供应定额。用公式表示为

$$物资供应定额=生产计划消耗定额×(1+物资供应系数)$$

$$物资供应系数=\frac{非工艺性消耗}{工艺性消耗定额}×100\%$$

特别说明的是，非工艺性消耗系数和物资供应系数，也可由有关的统计资料分析研究确定。

12.3.4　物资消耗定额的分类

（1）按构成内容进行分类，主要有以下几个方面：

① 工艺性消耗定额；

② 生产计划消耗定额；

③ 物资供应定额。

（2）按物资在生产中的作用不同进行分类，主要有以下几个方面：

① 主要原材料消耗定额；

② 辅助材料消耗定额；

③ 燃料消耗定额；

④ 动力消耗定额。

（3）按物资的应用范围进行分类，主要有以下几个方面：

① 产品制造用消耗定额；

② 基本建设用消耗定额；

③ 经营维修用消耗定额；

④ 技术改造用消耗定额。

（4）按物资的自然属性进行分类，主要有以下几个方面：

① 金属材料消耗定额；
② 燃料消耗定额；
③ 木材消耗定额；
④ 油脂消耗定额。

12.3.5　影响物资消耗定额的主要因素

影响物资消耗定额的主要因素有以下几个方面：
① 生产技术装备；
② 产品设计结构；
③ 企业经营管理水平；
④ 自然条件；
⑤ 物资质量条件；
⑥ 工人的技术水平和操作。

12.3.6　降低物资消耗定额的途径

降低物资消耗定额的途径有以下几个方面：
① 改进产品设计；
② 采用新工艺、新技术；
③ 材料代用；
④ 回收利用废旧物资；
⑤ 加强设备维修和不断改造老旧设备；
⑥ 综合利用；
⑦ 深化企业改革，开展节约、降耗运动。

12.3.7　物资消耗定额的制订原则

物资消耗定额的制订，包括"定质"和"定量"两个方面。"定质"，即确定所需物资的品种、规格和质量要求；"定量"，即确定物资消耗的数量标准。

（1）先进、合理性原则。采用标准化、通用化、系列化确定先进合理的物资消耗定额；先进、合理的物资消耗定额应是在保证产品质量和工程质量及工作质量的前提下，最经济合理的物资消耗量标准。

（2）全面、完整性原则。在物资消耗定额的制订中需要考虑的因素较多，其中主要涉及的因素有单件净重、毛坯重量、工艺定额、材料利用率4个因素。

（3）经济、效益性原则。在保证和提高产品质量的前提下，充分利用物资、节约物资和降低产品成本，尽量采用以廉代贵，综合利用，提高材料利用率，尽量考虑就地、就近组织物资供应，以降低运输费用和便于管理，以求降低物资消耗。

12.3.8　物资消耗定额的制订

1. 物资消耗定额的制订方法

制订物资消耗定额的方法主要有经验估算法、统计分析法、实际测定法和技术分析法

4 种。

（1）经验估算法。这种方法是根据技术人员和生产工人的实际经验，结合参考有关技术文件和产品实物，通过估算制订物资消耗定额。

这种方法简单易行，但由于受主观因素的影响，准确性较差。一般是在缺乏必要的技术资料和统计资料时采用。

（2）统计分析法。这种方法是根据对实际消耗的历史统计资料进行加工整理和分析研究，并考虑计划期内生产技术等因素，经过对比、分析、计算来确定物资消耗定额。

这种方法简单易行，但必须有齐全的统计资料为依据，否则会影响定额的准确性。一般是在有比较齐全的统计资料的情况下采用此方法。

（3）实际测定法。这种方法又称写实法，是指运用现场秤、量和计算等方式，对人工操作时的物资实耗数量进行测定，通过分析研究来制订物资消耗定额。这种方法测定的准确程度取决于测定的次数和测定的条件。

这种方法切实可靠，但受生产技术和操作水平及测定人员的影响，一般是在工艺简单、生产批量大的情况下采用。

（4）技术分析法。这种方法也称技术计算法，是根据产品设计和工艺的需求，按照构成定额的组成部分和影响定额的各种因素，在充分考虑先进技术和先进经验的基础上，通过科学分析和技术计算，制订出经济合理的物资消耗定额。

这种方法制订的物资消耗定额较为准确，但工作量较大。一般是在产品定型及技术资料较全的情况下采用。

2. 各种物资消耗定额的制订

1）主要原材料消耗定额的制订

由于产品的工艺特性不同，主要原材料消耗定额的计算方法又有不同之处。

（1）在机械加工企业中，制订主要原材料消耗定额，通常是根据设计图纸和有关技术文件及毛坯重量来计算。

以棒材消耗定额为例，其计算公式为

$$棒材消耗定额 = \frac{1 根棒材重量}{1 根棒材可切出的毛坯数量}$$

其中

$$1 根棒材重量 = 棒材单位长度重量 \times 棒材长度$$

$$1 根棒材可切出的毛坯数量 = \frac{棒材长度 - 夹头长度 - 料头长度}{单位毛坯长度 + 切口长度}$$

（2）在冶金、铸造、化工性质的加工企业中，制订主要材料消耗定额，应根据工艺流程的特点和预定的配料比，用一系列的技术经济指标来计算。

如铸件的材料消耗定额，是以生产 1 吨合格铸件所消耗的某种金属炉料重量来表示。

$$1 吨铸件所需的某种金属炉料的消耗定额 = \frac{1 吨}{合格铸件成品率} \times 配料比$$

配料比是指投入熔炉中的各种金属材料占投入炉料总重量的比重；合格铸件成品率是指合格铸件重量与金属炉料重量之比。

2）辅助材料消耗定额的制订

工业企业使用的辅助材料种类繁多，使用情况复杂。其消耗定额的制订，应根据不同用途采用不同方法制订。

一般可分以下几种情况：

① 凡是消耗量与主要原材料成正比例消耗的辅助材料，其消耗定额按原材料单位消耗量的比例来计算；

② 与产品产量成正比消耗的辅助材料，其消耗量可按单位产品的比例计算；

③ 与设备运转时间有关的辅助材料，其消耗量可根据设备运转时间来测定；

④ 凡是与使用期限有关的，可根据使用期限来确定；

⑤ 有些难以与其他因素换算的，可以根据统计资料或实际耗用情况来确定；

⑥ 凡是消耗量与工作量成正比的辅助材料，其消耗量可按工作量为单位进行计算。

3）燃料消耗定额的制订

由于燃料品种和质量不同，它们发热量也有所不同，因而在计算消耗定额时，应以标准燃料为基础，依据标准燃料消耗定制，换算成实际使用燃料的消耗定额。

① 动力用燃料消耗定额，以发 1 度电、生产 1 立方米压缩空气或生产 1 吨蒸气所需要的燃料为标准。

② 工艺用燃料消耗定额，以加工 1 个单位产品或 1 吨合格铸件所需要的燃料为标准。

③ 取暖用燃料消耗定额，可按每个锅炉或按单位受热面积计算。

4）动力消耗定额的制订

动力消耗定额可根据不同用途来分别确定。如用于发动机器的电力消耗定额，先按开动马力计算电力消耗定额，再按每种产品所消耗的机器设备小时数，分摊到单位产品，计算出单位产品的消耗定额。

12.3.9　企业物资消耗定额管理制度

×××实业有限公司物资消耗定额管理制度

第一章　总则

第一条　目的：为了正确确定物资需要量、储备量和编制物资供应计划及合理利用和节约物资，特制定本办法。

第二条　本公司所有涉及物资消耗定额的作业，均按本办法执行。

第二章　物资消耗定额的内容

第三条　物资消耗定额分为工艺性消耗定额和非工艺性消耗定额。

第四条　工艺性消耗定额，是指在一定条件下，生产单位产品或完成单位工作量所用物资的有效耗量，即包括产品净重消耗和合理的工艺性消耗两部分。

第五条　非工艺性消耗定额，是指产品净重和工艺性消耗以外的物资消耗定额。主要包括生产过程中不可避免产生的废品，运输保管过程中的合理消耗和其他非工艺技术原因而引起的消耗。

第三章 物资消耗定额的制订和修改

第六条 材料工艺性消耗定额，由工艺部门负责制订，经生产部门和物控部门会签，总经理批准，由有关部门贯彻执行；非工艺性消耗定额，根据质量指标由生产部门和物控部门参照实际情况制订。

第七条 物资消耗定额，应在保证产品质量的前提下，根据本公司生产的具体条件，结合产品结构和工艺要求，以理论计算和技术测定为主，以经济估计和统计分析为辅助，本着节约的原则，制订最经济最合理的消耗定额。

第八条 物资消耗定额，一般一年修改一次，由原制订部门负责修改，由于管理不善而超耗者，不得提高定额。

第九条 凡属下列情况之一者，应及时修改定额：

（1）产品设计变更；

（2）加工工艺变更，影响到消耗定额；

（3）定额计算或编写中的错误或遗漏。

第四章 限额发料

第十条 物资消耗定额，是产品成本计算和经济核算的基础，限额发料是物资消耗定额的体现。

第十一条 限额发料范围：

（1）产品用料；

（2）大宗的辅料和能源。

第十二条 限额发料的依据：

（1）工艺科提供的产品单件材料工艺消耗定额；

（2）生产调度科和车间提供的月度生产作业计划。

第五章 附则

第十三条 本办法自规定之日起实施，修订时亦同。

12.4 物资储备定额

12.4.1 物资储备

1. 物资储备的定义

物资储备，是指由厂外供应单位提供并已进入厂内，但尚未投入到生产领域而在一定时间内需要在仓库暂时停留的物资。

主要包括：① 经常储备（周转库存）；② 保险储备（安全库存）；③ 季节储备；④ 竞争储备。

2. 物资储备的主要任务

物资储备的矛盾在于：① 库存过多，会占用大量资金，增大企业风险；② 库存过少，又不能保证生产和销售的正常进行。

因此，物资储备的主要任务是：使物资储备经常处于合理水平，防止发生超储积压或不足的现象，使物资储备既能保证生产与供应的需要，又能加速物资周转，减少资金占用，降低生产和供应成本，使企业利润最大化。

3. 物资储备的原则

（1）先进性、合理性原则。物资储备必须先进性、合理性，在保证生产需要的前提下，减少储备费用。若储备水平低，储备量就会过多，会造成物资积压，占用过多的流动资金；反之，若储备水平过高，储备量会过少，就不能保证生产需要，会造成停工待料的现象。

（2）适应性原则。随着条件的变化，物资储备也应随之修改，以适应不断发展的形势，储备定额的变化趋势应相应地逐年降低，以便不断提高流动资金的周转率。

4. 物资储备的意义

物资储备是保证社会再生产不间断进行的必要条件，其意义在于如下 3 个方面。

① 物资储备是沟通供应部门和需求部门之间的关系，衔接供需之间在时间、数量上一致的重要手段。

② 物资储备是保证生产正常进行的必要条件，防止难以预料的供应意外情况的发生而对生产产生不利影响。

③ 物资储备是影响企业经济效益的重要因素之一。第一，物资储备过少，既不能保证生产的正常进行，也不能保证销售的正常进行，影响企业经济效益。第二，物资储备过多，则会造成大量积压，不仅占用大量资金，花费更多的人力去维持保护，而且长期存放，也会使物资损坏变质，造成浪费；同时，随着科学技术的迅速发展，物资储备过多，还会因经常发生旧材料被新材料取代，而使物资失去原有价值和使用价值，造成损失。

（4）物资储备是物资管理的重要依据。主要体现在：① 是编制物资采购计划的重要依据；② 是制定库存标准的重要依据；③ 是确定仓储容量的重要依据；④ 是核定企业流动资金的重要依据。

总之，物资储备就等于是物化了的资金储备，这种物化了的资金，只能通过物资变现的方式才能收回。如果物资被损坏或变质，或被新材料所代替，便丧失了原有的价值，那么这部分物化的资金就不能收回，而且还会因储备这些物资而花费储存费用和人工费用。因此，物资储备具有一定的风险性。

12.4.2 物资储备定额

1. 物资储备定额的定义

物资储备定额，是指在一定的生产技术组织条件下，企业为完成一定的生产任务，保证生产进行所必需的经济合理的物资储备数量标准。它是企业物资计划管理的基础，是确定物资需要量和采购量，正确组织企业物资供应，核定企业储备资金定额的依据。

2. 物资储备定额的意义

企业在确定物资供应计划时，不仅要正确确定完成生产任务所必需的各种物资需用量，而且要确定为保证生产进行所必要的各种物资的合理储备量，这是因为工业企业的生产过程要连续不断地消耗各种物资，所以工业企业就必须要有一定的物资储备。

物资储备定额的作用主要有以下几个方面。

（1）物资储备定额，是编制物资供应计划和组织采购订货的主要依据。物资供应计划中的储备量，是根据储备定额计算的，只有当物资需用量和物资储备量确定后，才能确定物资供应量，合理地组织订货和采购。

（2）物资储备定额，是掌握和监督物资库存动态，使企业库存物资经常保持在合理水平的重要手段之一。只要有了先进合理的储备定额，才有利于做到既能保证生产的正常需要，又能防止物资的积压和浪费。

（3）物资储备定额，是企业核定流动资金的重要依据。因为物资储备一般在企业流动资金中占有很大的比重，因此制定和贯彻先进合理的物资储备定额，对于节约资金，加速流动资金周转，具有重要作用。

（4）物资储备定额，是确定企业仓储容积和仓库定员的依据。有了先进合理的物资储备定额，才有利于减少仓库的基本建设投资，提高仓库利用率和合理配备人员，以节约开支。

3. 物资储备定额的分类

（1）按计量单位分为：① "实物量" 储备定额，② "货币量" 储备定额，③ "时间" 储备定额。

（2）按其综合程度分为：① 个别物资储备定额，② 类别物资储备定额，③ 综合物资储备定额。

（3）按其作用分为：① 经常储备定额，② 保险储备定额，③ 季节储备定额，④ 竞争储备定额。

4. 物资储备定额的制订方法

物质储备定额的制订方法主要有：① 供应期法，② 经济订购批量法，③ 保证供应率法。

12.4.3 物资储备定额的确定

1. 经常储备定额的确定

（1）经常储备定额，也称周转库存量或经常库存量，是指为了保证在前后两次进货间隔期内进行正常生产所必需的物资储备数量标准。

① 经常储备量是一个变量，进货时达到最大值，随生产消耗及储备量逐渐减少，直到

下次到货之前储备量降低为零；当下次物资入库后，又达到最大值。

② 由于物资是一批一批、间断地进货和投料，在一般情况下，进货批量大，间断期长；而投料则是批量小，间隔期短。

（2）确定经常储备定额的方法主要有两种：以期定量法和经济订购批量法。

① 以期定量法，计算公式为

经常储备定额 ＝（平均供应间隔天数＋验收入库天数＋使用前准备天数）×

平均每日需要量

可简写为

$$Q = CT$$

式中：　Q —— 表示经常储备定额；

　　　　C —— 表示平均每日需用量；

　　　　T —— 表示周转储备天数。

因此，决定经常储备定额的主要因素是周转储备天数和平均每日需要量。

如果在平均每日需要量既定的情况下，周转储备天数越长，物资储备量就越大；如果周转储备天数越短，物资储备量就越小。

周转储备天数主要包括：供应间隔天数，验收入库天数，使用前准备天数。

供应间隔天数，是指上一批进货到下一批进货之间的天数，即前后两次进货的间隔天数。

确定供应间隔天数是一项比较复杂的工作，因为影响因素很多，如供应条件、供应距离、运输方式、订购数量及采购费用和保管费用等。一般根据上期实际供应间隔天数计算出加权平均天数后，再按计划期供、产、销等情况的变化加以适当调整后确定。

某种物资供应间隔天数的计算公式为

$$某种物资供应间隔天数 = \frac{该种物资的最低订货限额}{平均每日需要量}$$

可简写为

$$T = \frac{W}{C}$$

式中：　T —— 供应间隔天数；

　　　　W —— 该种物资的最低订货限额；

　　　　C —— 平均每日需要量。

平均供应间隔天数，是根据同类物资上期年度实际验收入库数量和供应间隔天数的统计资料，用加权平均法计算。计算公式为

$$平均供应间隔天数 = \frac{\sum (每次入库量 \times 每次供应间隔天数)}{\sum 每次入库量}$$

可简写为

$$T = \frac{\sum (G_1 T_1 + G_2 T_2 + \cdots + G_n T_n)}{\sum (G_1 + G_2 + \cdots + G_n)}$$

例如，某物资第 1 次进货 50 吨为 5 天；第 2 次进货 60 吨为 7 天；第 3 次进货 55 吨为 7

天；第 4 次进货 70 吨为 10 天；第 5 次进货 60 吨为 7 天，则

$$平均供应间隔天数 = \frac{50 \times 5 + 60 \times 7 + 55 \times 7 + 70 \times 10 + 60 \times 7}{50 + 60 + 55 + 70 + 60}$$

$$= \frac{2\,175}{295} = 7.4(\text{天})$$

验收入库天数，是指物资到货后，还不能直接进入仓库储存，而需要验收后才能入库储存。验收入库天数主要取决于物资验收的工具、人员及采购条件等情况，一般可根据技术分析、实际经验或验收能力来确定。

使用前准备天数，是指某些物资在入库以后，投产使用之前，还要经过一定的准备时间，如干燥、清洗等。

平均每日需要量，等于在一定时期内完成一定数量产品所需物资总量除以完成这些产品所需要的时间。

一般计划期预计每日需要量是按计划期全部需要量除以日历天数（1 月按 30 天计算）来求得。

总之，用以期定量法确定经常储备定额的优点是方法简单，计算工作量小；缺点是没有从经济合理的要求出发做出必要的定量分析。为了充分考虑企业本身物资储备的最优经济效益，可以用第二种方法，即经济订购批量法来确定经常储备定额。

② 经济订购批量法，是指以某种物资的经济订购批量为依据来确定储备定额的方法。

这种方法是把各种主要影响经济储备定额的因素联系在一起，在找出相互关系的基础上，进行定量分析之后，求出经济上合理的经常储备定额。它主要是从企业本身的经济效益来考虑的，必须要有正常的供应单位和运输条件。

经济订购批量，是指订购费用和储存费用两者之和，即总费用最低的一次订购数量。

与经常储备量大小有关的费用有两类：储存费用和订购费用。在总需要量一定的条件下，订购批量越大，订购的次数就越少，订购费用也就越小，而储存费用则会增加；反之，订购费用越大，储存费用就越小。

因此，只有当总费用最小时的订购批量，才是经济合理的。用公式表示为

$$q = \sqrt{\frac{2QK_q}{K_m}} = \sqrt{\frac{2QK_q}{UK_i}}$$

式中：　q —— 表示订购批量；

　　　Q —— 表示全年物资需用量；

　　　K_q —— 表示每批订购费用；

　　　K_m —— 表示单位物资年保管费用；

　　　K_i —— 表示单位物资年保管费用率；

　　　U —— 表示物资单位价格。

由此可见，保管费用越大，经济采购批量就越少。

例如，某厂全年需用某种单价为 10 元的配件 10 000 件，据生产与财务估计，此配件的年保管费用率为 20%，订购成本每批为 100 元，则该厂采购这种配件的经济批量为

$$q = \sqrt{\frac{2QK_q}{UK_i}} = \sqrt{\frac{2 \times 10\,000 \times 100}{10 \times 0.2}} = 1\,000(\text{件/批})$$

这也就是说，该厂应每年分 10 次采购该配件较为合理。

又如，某种物资每年需用量为 12 000 件，每件价格为 20 元，年保管费用率达 12%，每次订货费用为 64 元，则经济订购批量为

$$q = \sqrt{\frac{2 \times 12\ 000 \times 64}{20 \times 12\%}} = 800（件/批）$$

由于年需用量为 12 000 件，经济订购批量为 800 件，因此每年订购 15 次较为合理。

2. 保险储备定额的确定

（1）定义。保险储备定额，也称安全库存量，是为了防止物资供应过程中可能发生到货误期或来料品质不符等不正常现象，保证进行正常生产所必需储备的物资数量标准。它是一个常数储备量，动用后必须及时补足。

（2）说明。并不是所有的企业及所有的物资都要建立保险储备量。对于货源充足、容易购买、供应条件较好的物资，或可用其他物资代用的物资，可以不建立或少建立保险储备定额。

（3）计算。保险储备定额，主要是由保险储备天数和平均每日需要量决定的，其计算公式为

保险储备定额＝保险储备天数×平均每日需要量

保险储备天数，也称平均误期天数，一般是考虑供应条件来确定，也可根据上年统计资料中实际到货平均误期天数来确定。

所谓误期天数，是指实际到货天数大于平均供应天数之间的差额天数。

平均误期天数，就是以历次到货的误期天数进行加权平均而得出的天数。

当主要考虑企业临时需要时

$$保险储备天数 = \frac{临时需要量 \times 供应天数}{经常储备定额}$$

主要考虑延期到货时

$$保险储备天数 = \frac{\sum（每次误期入库量 \times 每次误期天数）}{\sum 每次误期入库量}$$

其中，　　　　　　每次误期天数＝供应间隔天数−平均供应间隔天数

当所需物资能够临时订购到时

保险储备天数＝临时订购天数

例如，某种物资经常储备天数为 30 天，全年到货统计资料如表 12-2 所示，求平均延期天数。

表 12-2　某种物资全年到货统计资料

月　份	1	2	3	4	5	6	7	8	9	10	11	12
延期天数	0	4	0	0	8	0	0	5	8	0	0	3
延期交货	0	60	0	0	21	0	0	15	30	0	0	20